权威·前沿·原创

皮书系列为
"十二五""十三五""十四五"时期国家重点出版物出版专项规划项目

数智赋能蓝皮书

BLUE BOOK OF DATA-INTELLIGENCE EMPOWERING

中国数智赋能研究报告
（2023~2024）

RESEARCH REPORT ON DATA-INTELLIGENCE EMPOWERING
IN CHINA (2023-2024)

组织编写／北京科技大学经济管理学院
　　　　　中移数智科技有限公司
主　　编／魏　钧　杨　劲
执行主编／冯　梅　王洪志

社会科学文献出版社
SOCIAL SCIENCES ACADEMIC PRESS（CHINA）

图书在版编目（CIP）数据

中国数智赋能研究报告 . 2023~2024 / 魏钧，杨劲
主编；冯梅，王洪志执行主编 . --北京：社会科学文
献出版社，2024.7. --（数智赋能蓝皮书）. --ISBN
978-7-5228-3710-9

Ⅰ . F492

中国国家版本馆 CIP 数据核字第 202422BV71 号

数智赋能蓝皮书

中国数智赋能研究报告（2023~2024）

主　　编 / 魏　钧　杨　劲
执行主编 / 冯　梅　王洪志

出 版 人 / 冀祥德
责任编辑 / 高　雁　贾立平
责任印制 / 王京美

出　　版 / 社会科学文献出版社·经济与管理分社（010）59367226
　　　　　 地址：北京市北三环中路甲 29 号院华龙大厦　邮编：100029
　　　　　 网址：www. ssap. com. cn
发　　行 / 社会科学文献出版社（010）59367028
印　　装 / 天津千鹤文化传播有限公司

规　　格 / 开　本：787mm×1092mm　1/16
　　　　　 印　张：24.5　字　数：365 千字
版　　次 / 2024 年 7 月第 1 版　2024 年 7 月第 1 次印刷
书　　号 / ISBN 978-7-5228-3710-9
定　　价 / 188.00 元

读者服务电话：4008918866

"数智赋能蓝皮书"
编 委 会

《中国数智赋能研究报告（2023~2024）》
编 写 组

组织编写　北京科技大学经济管理学院
　　　　　中移数智科技有限公司

组　　长　魏　钧　杨　劲

副 组 长　冯　梅　王洪志

编写人员　谭振龙　金　超　李晨辉　李晓华　龚　伟
　　　　　马建峰　贺娅桐　李晓辉　童　天　杨　鹏
　　　　　刘如旭　徐林林　申碧霄　穆雨萱　郭克强
　　　　　朱晶宇　种法耀　杨　松　路宇浩　王　伟
　　　　　韩克非　黄大勇　郭建伟　冯金星　尹　奎
　　　　　迟志康　任师迁　董念念　白汉刚

主要编撰者简介

魏　钧　北京科技大学经济管理学院数智化管理研究中心主任，教授，博士生导师。兼任中国管理现代化研究会管理案例研究专业委员会委员、中移咨询专家委员会委员、中国中小商业企业协会特邀理事。入选教育部"新世纪优秀人才支持计划"，获"首都劳动奖章""北京市师德标兵""第十六届北京市高校教学名师奖""北京市育人标兵""北京市高等教育教学成果二等奖"等荣誉。

长期致力于知识迁移、人力资源开发和数智管理研究。主持国家自然科学基金项目3项，在国内外顶级学术期刊上发表论文多篇；参编教育部马工程重点教材《组织行为学》、出版《组织契合与认同研究——中国传统文化对现代组织的影响》等专著5部，主编"数智赋能蓝皮书"。

杨　劲　中移数智科技有限公司（中移咨询）副总经理，高级工程师，历任中国移动集团设计院战略发展部、法律事务部、综合部总经理，分院院长等职务。中国企业联合会管理咨询工作委员会副主任委员、中国企业改革与发展研究会理事、浙江省经济信息协会数字化专业委员会副主任委员、多省数字改革专班和数字化建设专家组成员。荣获"陕西省优秀勘察设计师"称号。

长期致力于国企转型战略、组织创新和工程化咨询服务体系的实践与研究，多次负责升级网络总体设计，主持多项国家部委、央企单位的数字化转型重大研究课题和决策支持项目。2021年，带领初创团队完成了中移数智科技有限公司的组建，建构了"能力即服务"数智化转型咨询服务体系，高质量完成了中央政法委、国家发改委、国资委、住建部以及多省政府部门的委托课题，成功为中国移动集团、中国星网、中海油、国家电网、中冶宝钢、希腊比港、上海外高桥等多家央国企数智化转型需求赋能。

冯　梅　北京科技大学经济管理学院应用经济系主任、案例中心主任，教授，博士生导师。兼任中国管理现代化研究会管理案例研究专业委员会委员、中国管理案例共享中心专家委员会委员，获"教育部课程思政示范课程教学名师和教学团队""北京科技大学教学名师""北京科技大学师德先锋"等荣誉。

长期致力于资源环境经济、工业经济、产业政策等领域的研究，在CSSCI、SSCI、SCI等期刊上发表论文百余篇，出版著作10余部；主持国家社会科学基金项目2项，北京市社会科学基金重点项目、教育部人文社会科学研究项目等省部级项目4项；主持省部级和校级教育教学改革项目10余项；主持企业委托项目20余项。主讲课程入选教育部课程思政示范课程、全国工商管理专业学位研究生在线示范课程序列。担任"钢铁产业蓝皮书"——《世界钢铁产业发展报告（2022）》《世界钢铁产业发展报告（2023）》副主编。

王洪志　上海大学中国消费金融品牌研究院执行院长、苏州盈天地资讯科技有限公司董事长兼CEO。中国管理科学学会金融研究院特聘金融科技专家、中国电信集团金融行业首席特聘专家。拥有27年企业信息化管理经验、18年行业领域战略咨询经验、11年金融行业数字化服务经验。从前台营销到后台管理、从战略架构到实施落地、从稳态科技到敏态科技融合、从外在品牌到内在文化体系建设、从敏捷组织到人才养成体系建设，都有较为深入的研究，在构筑金融行业生态场景方面具有丰富的咨询经验。

长期助力中国银行、中国建设银行、中国工商银行、中国农业银行、交通银行、中国邮政储蓄银行等大型银行完成数字化转型项目，致力于银行业数字化转型的理论研究与实战操作，在《中国金融》等期刊上发表多篇研究成果。2018 年，助力厦门农商银行申报"基于大数据与互联网+的精准营销应用探索与研究"课题，获中国银保监会信息科技风险管理课题研究一类成果奖。

序 一

纵观历史，人类社会经历了蒸汽机驱动的"机械化革命"，电力、内燃机等驱动的"电气化革命"，以及计算机和互联网等驱动的"信息化革命"。当今时代，新一轮科技革命和产业变革深入发展，5G、AI、算力网络等数智化技术不断突破，新质生产力加速形成，正推动人类社会迈入以信息为主导、信息和能量深度融合的第四次工业革命，即"数智化革命"——数据成为新生产要素，算力成为新基础能源，人工智能成为新生产工具；数字经济和实体经济、虚拟经济深度融合催生低空经济、智能网联汽车等新兴产业，拓展类脑智能、量子信息等未来产业新赛道；"互联网+""5G+""AI+"梯次升级、持续发展，带来超大规模定制化、柔性制造等新型生产方式。

党中央深刻洞察把握数智机遇，大力推进数智化发展，顶层设计、统筹部署"网络强国""数字中国""智慧社会"等国家战略，推进数智化技术普及融入经济、社会、民生各领域全过程，赋能生产、生活、治理方式转型升级。经济社会的转型升级是一项从 A 到 X 的开放复杂系统工程，是从一种范式进化到另一种全新范式的过程，存在大量不确定性条件和差异化个性化需求。面对新形势、新要求，信息通信业发挥着经济社会转型赋能者、科技创新突破引领者、基础设施演进推动者的重要作用，电信运营商承担着国家队、主力军、排头兵的使命职责。以中国移动为例，锚定世界一流信息服务科技创新公司发展定位，以科技创新打造新质生产力，系统打造新型信息基础设施，创新构建新型信息服务体系，大力推进"三个计划"，即"AI+"

行动计划、"BASIC6"科创计划、"两个新型"升级计划，推动现代化产业体系建设。面向当前和未来，信息通信业和电信运营商应该怎样建设更加坚实的"数智基座"？怎样更好地运营"数智空间"？在数智时代扮演什么样的角色？在服务供给过程中如何创造和应用新思想、新工具、新模式？如何发挥更大作用、贡献更大价值？这些都是要思考和解决的问题。

近年来，针对数智化转型这一领域，学术界开展了更加广泛更加深入的科学研究，产业界纷纷启动自身的规划设计、建设实施等实践探索，涌现出大量可喜的理论和实践成果。为了系统学习、客观呈现我国数智化转型的发展动态和经验做法等，北京科技大学经管学院和中移数智科技有限公司联合组织编写了这本《中国数智赋能研究报告（2023～2024）》的蓝皮书，从数字经济管理学研究和数字经济转型赋能实践两个维度，对数智赋能总体情况、理论体系、技术应用、行业案例等方面进行分析研究，相信能够为该领域学者、从业者和有兴趣者提供有益的参考和启迪。

中国移动通信集团有限公司副总经理

兼首席网络安全官、党组成员李慧镝

2024 年 7 月 1 日

序　二

当前，技术革命和产业变革正在以排山倒海之势加速演进，新质生产力作为新时期先进生产力的代表应运而生。可以看到，一批批企业通过数字化转型、网络化建设、智能化发展，不仅有效提高了制造业的产出，而且使得经济结构调整的内涵发生了深刻的变化，以数智创新有力推动了产业创新，加快了新质生产力的发展进程。如何在变化与演进之中，清晰地梳理以数智化赋能为核心的企业数字化转型实践，为更多企业提供参考借鉴的经验，为政府制定政策形成依据参考，为科研部门与学界开展研究准备实例，不仅为形势所急需，而且成为社会各方关注的热点。令人欣喜的是，数智赋能蓝皮书系列的《中国数智赋能研究报告（2023~2024）》（以下简称《报告》）适时而生，成为推动新质生产力加快发展背景下的精品。

《报告》站位准确，着重创新。发展新质生产力是推动高质量发展的内在要求和重要着力点。《报告》认为，数智赋能新质生产力，从形势、机遇、动能、问题四个方面着力，可以加快我国的数字化进程，促进经济社会的高质量发展。展示数智赋能新特点的产业数字化和数字产业化带动了技术革命性突破、生产要素创新性配置、产业深度转型升级，数字经济已经成为新质生产力发展的重要驱动力。以数智创新多种形式赋能，将有力促进数字经济发展，推动全社会生产方式、生活方式和治理方式的加快变革，进而重塑全球要素资源、经济结构和竞争格局。

《报告》紧贴产业，着眼企业。我国的数字经济发展逻辑不同于西方发达国家，数字化转型与工业化、城镇化、农业现代化同步推进，一方面使我国的数字化转型进程复杂而富有挑战；另一方面促使我国工业化转型升级的进程远快于其他发达国家。2023 年以来，人工智能技术与物联网、大数据、区块链等技术加速集成融合，关键性基础设施与通用性技术的融合奠定了规模产业的基础，不仅推动了传统产业转型升级，更产生了众多新产业、新业态。以数智创新引领数字化转型的战略选择、路径设计已经成为众多企业转型升级的坚定选择。

《报告》探讨规律，着力应用。数智赋能不仅仅是技术的革新，更是通过对以人工智能为代表的新兴技术的运用对传统理念、管理方式和文化进行重塑。《报告》突出数智赋能的应用，从制造业的智能化升级到服务业的数智化创新，再到党政、交通、农业、医卫等领域的智能应用，集中了一批生动案例，充分说明数智化技术已深入渗透到社会各领域，推动各行业的生产效率和服务质量不断提升。

《报告》揭示核心，着手精要。数智赋能的核心在于数据的价值挖掘和应用。面对近年来科技革命和产业变革的大潮，数据对生产生活及社会治理的贡献日益凸显，其在社会运行中的高度流动性表现出明显价值化的要素属性。作为新质生产力的劳动对象，数据要素不但可以赋能其他生产要素提升资源配置效率，而且可以直接赋能研发、生产、交换和服务，实现价值倍增。《报告》用实例和分析表明，企业要抓住数智赋能的精髓与要点应从促进数据要素和劳动、资本等其他要素融合开始，以数据流引领物资流、人才流、技术流、资金流，提高全要素生产率，培育建设新质生产力。数据要素赋能新质生产力的过程，就是突破传统价值增长模式，通过多场景应用、多主体复用，最终实现多来源、多类型、多模态数据融合，以创新带动经济增长。

新质生产力自提出以来，研究著作数量不少，但从数字化、网络化、智能化的角度，深入、详细论述数智化与新质生产力关系的专著乏善可陈。放眼看去，《报告》系统阐释"能力即服务"数智服务转型发展的体系架构，阐述以数据、平台、技术、场景的深度融合加快数智赋能制度创新和治理环境优化的路径，提出数据治理、安全、伦理问题的风险警示，剖析数智赋能的管理学意义及企业操作要点，强调数智时代发挥人才优势、加快数字基础设施建设的重要性及关键所在，详述在卫生健康、城市基层治理、金融市场、网络学习教育等众多应用场景下的数智赋能现状、发展趋势和启示。不能不说，《报告》以其紧扣时代的立论、严谨细致的文风、丰富多彩的内容、深刻严肃的研究，成为这一领域的佼佼者。

《报告》取得这样的成果与参与本书的研究团队和编写组织者密切相关。北京科技大学经管学院作为新中国成立的第一所钢铁工业高等学府的管理学教学研究担纲单位，70 余年来为国家工业行业特别是钢铁产业的管理创新做出了积极贡献；中移数智科技有限公司是中国移动集团内数智化转型咨询的责任主体，成立仅三年就在数智化转型咨询与市场拓展方面展示了不俗的实力，作为中国企业联合会管理咨询工作委员会数智化咨询专委会的牵头单位，在打造智库平台、协同好政企业务拓展方面取得了显著成绩。两个单位的相关人员在魏钧教授、杨劲高工牵头组织下，汇聚了众多业界知名专家学者形成团队，系统梳理了我国数智赋能的现状与未来趋势，深入分析了技术应用的最新进展，展示了不同行业的成功实践和重点领域的创新探索，从理论构建到实践应用，描绘了数智赋能的全景图，为数智赋能新质生产力形成了理论上的率先探索和方法上的重要启示。

数智赋能的实现离不开政策支持和社会各界的协同努力。《报告》特别探讨了政府在推动数智赋能方面的政策措施和生态构建情况，强调了政府、企业、学术界和社会组织的合作与共赢，为进一步推进数智赋能、构建数字经济新生态提供了经验与借鉴。

相信《报告》能为身处数智创新一线的广大企业、政府部门、学校和科研单位、金融部门及社会组织等以及关心于此的读者带来启示与帮助，为推进中国企业的数字化、网络化、智能化转型、加快数字化应用，赋能新质生产力建设，实现中国经济高质量发展做出贡献。希望大家携手共进，共同迎接数智时代的机遇与挑战，为推进中国式现代化注入强大动力，共同书写中国式现代化建设新篇章。

中国企业联合会、中国企业家协会党委书记、

常务副会长兼秘书长朱宏任

2024 年 6 月 26 日

序 三

党的二十大报告明确提出加快建设网络强国和数字中国，加快发展数字经济，促进数字经济和实体经济深度融合。数字化发展已经历了信息化、网络化和平台化等多个阶段，如今正步入以数据驱动为核心的智能化新时代。数字化与智能化的融合，能够实现对数据的精准采集、高效处理、深度分析和广泛应用。这一变革为经济社会发展带来了新动能，成为进一步挖掘和释放数据资产价值，彰显数据要素放大、叠加、倍增效应巨大潜力的重要手段。

在人工智能技术的加持下，数据的生产、分享、匹配和应用变得更加智慧和精准，使其能够更深入地渗透到生产、分配、交换和消费环节。在生产环节，数智化强化了对有效信息的过滤与挖掘，推动精准决策和资源的高效利用，有利于提高生产效率。在分配环节，数智化强化了产业链条的无缝、高效连接以及数据交互，有利于促进价值公平分配、增强透明度和合理性、提高经济社会的整体效益。在交换环节，数智化能够更快、更精准地提炼有效信息，解决上下游各环节的信息鸿沟问题，打破信息壁垒，推动要素共享和交易，促进市场繁荣和发展，形成更加开放和活跃的经济生态。在消费环节，数智化则通过精准洞察消费者需求，改进数据质量，为厂商提供消费大数据信息，有效缓解供给侧厂商与需求侧消费者之间的信息不对称问题，为双方提供更多更广的选择空间。

数字化与智能化的深度融合不仅使市场更加有效，也让政府更加有为。通过深度融合数字与智能技术，政府决策将更加科学，治理将更加精细，服务也将更加便捷，推动数字政府向智能化迈进。在决策环节，政府可以利用大数据广泛收集民意、舆情等各类碎片化信息，并借助人工智能工具进行深度分析和提炼，将其转化为政策资源，这不仅可以使政府的决策过程更加科学，同时有利于强化政策的实施效果。数智化通过打破数据"孤岛"，将原本分散在不同地域、不同系统和不同业务领域的部门进行整合，显著增强信息共享能力，推动治理现代化进程。此外，借助人工智能技术，政府也可以更准确地把握公共需求，从而大幅提升政府公共服务供给的时效性和有效性。

正是基于以上背景，北京科技大学经济管理学院和中移数智科技有限公司联合组织编写了"数智赋能蓝皮书"——《中国数智赋能研究报告（2023~2024）》。该书秉持客观真实的立场，汇聚了众多专家学者的智慧，深入探讨了我国数智赋能的现状与发展趋势，不仅从理论层面对数智化的价值和成长路径进行了阐述，还从实践角度对数智化的具体应用与推进策略进行了详细分析。期望本书能够成为企事业单位数智化转型过程中的重要参考。

当前，培育和形成新质生产力已成为我国壮大发展新动能新优势的关键手段，而数智化将在此过程中发挥关键作用。展望未来，我国应继续加大对数智技术的研发力度，推动其在各个领域广泛应用，充分发挥数据作为新型生产要素"融合剂"的作用，以智慧化的方式促进不同产业跨界融合，实现劳动者、劳动资料、劳动对象及其优化组合的跃升和质变，并塑造与之相匹配的新型生产关系，不断推进和拓展中国式现代化进程。

广东外语外贸大学党委副书记、校长闫相斌

2024 年 6 月 16 日

摘　要

数智时代已经到来，数智赋能经济社会的高质量发展，成为新时代的新特征。《中国数智赋能研究报告（2023~2024）》在总结我国数智赋能成功经验与创新实践的基础上，提出了数智赋能的理论思考和趋势判断，从中国实践提炼中国理论，用中国理论解释中国实践，为我国数智赋能新质生产力发展提出可行性建议。

本报告主要从我国数智赋能总体发展、理论体系构建、技术应用进展、行业成功实践以及重点领域推进等方面，研究分析了我国近年来在数智赋能方面的显著成效与内在规律，提出了创新性理论与趋势判断，共包括5部分14篇文章。本报告研究表明，智能技术、人工智能、机器人和先进算法等数智化手段的应用，可以赋能我国新质生产力的跃升，助力我国社会经济的高质量发展。整体上看，数智赋能推动着全域经济的发展，促进了理论体系的不断完善，在技术应用方面持续发力，在重点产业成效显著，在重点领域表现突出，数智赋能千行百业已初具规模。

整体上看，国家在数智时代的全新布局具有重要的战略意义，我国数智赋能新质生产力的格局初步形成，赋能信仰、赋能决策、赋能人才、赋能创新、赋能治理、赋能发展的驱动体系不断完善，数智赋能的架构设计与运营模式逐步确立。在数智赋能理论体系建设方面，数智赋能的实现路径更加清晰，技术发展的跃升通道更加明确；管理要素的重构方式更加具体，人才变革的策略制度更加细化。在新技术应用方面，数字基础设施成为巨大的先行赛道，卫生健康事业的数智化得到了战略性优先布局，城市数智治理成为重要的先发领域。在产业发展方面，服务业在数智赋能的加持下快速崛起，金融业具有数智化的先行优势，这些都将成为数智时代的热点产业。在重点探索领域方面，人才管理成为重中之重，需要进行系统化规划与全方位保障；数字化转型成为必由之路，需要进行整体设计与科学推进；网络学习成为学习的主流方式，需要进行立体构建与闭环运营，数智赋能高质量发展成效明显。

关键词： 数智赋能　新质生产力　高质量发展

目 录 ▷

I 总报告

II 理论篇

III 技术与应用篇

Ⅳ　产业篇

Ⅴ　专题篇

皮书数据库阅读**使用指南**

总报告

B.1

数智赋能新质生产力研究报告
（2023~2024）

魏　钧　冯　梅　王洪志*

摘　要： 当下，在"数智化"浪潮席卷全球的背景下，我国推进"数智化"的步伐明显加快。从2023年的《数字中国建设整体布局规划》中关于建设数字中国的重要部署，到2024年《政府工作报告》首次提出"人工智能+"行动，数智赋能我国新质生产力的重要作用日益凸显。本报告围绕数智赋能新质生产力这一主题，从数智赋能的新形势、新动能、新机遇和新问题四个方面进行了探讨，提出了"赋能信仰、赋能决策、赋能人才、赋能创新、赋能治理和赋能发展"六大赋能方式，并对每种赋能方式的发展状况与未来趋势进行了分析，进一步揭示了数智赋能引发的新场景、新赛道、

---

* 魏钧，北京科技大学经济管理学院数智化管理研究中心主任，教授，博士，博士生导师，中移咨询专家委员会委员，研究方向为知识迁移、人力资源开发、数智管理；冯梅，北京科技大学经济管理学院应用经济系主任、案例中心主任，教授，博士，博士生导师，研究方向为资源环境经济、工业经济等；王洪志，上海大学中国消费金融品牌研究院执行院长、苏州盈天地资讯科技有限公司董事长兼CEO，研究方向为商业银行数字化转型。

新生态和新世界。同时，针对数智时代的突出问题进行了充分讨论，为数智赋能的健康发展提供了有益的参考。

关键词： 人工智能　数智赋能　新质生产力

　　党的十八大以来，以习近平同志为核心的党中央，高度重视数字化发展，描绘了新时代数字中国的宏伟蓝图。党的二十大报告明确指出，要加快建设数字中国，发展数字经济，促进数字经济和实体经济深度融合。2023年，中共中央、国务院印发《数字中国建设整体布局规划》，这是党的二十大后中央在数字化发展领域做出的最新部署，锚定了数字中国建设的发展方向，进一步明确了整体性、系统性、协同性的战略路径。2024年的《政府工作报告》三次提到了人工智能，首次提出开展"人工智能+"行动，为我国人工智能发展指明了方向。

　　2023年9月，习近平总书记在黑龙江考察调研期间首次提到"新质生产力"，它是一种基于科技创新的理论突破，是马克思主义生产力理论在中国的创新发展。2023年12月，中央经济工作会议强调，要以科技创新推动产业创新，特别是以颠覆性技术和前沿技术催生新产业、新模式、新动能，发展新质生产力。可以说，2023年是新质生产力的诞生之年。2024年1月31日，习近平总书记在中共中央政治局第十一次集体学习时强调：加快发展新质生产力扎实推进高质量发展。[①] 与传统的生产力不同，新质生产力的核心动能是科技创新，进而通过科技创新带动产业全面升级。2024年的《政府工作报告》将"大力推进现代化产业体系建设，加快发展新质生产力"列为首项任务，新质生产力也成为两会期间热度最高的名词之一。

　　在大数据、人工智能和社会经济活动深度融合的时代背景下，"数智"

---

①《习近平在中共中央政治局第十一次集体学习时强调：加快发展新质生产力扎实推进高质量发展》，中国政府网，https://www.gov.cn，2024年2月1日。

成为一种重要的战略资源和生产要素，成为驱动创新发展的核心动能。所谓数智赋能（Data-Intelligence Empowering，DIE）是指通过大数据和人工智能新技术的融合与运用，将数智类生产要素赋予经济社会的各个方面，最终实现资源的高效利用和社会的多方共赢。数智赋能新质生产力，可以实现生产力的大幅跃升，促进经济社会的高质量发展，使人类成功迈进数智文明时代。在这一过程中，政府治理将进阶、产业升级将加速、业务生态将重塑、企业组织将转型，整个社会也将面临巨大的机遇和挑战。

一　数智赋能顺应新形势

（一）从"数字化"到"数智化"

全球正在由"数字化"时代迈向"数智化"时代，我国的发展速度更是十分迅猛，数字基础设施全球领先，数字技术和产业体系不断完善，产生了海量数据和丰富的智能应用，数智赋能经济社会的作用日益强化。数字化强调数据要素的深度应用，数智化则是在数字化的基础上进一步增加了智能化，即通过智能手段实现自主生成和智慧运营。实现数字化主要依靠大数据分析，而实现智能化主要依托智能手段，包括智能技术、人工智能、机器人和先进算法等（Smart Technology，Artificial intelligence，Robotics，and Algorithms，STARA），可见，数智化是数字化的进阶和升级。由于以"数据+算力+算法"为核心的智能手段，已经具备赋权、赋值、赋能和赋智的综合功能，凭借这些数智赋能，人类将成功进入数智新时代。

2023年11月，《自然》发表了两项新研究成果：第一项是人工智能驱动的平台GNoME（材料探索图形网络）的成果，它实现了自行发现和合成新无机化合物功能，并且具有远超人类的开发速度和精确度；第二项是自动实验室（A-Lab）系统，它可以根据现在的文献进行主动学习，拟定化合物创造配方，随后用机器臂执行实验，并能不断进行实验优化，成功率同样高于人类研究者。这就意味着，人工智能已经可以胜任自主的科学研究，科研效率和效果也不逊于人类。可见，人类最难以被取代的科学研究，也可以由数智赋能来实现。

我国十分重视人工智能的发展，不断出台数智赋能的政策实施引领。2023 年 3 月 27 日，科技部启动"人工智能驱动的科学研究"（AI for Science）的专项部署工作，以大模型为特征的数智技术，不仅可以赋能全产业链发展，还将改变产业形态和经济结构，最终影响社会经济生活的各个方面，将使数智化成为当今时代的最强音。数智成为战略资源，对个人行为、组织运营、经济社会和国家发展，都会起到巨大的赋能驱动作用。根据中国信息通信研究院发布的数据，2023 年，我国人工智能核心产业规模升至 5784 亿元，增长率为 13.9%，人工智能已经成为促进经济高质量发展的重要引擎。①

（二）从"整体布局"到"人工智能+"

2023 年成为数智赋能中国经济社会高质量发展的开局之年，一系列重大政策和重要举措高频出现，引导中国快速进入数智时代，使数智赋能千行百业成为整个社会和经济发展的新引擎。2023 年 2 月，中共中央、国务院发布《数字中国建设整体布局规划》，从短期和长期两个方面提出了明确的目标任务，吹响了数字中国建设的号角，完成了数智赋能新质生产力的整体布局。2023 年 10 月 25 日，国家数据局正式揭牌，从国家层面统筹协调数字中国、数字经济、数字社会的规划和建设，明确了统筹主体，落实了主导责任。2023 年 12 月 31 日，国家数据局等 17 部门联合印发《"数据要素×"三年行动计划（2024—2026 年）》，提出充分发挥数据要素的乘数效应，赋能经济社会的快速发展，标志着数据要素赋能进入了实施阶段。

2024 年 3 月，《政府工作报告》三次提到"人工智能"，首次提出要开展"人工智能+"行动，打造具有国际竞争力的数字产业集群，数智赋能的行动方向和方法路径日渐清晰。为此，产业界将 2024 年视作"AI 应用元年"，人工智能与实体经济深度融合，助力中国产业全面升级，赋能新质生

---

① https：//baijiahao.baidu.com/s？id=1798749654681274506&wfr=spider&for=pc.

产力实现跃升。2024 年 4 月 2 日，国家数据局起草了《深化智慧城市发展推进城市全域数字化转型的指导意见（征求意见稿）》，指出到 2027 年实现"全国城市全域数字化转型取得明显成效，形成一批横向打通、纵向贯通、各具特色的宜居、韧性、智慧城市，有力支撑数字中国建设"，以智慧城市建设带动全产业链发展，成为数字中国建设的重要举措，具体如表 1 所示。

表 1　2023 年 2 月至 2024 年 4 月我国推动数智赋能的重要举措

时间	政策与活动	内容
2023 年 2 月	中共中央、国务院发布《数字中国建设整体布局规划》	指出"建设数字中国是推进中国式现代化的重要引擎，是构筑国家竞争新优势的有力支撑"，分阶段制定目标任务，从短期确定了到 2025 年数字中国建设发展格局，从长期提出"到 2035 年数字化发展水平进入世界前列、数字中国建设取得重大成就"的发展愿景
2023 年 3 月	中共中央、国务院发布《党和国家机构改革方案》	提出将组建国家数据局
2023 年 8 月	国家网信办等七部门发布《生成式人工智能服务管理暂行办法》	旨在促进生成式人工智能健康发展和规范应用，维护国家安全和社会公共利益，保护公民、法人和其他组织的合法权益。从政策层面设置了准入门槛，标准体系覆盖多个行业，涵盖了模型行业能力、模型工程化性能、模型算力网络、模型安全可靠等方面
2023 年 10 月 25 日	国家数据局正式挂牌成立	丁薛祥出席国家数据局揭牌仪式
2023 年 11 月 9 日	国家发展改革委价格司会同国家数据局筹备三组召开座谈会	听取相关方面对加快建立健全符合公共数据要素特性的价格形成机制，推动用于数字化发展的公共数据按政府指导定价有偿使用等问题的意见
2023 年 12 月 8 日	召开第二届数字政府建设峰会暨数字湾区发展论坛	刘烈宏透露国家数据局工作部署，将深化数据赋能，推动数字政府建设向纵深发展，加快推进数据要素市场化配置改革，全面提高数据资源开发利用水平，让公共数据"供得出""流得动""用得好"

时间	政策与活动	内容
2023 年 12 月 31 日	国家数据局等 17 部门联合印发《"数据要素×"三年行动计划（2024—2026年）》（以下简称《行动计划》）	《行动计划》指出，实施"数据要素×"行动，就是要发挥我国超大规模市场、海量数据资源、丰富应用场景等多重优势，推动数据要素与劳动力、资本等要素协同，以数据流引领技术流、资金流、人才流、物资流，突破传统资源要素约束，提高全要素生产率；促进数据多场景应用、多主体复用，培育基于数据要素的新产品和新服务，实现知识扩散、价值倍增，开辟经济增长新空间；加快多元数据融合，以数据规模扩张和数据类型丰富促进生产工具创新升级，催生新产业、新模式，培育经济发展新动能
2024 年 3 月 5 日	《政府工作报告》三次提到"人工智能"，首次提出开展"人工智能+"行动	深化大数据、人工智能等研发应用，开展"人工智能+"行动，打造具有国际竞争力的数字产业集群。实施制造业数字化转型行动，加快工业互联网规模化应用，推进服务业数字化，建设智慧城市、数字乡村
2024 年 4 月 2 日	国家数据局起草了《深化智慧城市发展推进城市全域数字化转型的指导意见（征求意见稿）》，向社会征求意见	城市作为国家经济发展、社会治理、公共服务的单元，是推进数字中国建设的综合载体。推进城市智慧化发展、数字化转型，是面向未来构筑城市竞争新优势的关键之举，也是推动城市治理体系和治理能力现代化的必然要求

资料来源：官网公开资料。

（三）从"生成式"到"替代潮"

2022 年底，ChatGPT 在人机对话、文本生成等方面的卓越性能引发全球关注，数智赋能人类的进程瞬间提速。2023 年 12 月 21 日，《时代》杂志发表文章归纳了 2023 年人工智能领域的三项最重要的创新：一是能够生成多模态内容；二是能够理解自然语言；三是能够将文字转换成静态和动态图像，表明人工智能从语言生成向图像生成、视频和音频生成方向快速发展，标志着人工智能进入了理解、生成和创作的新阶段。为此，2023 年也被称为人工智能全面爆发的元年，数智赋能开始向实体经济全方位渗透。

伴随着人工智能新技术的飞速发展和广泛应用，越来越多的工作将被人工智能替代，工作"替代潮"来势迅猛。普林斯顿大学教授爱德华·费尔顿（Edward Felten）用"职业 AI 暴露指数"的概念分析哪些职业将很快被机器改变，在大型语言模型应用的影响下，2023 年"职业 AI 暴露指数"最高的 20 个职业如下：（1）电话销售员；（2）英语语言文学教师；（3）外语语言文学教师；（4）历史教师；（5）法学教师；（6）哲学与宗教学教师；（7）社会学教师；（8）政治学教师；（9）刑事司法和执法学教师；（10）社会学家；（11）社会工作教师；（12）心理学教师；（13）传播学教师；（14）政治学家；（15）地区、民族和文化研究教师；（16）仲裁员、调整员和协调员；（17）各级法院法官；（18）地理教师；（19）图书馆学教师；（20）临床心理学家、心理咨询师和心理咨询教师（肖楚舟，2023）。

在我国，人工智能的替代效应也很显著。2023 年 3 月的一项研究表明，国内现有职业中 42.4%的职业成为高替代风险职业，36.74%的职业成为中替代风险职业（何勤和赵世杰，2023），至少一半的社会职业将面临替代风险，这将对全社会产生巨大冲击和深远影响，这一问题也引发了社会的广泛关注。就目前情况看，人工智能将带来的职业替代数量远大于其创造的新职业数量（汪昕宇等，2023）。

从世界范围看，人工智能新技术的"替代效应"，远远大过"创造效应"。2024 年 1 月，国际货币基金组织（IMF）发表的《Gen-AI：人工智能和工作的未来》报告指出，在发达经济体和部分新兴市场经济体中将有 60%的就业岗位会受到人工智能的替代或部分替代，而在其他新兴市场国家和低收入国家受人工智能影响的就业岗位占比则分别为 40%和 26%。可见，人工智能新技术对传统职业的"替代潮"来势汹涌。

二 数智赋能产生新动能

顺应数智化管理大势，数智赋能新质生产力成为新时代经济社会发展的必由之路。一方面，数智化可以通过赋能信仰、赋能决策、赋能人才、赋能创新、赋能治理、赋能发展来激发新动能，促进新质生产力的跃升，通过对新场景、新赛道、新生态和新世界的拓展，为经济社会发展创造新机遇。另一方面，数智赋能的发展既顺应新形势，又解决新问题，可谓"乘势而上，破难前行"。不难看出，由牵引系统（新形势）、动力系统（八项赋能）、传导系统（新动能）、连带系统（新机遇）和风险系统（新问题）各个板块共同构筑的完整的数智赋能体系，其中涉及各板块内部的核心要素与板块之间的协同。数智科技将通过体系化的赋能，推动新质生产力的全面发展（见图1）。

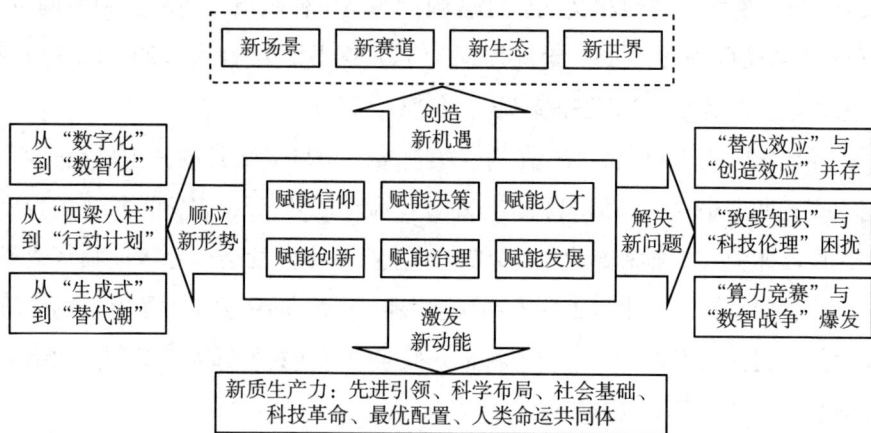

图1　数智赋能新质生产力的体系框架

（一）赋能信仰：保持新时代先进引领

新质生产力是新时代党领导下先进生产力的真实体现，而数智赋能可以通过数智手段，更好地实现党对先进生产力的领导。2019年，《中共中央关于加强党的政治建设的意见》指出，"积极运用互联网、大数据等新兴技术，创新党组织活动内容方式，推进'智慧党建'"①。智慧党建成为党建

---

① 《中共中央关于加强党的政治建设的意见》，中国政府网，https：//www.gov.cn/zhengce/2019-02/27/content_5369070.htm。

发展的新方向，许多组织构建了党支部资料库、党员信息库、干部履历库、学习素材库、党建知识库等多种类型的"党建大数据库"，通过数据库智能管理系统、云计算等方式，不断提升党建管理效率。与传统党建工作方式相比，数智化党建系统通过自动化处理、精准信息共享、深度知识挖掘等方式，全面提升了赋能效果。以中国银行"复兴壹号"智慧党建平台为例，自其 2017 年成功上线以来，到 2023 年 9 月已有注册用户 800 余万，超过 1.5 万家共建合作伙伴入驻，覆盖 300 多个场景①，平台已经覆盖党建、共青团、工会三大板块，搭建了多种类型的智慧党群场景。随着人工智能新技术的广泛应用，"智慧党建"有了新的发展方向，数智赋能信仰的实现路径更加清晰和明确。

（二）赋能决策：助力前瞻性科学布局

从前的管理决策更多地依赖领导的智慧，根据高阶理论的解释，领导者是战略决策的主导力量。在大家根据内外部情况进行决策时，对领导者的认知与素质都是一个挑战，领导者的视野、认知、价值观、个性、先前经验等，都会影响决策的整体质量，而在数智时代，借助数智赋能的决策会更加精准高效，并向着自动化、自主化的方向迈进。在经济领域，全产业链的数智化进程，为决策者提供了更大的空间与更广的视野，从而大幅提升决策质量。

首先，生成式人工智能可以扮演"数字助理"和"数字运营官"的角色，为领导者提供决策支撑，从而降低人为决策的主观性。以城市发展为例，数智赋能体现在基于城市基础数据、资源数据、工程数据和物联网感知数据等方面的智能化、精细化施策，确保城市规划和建设更加科学，极大地提高决策的科学性与可行性。其次，生成式人工智能可以自主收集和分析信息，自动整合并生成战略规划、政策建议与行动方案，使数智决策比人为决策更加及时有效。比如，在城市防灾防难、城市监测等复杂场景下，人工智

---

① https://mp.weixin.qq.com/s/tD3coe9S02hCkC7Yh41OCQ.

能可以大幅提升决策的速度与质量。最后，数智赋能决策能够更好地把握发展机遇，对未来的预测也更加精准。以农业为例，平台企业打通行情信息、智慧养殖、实时交易等数据要素，形成精准分析与预测，可以极大地降低决策成本和经营风险。可见，数智赋能决策可以全面提升领导决策的质量和效率，克服人为决策的局限性。

（三）赋能人才：构筑数智化社会基础

数智化发展培育出大批数智化人才，成为数智化发展的重要动力。同时，数智时代对全民数字素养提出了更高的要求，这是构筑数智化社会基础的重要一环。数字素养与技能是数字社会公民学习工作生活应具备的数字获取、制作、使用、评价、交互、分享、创新、安全保障、伦理道德等一系列素质与能力的集合。[①] 立足新时代世情国情民情，通过数智赋能人才培育，提升全民数字素养，成为数字中国建设的当务之急。

2021 年 10 月，习近平总书记在中共中央政治局第三十四次集体学习时指出，要提高全民全社会数字素养和技能，夯实我国数字经济发展社会基础。中央网络安全和信息化委员会在当月印发了《提升全民数字素养与技能行动纲要》，强调要立足新时代世情国情民情，构建知识更新、创新驱动的数字素养与技能培育体系。2023 年 4 月，中央网信办召开了 2023 年提升全民数字素养与技能部际协调机制会议，强调加强系统设计和协同推进。2023 年，中央网信办等 15 家单位以"数字赋能、全民共享"为主题，联合举办"2023 年全民数字素养与技能提升月"的主题活动，促进数字化发展成果更好地支撑经济社会发展和民生福祉增进。

2024 年 2 月，中央网信办、教育部、工业和信息化部、人力资源和社会保障部联合印发了《2024 年提升全民数字素养与技能工作要点》，部署了我国全民数字素养与技能发展的八方面重点任务，强调了企业实现数字化转

---

① 《提升全民数字素养与技能行动纲要》，中央网信网，https：//www.cac.gov.cn/2021－11/05/c_ 1637708867754305.htm，2021 年 11 月 5 日。

型所需的"硬性基础"和"软性条件"，提出了培育高水平复合型数字人才的具体要求，进一步构建良好的数智化社会基础。

（四）赋能创新：引领颠覆性科技革命

根据 Boden（1998）的创新认知维度框架，创新也可以划分为组合性（combinational）创新、探索性（exploratory）创新和变革性（transformational）创新三大类。组合性创新是通过对既有资源进行重组产生创新，其核心是通过排列组合来创新，探索性创新是通过对已有规则的运用而产生创新，其核心是通过规则运用来创新，变革性创新是通过变革来创新，其核心是通过实现突破来创新。数智赋能对于三类创新的提升，有着巨大的推动作用。

首先，数智赋能提供了无限组合的可能性，在数智赋能下，人类对已有科学数据进行深度挖掘，通过知识抽取形成语料库和数据集，以支持人工智能大模型训练，为组合性创新构筑坚实的底座，创造巨大的组合性创新空间。其次，数智赋能实现了规划运用的自动化，人工智能被认为是"大数据+算力+算法"的组合，其中算法是对各类规划的多重应用，实现的是以海量数据为前提的规划运算的自动化，从而大幅提升了探索性创新的成功概率。最后，数智赋能提供了颠覆传统的新视角，以工业制造企业为例，由仿真、实验、供应链等多方数据构成新的研发驱动模式，可以实现增值服务、趋势预测等数据驱动的变革性创新，多角度激发创新成果的产生。

（五）赋能治理：实现全要素最优配置

从国家治理到社会治理，从城市治理到乡村治理，数智赋能都起到了强大的支撑作用。2023 年 11 月 3 日，《人民日报》用整版篇幅聚焦"数字化如何赋能国家治理"这一主题，掀起了数智赋能国家治理的大讨论。国家治理的理念、规划、制度和方式，都会受到数智赋能的影响，数智化将不断推动国家治理体系的完善和治理能力的提升，实现全要素最优配置与提质增效。

治理不同于管理，它更加强调多元主体的协同共建，在这一点上，数智科技具有强大的优势和不可替代的作用，"数智底座"成为各项治理工作的核心基础。2023 年，上海市城市数字化转型工作领导小组办公室印发《2023 年上海市城市数字化转型重点工作安排》①，提出数字经济核心产业增加值超 6000 亿元、推动落地 40 个生活数字化转型应用场景、建成城市数字底座 "1+1+N" 基本框架，旨在塑造一流数字化生态，打造具有世界影响力的 "国际数字之都"。

从我国基层治理经验看，数智赋能已成为重要支撑力量。2022 年，党的二十大报告明确指出了 "政治引领、法治保障、德治教化、自治强基、智治支撑" 的 "五治融合" 治理模式，明确了我国基层社会治理的发展方向，其中 "智治" 就是利用大数据、互联网、云计算等智能技术实现科学治理，让广大群众共享 "数字红利"。2023 年，"中央一号文件" 强调了 "提升乡村治理效能" 的要求，各地积极探索数智赋能的新型治理模式，以全面感知、高效协同、数据共享、智能决策为特征的数智治理框架基本形成，数智赋能乡村精细化治理成为主要发展范式。

（六）赋能发展：构建人类命运共同体

新质生产力成为引领全球可持续发展的关键驱动因素，而数智赋能在促进经济社会转型升级方面有着独特的优势。未来社会的可持续发展，关键在于数智化建设水平。2023 年 5 月，欧洲 3D 打印机在德国海德堡施工，仅用 140 小时就 "打印" 出占地面积 600 多平方米的建筑物，整个建设过程只要两位监工，同步实现了信息化、无人化和智慧化。在我国，体现中国智慧的 5G 行业融合与绿色创新发展异军突起，5G+物联网、5G+人工智能、5G+工业互联网、5G+AIGC+元宇宙智慧博物馆等成果相继涌现，"绿色引领、数智赋能" 的高质量可持续发展态势已经形成。

2023 年 9 月 26 日，国务院新闻办公室发布《携手构建人类命运共同体：中国的倡议与行动》白皮书，全面介绍了构建人类命运共同体的思想内涵和生动实践，其中提到，中国举办世界互联网大会，成立世界互联网大

① 上海市绿色建筑协会，https://www.shgbc.org。

会国际组织，发起了《全球数据安全倡议》，为全球互联网共享共治搭建平台，推动制定全球数字治理规则。这些重大举措在促进数智赋能全人类方面，起到了积极的作用，影响深远。

三 数智赋能创造新机遇

2023 年 12 月 31 日，国家数据局等 17 部门联合印发的《"数据要素×"三年行动计划（2024—2026 年）》，列举了智能制造、智慧农业、商贸流通、交流运输、金融服务、科技创新、文化旅游、医疗健康、应急管理、气象服务、智慧城市、绿色低碳 12 个发挥数据要素乘数效应的重点领域。回顾 2023 年，这些重点领域的数智化进程都十分迅速，这些领域实现数智赋能后，创造了"新场景、新赛道、新生态、新世界"，为经济社会高质量发展提供了一系列新机遇。

（一）新场景

场景创新是数字底座、数据要素、数字创新的集中体现，是数智赋能产生的应用集合，具有集中赋能、全面带动的功能。以数智赋能自动驾驶的场景为例，打造这一场景需要道路设施数据合成、交通流量数据归集、驾驶行为数据分析等多源数据的智能应用，将引发运输业、汽车业、服务业等各行业的数字化转型升级，不仅能够提升运输与管理效率，培育全新的市场，培养全新的消费理念，而且能不断衍生新的需求。创造一个数智赋能新场景，会激发一系列新模式和新市场持续涌现。

大数据跨区域、跨领域的多元复用，辅之智能化的支撑，将会使数智场景越来越多样化和集成化，出现一批"超级场景"。《2023 年上海市城市数字化转型重点工作安排》明确要求加强区域协同联动，合力打造"AI 城市""车路协同""数智水岸""数字孪生城"四大超级场景，并将超级场景建设列入四大专项行动。可见，场景创新已成为数智赋能经济社会高质量发展的排头兵，发挥着重要的应用触达功能。

（二）新赛道

进入数智时代后，新兴产业、新兴领域的迭代频次大大加快，在生成式设计、虚实融合试验、智能无人装备等方面不断出现新赛道。在数智赋能大发展的背景下，为提供底层技术支撑和提升数据处理传输能力开辟了全新的大型赛道。国务院 2021 年印发的《"十四五"数字经济发展规划》将"优化升级数字基础设施"列为重要任务，为此，5G、工业互联网、人工智能、数据中心、卫星通信五大赛道应运而生。工业和信息化部数据显示，截至 2023 年 11 月，中国 5G 基站总数达到 328.2 万个，具有一定影响力的工业互联网平台超过 340 家，数字基础设施快速升级。[①]

伴随着数智赋能深入经济社会各个领域，算力成为国家层面的重要战略资源，算力竞争成为国际竞争和区域竞争的核心赛道。2023 年 10 月，工业和信息化部等六部门印发《算力基础设施高质量发展行动计划》，提出了到 2025 年的主要目标：算力规模超过 300EFLOPS，智能算力占比达到 35%，东西部算力平衡协调发展。算力一体化建设作为国家级重大工程，必将引发相关产业集群的全面重塑，衍生出更多的新赛道。2024 年 4 月 1 日，国家数据局组建后的首次全国数据工作会议在北京召开，会议指出要加快全国一体化算力网和数据流通基础设施建设。可见，数智时代的算力建设，具有极其重要的战略地位。

同时，一大批多元化、复合性的全新赛道，将直接体现数据要素的"乘数效应"。由于数据要素可以产生多重价值，从产生、运用、反馈、复用等各环节、各个领域，都将产生多样化新赛道，例如，气象数据要素与保险金融数据要求结合，可以缔造天气指数保险、气候投融资产品和各类天气衍生品，创造多个新赛道。

（三）新生态

数智赋能可以引发组织架构、商业模式、产业价值链、资源整合模

---

① 央视网，http://news.cnr.cn，2024 年 1 月 8 日。

式等的全面变革，催生不同生产要素的协同质变。具体而言，借助数智手段可以完成价值链整合和业务流程增进，依托云平台、物联网等数智生态系统能够实现全方位的资源整合，凭借数智决策系统可以产生智能化的解决方案，通过数智化可以实现对物质资本、智力资本和结构资本的全面赋能。

数智赋能各类生态系统健康发展，需要一套有效的运行机制。储节旺、吴蓉、李振延（2023）的研究发现，数智赋能的创新生态系统包括资源编排机制、知识增值机制、开放性机制、共生演化机制、技术驱动机制、柔性机制、绩效反馈机制和支撑保障机制等运行机制，其中资源编排机制和知识增值机制为创新资源提供保障，开放性机制、共生演化机制、技术驱动机制、柔性机制为创新工具提供平台，绩效反馈机制和支撑保障机制成为创新成果的支撑，从而为数智赋能提供完整的机制配套链条，保障生态系统的良性发展。

数智时代的企业形态发生了重要变化，企业从个体价值创造演变为集群联动创造和生态圈层发展。从个人消费看，大数据收集、分析和决策的智能化创造出消费新生态，催生即时零售、反向定制模式出现，进而形成数智赋能商贸一体化和产业集群化。从城市生活看，基于全行业数据、立体化数据（气象、交通、人群等数据）构建的公共领域的大模型，可以精准服务于城市内部各类生态，在公共资源利用、公共事件应急等方面产生巨大的作用。从社会发展看，区域联动可以更加实时化和一体化，比如京津冀、长三角、粤港澳等区域的数据实现互联互通可以形成全新生态，达到优势互补和资源协同的效果。

（四）新世界

互联网、物联网、智联网、数联网给人类带来了巨大影响，而元宇宙（Metaverse）的"去物理化"特性，以沉浸式体验为人类打造出一个全新的虚拟世界。元宇宙是现实世界与虚拟世界交织的新型数字网络空间，未来人们可以用各种"数字人"的形态工作和生活在元宇宙中。人工智能新技术赋能元宇宙，将使沉浸感不断增强，自生成内容不断丰富，大规模场景渲染和实时互动持续完善。2023 年，杭州亚运会运用元宇宙技术推出"浙里烟火"，吸引了全球用户在线体验，掀起了一股元宇宙热潮。

2023 年 8 月 29 日，工业和信息化部等五部门共同印发《元宇宙产业创新发展三年行动计划（2023—2025 年）》，提出了五大任务，即"构建先进元宇宙技术和产业体系"、"培育三维交互的工业元宇宙"、"打造沉浸交互数字生活应用"、"构建系统完备产业支撑"和"构建安全可信产业治理体系"，说明中国的元宇宙产业已经进入快速发展阶段。作为一个全新的数字世界，元宇宙承载了人类发展的无限可能。在政策扶持、技术创新和产业应用的多方发力下，元宇宙产业也将不断升级完善，创造出精彩无限的数字世界。

四　数智赋能引发新问题

中共中央政治局 2023 年 12 月 8 日召开会议，强调以科技创新引领现代化产业体系建设，指明了科技创新的重要性，以及助力经济发展的主要方向。我们也看到，数智赋能在助力人类发展的同时，也引发了许多新问题，从个人工作生活到社会发展都受到影响，需要全人类和世界各国的高度重视与积极应对。

（一）"数据安全"与"网络安全"风险增大

随着自动化进程的加快，人工智能将在社会经济和居民生活层面引发一场自动化大变局，而"数据安全"和"网络安全"的风险也同步增大。2023 年，《财富》杂志发文预测了 2024 年人工智能在工作领域的三大发展趋势：一是加速自动化处理；二是改善业务发展模式；三是维护全球网络安全。2023 年 12 月，欧洲议会、欧盟成员国和欧盟委员会三方就《人工智能法案》达成协议，成为目前关于人工智能最具实质意义的一套法规，它标志着欧盟扫除了立法监管人工智能的最后一道障碍，各国纷纷出台防范人工智能风险的相关法案，进一步完善治理机制。

2023 年 1 月 16 日，工业和信息化部、国家互联网信息办公室等 16 部门联合印发《关于促进数据安全产业发展的指导意见》。2024 年 3 月的《政府工作报告》提出"提高网络、数据安全等保障能力"、"贯彻总体国家安全观，加强国家安全体系和能力建设"，数据安全连续四年被写进《政府工作报告》。可见，全国对这个问题都极为关注。2023 年 4 月，中国支付清算协会发布了《关于支付行业从业人员谨慎使用 ChatGPT 等工具的倡议》，体现出监管部门对于生成式人工智能可能导致的数据安全风险高度重视。[①] 2023 年 7 月，依据《中华人民共和国网络安全法》，国家互联网信息办公室会同工业和信息化部、公安部、国家认证认可监督管理委员会等部门更新了《网络关键设备和网络安全专用产品目录》，进一步细化了网络安全的管理举措。由此可见，"数据安全"和"网络安全"已经上升到国家安全的高度。

（二）"致毁知识"与"科技伦理"困扰加剧

我们也必须看到，科学技术的飞速发展，有时也会偏离人类文明的轨道，甚至产生不可逆的破坏作用。以人工智能为例，它可以促进人类文明发展，也可能引发毁灭性灾难，利用人工智能研究出致毁知识的可能性将大幅提升，从这个角度说，数智赋能的另一面便是数智威胁。在数智赋能的进程中，中国是数字文明的倡导者、人工智能治理的行动派。2023 年 10 月，习近平主席提出《全球人工智能治理倡议》，首次提出三个确保——确保有益、确保安全、确保公平，其宗旨是使人工智能的发展与人类共同福祉和伦理规范保持一致，确保其发展方向与人类文明进步方向一致，这一倡议得到了国际社会的广泛认同。

科学技术是人类文明的驱动力，人类文明又是科学技术的服务方向。2023 年欧洲议会、欧盟成员国和欧盟委员会三方通过的《人工智能法案》

---

① 央视网，https://news.cctv.com，2023 年 4 月 10 日。

中，就包括对 ChatGPT 等新兴科技的监管法规，人们已经开始基于伦理的方式，对新兴科技进行实质性的监管和规范。由此可见，数智赋能的崛起，既是机遇，又是挑战，实现稳健发展任重而道远。

从科技伦理的视角看，人工智能所具有的颠覆性、复杂性及社会关联性等特征，势必对科技伦理产生挑战。就世界范围而言，科技伦理问题正面临着前所未有的挑战。欧洲哲学界提出的"负责任的研究和创新"原则，成为欧盟"地平线 2020"战略下科技政策的关键要素，引发全球思考与响应。在我国，为积极应对科技伦理问题，2023 年，科技部、教育部、工业和信息化部等 10 部门联合印发了《科技伦理审查办法（试行）》，强化科技伦理的风险防控，以实现"负责任的创新"。

可见，随着数智赋能的快速发展，来自"致毁知识"和"科技伦理"的困扰不断加剧。有效应对这一系列问题，需要各个层面联合发力：国家层面，需要持续出台有力的政策保障措施；组织层面，需要强化防范措施；社会层面，需要普及科技伦理与道德标准；个人层面，需要随时提高警觉意识。只有全人类联合起来，构筑立体的文明规范和伦理防线，才能使数智赋能与人类文明相向而行。

（三）"算力竞赛"与"数智战争"竞相爆发

数据、算法和算力是实现数智化的三大要素，数据是基础信息来源，算法是数据分析策略，算力则是完成计算的能力。从广义上讲，算力也涉及存力、算法等各方面。在数智时代，算力成为一种重要的战略资源，也是各国角逐的新高地。2023 年 11 月，全球超算大会（SC23）在美国丹佛召开，大会发布了 TOP500 新榜单，体现了全球超算领域激烈竞争的一面。一些全球头部科技公司（如谷歌、亚马逊、脸书等）有着海量的用户数据与强大的人工智能技术，具有"数字霸权"，这些公司不仅可以获取大量用户体验信息，还可以通过选择性传播或抑制某些特定信息，来影响公众的看法、价值观，不仅可以达到商业目的，还可以实现政治目标。

数智不仅赋能生产生活，也改变了人类战争的形态，数智化战争开始出现。2023 年，在俄乌冲突和中东冲突中，无人作战平台的使用颠覆了传统战场要素。伴随着智能武器的应用，战略进入了数智时代。以数据化、算法化、自主化和集智协同为核心特征的数智化战争，将成为战争的主要形态，基于多模态大数据基础的融合力、算力和集智力，成为核心战斗力要素。数智战争的成败，更多地取决于数智要素的实力水平。

五　小结

当前，我国正处在建设"数智强国"的关键时期，构筑强有力的数智赋能体系成为当务之急。研究发现，顺利打通信仰赋能、决策赋能、人才赋能、创新赋能、治理赋能、发展赋能等八大路径，成功缔造新场景、新赛道、新生态和新世界，是数智赋能新质生产力的关键所在，也是中国经济社会乘势而上的动力所在。因此，数智赋能新质生产力，成为一项具有历史意义的研究命题。

参考文献

储节旺、吴蓉、李振延，2023，《数智赋能的创新生态系统构成及运行机制研究》，《情报理论与实践》第 3 期。

何勤、赵世杰，2023，《人工智能冲击养老保险基金收入吗？——从职业替代风险的视角》，《劳动经济评论》第 2 期。

何哲，2024，《新质生产力：概念本质、重点方向与关键机制》，《科学观察》4 月2 日。

汪昕宇等，2023，《人工智能技术应用的职业替代效应及区域比较分析》，《中国人力资源开发》第 7 期。

肖楚舟，2023，《20 种可能很快被 AI 改变的职业》，《三联生活周刊》第 14 期。

张娟、张翠梅，2024，《数智赋能国家创新体系优化的内在逻辑、可能风险与综合规制》，《求是学刊》第 1 期。

中山大学国家超级计算广州中心，http://www.nscc-gz.cn。

Billy Perrigo, 2023, "The Most Important AI Innovations of 2023", *Time*, Dec 21st.

Boden, M. A., 1998, "Creativity and Artificial Intelligence", *Artificial Intelligence*, 103 (1-2): 347-356.

Donald-C Hambrick, 2007, "Upper Echelons Theory: An Update", *Academy of Management Review*, 32 (2): 334-343.

Paige Mcglauflin and Joseph Abrams, 2023, "AI Will Be an even Bigger HR Focus in 2024: Here Are 4 Ways It Will Disrupt the Function", *Fortune*, Dec 15th.

B.2
数智赋能的体系架构与运营模式研究报告（2023~2024）

杨 劲 谭振龙 金 超 李晨辉*

摘 要： 当前，新一代信息、能源等新技术广泛交叉融合发展，推动了社会经济运行模式和生产方式的变革，催生了第五次产业革命。党和国家高度重视科技革命带来的重大机遇，相继出台一系列纲领性文件，全面部署数字中国战略。纵观人类经济社会发展，关键性基础设施与通用型技术的融合是规模产业体系的基础。以数字化、网络化、智能化为核心动能构筑的数智赋能新增长模式，需要转型主体系统认知的升级和数智服务高质量供给的双向奔赴。本报告结合数智化转型理念与实践，系统阐述了"能力即服务"数智赋能转型发展的体系架构，以及在数智赋能运营实践中发挥的关键作用，为组织系统性地构建数智化能力提供参考。

关键词： 数智赋能 数字化转型 数智化能力 运营模式

---

* 杨劲，中移数智科技有限公司副总经理，高级工程师，中国企业联合会管理咨询委员会副主任委员、中国企业改革与发展研究会理事，主要从事国企改革与创新、数智化转型战略研究，以及移动升级网络工程总体设计等实践；谭振龙，中移数智科技有限公司副总师，高级工程师，主要从事信息基础设施规划、数字化改革、企业数字化转型等相关领域研究；金超，中移数智科技有限公司业务总监，主要从事企业数字化转型研究；李晨辉，中移数智科技有限公司咨询顾问，主要从事数字经济、产业经济相关领域研究。

一 推动数字化发展的新使命、新要求、新趋势

（一）新使命：促进数字化转型发展成为构筑国家竞争优势、发展新质生产力的战略选择

纵观世界文明史和社会发展史，人类先后经历了农业革命、工业革命、信息革命，每一次科技革命和产业变革都给生产力带来了质的飞跃。2023年12月，中央经济工作会议强调，要以科技创新推动产业创新，特别是以颠覆性技术和前沿技术催生新产业、新模式、新动能，发展新质生产力。

人类社会正在进入以数字化生产力为主要标志的全新历史阶段，数字经济发展引发了生产力、生产关系、生产要素、基础设施全方位系统性的变革。对比世界不同国家和地区相关引导政策（见表1），不难看出各国为抢抓数字技术变革机遇，抢占新一轮发展制高点，均把数字化作为经济发展和技术创新的重点，加快数字化转型发展成为构筑国家竞争优势的战略选择。是否适应和引领数字化发展将成为决定大国兴衰的关键。

表1 世界不同国家和地区出台的数字化相关政策

国家和地区	政策名称/时间	内容总结
美国	《在数字经济中实现增长与创新》(2016) 《数字经济的定义与衡量》(2018) 《无尽前沿法案》(2020) 《美国创新与竞争法案》(2021)	确保本国数字经济全球领先地位：一是抢抓战略先机；二是布局前沿技术，针对人工智能、量子计算等对国际科技竞争格局产生影响的关键领域加大投入；三是控制全球创新网络，通过资本控制、产业供应链控制，实现对全球特定领域的掌控
欧盟	《数字化单一市场战略》(2015) 《通用数据保护条例》(2018) 《塑造欧洲数字未来》(2020) 《欧洲数据战略》(2020) 《欧洲数据治理条例》(2020) 《开源软件和开源硬件对欧盟技术独立、竞争力、经济创新力的影响》(2021)	通过数字技术加速欧盟经济一体化，注重跨国协同，尤其注重个人信息保护。一是强调建立欧盟统一市场，消除成员国的数字壁垒，实现成员国整体数字化；二是维护数字主权、技术主权，抵消核心技术受制于美国的影响；三是强调开源创新和监管优先

国家和地区	政策名称/时间	内容总结
德国	《工业 4.0》（2013） 《数字化战略（2025）》（2016） 《国家工业战略 2030》（2019）	巩固本国工业制造全球领先地位和优势。提出"智能化联网战略"促进政府与企业的协同创新，加快传统产业的数字化转型；加强新科技创新，强调工业数字化的知识产权保护
英国	《数字经济战略》（2015） 《数字经济法案》（2017） 《数字宪章》（2018） 《产业战略：人工智能领域行动》（2018） 《数据改革法案》（2022）	明确本国数字化强国发展方向，提出通过数字化提高政府服务的质量、效率，加强数字化基础设施建设，为民众提供数字化服务和保护
日本	"i-Japan"战略 2015（2009） 《综合创新战略》（2021） 《集成创新战略》（2022） 《科学技术创新综合战略》（2020） 《半导体和数字产业发展战略》（2021）	重视基础学科研究，将数字经济核心技术定位为国家基础性产业，推动信息基础设施建设，推行首席信息官制度；积极推动 AI 等科技手段在生产制造领域的应用。提出"Beyond 5G 战略"，为"超智能社会"奠定基础

2018 年 4 月，习近平总书记在全国网络安全和信息化工作会议上指出"信息化为中华民族带来了千载难逢的机遇"，这是理解我国数字经济重大发展机遇的关键起点。2021 年我国发布《"十四五"数字经济发展规划》，清晰设定了未来数字经济发展的基本原则和目标，从数据基础、数据要素、产业数字化、数字产业化到公共服务、治理体系、安全体系等方面提出了明确的任务。我国发展数字经济的首要任务就是夯实构建泛在智能的新型设施底座、壮大和发展新技术，进而激发数据新要素价值，逐步形成共享协作的新型生产关系，这体现了我国数字经济的四新特征，即新型基础设施、新要素、新动能和新治理。

《中共中央关于制定国民经济和社会发展第十四个五年规划和二〇三五年远景目标的建议》提出要"发展数字经济，推进数字产业化和产业数字化，推动数字技术和实体经济深度融合，打造具有国际竞争力的数字产业集群"。2024 年 3 月,《政府工作报告》提出,大力推进现代化产业体系建设,加快发展新质生产力。其中,深入推进数字经济创新发展居要位。报告强调,"制定支持数字经济高质量发展政策,积极推进数字产业化、产业数字化,促进数字技术和实体经济深度融合"、"深化大数据、人工智能等研发应用,开展'人工智能+'行动"等。

可以说数字化转型是顺应新一轮科技革命和产业变革趋势的必然选择,也是提升国家竞争力、实现经济高质量发展的必经之路。正因为它关乎国家的未来发展、人民的福祉和社会的进步,所以全社会都要提高使命感,共同努力,形成合力,推动数字化转型的深入发展。

(二)新要求:国家深入推进数字化转型智能化升级

近年来,我国全面启动经济社会数字化变革。各部委协同部署,政策体系日趋完善,形成了各有侧重、相互协同的分工推进体系。例如,工信部提出一体化算力网络、5G 扬帆计划、双千兆协同发展、东数西算工程,完善数字化转型基础[①];国资委部署推动国有企业数字化转型,积极发挥国有企业示范引领;国家发改委提出"上云用数赋智"[②],助推中小微企业数字化转型发展。

地方积极贯彻落实党中央决策部署,探索特色数字化发展之路。各省(区、市)均出台了数字经济专项政策,包括数字经济发展行动计划、指导意见、产业规划、补贴政策等,促进全社会推进数字化转型落地。目前已有22 个省、4 个自治区、4 个直辖市,共计 30 个行政单位设立了大数据管理机构[③],构建数据资源体系,打造数据基础设施,统筹推动社会整体数字经济发展进程。

---

① 工信微报:《全国通信管理局长座谈会暨信息通信监管工作座谈会在京召开》,2023 年 12 月 7日,https://baijiahao.baidu.com/s? id=1784597585595547704&wfr=spider&for=pc。

② 国家发改委:《"十四五"规划〈纲要〉名词解释之 87 | "上云用数赋智"行动》,2021 年12 月 24 日,https://www.ndrc.gov.cn/fggz/fzzlgh/gjfzgh/202112/t20211224_1309342.html。

③ 财联社:《开年 8 家省市级数据局已成立! 地方政府数据管理机构或迎来组挂牌潮》,2024 年1 月 19 日,https://baijiahao.baidu.com/s? id=1788504175267293151&wfr=spider&for=pc。

近年来人工智能技术的加速演进，已经成为新一轮科技革命和产业变革的重要驱动力量，尤其是 AI 大模型已成为全球科技竞争的新高地、未来产业的新赛道、经济发展的新引擎，发展潜力大、应用前景广，与各个技术领域的结合日益紧密。2019 年，5G 正式商用以来，我国数字化通信网络基础设施全面升级，数据中心、智算中心等算力基础设施迅猛发展，同时行业智能化升级需求日益明确，数智化转型需求日益迫切。典型行业智能化升级需求如表 2 所示。

表 2　典型行业智能化升级需求

行业	应用场景
制造业	预防性维护、智能质检、自动化生产线、远程辅助等
交通运输业	自动驾驶、车流量预测、路径优化、智慧物流
医疗业	辅助诊断、辅助研发、远程指导等
公共管理业	智能监测、定位追踪、远程辅助等
金融业	智能客服、用户行为预测、智能交易等
农业	远程操控、气象预测、远程辅助等
电力业	无人机巡检、生产现场智慧检测、智慧监控等

（三）新趋势：数智能力全面加速赋能经济社会数字化转型

趋势一：数据要素将成为推动经济高质量发展的关键生产要素。随着数据要素的市场化，数据主权、网络数据安全、数据隐私保护、数据跨境流通等越发受到国际关注。数智赋能要激发数据要素效能，挖掘数据"富矿"价值，盘活数据资产，释放数据对提质增效和业务创新的倍增作用。2024 年《政府工作报告》强调："健全数据基础制度，大力推动数据开发开放和流通使用。"[①]

趋势二：数字基础设施全面加速赋能经济社会数字化转型。围绕数智赋

---

① 《政府工作报告——2024 年 3 月 5 日在第十四届全国人民代表大会第二次会议上》，中国政府网，https://www.gov.cn/yaowen/liebiao/202403/content_ 6939153.htm，2024 年 3 月 12 日。

能新场景、新模式、新业态，国家加快建设 5G、工业互联网、人工智能、大数据中心等新型数字基础设施，充分发挥"头雁效应"，促进全领域数字化转型。2024 年《政府工作报告》指出："数字经济加快发展，5G 用户普及率超过 50%"、"适度超前建设数字基础设施"、"深化大数据、人工智能等研发应用，开展'人工智能+'行动"等。

趋势三：数字产业化将向"技术+平台+应用"的数字化生态发展。以电子制造、互联网、软件和信息技术服务等为代表的数字产业高速发展，新一代信息技术融合发展，搭建数字平台与应用场景，进一步形成了数字产业生态。2024 年《政府工作报告》要求："实施制造业数字化转型行动，加快工业互联网规模化应用"、"加快形成全国一体化算力体系，培育算力产业生态"。

趋势四：产业数字化将向场景化、专业化、平台化和智能化方向升级。在大数据、云计算、5G 等数字技术赋能下，各行业数字化生产将向场景化和专业化方向纵深发展，生产性服务业将转向平台化，并向价值链高端延伸。5G+AICDE 促使产业数字化转型迈向"万物互联、数据驱动、平台支撑、软件定义、智能主导"的新阶段。2024 年《政府工作报告》提出："实施制造业数字化转型行动，加快工业互联网规模化应用，推进服务业数字化，建设智慧城市、数字乡村。深入开展中小企业数字化赋能专项行动。"

二 数智化转型主体认知和服务供给亟待加强

（一）认知层面：普遍存在"不想转""不敢转""不会转"问题

一是转型成效难测与传统增长范式间的矛盾，导致管理者尚未摆脱"不想转"的顾虑。部分组织原有商业模式与增长路径尚未受到数字技术的剧烈冲击，同时缺乏对新技术、新概念的认知。各界对数智化转型的理解仍未达成共识，对传统增长模式的依赖和对转型迫切性认识不足，容易引发"不想转"的顾虑。

二是技术赋能不充分与转型需求迫切间的矛盾，导致尚未解决"不敢转"的困境。新一代信息技术与传统行业融合发展、落地应用尚处于初步探索阶段，新要素、新业态、新范式的扩散成熟需要验证、积累、蜕变的过程。当下，供需双方经验与能力积累有限，公认的数智化转型成功案例不足，缺少"看得见摸得着"的实际效益。部分组织虽有转型需求，但对于数智化转型服务仍存疑虑，转型潜在的高成本、高风险可能导致"不敢转"的困境。

三是转型方法缺失与高目标期望间的矛盾，导致尚未降低"不会转"的门槛。数智化不仅涉及技术迭代，更是理念、战略、组织、运营等全方位的变革，需要系统性的全局谋划。部分组织受限于数字化认知缺失、方法论支撑不足、人员数智化能力不强，普遍采用频繁引入新技术的策略，没有从战略的高度进行谋划，导致转型走了很多弯路。这既造成了严重的资源浪费，更让企业丧失了宝贵的时间窗口和发展机会。

（二）服务供给层面：数智化转型服务市场仍不成熟

企业在推进数智化转型的过程中往往需要引入"外力"和"外脑"，以获得与新一代信息技术结合更加紧密的体系化服务。当前咨询公司、解决方案提供商、设备厂商、互联网企业等各类市场主体依托原有优势领域切入数字化转型服务市场，但囿于既定技术能力和经营模式，服务供给模式尚不完善，与客户所期望的"咨询+方案+产品+实施"的端到端服务、高质量交付要求存在差距。转型服务的系统化、完整性不足，支撑腰部市场、长尾市场的服务未形成有效规模，"转不好"痛点短期内难以有效解决。

三　构建"能力即服务"数智赋能体系

（一）数智赋能产业数智化转型的6个破局点

战略先行、以终为始。制定数智化转型战略是企业进行数字化变革的首要任务。该战略应围绕总体战略愿景和目标，以信息技术、数据等新生产要素为主线，提出转型目标、方向、举措、资源需求等，有效串接起业务、技术、运营等内容，支撑总体发展战略。企业可借助第三方力量来协助其制定战略，借鉴行业"最佳实践"开展工作。

架构驱动、治理融通。设计良好的企业架构，可促进战略、业务、IT等多方面的统一，驱动企业完成业务和技术深度融合的数智化转型。企业在进行架构设计的过程中，应将治理体系建设贯穿始终，推动人、财、物以及数据、技术、流程、组织等资源要素的统筹协调、协同创新和持续改进，并形成一套可评估、可监控、可反馈的价值衡量体系。

新型要素、创新效能。数字技术的产业赋能作用逐渐增强，正深刻改变着企业的组织结构、生产方式、客户关系等。数据赋能的本质在于提高单一传统要素的生产效率，并提高传统要素的资源配置效率。数字技术和数据作为新型生产要素，在企业和经济社会发展中的核心驱动作用日益凸显，企业通过充分融合运用新要素能催生出新产品、新模式、新业态。[1]

能力筑基、中台赋能。能力体系构建是促进数智化转型体系化关联的核心，可以通过能力架构明确能力内涵和协同，围绕企业的数智化愿景和目标锻造业务、技术、运营等数字能力。中台是能力构建的重要载体，促使业务与技术融合和协同，有助于优化企业组织结构与流程、提升管理水平和组织敏捷度。企业构建中台时应遵循"开放""可复用""灵活扩展"等原则，最大化发挥中台赋能作用。

组织创新、人才保障。企业实施数智化转型将带来业务形态、沟通模式等的变化，只有建立技术与业务高度融合的创新组织，才能与数智化发展进程相契合。数智人才也是企业数智化转型的核心要素，因此要培育具有数智化理念，对数据、技术、业务等有深入理解并能基于数据解决问题的复合型人才，保障转型的实施。

生态协同、共拓共赢。打造合作生态，巧借外力，是企业推动数智化转型的必然选择。在数智化转型的大背景下，企业构建生态模式已不再局限于

---

① 佚名：《新产品·新模式·新业态》，《广东科技》2015年第23期。

产业链内，而是以满足用户多样化、个性化需求为目标，跨领域、跨行业形成聚合用户和资源的生态协同体系。企业通过打造平台型生态模式共享自身优势资源与能力，协助各方形成合作网络，构建多角色相互协同的体系。在生态协同体系下，企业将与内外部合作伙伴广泛合作、共同探索、高效发展、共拓共赢。

（二）以能力为核心赋能产业数智化转型

1. 以"能力即服务"①构筑数智化生产力

数智化能力代表了一个组织如何以数智化的方式来交付满足用户需求的行动和成果，是数字经济时代的核心竞争力。不同组织的数智化能力结构不同，一般包括数智战略能力、数智业务能力、数智运营能力、数智生态能力、数智技术能力及细分领域。数智化组织需要专注于获取或开发它们所需要的核心能力，构建数智能力图谱，并以最高效的方式运用这些能力。"数据、技术、业务"是构建数智化能力的三大要素，是全局数智化能力构建的基石。

5G技术发展促使新型信息基础设施的广泛部署，国内行业龙头正加速构建以5G、算力网络、智慧中台建设为重点的"连接+算力+能力"② 数智化生产力，积极推动实现网络无所不达、算力无处不在、智能无所不及，以"能力即服务"助力企业实现数智化转型。

在技术方面，依托高品质网络服务与特色应用，推动5G技术成为新一代信息技术融合创新的重要技术核心；在算力网络方面，整合网、云、数、智、边、端、链多层次算力资源③，提供贯通数据感知、传输、存储、运算等各个环节的新型一体化算力服务；在能力供给方面，集中培育基础通信、

---

① 《中国移动"能力即服务"数智化转型咨询产品正式发布》，京报网，https://wap.bjd.com.cn/news/2021/12/16/10018313.shtml，2021年12月16日。
② 《杨杰：构建"连接+算力+能力"做强做优做大数字经济》，百度网，https://baijiahao.baidu.com/s? id=1715293882809518088&wfr=spider&for=pc，2021年11月2日。
③ 《中国推进算力网络建设"东数西算"优化资源配置》，河南网信网，https://www.hnwxw.net/mobile/Article/8163.html，2022年1月9日。

人工智能、大数据、区块链、安全认证、精准定位等能力，基于智慧中台提供统一封装、灵活调用的敏捷、高效、高质服务。

2. 以"服务即能力"助力产业数智化转型

"能力即服务"是数智化生产力赋能数智化能力建设的必要条件，而"服务即能力"是数智赋能助力产业转型的实现过程。

数智化转型不仅是数智化技术的实现，而且在于全方位重塑战略思维、业务流程、组织架构和商业模式，在此基础上构建的以数据+技术为核心驱动要素的全新价值创造体系。因此，需要一套具有科学性、系统性、全局性的转型方法，但大多数传统组织受限于转型经验缺失、数字人才储备不足等因素，转型工作收效甚微。因此，从以数智化生产力为核心的"能力即服务"向以助力组织构建数智化能力的"服务即能力"转化成为转型工作的关键。

在此背景下，数智化转型咨询服务应运而生，相较于传统咨询服务，数智化转型咨询服务包含一整套数智化转型理念、方案与能力。在转型方案层面助力组织形成可以执行的数智化能力图谱与实现路径，实现从"能力即服务"到"服务即能力"的无缝衔接，最终助力组织构建数智化能力，驱动转型发展。

数智化转型咨询服务不是提供单一方法论或理论工具，而是以数智化生产力为基石，基于对数智化能力建设的深刻理解形成系统性服务能力。提供数智化转型咨询服务需要汇聚自身及生态伙伴的技术、知识、经验及服务能力，形成以数智化转型方法论为中心的专家库、方法库、案例库、工具集、数据湖，为转型组织提供完整的或领域级的数智化转型咨询服务，形成具有实操性的规划方案，以"服务即能力"助力转型实践。

3. 架构思维助力数智化转型咨询服务

数智化转型是长周期、复杂的系统工程，具有全局性、系统性、复杂性、不确定性和多变性的特征。因此，迫切需要一套体系化的方法论，为组织数智化转型提供全过程指导，确保组织在转型过程中实现认识统一、目标一致和全局覆盖，而企业架构思维正是理想的答案。

企业架构（Enterprise Architecture，EA）的核心是 4A 架构，包括业务架构、数据架构、应用架构和技术架构。企业架构本质上是系统性描述商业逻辑和运营模式的工具，是从战略视角到执行视角、从业务到技术的全面设计。实际中，主要是将高阶的战略能力通过业务架构落实到具体的业务中，继而通过数据信息系统架构由业务侧传导到技术侧，完成业务和技术的深度融合。

利用企业架构方法可以制定转型战略、目标、路径、解决方案以及治理体系，从而通过管理复杂性为组织发展设定结构化、系统性路线来促进数智化转型，实现以效益为中心的价值放大、叠加、倍增效益。

（三）"1357"数智化转型赋能方法论

围绕"能力即服务"价值实现体系，可以系统性构建"1357 数智化转型赋能方法论"，即 1 个核心、3 大要素、5 维模型、7 步行动。1 个核心是对数智化转型以能力为核心的本质内涵的诠释，3 大要素是数智化转型能力构建的基石，5 维模型是以架构为驱动的数智化转型关键活动方法，7 步行动是转型过程的全周期行动计划（见图 1）。

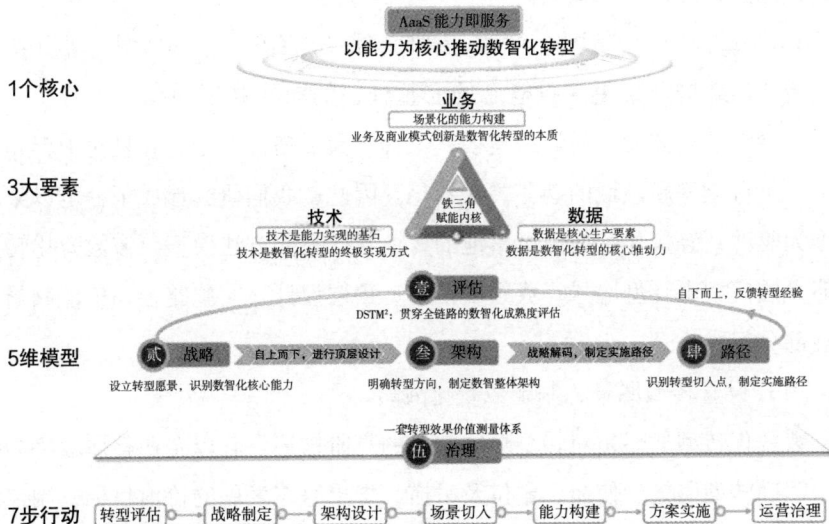

图 1　中移数智"1357 数智化转型赋能方法论"

1. "1个核心": 以能力为核心推动数智化转型

数智化能力是组织转型过程创造价值的关键行动与成果，是推动数智化转型的原动力，也是数字经济时代的核心竞争力。数智化组织通过构建数智化核心能力，重构能力图谱，并以最高效的方式运用这些能力推动数字生产关系及生产力变革，以获得转型成果，助力资源效益最大化，实现高质量发展。

2. "3大要素": 以"数据、技术、业务"赋能数智化能力构建

"数据、技术、业务"三大赋能要素是构建组织数智化能力的关键。具体来说，从能力建设视角实现三大要素的协调统一与功能系统化，构建能力图谱。数据要素是数智化能力构建的基础，主要为全域数据资源实现汇聚汇通、数据治理和服务化提供支撑，并推动数据向资产、资本转换。技术要素是数智化构建的基石，是数智化需求的直接实现，主要通过汇聚5G、AI、区块链、云计算、物联网等数智化技术能力，支撑数智化能力建设。业务要素能够实现场景化功能封装，通过打破业务系统障碍竖井，持续梳理、优化流程，沉淀、共享、标准化业务能力，最终将数据与技术要素结合在一起实现数智化能力的构建和重塑。

3. "5维模型": "战略、评估、架构、路径、治理"搭建转型方法模型

传统的架构框架更注重概念的完整性，偏向战略规划和组织管理、治理，较少涉及具体能力设计和建模，工程实操性略有不足，并且对中台、云原生、平台化等新领域的趋势关注不足。因此，我们研究形成了一套以架构思维为驱动，轻量化、敏捷可落地的5维数智赋能方法模型。该数智化转型赋能方法模型由转型愿景、成熟度评估、顶层设计、实施路径、价值测量体系五部分组成。

（1）设立转型愿景，制定数智化战略

数智化转型战略是对转型总体愿景的高阶描述。其以企业整体战略为指引，明确转型愿景、使命、定位及举措，提出组织发展的价值目标，制定总体框架与发展阶段，逐级实现战略解码。其中，数智化能力的识别与能力规划是数智化战略制定过程的关键。

（2）洞察转型现状，开展全链路数智化成熟度评估

数智化转型不是不破不立，而是对既有能力的集成、优化与演进，因此应用"历史思维"对既有能力进行评估具有重要的意义，通过评估可以全面掌握企业发展现状与面对的主要痛点，为制定转型方案提供支撑。

（3）明确转型方向，制定数智化转型全领域架构

数智化转型架构是确保转型工作有效推进的关键，涉及数智化能力的实现过程，更是其直接实现的载体。架构设计的核心是业务架构、数据架构、应用架构和技术架构，即4A架构。架构开发过程以战略愿景为输入，开发四大领域架构，为制定可实施的解决方案提供支撑，从而系统化地构建数智化能力体系。

业务架构：业务架构是组织价值的实现过程，定义了企业各类业务的运作模式及业务间的关系，如业务目标、战略、职能、关键业务流程、产品和服务战略等，构成业务的全景图，也是其他领域架构（数据、应用、技术）开发的输入。

数据架构：数据架构描述逻辑数据（信息）资产、物理数据资产的结构及管理方法，其目标是将业务需要转换为数据需求，并建立全局数据治理体系以实现数据在整个组织的高速流转与高效利用。

应用架构：应用架构以业务功能的实现为核心，描述了应用系统（一组业务功能）和它们之间的关系，以及管理策略。在实现上包括端口、系统结构、系统状态等，如系统应用的功能、边界、交互关系等。

技术架构：技术架构描述了构建业务、应用、数据等上层架构所必需的技术手段，是架构实施方案的结构化描述，具体包括云网基础设施、中间件、协议、流程、标准等。受益于云、5G、AI等数智原生技术的兴起与发展，技术架构设计的灵活度和效率都得到了显著提升。

（4）高价值场景切入，制定实施路径

推进数智化转型是一项长期性、系统性的复杂工程，因此需要长远谋划和系统部署，而场景挖掘正是推动组织转型的关键切入点。架构解决的是转型过程中全局性与系统性的问题，路线图则是数智化能力构建

"分步走"的实施计划与行动路线。路线图的制定以识别驱动转型发展的核心价值场景为起点，经过能力解析、诊断评估、需求洞察、目标设定、路径规划等环节，助力数智化能力的有序构建，最终形成全局性能力体系。

（5）以价值增益为核心，打造数智化治理体系

数智化治理事关数智化转型全局工作，既涉及管理体系，也涉及转型效果测量体系。首先构建以价值指标为核心的评价体系，其次在转型过程中围绕"持续测量、动态评估、反馈治理"三大举措建立动态治理系统，确保转型工作的高效执行及愿景价值的实现。

4. "7步行动"：推进转型的具体实施过程

数智化转型的7步行动是组织开展转型工作的具体实施过程，也涉及转型工程的推进周期，具体包括"战略统筹、系统推进、优化迭代"的三个环节。

（1）战略统筹

第一步，开展数智化成熟度评估。

采用科学评估方法模型，定制切合组织实际的评估体系，系统性评估组织全领域数智化转型成熟度，深入挖掘数智化领域存在的短板与问题，形成全局型与领域型评估结论，为转型方案制定提供输入。

第二步，制定正确的数智化转型战略。

制定明确而连贯的数智化战略，并将其完全整合到企业战略中，构建数智化能力图谱，使数智化成为业务核心。同时，建立基于价值实现的评价体系，以有效衡量治理阶段转型成效。

第三步，系统性开发全领域架构。

以数智化战略愿景为输入，参考成熟度评估结论，开发业务架构、数据架构、应用架构、技术架构等架构，绘制数智化转型整体视图。

（2）系统推进

第四步，转型关键场景识别。

以价值增益为核心，在整体架构视图下识别转型关键场景，充分分析场

景特征与需求，形成对场景的全面诠释。

第五步，数智化能力构建。

以能力图谱为蓝图，形成数智化能力建设方案与协同运营方案，包括诊断洞察、能力目标、关键路径、协同体系等。

第六步，系统性解决方案实施。

基于数智化能力建设方案与协同运营方案进行系统性实施，如进行资源部署、系统部署、服务开发、应用构建、流程串接等。

（3）优化迭代

第七步，全域运营与治理。

建立转型成效评估体系，围绕"持续测量、动态评估、反馈治理"三大举措，综合评定数智化转型工程实施成效，为下一个转型周期提供输入。

数智化转型是一项周期性迭代工作，每一个完整7步行动都是一次转型工程。成熟度评估是转型工程的开始，运营治理则是现工程的收官，也是下一个工程的开始，并与成熟评估形成治理内环。遵循此规律，周而复始，循环往复，最终经过多个转型过程的锤炼，实现数智化转型的最终目标。

四　数智赋能组织转型案例

（一）案例1：铸造"国资大脑"，助力国资管理工作全链路数智化转型

（1）转型背景

目前，省市两级国资监管工作的范畴正在由面向过去的全面刚性管理向面向现在的资本柔性监管转变，未来将形成"资本监管"与"转型赋能"并重的双核心职能，数智化驱动的"国资大脑"建设需求凸显。本案例以数智化赋能国资管理工作为目标，构建"国资大脑"全链路演进方案。

（2）转型方案

以数智化咨询切入，明确"国资大脑"建设是国资管理工作转型的目标，提出国资"监管""赋能"双核心价值战略愿景，以新型数智技术、数据、内生智能、全域运营为四大赋能要素，构建数字监管、数智决策、数智治理、数智运营、数智生态、数智技术6大核心能力，最终实现数智驱动、国资监管、转型赋能、全局统筹4大成效（见图2）。

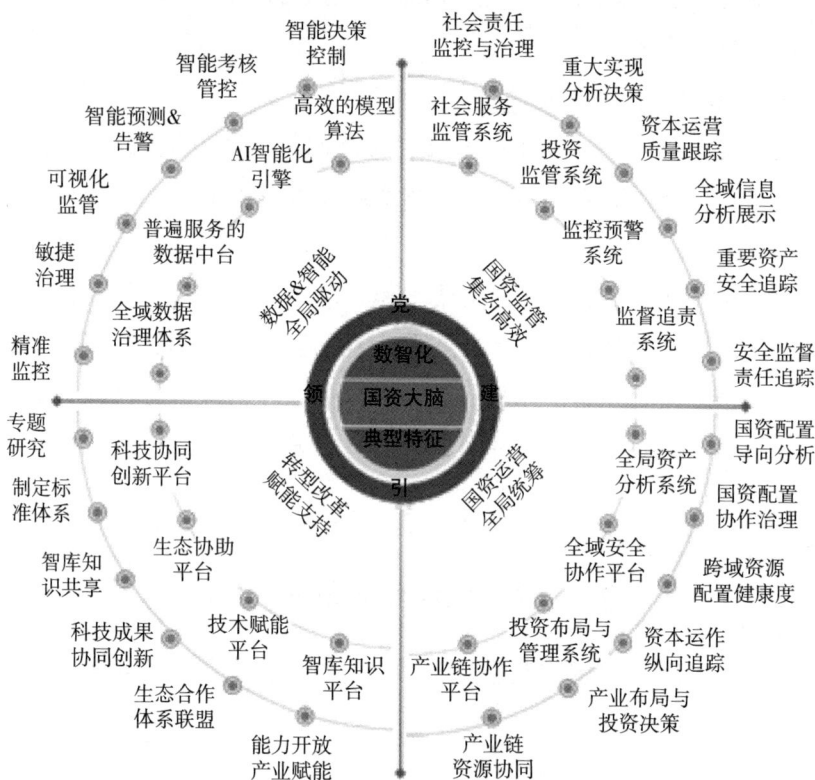

图2 "国资大脑"治理功能示意

"国资大脑"的建设与运营是一个系统性且持续迭代与创新的过程，整体方案采用企业架构体系，以战略愿景为驱动、支撑保障为后盾，深入洞察业务体系，采用数智化技术手段，实现6大数智化能力建设（见图3）。

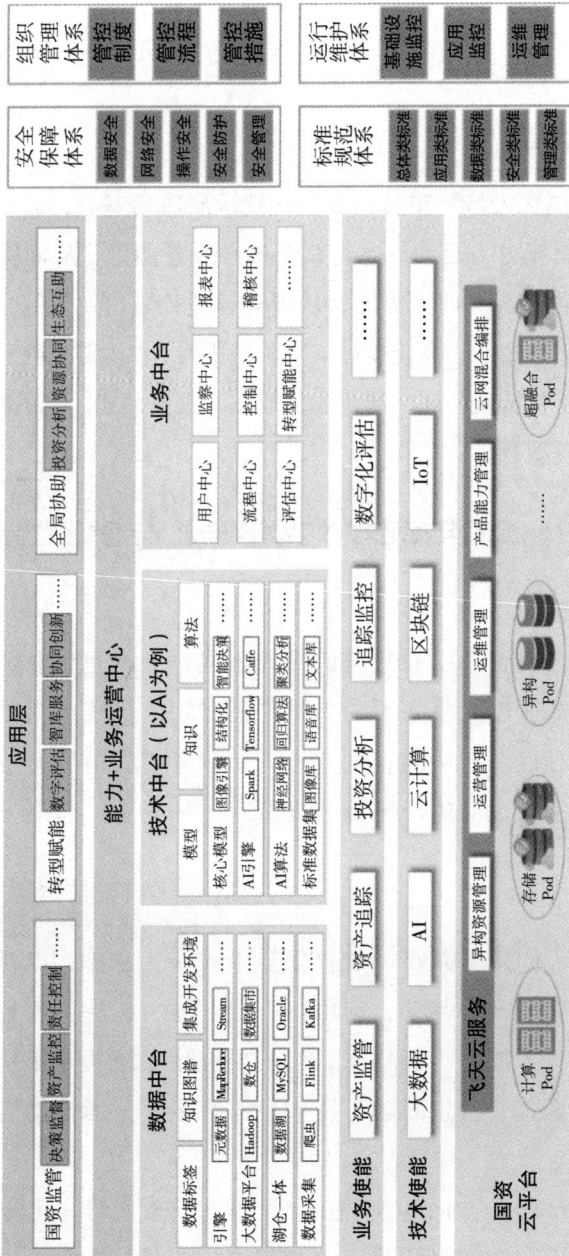

图 3 "国资大脑"系统核心能力

数智技术是构筑"国资大脑"的核心基石，实现方案以数智原生技术架构理念为核心，构建"国资大脑"系统架构，核心架构自下而上分别为云资源系统层、技术使能系统层、业务使能系统层、智慧中台层、运营中心层、使能应用层。

（3）转型效果

2024年某"国资大脑"项目以数智化技术底座为基础，以目标数据为核心要素，以智能算力为驱动，通过赋予核心业务能力，从而实现"资本监管"与"数字化赋能"两大势能，从国资管理领域出发统筹推动了省市两级国资企业健康、高效、高速发展。从本质来看，"国资大脑"是国资管理工作的内生数字化转型基底，涉及业务形态、服务模式、组织职能、技术架构等多方面的转型升级。

（二）案例2：2023年底建设数字基座推进某自贸区数智化转型

（1）转型背景

自贸区作为区域贸易中心战略的重要组成部分，是贸易业、航运物流产业、加工制造业以及服务业的功能聚集区。但传统运营模式逐渐显现出监管智能化程度弱、协同管理效率低、业务模式陈旧、技术应用滞后等问题，在数字化浪潮的影响下，自贸区工作内容、管理方式发生了深刻变化。

（2）转型方案

自贸区管理工作转型需要以数智化技术底座为基础，以目标数据为核心要素、以智能算力为驱动，利用核心业务能力构建数智监管、数智服务和数智园区三大能力生态体系，为上层应用系统构建赋能，最终从业务形态、服务模式、组织职能、技术架构等多个方面推动管理工作的数智化转型升级。

我们基于"1357数智化转型方法论"，提出自贸区数智化转型"1+3+1"整体愿景（见图4），即以推进自贸区高质量发展为目标，重点围绕"数字新经济、数字新生活、数字新治理"三大领域，打造一套国际一流的数智化底座。首先以业务架构为抓手，针对三大领域系统性梳理自贸区业务全景图，构建全局数据治理体系。其次，以业务+数据为牵引，基于功能性需求，开发应用架构，构建数智化能力体系。最后，应用5G、AI、物联网、云计算、大数据、边缘计算、区块链、数字孪生等新一代信息技术构建全面支撑业务发展的数智化底座，系统推进自贸区数智化转型工作。

（3）转型效果

依托数智化转型，推进自贸区战略、业务、运营、组织、技术全面升级，初步建成数智化基础设施国际一流、数字经济领先、数字贸易国际枢纽港功能完善的世界级数字产业集群，成为具有全球竞争力的金融科技中心和数字经济创新高地。在数字经济方面，开发创新应用场景，提升产业增量；同时以数智化方式提升贸易便利化水平，盘活经济存量。在数字生活方面，提升公共便民服务数字化水平，树立数字服务新形象；实现"一站式"服务升级，助推营商环境改善；形成无障碍数字服务，提升智惠民生服务水平。在数字化治理方面，升级数智监管技术，提高监管效能；构建数据驱动的安全监管系统，提高城市管理能级；打造智慧交通运营体系，促进园区交通环境全面升级。

（三）案例3：5G助力园区数智化转型，提升多场景治理能力

（1）转型背景

园区作为组成城市的基础单元与经济发展和公共服务的重要载体，是我国信息化发展战略中的重要一环。传统园区由于缺乏有效的顶层设计，各系统往往各自为政，效率低下；数据间存在信息壁垒，无法利用剩余价值进一步提升社会的生产力。本案例以数智赋能园区综合治理为目标，构建以"园区大脑"为核心的全过程转型方案。"5G园区大脑"基础设施建设及流程管控示意如图5所示。

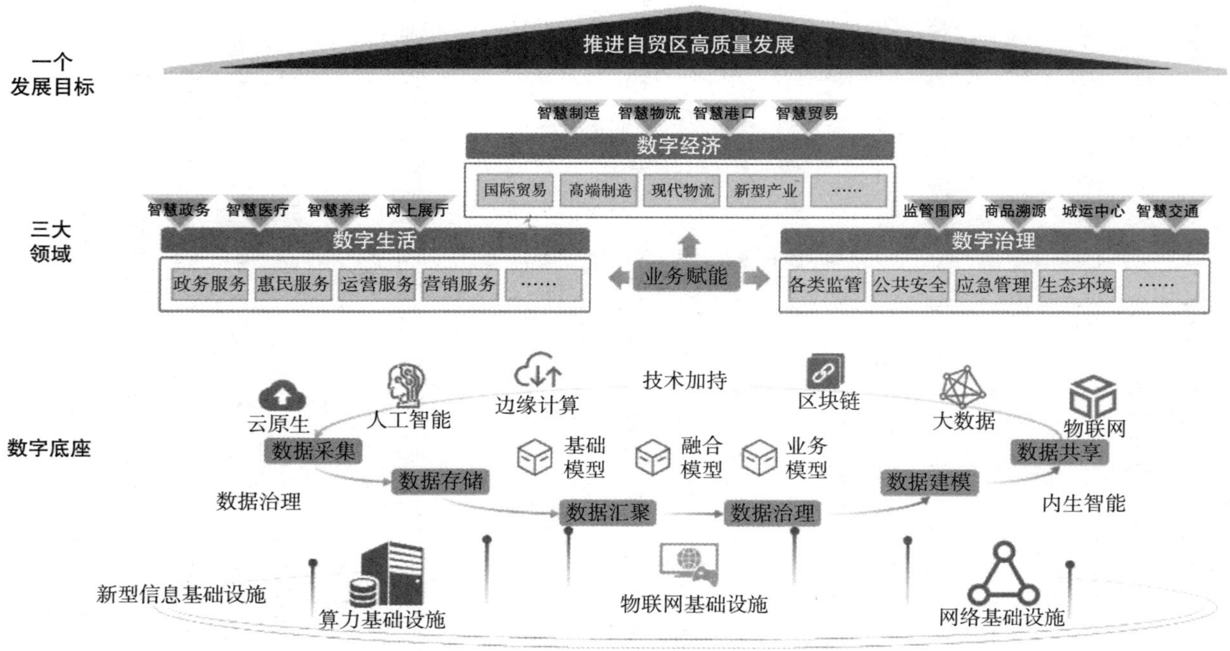

图 4 自贸区数智化转型"1+3+1"整体愿景示意

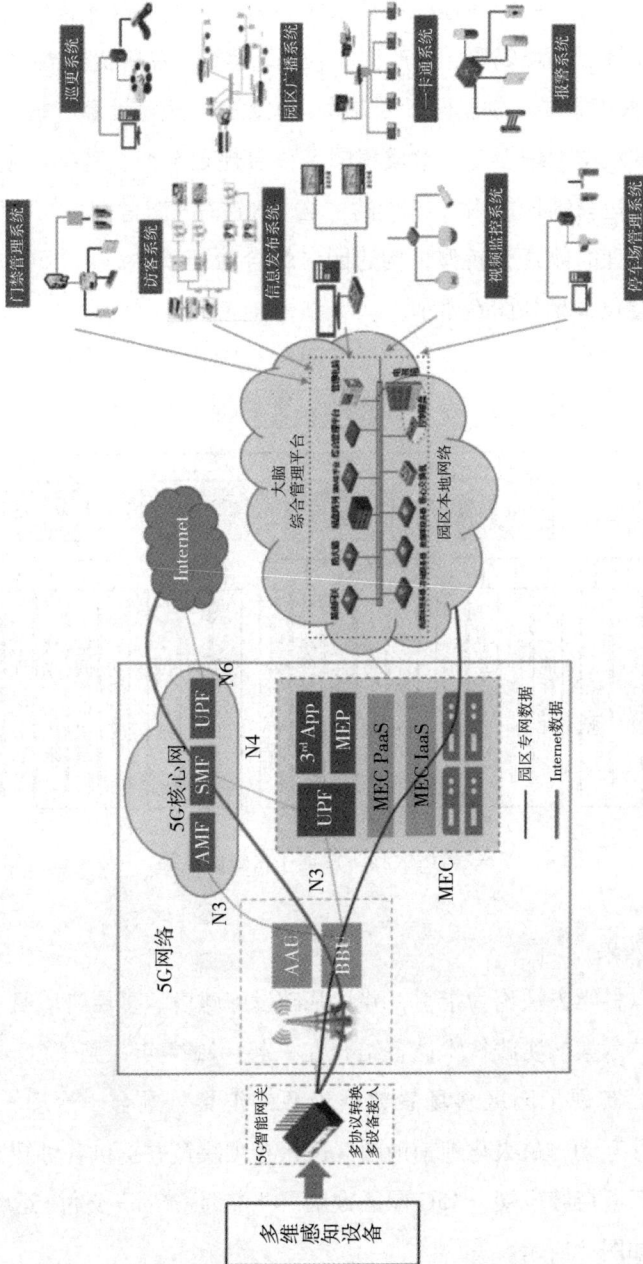

图 5 "5G 园区大脑"基础设施建设及流程管控示意

（2）转型方案

以园区智能决策、协同治理、主动预警、绿色高效、业务孪生为目标，综合考虑基础设施、环境资源、生产调度、系统运维、品牌提升五大管理需求，结合 5G、人工智能、物联网、云计算、大数据、边缘计算等核心技术，植入智慧中台的数据治理理念，形成集园区顶层规划咨询、基础设施建设、治理平台建设、运营维护能力一体化的"咨询+产品+交付+运维"服务体系，赋能园区管理的数智化转型，构建园区综合治理新生态。"5G 园区大脑"治理平台建设框架如图 6 所示。

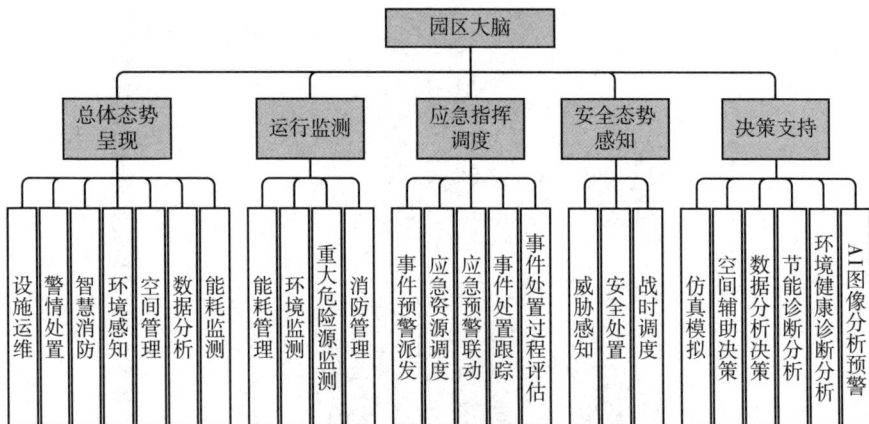

图 6 "5G 园区大脑"治理平台建设框架

（3）转型效果

园区大脑以科学方法论为指引，并将基础设施建设、多层跨域赋能平台设计以及多态技术架构实践技术储备结合在一起。2024 年，某"5G 园区大脑"正式投运，实现了园区多场景数据资源的汇聚、融合、治理、分析，实现了人区良性互动，最大化地辅助园区进行各项决策并提供各种智慧化服务，推动了园区可持续发展。"5G 园区大脑""咨询+产品+交付+运维"一体化服务体系如图 7 所示。

右侧纵向体系：运营管理体系 ／ 安全保障体系 ／ 标准规范体系

用户层：政府监管部门、园区管委会、园区建设方、园区承建方、园区企业

决策层：AI分析决策、BI报表、AI智能预警、项目调度、智慧运营

应用层：
- 园区可视化指挥大厅、园区大数据分析、园区智能决策
- 综合能耗监测、综合管网监测、智慧安防应用
- 智慧巡检应用、智慧停车应用、智慧照明应用
- 智慧通行应用、智慧广播应用、资产管理应用
- 智慧招商管理、信息安全管理、基础网络管理
- 智慧办公应用、智慧物业管理、园区企业服务

数据层：数据规范库、金融信贷库、材料价格信息库、安全隐患库、设备资产库、企业BI库、人员信息库

支撑层：
- 协议转换、设备管理、网关接入、数据采集
- 插件管理、组织管理、日志管理、数据规约
- 传输管理、用户管理、权限管理、流程管理
- 工作流管理、角色管理、授权管理、数据管理
- 数据解析、协议解析、认证管理、数据共享、数据安全、数据脱敏
- 规则联动、故障管理、消息管理、报表单分析、AI智能分析、查询管理、连接管理、3D可视化、数据传输
- 审计管理、接口管理、视频管理、接口规约、访问控制、事件管理、配置管理、GIS位置能力、BIM管理

基础层：公有云、私有云、混合云、专有云平台、5G边缘云

网络层：光纤专线、TCP/IP、5G专网、无线WiFi、NB-IoT

感知层：
- AI摄像头、NB烟感
- 人脸门禁、访客机、NB地磁、出入道闸
- 单灯控制、4G音柱、草坪音箱、照明网关
- RFID标签、扫描枪
- 气体传感、5G机器人、温度传感、对讲系统
- NB电表、NB水表

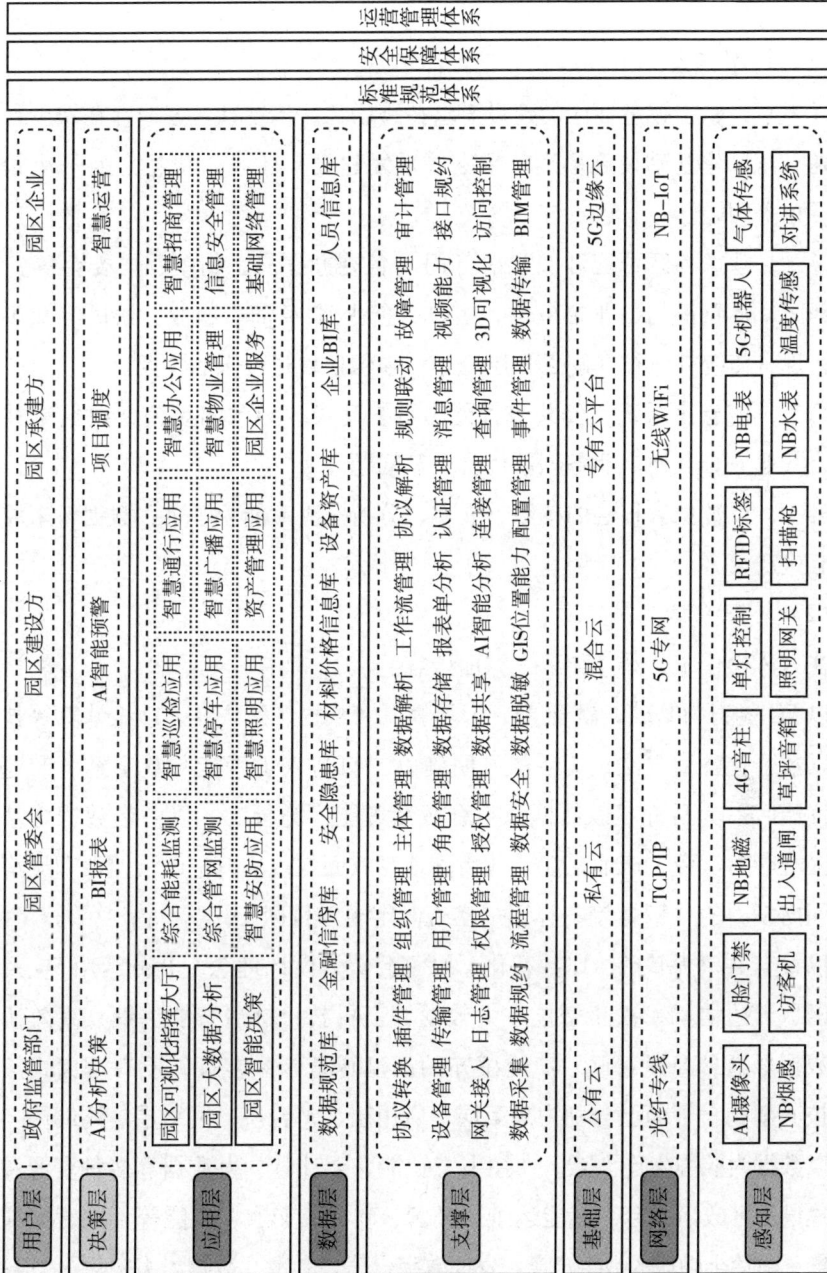

图7 "5G园区大脑""咨询+产品+支付+运维"一体化服务体系

（四）案例4：5G+赋能某智慧社区数智化升级

（1）转型背景

近年来，新型智慧社区的建设需求持续增长。传统社区普遍存在缺少顶层规划、信息化基础设施落后、烟囱式重复建设、社区"智慧大脑"决策能力不足等问题。

第一，智慧社区可能涉及政府部门（各委办厅局、街镇、居委会等）、建设部门、运营部门、业主单位、用户、企业/服务商、物业、居民等众多主体，现有传统社区往往缺乏顶层规划，导致项目建设未达预期。

第二，信息化系统、公共服务能力重复建设，导致出现公共数据难共享、公共业务难互通、业务创新代价大等问题。

第三，以数据为核心的感知、展示、分析、决策能力不足，数据暂未成为核心生产要素。

（2）转型方案

在具体操作中，涉及如下三方面内容。

以 5G 能力为基础，融合 AI、云计算、大数据、区块链、边缘计算等技术，以数智化咨询方法论为手段，明确以"打造人工智能与数字经济产业融合发展区"为目标，以数据原生全域治理能力为核心，以海量数据为基础，提升能力沉淀、产业赋能、战略落地三方面效益，打造政治使命和经济效益同向发力的"双螺旋"体系，实现既定规划目标。

以整合共享为基础，以数智化、绿色低碳为设计理念，充分运用5G及物联网、云边协同、人工智能、大数据等新科技，打造智能决策、高效协同、数据融通、高速互联、广泛感知的新型智慧园区，打破原有烟囱式架构，核心架构自下而上分别为决策层、应用层、平台层、网络层、终端层。

以数据为核心生产要素，使用人工智能、云计算、大数据等多种资源和技术建设园区数字中台，赋能运维、经营、政务、交通、节能等不同智慧应用场景，盘活金融城的数字资产，发挥数字价值，实现"数据能力四化"。5G+赋能智慧社区核心架构及 5G+AICDE 赋能智慧社区核心架构如图8和图9所示。

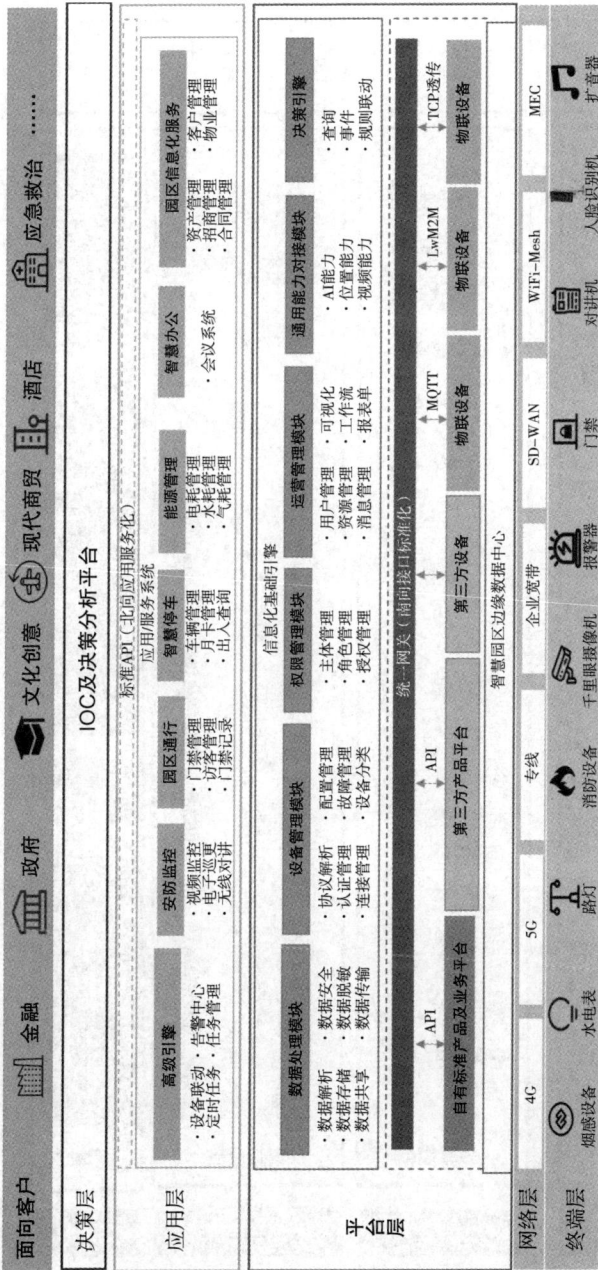

图 8　5G+赋能智慧社区核心架构

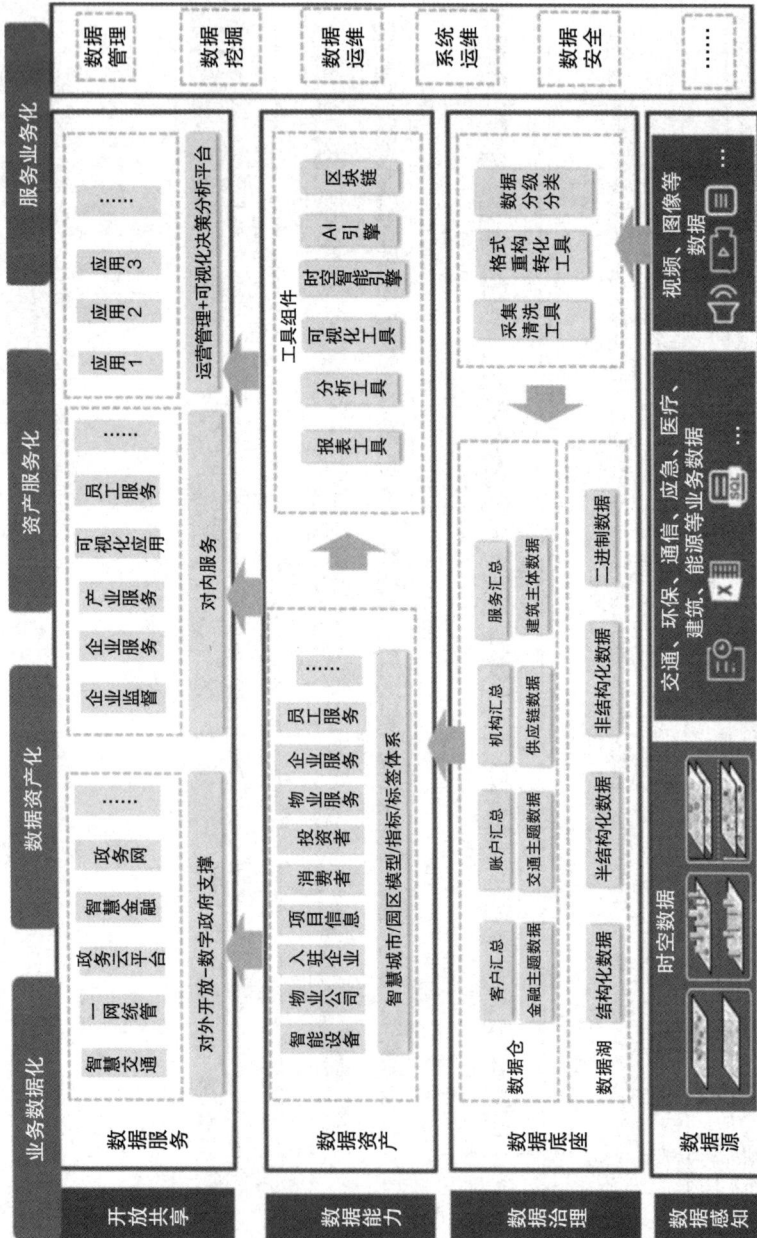

图 9 5G+AICDE 赋能智慧社区核心架构

（3）转型效果

新型智慧社区以数智化技术底座为基础，以数据为核心生产要素，2024年初，我们采用含终端层、网络层、平台层、应用层、决策层等数据采集感知、传输、分析处理、应用、呈现等手段，打造了集智能决策、高效协同、数据融通、高速互联、广泛感知为一体的新型智慧社区，提高了社区运营管理效率、提升了居民用户体验、打造了智慧生态社区。

参考文献

艾媒咨询：《2023 年中国企业数字化转型发展白皮书》，2023。

陈国青、任明、卫强、郭迅华、易成：《数智赋能：信息系统研究的新跃迁》，《管理世界》2022 年第 1 期。

第一财经：《2023 第一财经数字中国年度报告》，2023。

国家工业信息安全发展研究中心：《数字化转型发展报告（2022~2023）》，2023。

国家互联网信息办公室：《数字中国发展报告（2022）》，2023。

梁玲玲、李烨、陈松：《数智赋能对企业开放式创新的影响：数智双元能力和资源复合效率的中介作用》，《技术经济》2022 年第 6 期。

赛迪研究院：《中国城市数字化转型白皮书》，2020。

赛迪智库：《工业互联网平台赋能重点行业数字化转型方法论白皮书》，2022。

赛迪智库：《工业数字化转型白皮书》，2021。

数智研究中心：《2024 年中小企业数字化转型白皮书》，2024。

许可、王筑、张力铭、马瑜婉：《洞见云计算发展，推进数智化转型》，《通信企业管理》2022 年第 10 期。

杨勇：《浅谈通信工程咨询企业数智化转型》，《通信与信息技术》2023 年第 s2 期。

中国信通院：《2024 信息通信业（ICT）十大趋势》，2023。

中国信通院：《数据要素白皮书（2023 年）》，2023。

中国信通院：《新 IT 重塑企业数字化转型（2022）》，2022。

中国信通院：《中国数字经济发展研究报告（2023 年）》，2023。

中国移动：《2023 中国移动新型智慧城市白皮书》，2023。

中国移动设计院：《第 28 届新技术论坛论文集》，2022。

中国政府网、新华社：《政府工作报告——2024 年 3 月 5 日在第十四届全国人民代表大会第二次会议上》，2024。

中移数智：《数智化转型咨询赋能白皮书——能力即服务赋能经济社会数字化转型》，2023。

TEK Systems，"State of Digital Transformation Strategy：Building a Framework for Digital Success"，2022.

SAGE Open，"Digital Transformation：An Overview of the Current State of the Art of Research"，2021.

Altimeter，"The 2023 State of Digital Transformation"，2023.

理论篇

B.3

中国数智赋能的重点领域与实现路径

李晓华　龚伟*

摘　要： 数智赋能是"数据+算力+算法"驱动下的新型赋能技术、方式、思维与手段，呈现数智化、平台化、场景化等特征，而微观企业、中观产业和宏观实体经济三个层面则拓展延伸其外延。数智赋能以产业为主要载体，主要涉及数智农业、数智制造业、数智服务业，以及为现代化产业体系建设提供服务保障的数智政务四大领域。充分发挥数智赋能作用，应增强数据、算法、算力等基础支撑能力，支持数字平台企业及其生态创新发展，促进数据、技术、平台与场景深度融合，加快制度创新和治理环境优化。

关键词： 数智赋能　数智技术　数智化

---

* 李晓华，中国社会科学院社会发展战略研究院研究员，博士，主要从事数字经济与产业数字化转型、全球产业链价值链、战略性新兴产业与未来产业相关领域研究；龚伟，中国社会科学院大学应用经济学院博士研究生，主要从事数字经济相关领域研究。

一　数智赋能发展概述

"数智"跃迁正推动中国经济社会发展迈向新阶段，赋能全球经济焕发新活力。在此背景下，党和政府高度重视数智赋能发展，国家和地方纷纷加快"数智化"转型战略布局，加强数智技术创新与应用。

（一）数智赋能发展的政策背景

一是数智赋能已上升到国家战略高度。2024年《政府工作报告》指出，深化大数据、人工智能等研发应用，开展"人工智能+"行动，促进数字技术和实体经济深度融合。2023年12月15日，国家数据局发布《"数据要素×"三年行动计划（2024—2026年）》，围绕充分发挥数据要素乘数效应和赋能作用，提出"数据要素×"智能制造、智慧农业等12个行业领域的重点行动。2023年12月11日，2023年中央经济工作会议强调，广泛应用数智技术，加快传统产业转型升级。2023年2月，中共中央、国务院印发的《数字中国建设整体布局规划》指出，"推动数字技术和实体经济深度融合，在农业、工业、金融、教育、医疗、交通、能源等重点领域，加快数字技术创新应用"。

二是全国各省市（自治区）加快推进数智赋能发展。2023年8月25日，北京市印发《关于进一步推动首都高质量发展取得新突破的行动方案（2023-2025年）》，围绕人工智能产业，指出"推动大模型赋能智慧城市、金融、自动驾驶等重点领域发展，组织商用场景对接"。2023年7月22日，上海市印发的《立足数字经济新赛道推动数据要素产业创新发展行动方案（2023-2025年）》提出"强化数据赋能中小企业数字化转型"。2023年6月26日颁发的《广东省人民政府关于进一步深化数字政府改革建设的实施意见》指出，将数字技术广泛应用于政府管理服务，统筹推进技术融合、业务融合、数据融合。2023年2月14日，浙江省数字经济发展领导小组办公室印发《关于支持信息服务业稳进提质的实施意见》，从"布局信息技术新赛道、数字赋能产业融合新发展、培育软硬协同新生态"三方面来持续促进数智赋能产业发展。

（二）全球数智赋能发展态势

第一，全球数智基础设施加快完善。一是5G网络覆盖广度深度持续拓展。截至2024年1月，全球101个国家和地区的261家网络运营商推出商用5G服务，已部署超过260张5G网络，覆盖全球近一半人口。[①] 全球5G连接数已增至16亿，预计到2030年将增加到55亿，5G也将成为主导的连接技术。二是云计算市场蓬勃发展。一方面，企业对云基础设施服务的投资不断增加。2023年，全球云基础设施服务总支出为2904亿美元，增速达18%，预计2024年的支出增速将达20%。[②] 另一方面，全球云计算市场规模稳步扩大，市场竞争格局基本形成。2022年，全球云计算市场规模达4910亿美元，其中亚马逊、微软Azure、谷歌云、阿里云、腾讯云、IBM、甲骨文等企业的全球市场份额持续领先，并且预计到2026年全球云计算市场规模将突破万亿美元。[③] 三是人工智能技术取得突破式发展。2023年，全球人工智能市场收入达5132亿美元，同比增长20.7%，预计到2026年市场规模将达8941亿美元。[④] 生成式人工智能迎来爆发式增长，规模扩大近10倍，到2024年，单个团队（企业）在训练单个大模型方面的花费将达到10亿美元。[⑤] IDC预计，到2027年，全球在人

[①] GSMA, The Mobile Economy 2024, 2024-02-26, https://www.gsma.com/solutions-and-impact/connectivity-for-good/mobile-economy/wp-content/uploads/2024/02/260224-The-Mobile-Economy-2024.pdf.

[②] Canalys, Worldwide Cloud Service Spending to Grow by 20% in 2024, 2024-02-26, https://www.canalys.com/newsroom/worldwide-cloud-q4-2023.

[③] 《云计算白皮书（2023年）》，中国信通院，http://www.caict.ac.cn/kxyj/qwfb/bps/202307/P020240326634505750782.pdf，2023年7月25日。

[④] 《全球数字经济白皮书（2023年）》，中国信通院，http://www.caict.ac.cn/kxyj/qwfb/bps/202401/P020240326601000238100.pdf，2024年1月9日。

[⑤] Nathan, "Air Street Capital Team", State of AI Report 2023, 2023-10-12, https://www.stateof.ai/2023-report-launch.

工智能领域的总投资规模将达到 4236 亿美元。① 四是全球算力规模持续扩大。2022 年全球计算设备算力总规模达到 906EFlops，预计到 2025 年全球计算设备算力总规模将超过 3ZFlops。② 全球网速稳步上升，截至 2024年 3 月，全球固定宽带网络下载和上传速度的中位数分别为 93.28Mbps 和 45.46Mbps，网络延迟约为 9 毫秒。③ 数据中心是高性能算力的核心载体，截至 2023 年底，全球由超大规模提供商运营的大型数据中心共 992 个，并于 2024 年初突破 1000 个，且预估未来几年每年都会有 120~130 个新的超大型数据中心上线。④

第二，全球数智赋能效应愈发显著。一是数字经济蓬勃发展。经测算，2022 年，全球 51 个主要经济体数字经济规模达 41.4 万亿美元，占 GDP 的比重为 46.1%。其中，产业数字化规模为 35.3 万亿美元，数字产业化规模为 6.1 万亿美元，一、二、三产业的数字经济渗透率分别为 9.1%、24.7%和 45.7%。⑤ 美国、中国、德国的数字经济规模连续多年位居全球前三。在数字经济高质量发展方面，中国社会科学院基于数字技术、数字基础设施、数字市场和数字治理四个维度构建并测算出数字经济发展指数（TIMG），得到美国、新加坡、英国、德国在全球数字经济发展指数排名中居前四位，中国则位列第八。⑥ 二是数智技术创新应用不断加快。截至 2023 年 10 月，全

① 《IDC：FutureScape：2024 年中国人工智能与自动化十大预测》，IDC，https://www.idc.com/getdoc.jsp？containerId=prCHC51822324，2024 年 1 月 28 日。
② 《中国算力发展指数白皮书（2023 年）》，中国信通院，http://www.caict.ac.cn/kxyj/qwfb/bps/202309/P020240326630458153765.pdf，2023 年 9 月 14 日。
③ Ookla：Speedtest Global Index，Ookla，https://www.speedtest.net/global-index，2024 年 3 月。
④ Hyperscale Data Centers Hit the Thousand Mark；Total Capacity is Doubling Every Four Years，Synergy Research Group，https://www.srgresearch.com/articles/hyperscale-data-centers-hit-the-thousand-mark-total-capacity-is-doubling-every-four-years，2024 年 4 月 17 日。
⑤ 《全球数字经济白皮书（2023 年）》，中国信通院，http://www.caict.ac.cn/kxyj/qwfb/bps/202401/P020240326601000238100.pdf，2024 年 1 月 9 日。
⑥ 《全球数字经济发展指数报告（2023）》，中国社会科学院金融研究所，http://ifb.cssn.cn/newpc/xscg/lwbg/202306/P020230601501807198861.pdf，2023 年 5 月。

球 5G 行业应用已达 5 万多个,行业连接数已超千万①,在矿山、港口、制造等领域已实现规模化应用。数据显示,50%的受访企业表示已在至少一个业务(职能)部门采用了人工智能技术,如服务运营优化、新产品研发、客户服务分析等,且这一比例近年来稳定在 50%~60%。②

(三)中国数智赋能发展态势

第一,数智技术稳步创新发展。一是网络基础设施加速建设。截至 2024 年 2 月,我国累计建成开通 5G 基站 350.9 万个、占移动基站总数的 29.8%,光纤接入(FTTH/O)端口达到 11.1 亿个、占互联网宽带接入端口的 96.5%,具备千兆网络服务能力的 10G PON 端口数达 2407 万个,三家基础电信企业的固定互联网宽带接入用户总数达 6.43 亿户,1000Mbps 及以上接入速率的固定互联网宽带接入用户达 1.72 亿户,全国农村宽带用户总数达 1.94 亿户。③ 2023 年,我国新增光缆线路长度为 473.8 万公里,全国光缆线路总长度达到 6432 万公里。④ 二是数据要素迎来大发展时代。2023 年,我国数据生产总量预计超过 32ZB,八大枢纽节点数据中心机架总规模超过 105 万标准机架,平均上架率达到 61.9%。⑤ 同时,场内数据交易持续发力、多点突破。2023 年,全国各省市(自治区)发布的数据要素相关政策文件超过 40 份,数据交易机构累计超过 80 家,上架数据产品超过 12000 种。⑥ 三是云计算蓬勃发展。2023 年,我国云基础设施服务市场规模总体增长

① 《拥抱产业发展机遇 兑现 5G 商业价值》,华为网,https://www.huawei.com/cn/news/2023/10/huawei-gsma-5ga,2023 年 10 月 10 日。
② Stanford HAI, Artificial Intelligence Index Report 2023, 2023－04, aiindex.stanford.edu/wp-content/uploads/2023/04/HAI_ AI-Index-Report_ 2023.pdf.
③ 《2024 年 1—2 月份通信业经济运行情况》,工业和信息化部,https://www.miit.gov.cn/gxsj/tjfx/txy/art/2024/art_ b8f253b983344490baabcc4bed94c8e4.html,2024 年 3 月 25 日。
④ 《2023 年通信业统计公报》,工业和信息化部,https://www.miit.gov.cn/jgsj/yxj/xxfb/art/2024/art_ 7f101ab7d4b54297b4a18710ae16ff83.html,2024 年 1 月 24 日。
⑤ 《我国去年数据生产总量预计超 32ZB》,《人民日报》2024 年 4 月 3 日,第 2 版。
⑥ 《我国数据要素市场"蓄势待发"》,《科技日报》2024 年 3 月 18 日,第 3 版。

16%，预计2024年将增长18%。① 云服务、大数据服务收入为12470亿元，同比增长15.4%。② 云计算市场规模约为6192亿元，预计到2025年我国云计算整体市场规模将突破万亿元。③ 四是算力网络水平实现阶段性跃升。中国信通院构建了"中国算力发展指数2.0"④，测算得到算力对经济发展的赋能效应显著，具体而言，算力发展指数每提高1，数字经济将增长约570亿元，地区生产总值将增长约1285亿元。截至2023年底，我国提供算力服务的在用机架数达到810万标准机架，算力规模达到230 EFlops，算力核心产业规模有望突破2万亿元。⑤ AI大模型加速发展，2023年，我国参数规模达到万亿级别以上的大模型企业已有5家，预计到2024年底将有5%~8%的大模型企业参数从千亿级跃升至万亿级。⑥

第二，"数智"经济向纵深发展。一是"数智"新产业新业态新模式迸发新活力。2024年1~2月，我国集成电路产量704.2亿块，同比增长16.5%，出口集成电路394亿个，同比增长6.3%；电子信息制造业固定资产投资恢复到两位数增长，规模以上电子信息制造业增加值同比增长14.6%，实现营业收入2.14万亿元。⑦ 在工业高端化、智能化、绿色化方面，2023年，我国"5G+工业互联网"项目数超过1万个，新能源汽车、

① Canalys, Mainland China's Cloud Service Spending to Grow by 18% in 2024, 2024 - 03 - 28, https：//www.canalys.com/newsroom/mainland-chinas-cloud-service-q3-2023.

② 《2023年软件业经济运行情况》，工业和信息化部，https：//www.miit.gov.cn/jgsj/yxj/xxfb/art/2024/art_ 3cb679c2662d4127af3cc857d7dbff8e.html，2024年1月25日。

③ 《云计算白皮书（2023年）》，中国信通院，http：//www.caict.ac.cn/kxyj/qwfb/bps/202307/P020240326634505750782.pdf，2023年7月25日。

④ "中国算力发展指数2.0"涵盖算力规模、算力产业、算力技术、算力环境、算力应用五个维度。

⑤ 《国新办举行2024年一季度工业和信息化发展情况新闻发布会》，工业和信息化部，https：//www.miit.gov.cn/xwdt/gxdt/ldhd/art/2024/art_ 7c3695b480144be9821514c10133c7b5.html，2024年4月18日。

⑥ 《人工智能大模型赋能千行百业 2024年底我国算力需求增速将达320%》，央视网，https：//news.cctv.com/2023/12/23/ARTIXBuSpr3Zx0biFAvPvQes231223.shtml，2023年12月23日。

⑦ 《2024年1—2月电子信息制造业运行情况》，工业和信息化部，https：//www.miit.gov.cn/gxsj/tjfx/dzxx/art/2024/art_ 2f18b5261aa34870a041df2c98db53c1.html，2024年3月29日。

太阳能电池、汽车用锂离子动力电池等"新三样"相关产品产量分别同比增长30.3%、54.0%、22.8%,"新三样"产品出口首次突破万亿元大关。[①]二是数智创新能力大幅跃升,数实融合持续走深向实。2023年,我国全社会研究与试验发展(R&D)经费投入33278.2亿元,增长8.1%;境内有效发明专利量达到401.5万件,高价值发明专利占比超过四成。[②] 中国信通院预估,到2025年,我国数字经济规模将超60万亿元,农业、工业和服务业数字经济渗透率将分别达到12%、26%和50%,智能工厂规模将超过1.4万亿元,中小企业数智化投资将达到8000亿元。[③]

二 数智赋能的内涵、典型特征与外延

随着数字技术与实体经济深度融合、数字经济与实体经济深度融合,大数据、人工智能等数智技术在各领域行业广泛应用、深度渗透,数智赋能效应日益凸显。本报告从概念入手,归纳"数智赋能"的典型特征,并分析其外延。

(一)数智赋能的内涵

学术界关于"数智赋能"内涵的研究主要采用两大视角。一是数智化的赋能技术,这是基于技术视角的狭义"数智赋能"内涵。早期学者们主要关注智能信息技术的赋能效用,比如发展人工智能所运用的信息技术。[④]随着大数据、人工智能等新一代数字技术广泛融入社会经济活动,数智技术

---

① 《国家统计局相关部门负责人——2023年主要经济数据解读(下)》,《经济日报》2024年1月18日,第10版。
② 《关于2023年国民经济和社会发展计划执行情况与2024年国民经济和社会发展计划草案的报告》,中国政府网,https://www.gov.cn/yaowen/liebiao/202403/content_ 6939276.htm?pc,2024年3月13日。
③ 《新型工业化引领ICT发展新方向——2024信息通信业(ICT)十大趋势》,中国信通院https://mp.weixin.qq.com/s/MsAfgSAVxVtjARu_ 4WpWSg,2023年12月22日。
④ 王延飞、赵柯然、何芳:《重视智能技术 凝练情报智慧——情报、智能、智慧关系辨析》,《情报理论与实践》2016年第2期,第1~4页。

成为数智化赋能的关键。数智技术具备广连接、强聚合、高智能等特性，能深度嵌入各类运营架构与组织体系，有助于业务改进、模式创新和效率提升。[①] 二是数智化的赋能方式、手段和能力，这是基于组织变革和效能提升视角的广义"数智赋能"内涵。首先，"数智赋能"涉及"数智化"与"赋能"。"数智化"是"数据驱动+模型驱动"的融合，是"数据化"的新跃迁，突出体现为算法智能、技术增强和使能创新[②]；"赋能"则是一种理念和价值取向，一种过程介入方式。[③] 其次，"数智赋能"是以价值共创为导向的赋能方式与手段，是创新、重塑应用场景，推动组织目标、组织价值与个体价值有机融合，实现组织能力显著提升的过程。[④] 最后，"数智赋能"是将数智生产要素转化为数智化能力的过程。这部分研究主要从资源数据化、流程数字化、组织智慧化等维度[⑤]，以及大数据能力、智能能力、连接能力、分析能力等数智化能力的角度[⑥]探讨数智赋能的内涵与效能。

笔者倾向于将"数智赋能"理解为"数据+算力+算法"驱动下的新型赋能技术、方式、思维与手段。首先，"数智"强调大数据、人工智能等数智技术的超融合应用，是在网络化、信息化、数字化基础上的数字智能化、智能数字化和"数据+业务+场景"智能化。其次，数智赋能的本质是大数

---

① Fischer, M., Imgrund, F., Janiesch, C., et al., "Strategy Archetypes for Digital Transformation: Defining Meta Objectives Using Business Process Management", *Information & Management*, 2020, 57（5）: 103262.

② 陈国青、任明、卫强等:《数智赋能: 信息系统研究的新跃迁》,《管理世界》2022 年第 1 期, 第 180~196 页。

③ 李辉、谭晓、杨建林:《数智技术赋能科技情报流程现代化: 驱动因素、核心价值与践行路向》,《科技情报研究》2023 年第 4 期, 第 32~41 页。

④ 申姝婧、杨建林:《"数智赋能"及其背景下的情报思维培养》,《情报学报》2023 年第 4 期, 第 465~476 页。

⑤ 赵倩:《数智赋能对零售企业服务化绩效的影响机制探析》,《商业经济研究》2023 年第 19 期, 第 157~161 页。

⑥ Anwar, M., Khan, S. Z., Shan, S. Z. A., "Big Data Capabilities and Firm's Performance: A Mediating Role of Competitive Advantage", *Journal of Information & Knowledge Management*, 2018, 17（4）: 1850045.

据驱动的系统自我学习能力提升及分析智能化、决策自优化和执行自动化。[①] 最后，数智赋能的落脚点是将数智化的技术、理念、思维、手段全面深度嵌入各行业领域，不断变革组织架构、业务模式、价值网络及价值创造方式[②]，实现业务流程优化、组织能力提升、降本增效与价值共创。

（二）数智赋能的典型特征

1. 数智化

数智化是指数智赋能源于以"数据+算力+算法"为支撑的大数据驱动。数智赋能的本质可概括为，数据采集汇聚以及智能算法结果的回嵌应用。[③]首先，数智赋能的关键在于数据中价值信息的有效提取及应用。[④] "数智"环境中的要素、产品、经济行为等较易以"比特数据"形态呈现，在数字空间中汇聚成大数据，并依托数据采集、存储、处理、分析、传输、应用和安全保障等方面的核心技术，完善"数据—信息—知识—智慧"的演进与转换路径[⑤]，有利于新知识、新思想的形成和扩散，以及数智技术的积累、迭代与跃升。其次，数据是驱动数智赋能的关键生产要素。数据要素具有非竞争性、强协同性、虚拟性、衍生性、规模报酬递增等特性[⑥]，不仅可以作为一种生产要素参与生产，更能与资本、劳动等传统生产要素深度叠加、重

① 王秉：《何为数智：数智概念的多重含义研究》，《情报杂志》2023 年第 7 期，第 71~76 页。

② 刘洋、董久钰、魏江：《数字创新管理：理论框架与未来研究》，《管理世界》2020 年第 7 期，第 198~217、219 页。

③ 江小涓、靳景：《数字技术提升经济效率：服务分工、产业协同和数实孪生》，《管理世界》2022 年第 12 期，第 9~26 页。

④ 蔡跃洲、马文君：《数据要素对高质量发展影响与数据流动制约》，《数量经济技术经济研究》2021 年第 3 期，第 64~83 页。

⑤ 荆文君、刘倩、孙宝文：《数字技术赋能经济高质量发展：一种改进的"技术-经济"分析范式》，《电子政务》2023 年第 10 期，第 2~13 页。

⑥ 徐翔、厉克奥博、田晓轩：《数据生产要素研究进展》，《经济学动态》2021 年第 4 期，第 142~158 页。

组、优化,实现价值倍增、资源优化和创新激发①,显著提升经济活动效率和生产力水平。再次,数智赋能尤其注重大数据、人工智能等数智技术的融合应用。数智技术具有可同质性、可再编辑性和可供性,能基于需求和场景进行融合创新②,有助于加快信息渗透、技术扩散和数字空间回嵌到物理空间,使赋能效用倍增。最后,数智化意味着数据智能化,其深层赋能逻辑是支持和服务于生产经营活动,尤其是优化经济决策,包括企业作业决策、管理决策、战略决策等运行决策优化,以及资源配置决策优化。③

2. 平台化

平台化是指数智赋能以平台及其生态为重要模式和载体。首先,数据平台企业在数智赋能中的重要性日益凸显。数据平台是大数据技术创新的组织形式,旨在集成、完善和优化数据采集、存储、挖掘、处理、分析、应用等流程与功能④,如 Factual、InfoChimps、万国数据、数据港、中金数据等数据服务平台。其次,"数智+平台"架构是数智赋能的基本单元。数字平台企业具备数据和技术禀赋优势,能从供需两个角度更丰富的数据信息,并低成本地实现数据要素的内部化⑤,以此提高数据使用效率,充分释放数据资源的规模效益与边际递增效益。最后,"以大带小、以小托大"的平台生态模式逐渐形成。数字平台企业是重要的"数字科技服务商"和"基础设施运营商",通过构建数智赋能、普惠共享的生态底座,带动大量配套企业聚集,为中小企业搭建成长生态,并不断孕育新技术、新产业、新业态。⑥ 因

---

① 李纪珍、钟宏等编著《数据要素领导干部读本》,国家行政管理出版社,2021,第27~28页。
② 李川川、刘刚:《数字经济创新范式研究》,《经济学家》2022年第7期,第34~42页。
③ 欧阳日辉、刘昱宏:《数据要素发挥倍增效应的理论机制、制约因素与政策建议》,《财经问题研究》2024年第3期,第3~18页。
④ 史丹:《数字经济条件下产业发展趋势的演变》,《中国工业经济》2022年第11期,第26~42页。
⑤ 黄阳华:《基于多场景的数字经济微观理论及其应用》,《中国社会科学》2023年第2期,第4~24、204页。
⑥ 李晓华:《数字经济新特征与数字经济新动能的形成机制》,《改革》2019年第11期,第40~51页。

此，数字平台及其生态系统是以数字平台企业为核心、多元主体"竞合共生"的组织形态，具有显著的"蒲公英效应"和网络外部性，不仅可以从数据价值链中提取价值并实现增值，更能通过大连接、大平台、大模型支持中小企业低成本地"上云、用数、赋智"，实现价值共创和收益共享。

3.场景化

场景化是指将场景元素嵌入数智赋能，实现场景价值传递、重构和分配的过程。从应用需求角度看，数智赋能效用在于满足业务需求、用户需求和功能需求，这一过程需要基于场景。场景是指在数智赋能过程中涉及的涵盖行为情境、空间环境和情感情境的一系列元素集合[①]，是连接供需的纽带。数智环境中的典型场景形态包括数智化现实场景、交互现实场景、纯数智化场景等。[②] 其中，数智化现实场景是现实界面数智化升级后的物理空间；交互现实场景是数字空间与物理空间交互映射和虚实融合的产物；纯数智化场景是依托数智技术，旨在通过互联网络的线上服务满足精神文明需求的数字空间。数智赋能"数据+技术+平台+场景"一体化，驱动场景价值创造。一方面，数智环境中人与人、人与物、物与物、虚拟与现实之间的广泛连接，有利于个体或自组织群体之间的共享与协作，促进组织网络中信息与价值在更大范围内的传递，进而实现功能耦合和价值聚合。另一方面，数智分析、数智交互有助于提高需求识别和内容感知水平，提升供需资源匹配程度，增强敏捷响应能力，加快实现场景价值挖掘与价值共创。[③]

（三）数智赋能的外延

1.微观层面：企业数智化

企业数智化升级是数智技术的超融合应用驱动企业组织属性重大变革的

---

① 欧阳日辉、龚伟：《基于价值和市场评价贡献的数据要素定价机制》，《改革》2022年第3期，第39~54页。

② 金飞、孙月平、徐笛：《区域协调视域下的产业数智化动态发展机制研究》，《经济问题》2023年第7期，第20~28页。

③ 孙新波、周明杰、张明超：《数智赋能驱动场景价值创造实现机理——基于海尔智家和小米的案例分析》，《技术经济》2022年第12期，第181~195页。

过程。其中，技术只是赋能手段，企业的愿景、文化、战略、组织结构、业务流程、商业模式、价值主张等的改进、变革和重构才是最终目标。一方面，数智环境下的企业战略选择逐渐由"竞争"转变为动态"竞合"。[①] 数智技术赋能企业突破时空约束、资源排他性制约和生产集中化限制，驱动企业竞合向纵深发展，同时有助于减少交易成本，降低机会主义风险和知识泄露风险，进而赋能企业竞合成本和竞合风险下降及竞合总体收益增加。[②] 另一方面，数智环境下大中小企业融通模式持续完善，企业价值主张从"价值交易"转向"价值共创"。[③] 数智技术驱动企业进行"连接"迭代和"赋新"迭代，以此累积数字资源优势，融通供应链，延伸产业链，提升价值链，实现以产品为中心的价值交易向以需求服务为主导的价值共创转变。[④] 但是，数智环境中的小企业偏好突破性创新，相较于大企业的迭代式创新更难成功，可能导致市场份额两极分化，陷入数据要素陷阱。[⑤] 此外，数智技术还能赋能企业提升产品核心竞争力，拓展市场战略布局，优化业务流程，创新商业模式，提高运营管理效率，培育"专精特新"经营模式。[⑥]

2. 中观层面：产业数智化

产业数智化转型是"人（主体）—货（产品/服务）—场（渠道与场景）"的数字化发展和智能化升级，其价值体现包括驱动产业效率提升、推动产业跨界融合、重构产业组织竞争模式[⑦]，最终赋能传统产业转型升

---

① 李三希、曹志刚、崔志伟等：《数字经济的博弈论基础性科学问题》，《中国科学基金》2021年第5期，第782~800页。

② 张凤霞、赵国浩、荆文君：《从竞争到竞合：数字经济时代的企业关系演进》，《经济问题》2023年第11期，第80~87页。

③ 吴瑶、肖静华、谢康等：《从价值提供到价值共创的营销转型——企业与消费者协同演化视角的双案例研究》，《管理世界》2017年第4期，第138~157页。

④ 李树文、罗瑾琏、胡文安：《从价值交易走向价值共创：创新型企业的价值转型过程研究》，《管理世界》2022年第3期，第125~145页。

⑤ 徐翔、赵墨非、李涛等：《数据要素与企业创新：基于研发竞争的视角》，《经济研究》2023年第2期，第39~56页。

⑥ 李万利、潘文东、袁凯彬：《企业数字化转型与中国实体经济发展》，《数量经济技术经济研究》2022年第9期，第5~25页。

⑦ 肖旭、戚聿东：《产业数字化转型的价值维度与理论逻辑》，《改革》2019年第8期，第61~70页。

级。一是数智赋能产业组织"出新"。数智环境下的产业形态趋于数字化、服务化、虚拟化，产业组织呈现网络化、扁平化、平台化、共享化、集群化、融合化、无边界化等特征，业务重构和跨界融合加速，"竞合共生"的产业生态成为典型的组织体系。与此同时，数字平台具备数据和技术优势，更容易触发网络效应、规模效应和范围效应，以此提升行业集中度和扩大垄断势力，新型垄断行为将不断涌现。二是数智赋能产业结构"焕新"。产业结构"焕新"是产业结构形态从低级向高级转变的过程。数据技术和智能技术的创新及产业化，是促进产业结构升级的基础性和先导性条件；产业数智化对产业结构合理化和产业结构高级化的驱动效应更为显著[1]，其主要赋能路径为"数智"驱动的商业模式创新和生产效率提升。数智环境中产业结构升级的外在表现包括三次产业内部及之间的比例协调、关联协调，制造业与服务业高效融合，产业结构实现服务化，生产性服务业和生活性服务业实现数智化升级，以及整个产业持续向低耗能、低污染、高附加值、知识和技术密集型的高端智能化迈进。

3. 宏观层面：实体经济数智化

实体经济数智化主要指实体经济的"智改数转"。一是数智赋能社会生产力跃迁。以数据、算法、算力为底层支撑的数智技术激发和培育出更优的新质生产力，推动劳动者素质全面提升，加速劳动工具等劳动资料深刻变革，以及知识、技术、数据等新型生产要素的广泛应用，社会生产力水平得到大幅提高。二是数智赋能实体经济效率提升。数智技术广泛而深刻地渗透到实体经济生产流通的全过程，提升了全社会、全产业、全要素资源的配置效率和生产效率。三是数智赋能实体经济供需重塑。在供给侧，数智化降低了企业创新的信息成本和试错成本、边际生产成本、分析和决策成本，扩大了市场范围，供给方式和供给质量持续优化，供给效率和生产效率大幅提升。在需求侧，数智化加剧了企业间的竞争，促进了产品（服务）、营销、

---

① 陈晓东、杨晓霞：《数字经济发展对产业结构升级的影响——基于灰关联熵与耗散结构理论的研究》，《改革》2021年第3期，第26~39页。

业态和模式创新，企业生产方式从"以生产者为中心"转向"以消费者为中心"。消费者在享受"低价高品"的同时，其个性化、多样化、差异化的消费需求也得到满足，消费者福利大幅提升。此外，数智化对传统交易进行改造、重构和变革，缓解了供需双方的信息不对称程度，有助于降低搜索成本、复制成本、运输成本、追踪成本和验证成本[1]，提升市场交易效率。

三 数智赋能的四大领域

数智赋能的主要载体是产业。当前，数智赋能主要有四大领域：数智农业、数智制造业、数智服务业，以及为现代化产业体系建设提供服务保障的数智政务，涉及但不限于民生、教育、医养、金融、交通、能源、文旅等行业。

（一）以农业现代化为导向的农业数智化

农业数智化作为农业现代化的重要内容之一，是以农业数据为关键生产要素，以数据赋能为主线，运用数智技术和现代工业来装备农业，推动农业转向网络化、数字化、智能化、自动化，实现农业发展理念、生产方式、管理模式创新以及生产效率和产出效益提升的新农业发展模式。农业数智化涉及数字种养业、农机智能装备业、农业传感器业等。

数智技术给农业发展带来了新机遇。一是农业数智化效果逐步显现。2023年，我国农业数字经济渗透率超过10%，农业科技进步贡献率超过63%。[2] 二是智慧农业建设快速起步。一方面，农业生产信息化水平提升。2023年，我国新建50个国家现代农业产业园，创建100个农业现代化示范区，培育139个全产业链产值超百亿元的特色产业集群，打造200个农业产

---

① Goldfarb, A., Tucker, C., "Digital Economics", *Journal of Economic Literature*, 2019, 57（1）: 3~43.

② 《全面推进乡村振兴取得新进展》，农业农村部，http://www.moa.gov.cn/ztzl/2023fzcj/202312/t20231229_6443786.htm，2023年12月31日。

业强镇，累计培育县级以上农业产业化龙头企业 9 万余家，农业生产信息化率达到 27.6%。① 另一方面，农垦数字化水平提升。目前，我国全农垦系统共装备北斗导航设备 8300 台套以上，导航作业面积超过 6000 万亩。② 三是农村电子商务、互联网特色农业等新业态、新模式蓬勃发展。2023 年，我国已累计建成 1267 个县级公共寄递配送中心、28.9 万个村级寄递物流综合服务站和 19 万个村邮政③，农村地区互联网普及率为 66.5%，农村网络零售额达到 2.49 万亿元。农村消费活力明显增强，2024 年 1~2 月，乡村消费品零售额同比增长 5.8%，增速高于城镇 0.3 个百分点。④

数智赋能是以农业现代化为导向的农业数智化。第一，数智赋能农业生产智能化。一是农业生产方式变革。数智技术能实时采集、安全传输、处理分析农田环境和作物生长的海量数据，促进农业生产从以人为中心向以数据为中心转变，推动农业生产实现规范化、精准化、智慧化和绿色化，显著提升农业生产效率。二是农业资源配置效率提升。农业生产全过程实现数智化感知，能够引领技术流、资金流、人才流等不断突破地域和组织边界，改善要素配置方式，提高要素配置效率。三是农业产业提质增效。智能化的"农作物生长模型"和"气象监控模型"、可视化的监测和管理系统，有助于精准分析和及时预警气象灾害和病虫害灾害，有效防范农业生产经营风险，提升农产品品质。第二，数智赋能农业经营决策科学化。数智技术有助于提高农产品市场行情、农产品上行和农资产品下行的监测预警能力，降低农业生产经营过程中的信息不对称，有效缓解"小农户"与"大市场"之间的组织性矛盾。第三，数智赋能农业产业链延伸。数智技术助推农业产业

① 《国务院新闻办发布会介绍 2023 年农业农村经济运行情况》，国务院新闻办，https://www.gov.cn/lianbo/fabu/202401/content_6927911.htm，2024 年 1 月 23 日。
② 《中国数字乡村发展报告（2022 年）》，农业农村部信息中心，http://www.scs.moa.gov.cn/zcjd/202304/P020230410575631299102.pdf，2023 年 4 月。
③ 《全国将新增 10 万个村级物流综合服务站 实现抵边自然村稳定通邮》，《人民日报》2024 年 1 月 27 日，第 2 版。
④ 《国家统计局新闻发言人就 2024 年 1-2 月份国民经济运行情况答记者问》，国家统计局，https://www.stats.gov.cn/sj/sjjd/202403/t20240318_1948540.html，2024 年 3 月 18 日。

横向拓展与纵向延伸，促进农产品加工业和农产品配套服务业发展，打造从田间到餐桌的"产供销"全链条闭环。

（二）以智造强国为目标的制造业数智化

制造业是立国之本、兴国之器、强国之基。我国拥有全球最完整、规模最大的工业体系，是全世界唯一拥有联合国产业分类目录（41 个大类、207个中类、666 个小类）中所有工业门类的国家。2023 年，我国制造业增加值达 39.9 万亿元，较上年增长 4.2%，工业经济持续回升向好。

制造业数智化是以工艺、装备为核心，利用数据这一关键生产要素，通过数智技术与制造载体和制造场景深度融合，驱动制造业实现数字化转型、网络化协同、智能化变革的过程。制造业数智化涵盖了传统产业持续升级、优势产业融合发展、战略性新兴产业培育壮大、未来产业前瞻布局等着力点，是我国从制造大国迈向智造强国的关键力量。

数智赋能是以智造强国为目标的制造业数智化。第一，智能制造是制造业数智化的主攻方向。智能制造涉及创新智能产品（服务），部署智能装备和工业软件，打造智能生产线、智能车间、智能供应链、智能工厂、智能场景等。我国是全球最大的智能制造应用市场，培育了国家级示范工厂 421家，省级数字化车间和智能工厂超 10000 家，主营业务收入 10 亿元以上的系统方案供应商超过 150 家，智能制造装备产业规模超 3.2 万亿元。[①] 据统计，截至 2023 年 12 月，世界经济论坛与麦肯锡在全球评选了 153 座"灯塔工厂"，其中 62 家位于中国，占比超四成，如宁德时代、中信泰富特钢、华润建材科技等"单一工厂灯塔"（Factory Lighthouses），海尔等"端到端灯塔"（End-to-End Value Chain Lighthouses）。[②] 第二，工业互联网平台是制

[①] 《国新办举行 2024 年一季度工业和信息化发展情况新闻发布会》，工业和信息化部，https：// www.miit.gov.cn/xwdt/gxdt/ldhd/art/2024/art _ 7c3695b480144be9821514c10133c7b5. html， 2024 年 4 月 18 日。

[②] World Economic Forum, Global Lighthouse Network：Adopting AI at Speed and Scale, 2023-12-14, https：//www3.weforum.org/docs/WEF_ Global_ Lighthouse_ Network_ Adopting_ AI_ at_ Speed_ and_ Scale_ 2023.pdf.

造业数智化的核心支撑。工业互联网平台是通过物理世界与虚拟空间的数字化连接，实现技术系统、解决方案、商业模式创新与重构，推动从单机智能迈向系统智能的综合服务平台。我国工业互联网体系不断完善，融合应用逐步深入，赋能成效日益显著。2023 年，我国工业互联网核心产业规模达1.35 万亿元，已全面融入 49 个国民经济大类，涵盖所有 41 个工业大类。我国标识解析体系全面建成，有一定影响力的工业互联网平台超过 340 个，跨行业跨领域工业互联网平台达 50 家，工业设备连接数超过 9600 万台套，工业互联网产业联盟成员单位突破 2500 家，服务企业超 40 万家。[①] 第三，产业（工业）园区是制造业数智化的典型场景和重要载体。产业园区是以空间为载体、以产业为根基的价值综合体，其核心价值源于产业集群内部高度耦合形成的规模效应和溢出效应。园区数字基础设施加快建设与完善，以及"工业互联网平台+园区"模式的创新，促进了产业园区平台化、专业化、体系化发展。据统计，我国已拥有国家级经开区、高新区、自贸区 430个，省级开发区 1850 个，全国各类工业园区超两万个。[②] 其中，2022 年我国国家级经开区拥有国家级孵化器和众创空间 683 家，实现地区生产总值14 万亿元、进出口总额 10.3 万亿元。[③]

（三）以提质增效为核心的服务业数智化

服务业是我国经济增长的主引擎。一是服务业已成为中国第一大产业，对经济增长的贡献率持续增加。服务业增加值从 2012 年的 24.49 万亿元增长至 2023 年的 68.82 万亿元，占 GDP 比重从 2012 年的 44.6% 提高到 2023

---

① 《工业和信息化部：2023 年工业经济总体呈现回升向好态势 信息通信业加快发展》，工业和信息化部，https：//wap. miit. gov. cn/xwdt/gxdt/ldhd/art/2024/art_ fb1ca760af7c40578600f3a62cfcab 22. html，2024 年 1 月 19 日。
② 《中国开发区统计数据》，中国开发区协会，https：//www. cadz. org. cn/index. php/develop/index. html，2023 年 12 月 17 日。
③ 《商务部公布 2023 年国家级经济技术开发区综合发展水平考核评价结果》，商务部，http：//www. mofcom. gov. cn/article/xwfb/xwrcxw/202312/20231203463391. shtml，2023 年 12月 28 日。

年的 54.6%，经济增长贡献率约为 55%。服务消费潜力加速释放，2023 年全年服务零售额同比增长 20.0%。二是服务贸易规模稳步扩大。2023 年，我国服务进出口总额 6.5754 万亿元，比上年增长 10.0%，规模创历史新高。① 目前，我国已建成 112 家特色服务出口基地，涵盖文化、数字服务、知识产权等多个领域②，服务贸易开放创新不断深化。三是服务业数字化转型加速。目前，服务业在三次产业中与数字经济融合程度最高，服务业数字化渗透率已超过 44%。

数智化是数字经济时代服务业发展的必然趋势。与制造业不同，传统服务业呈现链条短、生产与使用不可分离、异质性等技术经济特征，被视为典型的"停滞部门"。③ 在数智化变革的大背景下，服务业部门能充分利用数智技术，低技术门槛、高灵活度、高效益地促进商业模式、体验模式、组织形式、交付形式创新，有效解决传统服务业存在的"同步性"、"不可存储性"、"技术密集度低"以及"缺乏规模经济"等难题，在供给侧与需求侧产生显著的网络效应与规模经济，大幅提升服务业整体生产效率，从而逐步扭转服务业属于"停滞部门"的状态。

数智赋能是以提质增效为核心的服务业数智化。服务业数智化主要涉及两大领域：生活性服务业的数智化和生产性服务业的数智化。一是以本地生活为特征、聚焦民生福祉的数智生活服务。一方面，生活性服务业加速实现线上化、数智化，特别是酒店、教育、餐饮、宠物等行业的数智化程度较高。2023 年，以提供本地生活、租车约车、旅游出行、汽车、房屋住宅等生活服务为主的平台企业收入同比增长 20.7%。④ 另一方面，生活服务的新

① 《中华人民共和国 2023 年国民经济和社会发展统计公报》，国家统计局，https：//www.stats.gov.cn/sj/zxfb/202402/t20240228_ 1947915.html，2024 年 2 月 29 日。

② 《我国服务贸易持续增长》，央视网，https：//news.cctv.com/2024/01/05/ARTIBcZD6xZqAhBM1joqOBcg240105.shtml，2024 年 1 月 5 日。

③ 李晓华：《数字技术与服务业"成本病"的克服》，《财经问题研究》2022 年第 11 期，第 16~26 页。

④ 《2023 年互联网和相关服务业运行情况》，工业和信息化部，https：//www.miit.gov.cn/jgsj/yxj/xxfb/art/2024/art_ 3aa3fa8990d64171a1fd5682dd365ea8.html，2024 年 1 月 31 日。

业态新模式不断涌现，如直播电商、即时零售、夜经济等。2024 年 1~2 月，实物商品网上零售额同比增长 14.4%，全国餐饮收入同比增长 12.5%。此外，智慧出行、智慧健康、智能生活服务、智慧娱乐等场景成熟度较高、体验感较强，智能家务、智慧教育则是数字生活场景建设的蓝海市场，发展前景广阔。① 二是与生产制造直接相关的数智生产服务。生产性服务业依附于制造业，服务于制造业，虽然不直接参与产品（服务）生产，但具备产业关联度高、创新力强、涉及面广等特点，是促进二、三产业深度融合的关键。按照国家统计局发布的行业分类，生产性服务业涉及 16 个国民经济行业门类、348 个行业小类②，包括信息传输、软件和信息技术服务，科学研究和技术服务等。利用数智技术和数字平台有助于建立广泛连接，缓解信息不对称问题，创新应用场景，加速生产服务业与制造业融合，推动服务型制造和制造业服务化，显著提升企业生产效率和产品附加值。2023 年，我国生产性服务业商务活动指数年均值位于 55% 以上较高景气区间。③ 例如，服务机器人产量达 783.3 万套，增长 23.3%；信息传输、软件和信息技术服务业增加值 5.52 万亿元，增长 11.9%。④

（四）以优化营商环境为重点的政务数智化

我国"数智"政府建设加速推进。一是政务数智化水平显著提升，我国电子政务发展水平已跻身全球第一梯队。目前，我国 31 个省市（自治区）和 95% 的地市已建设政务云，国家电子政务外网实现县级以上行政区域 100% 覆盖，乡镇街道接入率达到 99.4% 以上，已开通公安、民政、卫

---

① 《数字生活场景成熟度及体验指数白皮书》，中国电信研究院，https://13115299. s21i.faiusr.com/61/1/ABUIABA9GAAgw6rhqwYoyKfKugU.pdf，2023 年 12 月。

② 《生产性服务业与生活性服务业如何区分》，国家统计局，https://www.stats.gov.cn/zs/tjws/tjbz/202301/t20230101_1903958.html，2023 年 1 月 1 日。

③ 《国家统计局相关部门负责人——2023 年主要经济数据解读（下）》，《经济日报》2024 年 1 月 18 日，第 10 版。

④ 《中华人民共和国 2023 年国民经济和社会发展统计公报》，国家统计局，https://www.stats.gov.cn/sj/zxfb/202402/t20240228_1947915.html，2024 年 2 月 29 日。

健、教育等多个部门的 1000 余个数据接口，累计调用 140 亿次。① 二是智慧城市建设步伐加快。2023 年，重点聚焦于数字孪生、城市治理、智慧交通、基础设施等领域，我国政府主导的智慧城市 ICT 市场投资规模为 8754.4 亿元，其中硬件产品、软件和服务投入占比分别为 56.6%、25.2% 和 18.2%。IDC 预计，到 2027 年，我国政府主导的智慧城市 ICT 市场投资规模将达到 11858.7 亿元，2023~2027 年的年均复合增长率约为 8.0%。② 三是数字政府发展水平稳步提升。2023 年，我国主要的标准化组织已规划、立项 120 余项有关数字政府建设的国家标准，全国超过 20 个省份已成立省级数字政府运营公司。

数智赋能政务服务标准化、规范化、智能化。一是政务服务管理数智化。"数智"创新服务模式，拓展服务内容，促进跨地域、跨部门、跨业务、跨系统的数据流通共享，推动以公众需求为导向的政务服务平台建设，政务服务加快从"能办"向"好办"转变。据统计，截至 2023 年 12 月底，以国家政务服务平台为总枢纽的全国一体化政务服务平台初步建成并持续完善，上线目录 6000 余条，发布数据资源 2.06 万类，累计共享调用超 4847 万次。③ 国家数据共享交换平台发布共享接口超 1200 个，目录 65 万余条。④ 二是政府服务办理数智化、便民化。"数据+技术+平台"与政务服务的深度融合，有助于降低群众办事成本，提高"一网通办"水平，持续优化营商环境。截至 2024 年 2 月，全国一体化政务服务平台实名用户突破 10 亿人，国家政务服务平台涵盖 45 个国务院部门的 1376 项和 31 个省市（自治区）的 526 万多项政务服务事项，已汇聚政务服务办件 13.8 亿件，总使用量超

---

① 《国家电子政务外网已覆盖中央、省、市、县四级全部行政区域》，国家信息中心，http://www.sic.gov.cn/sic/200/571/462/0403/20240403094924191692082_pc.html，2024 年 4 月 3 日。

② 《IDC 发布 2023-2027 年中国智慧城市市场预测》，IDC，https://www.idc.com/getdoc.jsp?containerId=prCHC51776624，2024 年 1 月 15 日。

③ 《数字政府一体化建设白皮书（2024 年）》，中国信通院，http://www.caict.ac.cn/kxyj/qwfb/bps/202402/P020240326638172755032.pdf，2024 年 2 月 4 日。

④ 《致广大而尽精微——习近平总书记指引数字政府建设述评》，新华网，http://www.news.cn/2023-11/21/c_1129986258.htm，2023 年 11 月 21 日。

过 850 亿人次[①]，90% 以上的省级行政许可事项实现网上受理和"最多跑一次"，平均承诺时限压缩 51%。

四　中国数智赋能的实现路径

数智赋能的实现是一个复杂而系统化的工程。为了充分发挥数智赋能的作用，统筹构建"数智"基础设施体系是前提，培育壮大数字平台及其生态是关键，打造创新应用场景是落脚点，持续完善"数智"规制是保障。

（一）增强数据、算法、算力等基础支撑能力，夯实中国数智赋能的技术底座

数智赋能的技术底座是以信息网络为基础，以数据创新为驱动，以算力基础设施为核心，实现"云、网"深度融合、"算、网、数、智"协同创新，助力数字转型、智能升级、融合创新的基础设施体系。

第一，加强网络基础设施建设，提升网络连接和数据传输水平。一是传统基础设施智能升级。加快交通、能源、水利、物流、环保等传统基础设施建设的数字化、智能化升级，促进基础设施互联互通、供需精准对接、资源高效配置。二是新型网络基础设施建设。加快部署和应用 5G、千兆光网、互联网协议第 6 版（IPv6）、移动物联网，积极布局"天地一体"的卫星互联网，全面建设、"贯通"工业互联网标识解析体系，打造安全、高效的区块链基础设施，前瞻性探索"5G-A+万兆光网"的"双万兆"网络建设，持续推进泛在互联智联的高水平网络基础设施构建。

第二，推动算力基础设施高质量发展，提升"算、网、数、智"协同赋能水平。算力基础设施是集信息计算、网络运载、数据储存及应用等能力于一体的新型基础设施，呈现多元供给、泛在连接、智能敏捷、安全融通等

[①] 《全国一体化政务服务平台数据》，国家政务服务平台，https://gjzwfw.www.gov.cn/？tdsourcetag＝s_pctim_aiomsg，2024 年 3 月。

特征。一是构建和完善算力综合供给体系。加快算力基础共性标准制定，强化算力多元供给配置，积极搭建政务服务综合算力平台，打造覆盖超算中心、智算中心、数据中心、边缘计算中心等高性能算力设施协同发展的算力网络，持续增强算力供给服务的普惠性、高效性和安全性。二是提升算力系统存储与运载水平。重视重点行业关键数据的容灾备份，加快存储技术研发创新及产业化，强化入算能力和枢纽网络传输能力建设，打造算网高度融合、算力资源持续整合优化和敏捷连接的算力系统。三是深化算力产业绿色化、生态化发展。积极推动绿色节能技术研发创新和推广应用；以算力基础设施为抓手，打造算力研发生产等全链条的生态体系；加强算力在工业、先进制造业、教育、金融、交通、医疗、能源等场景的创新应用，持续提升算力服务能力，推进"算力+"绿色低碳的产业生态构建。

第三，加快数据基础设施建设，充分发挥数据要素乘数作用。数据基础设施是基于数据要素价值释放的视角支撑数据汇聚、处理、流通、应用、运营、安全保障全流程的新型基础设施，因此其包括且不限于网络基础设施、算力基础设施、数据安全基础设施。一是加快5G、高速光纤、IPv6、卫星互联网等泛在互联智联的高水平网络基础设施构建，提升数据汇聚与传输能力。二是加强云计算、边缘计算、分布式计算、AI大模型、超算中心、智算中心、数据中心等算力基础设施建设，提升数据处理、分析与存储能力。三是加速隐私计算、区块链、数据加密等技术的创新与应用，提高数据流通共享和安全保障水平。

（二）支持数字平台企业及其生态创新发展，打造中国数智赋能的关键引擎

数字平台生态系统是基于互联智联的数字系统，通过一套通用的设计和管理规则，促进参与者之间的交互与协同发展[①]，呈现泛在连接性、协同演

---

① 焦豪：《数字平台生态观：数字经济时代的管理理论新视角》，《中国工业经济》2023年第7期，第122~141页。

化性、网络外部性、良好成长性等特征。数字平台生态的培育壮大，离不开数字平台企业的创新发展和创新应用。

第一，支持数字平台创新发展，发挥数智赋能示范引领作用。一是推动平台企业技术创新。支持头部平台企业积极进行前瞻性布局，加快在集成电路、关键材料、关键设备、应用基础研究等领域开展攻关，加强对大数据、人工智能、云计算、物联网、区块链等前沿技术的研发创新及应用。二是推动平台企业模式创新。强化要素融合能力，提高开放创新水平，依托数字平台实现商业模式创新、场景应用创新，推进"产品+内容+生态"深度融合。三是推动平台生态建设。鼓励与支持打造"平台—场景—生态"模式，推进构建包容、有序、开放的平台生态圈。典型的数字生态包括数字平台企业与产业链供应链上下游企业深度融合形成的数字平台生态，以及传统龙头企业探索并建设线上线下高度融合、高效协同的数字化生态。

第二，引导数字平台创新应用，提升"平台+"赋能潜力。一是推动平台赋能制造业转型升级。优先推动数字平台企业与实体龙头企业深度合作，打造数智转型标杆企业。推广应用数字孪生、物联网等技术，加快工业互联网平台体系建设与应用，重点打造智能工厂和数字化车间。支持数字平台在先进制造业、战略性新兴产业等领域积极探索，持续推进制造业产业基础高级化、产业链现代化。二是推动平台赋能农业农村现代化。加快建设农业农村大数据平台、数字农业服务平台，实现农业农村数据互联互通、资源共建共享、业务协作协同。鼓励数字平台企业深度参与农业生产经营各环节，赋能农产品"产供销"全链路一体化、数智化。引导数字平台企业参与智慧农业和数字乡村建设，推进"平台+"农业农村深度融合发展。三是推动平台赋能服务业提质增效。支持数字平台企业模式创新，推进即时电商、社交电商、直播电商等健康有序发展。培育数字化生活服务平台，丰富生活服务应用场景，持续促进教育、医疗、交通等领域服务普惠化、人性化、智能化。加快建设重点领域行业的生产性互联网服务平台，推动生产性服务业与先进制造业深度融合发展。

（三）促进数据、技术、平台与场景深度融合，激发中国数智赋能的创新活力

激发数智赋能创新活力必须以应用场景为基础。数智赋能的底层逻辑包括技术创新与数据驱动，技术和数据的价值释放在于应用，应用的关键在于场景。应用场景越丰富，技术创新迭代速度越快，数据要素乘数效应越显著，数智赋能潜力越大。

一是以业务场景驱动"数智"综合应用。数智赋能企业升级是在企业关键业务活动中嵌入"数智"的过程。以业务场景为核心，加快"数据+技术+平台+业务"深度融合，推动企业业务模式创新，业务流程优化，业务场景丰富，业务效率提升。

二是以产业场景驱动"数智"综合应用。聚焦传统产业升级、特色产业发展、优势产业壮大、新兴产业培育、未来产业布局，以及现代服务业与先进制造业、现代农业深度融合，充分发挥数据要素和智能技术的协同、复用、融合和渗透作用，积极探索"数智"在生产、流通、消费和社会服务等领域的典型应用场景，并依托智能制造、智慧农业、智慧政务、智慧交通、智慧能源等试点（示范）推动典型应用场景建设与落地。

三是以用户场景驱动"数智"综合应用。数智环境下需求多元化、沟通明晰化、触点多元化，生产经营理念应从以生产者为中心向以用户为中心、以场景为驱动转变。基于消费者的需求痛点，以数字平台及其生态系统为主要载体，推动重点行业领域积极探索"数智"在提升产品质量、优化用户体验、创新营销方式、拓展消费场景、催生新需求新消费等方面可能的应用场景。

四是以垂直场景为重要切入点，逐步探索"数智"全方位、综合性应用场景。垂直应用场景具有小切口、可扩展性强、易形成信息闭环等优点，能够精、深、细地推进智能技术创新迭代和数据要素价值释放。依托金融、医疗、交通、气象、环境、教育等典型领域，推进数智赋能的垂直场景应用

试点示范，积极探索与优先落地商业价值高、与民生福祉联系紧密、技术标准化程度较低的应用场景。

（四）加快制度创新和治理环境优化，强化中国数智赋能的制度保障

数智赋能不仅依托数据、技术与平台的共同支撑，也需要相应监管模式与治理体系创新的制度保障。

一是推动数据高质量治理。数据治理的目的是提高数据可得性，提升数据质量，保障数据安全，释放数据价值。首先，完善数据要素规制。数据要素制度体系包括基础类制度、发展类制度和治理类制度。加快完善数据产权制度、收益分配制度，推进数据资源化、要素化；加快完善数据要素开放共享制度、流通交易制度，推进数据价值化、市场化；加快完善数据隐私保护制度、数据安全体系，加强数据安全治理。其次，数据治理的对象主要包括政府数据和企业数据。一方面，创新政府数据治理方式，建立数据联管联治机制，推动政府、企业、个人、社会多方协同共治，助力政府数据经济价值、社会价值、政治价值释放与实现。另一方面，企业数据治理是激活数据要素潜能、发挥数据要素乘数效应的重要内容。加快构建涵盖企业数据全生命周期的数据治理体系，增强企业社会责任，加大对数据垄断、数据侵权、数据不正当竞争等的监管力度，促进企业公平竞争。

二是加快平台治理创新。数字平台具有企业、生态、社会三重属性，既是相关秩序的设立者和维护者，也是传统市场秩序的挑战者，因此其监管与治理要"内外兼修"。一方面，推动数字平台企业的内部自治。平台自治的重点包括消费者权益保护、内容合规审核、知识产权保护和交易纠纷处理。[1]增强平台企业的数字责任和社会责任，引导平台企业树立正确的技术伦理观，强化用户隐私安全、知识产权保护、算法合规等数字责任建设，鼓

---

① 江小涓、黄颖轩：《数字时代的市场秩序、市场监管与平台治理》，《经济研究》2021年第12期，第20~41页。

励头部平台企业积极履行技术创新、企业赋能、环境保护、扶贫济困、"数字鸿沟"弥合等社会责任。另一方面，加强数字平台企业外部监管。坚持"发展和规范并重"的监管理念，探索中国式数字"守门人"（Gatekeeper）制度，按照数字平台特点实行差异监管、动态治理，重点关注强制"二选一"、自我优待、大数据杀熟、扼杀式并购等反竞争行为，更好地引导科技向善发展。此外，鼓励社会公众、公共媒体、行业组织等积极参与平台治理，加快构建"政府负责、平台自治、社会协同、公众参与"的多元主体协同共治体系。

三是加强智能技术应用治理。智能技术是数智赋能的核心驱动力，在技术创新、发展与应用中不断催生新的治理对象和治理问题，典型的如 AI 大模型、生成式人工智能的突破式发展。坚持"技术向善、伦理先行"，加快构建贯穿人工智能系统全生命周期、"软法"与"硬法"协同的制度体系，推动人工智能系统合法、透明、可信赖、负责任、合乎道德、安全可信发展。坚持包容审慎监管，加强对公共安全、城市管理、制造、金融、医疗健康、文旅教育等行业领域重点应用场景的风险管控，创新人工智能"监管沙盒"新模式，形成"事前风险评估、事中动态监督、事后精准问责"的监管闭环。

五　结语

"数智"作为以"数据+算力+算法"为支撑的新型赋能技术、方式与手段，正深刻影响着经济社会和国家发展，已成为数字经济时代的新引擎。随着大数据、生成式人工智能、区块链、虚拟现实等数智技术的稳健发展以及其在元宇宙中的集成创新和融合应用，数据要素乘数效应加快释放，"AI+"新业态新模式加速培育，区块链应用新场景不断拓展，元宇宙融合应用由浅入深、产业体系逐步形成，"虚-实"、"人-机"、"时-空"关系持续发生结构性变革，全力推动中国数智赋能跑出"加速度"，经济发展焕发新活力，综合国力迈上新台阶。加强"数智赋能"基础理论研究及创新，加快新型基础设施建设和典型应用场景培育，持续推动实体经济"数转智改"，是未来数实融合创新、数智赋能发展的必然选择，更是制造强国、质量强国、网络强国、数字中国建设的必由之路。

参考文献

蔡跃洲、马文君：《数据要素对高质量发展影响与数据流动制约》，《数量经济技术经济研究》2021 年第 3 期。

陈国青、任明、卫强、郭迅华、易成：《数智赋能：信息系统研究的新跃迁》，《管理世界》2022 年第 1 期。

陈晓东、杨晓霞：《数字经济发展对产业结构升级的影响——基于灰关联熵与耗散结构理论的研究》，《改革》2021 年第 3 期。

国家互联网信息办公室：《数字中国发展报告（2022）》，2023。

黄阳华：《基于多场景的数字经济微观理论及其应用》，《中国社会科学》2023 年第 2 期。

江小涓、黄颖轩：《数字时代的市场秩序、市场监管与平台治理》，《经济研究》2021 年第 12 期。

江小涓、靳景：《数字技术提升经济效率：服务分工、产业协同和数实孪生》，《管理世界》2022 年第 12 期。

焦豪：《数字平台生态观：数字经济时代的管理理论新视角》，《中国工业经济》2023 年第 7 期。

金飞、孙月平、徐笛：《区域协调视域下的产业数智化动态发展机制研究》，《经济问题》2023 年第 7 期。

荆文君、刘倩、孙宝文：《数字技术赋能经济高质量发展：一种改进的"技术-经济"分析范式》，《电子政务》2023 年第 10 期。

李川川、刘刚：《数字经济创新范式研究》，《经济学家》2022 年第 7 期。

李辉、谭晓、杨建林：《数智技术赋能科技情报流程现代化：驱动因素、核心价值与践行路向》，《科技情报研究》2023 年第 4 期。

李纪珍、钟宏：《数据要素领导干部读本》，2021。

李三希、曹志刚、崔志伟等：《数字经济的博弈论基础性科学问题》，《中国科学基金》2021 年第 5 期。

李树文、罗瑾琏、胡文安：《从价值交易走向价值共创：创新型企业的价值转型过程研究》，《管理世界》2022 年第 3 期。

李万利、潘文东、袁凯彬：《企业数字化转型与中国实体经济发展》，《数量经济技术经济研究》2022年第9期。

李晓华：《数字技术与服务业"成本病"的克服》，《财经问题研究》2022年第11期。

李晓华：《数字经济新特征与数字经济新动能的形成机制》，《改革》2019年第11期。

刘洋、董久钰、魏江：《数字创新管理：理论框架与未来研究》，《管理世界》2020年第7期。

农业农村部：《中国数字乡村发展报告（2022年）》，2023。

欧阳日辉、龚伟：《基于价值和市场评价贡献的数据要素定价机制》，《改革》2022年第3期。

欧阳日辉、刘昱宏：《数据要素发挥倍增效应的理论机制、制约因素与政策建议》，《财经问题研究》2024年第3期。

申姝婧、杨建林：《"数智赋能"及其背景下的情报思维培养》，《情报学报》2023年第4期。

史丹：《数字经济条件下产业发展趋势的演变》，《中国工业经济》2022年第11期。

孙新波、周明杰、张明超：《数智赋能驱动场景价值创造实现机理——基于海尔智家和小米的案例分析》，《技术经济》2022年第12期。

王秉：《何为数智：数智概念的多重含义研究》，《情报杂志》2023年第7期。

王延飞、赵柯然、何芳：《重视智能技术 凝练情报智慧——情报、智能、智慧关系辨析》，《情报理论与实践》2016年第2期。

吴瑶、肖静华、谢康、廖雪华：《从价值提供到价值共创的营销转型——企业与消费者协同演化视角的双案例研究》，《管理世界》2017年第4期。

肖旭、戚聿东：《产业数字化转型的价值维度与理论逻辑》，《改革》2019年第8期。

徐翔、厉克奥博、田晓轩：《数据生产要素研究进展》，《经济学动态》2021年第4期。

徐翔、赵墨非、李涛、李帅臻：《数据要素与企业创新：基于研发竞争的视角》，《经济研究》2023年第2期。

张凤霞、赵国浩、荆文君：《从竞争到竞合：数字经济时代的企业关系演进》，《经济问题》2023年第11期。

赵倩：《数智赋能对零售企业服务化绩效的影响机制探析》，《商业经济研究》2023年第19期。

中国电信研究院：《数字生活场景成熟度及体验指数白皮书》，2023。

中国互联网络信息中心：《第52次〈中国互联网络发展状况统计报告〉》，2023。

中国社会科学院金融研究所：《全球数字经济发展指数报告（2023）》，2023。

中国信通院：《2024 信息通信业（ICT）十大趋势》，2023。

中国信通院：《全球数字经济白皮书（2023 年）》，2024。

中国信通院：《数字政府一体化建设白皮书（2024 年）》，2024。

中国信通院：《云计算白皮书（2023 年）》，2023。

中国信通院：《中国算力发展指数白皮书（2023 年）》，2023。

Air Street Capital，"State of AI Report 2023"，2023.

Anwar, M., Khan, S. Z., Shan, S. Z. A., "Big Data Capabilities and Firm's Performance：A Mediating Role of Competitive Advantage", *Journal of Information & Knowledge Management* 4，2018.

Fischer, M., Imgrund, F., Janiesch, C., et al., "Strategy Archetypes for Digital Transformation：Defining Meta Objectives Using Business Process Management", *Information & Management* 5，2020.

Goldfarb, A, Tucker, C., "Digital Economics", *Journal of Economic Literature* 1，2019.

GSMA，"The Mobile Economy 2024"，2024.

Stanford HAI，"Artificial Intelligence Index Report 2023"，2023.

World Economic Forum，"Global Lighthouse Network：Adopting AI at Speed and Scale"，2023.

B.4
从"数字化"到"数智化"：
信息化建设跃升路径研究

马建峰　贺娅桐[*]

摘　要：　随着以数字化、网络化和智能化为特征的新工业革命的推进，数字经济形态逐渐确立，也进一步推动了数据价值化、数字产业化、产业数字化和数字化治理的快速发展。在此背景下，数智赋能成为推动经济社会形态变革、组织生产管理优化、人类生活方式重构的核心动力。本报告分析了信息化建设的"数字化"进程与"数智化"跃迁，深入探讨了信息化建设与数智赋能的相互作用机制，即信息化建设作为工业经济到数字经济跃迁中的核心角色，不仅是数智赋能实现的基础，同时也在数智赋能的驱动下展现出新的发展方向。推动信息化建设向前跃进，需整合内外部信息资源、消除数据"孤岛"、构筑大信息生态系统、提升数字素养和能力，融合新型基础设施以实现数据的即时互通和资源的优化配置。此外，在数智赋能信息化建设发展大趋势下，还必须密切关注数据治理、安全和伦理问题，以确保信息化建设新跃迁各方面平衡推进，进而促进新质生产力的快速发展，为中国式现代化注入强劲动力。

关键词：　信息化建设　数字经济　数智赋能

---

* 马建峰，北京科技大学经济管理学院应用经济系副主任，副教授，主要从事数字基础设施建设与管理、数据要素治理、效率评价伦理与方法相关领域的研究；贺娅桐，北京科技大学经济管理学院硕士研究生，主要从事数字经济、产业数字化转型相关领域的研究。

一　信息化建设的"数字化"进程

随着大数据、云计算、移动互联网、工业互联网、物联网、区块链、人工智能等现代信息和数字技术的发展、融合与应用，以数字化、网络化和智能化为特征的新工业革命高速推进，并深刻影响了传统的生产、管理、生活方式以及经济发展模式，为数字赋能创造了技术条件和应用基础。新工业革命催生了农业经济和工业经济之后的数字经济新形态，数字经济在数据价值化、数字产业化、产业数字化、数字化治理的框架下深入发展，通过生产力跃迁将数字赋能置于核心地位。数字赋能在新工业革命和数字经济背景下快速形成和发挥效用，已经成为政府、企业、研究部门关注的重点内容。

（一）新工业革命为数字赋能创造技术条件及应用基础

2013 年，在德国汉诺威工业博览会上，德国正式提出"工业 4.0"概念，从工业化阶段入手区分了基于信息技术的自动化阶段和基于物理信息系统的智能化阶段，出现了从"工业 1.0"到"工业 4.0"的四次工业革命分类。[①]"第四次工业革命"开始受到各界的重视，由于对科技革命、工业革命阶段认识的不同，以及工业化理论视角的不同，"第四次工业革命"或新一轮科技和产业革命也被称为"新工业革命"。四次工业革命的技术创新分别带来了不同的技术突变，催生了新的关键生产要素，通过充分开发技术机会和创造应用场景，形成了不同的赋能途径并产生了新的生产方式、组织和管理模式，最终实现了社会文明的进步和经济发展的跃迁，赋能使人类社会发展进入了新时代。四次工业革命的进展与特征如表 1 所示。

---

① 黄群慧、贺俊等：《新工业革命：理论逻辑与战略视野》，社会科学文献出版社，2016。

表 1　四次工业革命的进展与特征

	第一次工业革命 （18 世纪 60 年代）	第二次工业革命 （19 世纪 50 年代）	第三次工业革命 （20 世纪 50 年代）	新工业革命 （21 世纪初）
技术突变	蒸汽机	内燃机、电力	计算机通信技术	现代信息技术、人工智能技术
关键要素	机器、煤炭	电器、石油	半导体、信息	数据、新能源
赋能途径	机械化、规模化生产方式，工厂制	电气化、大规模生产，流水线作业，股份制	信息化、自动化，计算机互联网，自动化大规模向柔性生产方式转变	数字化、网络化、智能化，新一代移动互联网物联网，自适应、个性化、柔性生产方式向分散化生产方式转变
赋能结果	蒸汽时代	电气时代	信息时代	数字智能时代

在经历了信息时代几十年技术积累和市场探索之后，新工业革命正在从以科学研究为主的导入期向以商业应用为主的拓展期转变，其巨大的经济价值将逐渐释放，并带来新的发展模式与增长动力。[①] 新工业革命是以数字化、网络化、智能化为核心特征的工业革命，新工业革命的"三化"特征为数字赋能创造了技术条件和应用基础。

新工业革命中的数字化特征主要是在生产和生活中以数字编码形式将物理世界中的实物与过程进行数字化转换，以数据形式进行储存、传输、处理和应用。数据的应用是新工业革命数字化特征的本质，即从基于信息系统的数据采纳收集转向数据形成生产要素，并能够进一步进行开发和利用，进而赋能生产组织形式创新和社会进步。新工业革命中的网络化特征主要是利用新一代信息通信和计算机技术连接不同地点的电子终端设备，形成网络共享软硬件、公用数据资源，其中不仅包括第三次工业革命中的信息网络，还包括能够实现人、物、信息和服务等全方位、全流程、全产业链的网络关联，促进感知、采集、监测、控制等活动的协同，进而实现数字化价值创造。智

---

① 　谢伏瞻：《论新工业革命加速拓展与全球治理变革方向》，《经济研究》2019 年第 7 期。

能化是新工业革命的核心，是借由人工智能技术的发展和成熟，使非生物主体具备灵敏、准确的智能感知功能，通过自主的高效学习、认知与思维，形成正确的判断和决策能力，产生高效率的执行功能，部分代替人脑功能在价值创造中发挥更大、更重要的作用。

因此，新工业革命一方面通过技术突变和新关键生产要素为数字赋能创造了技术条件，另一方面通过各种应用场景和赋能途径的创新为数字赋能提供了应用基础。在新工业革命不断推进的背景下，数字赋能将具有更强大的生命力。

（二）新经济形态将数字赋能置于核心地位

《"十四五"数字经济发展规划》明确指出，"数字经济是继农业经济、工业经济之后的主要经济形态"。从工业革命的演进来看，科技创新特别是关键技术和要素的出现将深刻影响经济的结构、组织和运行，进而出现新的技术经济范式，推动形成新的经济社会格局。中国信通院发布的《中国数字经济发展白皮书（2017年）》提出数字经济的数据价值化、数字产业化、产业数字化和数字化治理的"四化"框架，从生产要素、生产力和生产关系的角度阐述了数字经济新形态的构成与特点，如图1所示。在数字经济"四化"框架下，以数字赋能为要义的数字生产力是数字经济的核心，是进一步发展"新质生产力"的重要组成部分。

2023年9月，习近平总书记在黑龙江考察时首次提出"新质生产力"。习近平总书记指出："整合科技创新资源，引领发展战略性新兴产业和未来产业，加快形成新质生产力。"2023年11月，中央经济工作会议谈及，"要以科技创新推动产业创新，特别是以颠覆性技术和前沿技术催生新产业、新模式、新动能，发展新质生产力"。2024年1月，习近平总书记在主持中共中央政治局第十一次集体学习时提出发展新质生产力是推动高质量发展的核心，要加快发展新质生产力，扎实推进高质量发展。2024年两会期间，习近平总书记多次谈及新质生产力，进一步阐释了发展新质生产力的方法论；同时，《政府工作报告》也提出要大力推进现代化产业体系

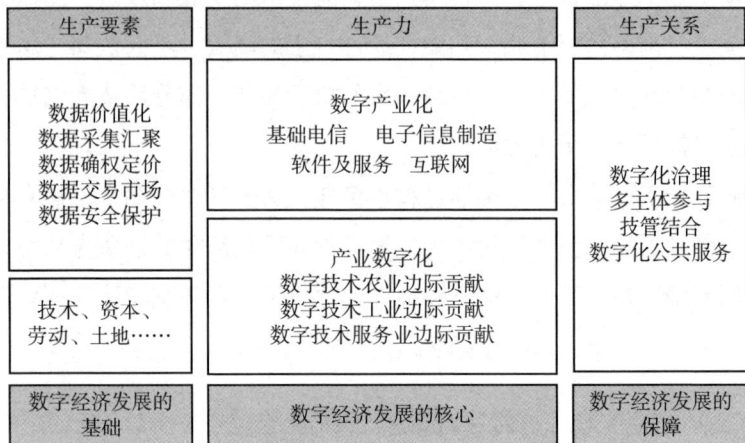

图 1　数字经济的"四化"框架

资料来源：中国信息通信研究院。

建设，加快发展新质生产力。新质生产力的核心是科技创新，新质生产力将成为我国经济高质量发展和全面建设社会主义现代化国家的重要推动力量。

从生产力发展来看，生产力的巨大变化更直接地来自工业革命，而生产力不仅受到要素禀赋、要素组合的影响，也受到生产关系的影响，具有明显的时空差异特征。① 劳动者、劳动资料和劳动对象是构成生产力的三大要素，在数字经济下，生产力三大要素均发生了质的变化，进而使新质生产力产生了对传统生产力在能级上的跃迁。劳动者的核心能力正在由体力向智力转变，数字赋能劳动者具备更高级的数字素养和数字能力，使之不再等同于农业经济和工业经济下的传统劳动者；劳动工具是劳动资料的核心，在新工业革命推动下，传统以机械为主的劳动工具发生了颠覆性变化，并且催生了全新的基础设施和应用平台，数字赋能能够促进虚拟技术、虚拟与现实结合的高级劳动工具的产生，是新质生产力形成和发展的必要条件；随着数字

① 高帆：《"新质生产力"的提出逻辑、多维内涵及时代意义》，《政治经济学评论》2023年第6期。

化、智能化的推进，新材料、新能源，特别是数据生产要素的出现及与传统生产要素的结合，极大地扩展了人类劳动对象的范围和领域，数字赋能将赋予劳动对象更加丰富的含义。新质生产力作为生产力的新质态和新形态，其发展是由具备一定知识和素质的新型劳动者使用新型劳动工具作用于新型劳动对象的过程。① 新工业革命是促进新质生产力形成的基本动力，而数字赋能则是通过赋能劳动者、赋能劳动工具、扩展劳动对象而成为新质生产力发展的重要动力。

二　信息化建设的"数字化"特征

中共中央办公厅、国务院办公厅 2006 年印发的《2006—2020 年国家信息化发展战略》就信息化给出了被广泛接受的定义，"信息化是充分利用信息技术，开发利用信息资源，促进信息交流和知识共享，提高经济增长质量，推动经济社会发展转型的历史进程"。国务院 2016 年印发的《"十三五"国家信息化规划》指出全球信息化进入新阶段，"信息技术创新代际周期大幅缩短，创新活力、集聚效应和应用潜能裂变式释放"。信息化建设不是一蹴而就的，也不会随着数字化转型而消失或被取代，信息化建设是数字化、智能化的基础，为数字赋能搭建了基础技术和要素流动平台，为数字赋能提供数据生产要素，有利于实现数据要素的价值释放，同时数字赋能也能反向促进传统信息化建设从追求效率向科学管控以及智能决策方向发展，促进信息化建设进入高级阶段。

（一）信息化建设搭建了数字化基础平台

信息化建设的主要特点是在传统管理模式和业务流程的基础上，利用信息技术和网络技术，通过信息系统的建立和运行，记录业务流程中产生的各

---

① 管智超、付敏杰、杨巨声：《新质生产力：研究进展与进路展望》，《北京工业大学学报》（社会科学版）2024 年第 4 期。

类数据，其实质是运用计算机、网络、数据库等信息技术，通过信息化系统工具，实现业务流程的线上化，进而推动业务管理流程效率和效益的提升。而从数字赋能的角度看，信息化是联系物理世界与数字世界的桥梁，信息化建设是通过信息技术促进现实世界与虚拟世界联系的数字化重塑，即将传统现实世界中的要素和流程状态通过信息或比特映射到虚拟的数字世界，再通过信息化网络将虚拟和现实世界连接起来，这种联系是形成数字赋能基础平台的核心。

在数字赋能下，信息化建设不仅通过信息技术的应用对生产和管理活动给予支撑，并实现协作，更需要利用数字和数字技术在虚拟世界的融合效果，使现实世界的业务和管理产生更为本质的创新性变化，或者对业务起到引领和共创的作用，目的是使资源得到更科学的配置，实现价值创造。信息化建设为数字赋能搭建了从信息技术密集型向数字技术密集型转变的技术平台、从以信息资源为主向以数字资源为主转变的资源平台、从确定性需求导向向不确定性导向转变的管理平台以及强调创新、智能、敏捷、开放和共享的逻辑平台。在传统信息平台基本功能的基础上，实现组织结构与管理意识的革新，业务流程与管理规范的完善，平台职能与管理工具的演化。在促进信息由现实世界向虚拟世界流动的基础上，数字赋能下的信息化建设更加注重现实世界在虚拟世界的映射效果，更加需要保障信息由虚拟世界向现实世界的反向流动，从而实现数字赋能。

（二）信息化建设保障了数据生产要素供给

信息化建设通过信息平台、信息系统和信息技术的布局、应用和升级，为数据处理提供了物理载体和通用技术，实现了数据的采集、传输、计算、存储等，是数据生产要素的供给保障。数据采集可以利用传感、分析和测量仪器从目标对象采集数据并输入信息系统，也可以通过计算机程序在计算机软硬件系统运行过程中自动记录和保存数据，还可以通过调查、普查等统计调查方法采集数据，以及通过计算机终端人为录入或自动录入各种数据，这些一手数据具有客观性、真实性和相对的完整性，是重要的原始数据生产资料。除此之外，一手数据在通过各种方式进入信息系统之后，经过使用、计算产生了大量的中间数据和数据分析结果，在此过程中，可以利用间接数据采集技术自动采集和获取大量二手数据。有目的地采集一手数据和二手数据是数据生产要素供给的源头，也是信息化建设需要完成的重要任务。

信息化建设促进了更先进的通信网络的产生，尤其是移动通信网络，其通过不断增加信道带宽、增强移动性和信噪比大大提高了数据的传输量和传输速度，为实现数据的即时传输和处理创造了条件。计算机技术是信息技术的核心，信息化建设为更高算力的实现和传输创造了条件，使计算机软件和软件系统能够处理更为复杂的算法和程序，如以云计算为代表的网络分布式计算极大地提高了数据计算能力，未来，量子计算机的研发和应用将带来全新的数据计算方式。大量数据的采集、传输和计算要求有更先进的数据存储方式，信息化建设促进了更先进的计算机硬件技术、服务器技术、数据库技术以及数据仓库等存储技术的应用。信息化建设的完善程度极大地影响了数据生产要素从采集源头到传输速度，从数据的存储能力到处理质量，这不仅体现在国家宏观层面的信息化建设方面，也反映在经济和社会主体内部信息化建设方面，实现数字赋能，做好信息化建设保障数据生产要素供给是基本要求。

（三）信息化建设有利于数据要素价值释放

数字赋能的导向和目标是实现全局资源优化配置和价值创造，数据要素的价值释放是数字赋能的重要载体。中国信通院发布的《数据要素白皮书（2022 年）》将数据要素投入生产的途径概括为三次价值的释放过程。数据要素的一次价值体现在数据支撑业务系统运转，推动业务数字化转型与贯通，即数据要素的业务贯通价值上；数据要素的二次价值体现在数据分析使战略决策更智慧，支撑业务智能化决策，即数据的数智决策价值上；数据要素的三次价值是数据流通到更需要的地方，使不同来源的优质数据在新的业务需求和场景中汇聚融合，实现双赢、多赢的价值利用。白皮书指出，为推动数据的一次价值释放，企业、政府的工作重心是业务数字化及各类信息系统的建设①，信息化建设不仅是推动数据要素一次价值释放的重要途径，而且在进行现代信息化建设过程中搭建的数字赋能基础平台也有利于数据要素二次和三次价值释放，促进数字赋能的实现。

数据要素二次价值释放强调的是数据要素的综合管理和深入分析，涉及业务信息系统的嵌入和执行，从而赋能业务智能化。数据分析、人工智能等现代信息和数字技术的嵌入，能够使现代信息化建设更紧密地服务于生产过程，即在连接数字虚拟世界和物理现实世界的信息化平台上生成基于数据要素信息挖掘的生产和管理决策，并及时应用于生产管理过程，在信息化建设过程中建立的数字赋能基础平台有利于数据要素二次价值的释放，并保证所释放的价值得到及时利用。数据要素三次价值的释放是以数据流通为基础的，信息化建设的发展方向是强调信息生态系统的构建，不仅包括主体内部的信息生态系统建设，更涉及地区、领域、产业链的信息生态系统构建。大信息生态系统能够促进主体内外部数字要素的流通交换，便于更大范围内的数据要素供需见面，有利于数据要素市场的培育和发展，从而助力数据要素三次价值的释放。

（四）数字赋能赋予信息化建设新动能

我国信息系统研究经历了起步探索阶段、模仿借鉴阶段、融合提升阶段和创新发展阶段，相应的关注主题由自动化、集成化、数据化到数智化，呈现出从手工到自动、从局部到整体、从内部到外部、从数据到数智的跃迁特点。② 数字赋能让信息化建设向着能力更强、价值更大、内涵更深和外延更广的方向发展。信息化建设能够为数字赋能搭建基础平台，保障数据生产要素的供给并且有利于数据要素的价值释放，同时，数字赋能能够促进信息系统和信息平台升级，不断适应数字经济发展的新需求，使信息系统和信息平台变得更自主、更智能，具有更加全面的支撑作用和功能。传统信息化建设的

---

① 中国信通院：《数据要素白皮书（2022）》，2022。
② 陈国青、任明、卫强、郭迅华、易成：《数智赋能：信息系统研究的新跃迁》，《管理世界》2022年第1期。

方法论基本遵循了机械论的思维，强调世界的可知性、人类认识的充分性，因而能够使计算机以人类确认的固定规则运行，进而构建信息系统，实现信息系统的功能。而随着科技和社会的发展，特别是数字经济下人工智能技术的进步，世界是确定和可知的观念在不断转变，不确定性和动态变化无处不在，数字赋能在很大程度上是利用信息、数据和现代技术来降低和消除不确定性，利用信息和数据处理方式将智能型问题转化为信息处理问题，使信息系统和信息平台发挥更大的智能化作用。

传统信息化建设能够提高主体的业务和管理效率，但缺乏智能化处理能力，虽然能够一定程度上解决降本增效的问题，但不能解决主体模式重构、敏捷反应和自主适应的问题。数字赋能让信息化从事后记录转向实时监控和事前预测，在大信息生态系统中通过将物理现实世界中的人、事、物连接并映射到虚拟数字世界，进而在数字世界寻找深层关系，保障在信息化数字赋能平台上的广泛连接和实时在线，形成虚拟与现实的动态交互，提升随需动态调整的敏捷信息系统的能力，从而提高全面解决问题的能力。数字赋能使信息化建设具有更高的数据和信息处理能力，在新型信息化平台基础上，数字赋能使机器学习更多地参与到数据处理和交付活动中，而更多的数据会让机器学习更加高效，加速系统自身的完善，实现机器决策与人工决策的有效结合，更有效地协助主体业务和管理模式重构，形成敏捷反应和自主适应的决策体系和执行体系。数字赋能能够让传统信息化建设从追求效率向科学管控以及智能化决策方向发展。

三　信息化建设的"数智化"跃升

数据要素本质上具有规模报酬递增、低成本复用等特征，数据要素与其他生产要素有机结合可以突破传统资源要素约束，优化资源要素配置，从而提升全要素生产率。[①] 数智赋能是以先进的计算机技术、信息技术和智能技

---

① 韩喜平、马丽娟：《发展新质生产力与推动高质量发展》，《思想理论教育》2024 年第 4 期。

术为依托和驱动，以数据生产要素为基础和载体，应用于社会和经济主体的数字化转型过程，最终促进资源配置优化和主体价值创造能力的提升。数智赋能的内涵特征兼具技术、经济、社会属性，在技术日新月异、经济转型变革和社会快速发展的背景下，数智赋能的内涵深度和外延广度也在不断变化，需要结合不断丰富的背景从动态发展的视角进行解读。

（一）以先进信息及智能技术为依托和驱动

数智赋能的实现依靠的是强大的数据收集、储存、传输、处理、分析和应用技术，即现代信息技术；而数智赋能的发展则需要突破提供自动化解决方案的工业技术，即以人工智能技术为驱动。在数字经济下，信息技术的核心仍然是计算机和通信技术，但更加强调占有具有全面、规模、复杂、多样、低价值密度、实时准确等特性的数据，并拥有处理这些数据的能力，通信技术则更突出无时不在、无处不在、无所不能的可靠连接与信息流动要求。

大数据和云计算技术是先进计算机技术的代表，不仅强调利用传统数字编码形式记录、传输、储存、加工、处理和应用，更强调数据的收集、聚合、挖掘和分析，强化了数据的生产要素特性和生产力功能。随着数据聚合分析和计算技术能力的突破，结构化、半结构化和非结构化的数据中蕴含的大量碎片化信息可以被读取，并且可以形成数据化要素，使数据资源红利释放成为可能。互联网、移动互联网、工业互联网、物联网、区块链等技术是先进信息技术的代表，它们不仅促进了生活、生产、研发、业务、服务等的实时在线，而且通过人、物、网的结合，构建了具有感知、计算、通信和控制能力的信息物理系统，涵盖小到家庭网络、大到工业控制系统乃至交通运输等国家级系统应用，并且催生出具有协同性和自治性的设备系统，使数智赋能具有强大的依托和平台。

人工智能已经有60余年的发展历史，大概经历了符号主义主导、连接主义主导和进化主义主导三个阶段。符号主义认为机器的逻辑推理能力来源于符号化的信息、概念等，符号化知识是人工智能的本质；连接主义强调人工智能的实现是通过模拟人类神经元之间的连接完成的；进化主义认为自然界的进化是一种高效优化的过程，进化算法可以用来刻画这种优化过程，而通过对该过程的模拟可以找到复杂问题的最优解。[①] 因此，当前人工智能、脑接口、虚拟现实、增强现实、混合现实等智能技术的开发、应用和发展，更强调将传统自动化解决方案升级到智能智慧解决方案，使机器、设备和系统具备感知、记忆、学习、思维、自适应、行为决策和执行等具有人类智慧特征的能力。新一代人工智能技术将大大加快数据、信息和知识生产的速度，进一步驱动数智赋能的发展，实现数智赋能价值的提升。计算机、网络、人工智能技术对数智赋能的作用如图2所示。

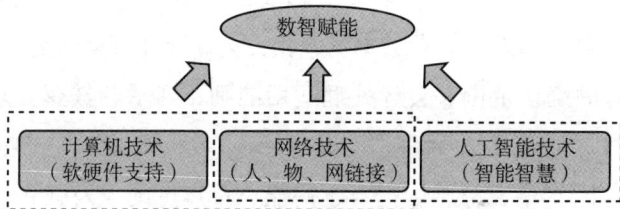

图2　计算机、网络、人工智能技术对数智赋能的作用

先进信息技术及智能技术的应用，提高了经济主体收集、分析、开发和利用数据资源的水平，同时也使经济主体获得了新的数字能力，保障了资源配置优化与数字价值创造实现的动态过程。数智赋能依托现代信息技术，由人工智能技术驱动，因此数智赋能有别于前三次产业革命，呈现应用场景更多、影响领域更广、产生效果更快、更个性、更主动、更智能的特点，推动人类社会进入数字智能时代。

（二）以关键生产要素转变为基础和载体

2019年，党的十九届四中全会首次提出将数据纳入生产要素，2020年

---

① 赵志君、庄馨予：《中国人工智能高质量发展：现状、问题与方略》，《改革》2023年第9期。

中共中央、国务院发布的《关于构建更加完善的要素市场化配置体制机制的意见》要求培育数据要素市场，并提出了完善数据要素市场化配置的具体举措。2021 年，国务院印发的《"十四五"数字经济发展规划》提出"十四五"时期要充分发挥数据要素的作用。2021 年国务院办公厅印发的《要素市场化配置综合改革试点总体方案》进一步提出细化建立数据要素市场规则的具体要点。2022 年中共中央、国务院颁布《关于构建数据基础制度更好发挥数据要素作用的意见》，提出构建数据基础制度体系，强调要建立合规高效、场内外结合的数据要素流通和交易制度。2023 年中共中央、国务院印发《数字中国建设整体布局计划》，指出"加快建立数据产权制度，开展数据资产计价研究，建立数据要素按价值贡献参与分配机制"。2023 年财政部制定印发《企业数据资源相关会计处理暂行规定》，进一步明确了数据资源的确认范围、会计处理适用准则、列示和披露要求等。2024 年 1 月国家数据局等十七部门联合印发《"数据要素×"三年行动计划（2024—2026 年）》，从激活数据要素潜能、重点行动以及强化保障支撑等方面阐述如何推动数据与各产业深度融合，充分发挥数据要素乘数效应，赋能社会发展。2024 年 3 月，国家网信办出台《促进和规范数据跨境流动规定》对现有的数据跨境标准、程序等做了优化和完善，顺应了数字经济高质量发展趋势，让数据要素更好赋能新质生产力。一系列政策、意见和措施的发布，表明数据成为生产要素的各项引导和保障正在加快部署，数据资产化进程正在加快，有利于促进数据生产要素的价值释放。

历史上每次重大经济形态变革的出现都会伴随关键生产要素的变迁，农业经济形态中的关键生产要素是土地，工业经济形态中的关键生产要素是资本，数据经济形态中的关键生产要素是数据，是来源于政府公共领域、企业生产服务领域和个人消费生活领域，经过先进信息技术采集、储存、传输、处理，可以进一步被分析和应用，并且能够为生产或服务创造价值增值的数据。数据生产要素不仅能够通过与传统的土地、资本、劳动相结合，对传统产业实现多角度、多层次、多方位赋能，而且数据要素本身也正在通过资产化转变为生产资料，不断重塑生产、交换和消费的组织模式，甚至整个经济社会的秩序和治理体系。①

　　基于关键生产要素的转变，在由数据、算法、算力定义的虚拟世界中，数据沿着数据、信息、知识、智能、价值方向进行连续不断的转化，形成多维的数据流，与现实世界的资本、原料、人力等相融合，从而催生新的产业和领域，新的分工模式也随之出现，进而释放出前所未有的推动经济发展的动力。因此，数据、算法和算力构成了数字经济下的社会经济组织乃至国家的数字能力，并成为未来的核心竞争力，而实际上算法是在数据模型中表示数据关系的程序，其本质也是一种数据，关键生产要素转变为数据之后，也会对算力大发展起到推进作用。综合来说，数据成为关键生产要素，既为数智赋能打下了坚实的基础，又为数智赋能效果的发挥构建了重要的载体，与数智赋能的来源和应用关系紧密。

（三）以数智化转型为实现和应用场景

　　数智赋能在经济主体的数字化转型中实现，并进一步通过创造应用场景发挥作用。在数字化转型过程中，转型主体将促进先进信息和智能技术的应用，构建各类信息和数字平台、物联网和工业互联网平台，形成实时现场和远程设备运行数据采集能力，并强化底层数据集成能力。利用无线通信网络和开放信息系统，首先可以实现人与人、人与设备、设备与设备、不同部门、不同信息源以及系统中的不同参与者之间的互联及标准化，提升数字连接能力；其次可以通过平台、网络、智能设备构建数据采集、响应与即时反馈的运维和控制系统，形成精确、自主和动态的管控能力；最后，综合初级数据、实时更新、动态变化和反馈，可以通过科学有效的数据分析方法、计算机算法和处理模型提高数据的计算和处理能力，对数据进行解释和应用进而形成决策支持和分析预判能力。基于数字化转型过程中形成的上述能力，转型主体可以实现数字连接赋能、数字管控赋

---

① 葛明、方雪、赵素萍：《数字经济研究新进展：评价体系、赋能机理与驱动因素》，《西安财经大学学报》2022 年第 5 期。

能和数字解释赋能。[①]

数智化转型过程中的数智赋能应用场景包括国家与社会治理层面、产业发展与企业生产层面、个人工作与生活层面[②]，这三个层面上的数智赋能应用场景更加具体。宏观层面，数智赋能场景涉及政府网上服务场景、智能交通规划场景、医疗健康养老管理场景、治安应急环保处理场景、智慧城市建设场景等；中观层面，数智赋能场景包括生产资料转变中的应用场景、技术转变中的应用场景、组织转变中的应用场景、商业模式转变中的应用场景、智慧物流及供应链建设场景等，以及市场转变中的应用场景等；微观层面，数智赋能场景在衣食住行各个方面都会改变和创新个人生活环境，企业管理、沟通、评价、激励等也都是数智赋能可以发挥作用的场景。这些应用场景能够让转型主体在快速准确识别新机遇的情况下，组合和重构关键资源和组织活动的能力，完成资源、技术、流程、控制以及战略决策的重组，提高数字化能力。

（四）以全局资源优化配置和价值创造为导向和目标

数智化转型推动了业务可视化、智能自动化管理，柔性生产、分散生产等工业互联网关键应用场景成为现实，数据能够自由流动从而实现数据资源的采集和利用，其关键在于实现资源配置优化从单点到多点、从局部到全局、从初级到高级、从自动化到智能化的演变。数智赋能不仅表现为信息技术、数字技术、人工智能以及数字生产要素治理等技术特征及特性的变化，更是在数字经济下的技术进步与经济发展互动中引发的组织结构调整、生产行为规律、社会经济关系等的变革，全局资源优化配置和价值创造成为数智赋能的导向和目标。

数智赋能首先有助于发挥数据生产要素在主体经济活动中的作用，优化生产和运营过程、减少融资约束，提高劳动者与就业岗位的适配度，

---

① 陈一华、张振刚、黄璐：《制造企业数字赋能商业模式创新的机制与路径》，《管理学报》2021 年第 5 期。

② 陈雨露：《数字经济与实体经济融合发展的理论探索》，《经济研究》2023 年第 9 期。

促进生产要素流动，有效降低有形和无形成本；第二，数智赋能能够降低信息不对称，减少交易成本，加快供求信息的整合和匹配，引导资源要素在市场竞争机制和价格信号下更有效地流动，优化生产资料调整和重组；第三，数智赋能能够使数据真正成为帮助企业进行决策的重要资源，能够挖掘大量数据中蕴藏的信息，并使这些信息成为企业科学决策的依据，大大降低了有限理性的约束，减少了资源错配，有效提高了资源配置效率。

传统资源配置由于没有大数据、云计算、人工智能等技术的支持，往往局限于个体对象或流程的子阶段与子元素，无法掌握全局信息。相对于单个问题的解决和优化，数智赋能更倾向于首先形成整体观，即赋能主体和对象，如场景和数字资源等都被作为一个整体考察，从而在数智赋能过程中以全局资源优化配置为导向和目标，进而通过整体协同完成价值创造，并实现价值共享。数智赋能重新定义了经济主体的价值创造逻辑，从自身收益最大化的价值创造理念变为实现其所在生态系统的收益最大化，这种变化将使资源配置更有效率，价值创造更有效果，推动经济社会整体效能提升和发展模式变革。

四　信息化建设的趋势与展望

数字、信息、智能技术的创新和应用日新月异，数字化、网络化、智能化的新工业革命是数智赋能的重要背景。然而，信息化建设仍然是基础，没有先进、完备、系统的信息化建设，数智赋能的实现和应用都无法开展。政府和企业需要重视信息化建设的基础作用，在信息化建设中着力消除信息数据"孤岛"，促进数据资源流通，通过建设大信息生态系统释放数据价值，注重培养具备数字素养和数字能力的数字化信息人才，进一步协调宏微观信息化建设，充分融合新型基础设施，为更好地发挥数智赋能的作用不断完善新型信息化建设。

（一）打破内部信息数据"孤岛"，实现数据即时互通

基于主体内部功能和部门需求或不同开发商及技术路线及语言开发的 IT 产品的传统信息化建设模式，信息化面向业务或面向功能的居多。信息化建设主体容易形成以组织管理结构和职能为导向的 IT 架构，这种架构往往会因系统功能和业务流程的特点产生对数据的屏蔽，数据难以独立访问，从而产生"竖井式"信息系统。内部信息系统之间较低程度的衔接会产生信息"孤岛"和数据"孤岛"，点状的信息化建设模式缺乏全局统筹，难以担负起重构整体业务的任务，不利于数智赋能全面展开。此外，当前信息化建设的输入和输出终端多是 PC，信息通过 PC 端录入电脑，在系统中实现跟踪，往往进行事后的数据管理，数据的实时性和动态性难以保证。但是，数智赋能要求基于主体内部数据的透明、即时、互通、共享，搭建全组织的信息流通平台和决策制定平台，进一步构建数由据驱动的业务和管理模式，通过"组织级架构"赋能信息化主体是信息化建设的发展趋势。

针对物理性的信息和数据"孤岛"，需要打通各个业务系统的多元化数据源，实现数据的互通联动；而针对逻辑性的数据"孤岛"，需要系统梳理业务和管理流程，建立统一数据指标体系，对数据口径进行标准化处理。此外，新一代信息化，特别是基于 5G 和移动互联网构建的信息化系统，未来的信息入口不仅局限于 PC 端，更多的移动终端、智能设备、自动采集工具会加入现场管理，实现数据自动采集和录入、即时共享，事后数据管理平台将逐渐转变为现场管理的工作平台和业务运营平台，促进信息系统实现结构分布化，进一步完成大范围内的数据集成，适应信息源、数据转换、使用管理在地理位置上的分散布局状态。而信息持续运营是未来信息化建设的关键，业务流程、数据治理和 IT 系统服务适配在持续精益的动态下完成，推进数据分析平台、数据运营平台和数据赋能平台实时优化，提升数据驱动的协同效应，助力数智赋能的实现。

（二）建设大信息生态系统，释放数据价值

传统的信息化建设一般是基于主体内部的局域网或广域网展开的，信息系统的用户和管理者多是内部人员，信息流也多是在信息化主体内部流动，与外部是隔离的，即便个别外部开放或外部链接，从整体上看也是相对封闭的。在数智赋能下，信息化建设需要更广的内外部连接，建立范围更大的信息生态系统。着眼于主体所在的服务管理领域，所涉及的产业链和生态链，通过主体内部信息与外部信息的连接，将内外部的人、数据、信息、环境有机结合起来，搭建符合大信息生态系统的主体信息化架构，通过信息与数据的传递链使信息数据自身、数字化信息、数字化信息主体和数字化信息环境之间形成依存关系，更好地服务于数智赋能。

在大信息生态系统中，信息和数据是作为资源要素进入的，需要在全生态链中有机植入由数据思维主导的数字化关键技术，提高核心业务模式和流程管理的数字化程度，形成一体化的内外部数据采集流动的自适应性流程，建立开放式创新与虚拟团队协作的机制。进一步，以大数据为基础，构建多方受益的数字化矩阵组织，实现组织架构动态调整、加快建立敏捷安全的高效基础技术平台、集成共享的数字经营管理平台和互联高效的服务对象服务平台，促进数字资源的全链流动和共享。数智赋能的目标是实现全局资源的优化配置和价值创造，如果信息系统不能达到生态级别，信息化和数字化即使能够使个别信息化主体或者信息化主体的个别部门效率得到提升，数据价值将无法得到全部的释放，将对信息生态系统整体效率造成负面影响。

（三）关注数字素养与数字能力，培养数字化信息人才

《中华人民共和国国民经济和社会发展第十四个五年规划和2035年远景目标纲要》和相关的政策文件明确提出，要加强对在职员工的数字化技能培训，促进从业人员知识结构升级。数字素养培养和数字能力的提升已经在国家战略层面有所体现。对政府、企业和组织机构而言，数智赋能下的信息化建设不仅需要应用先进信息和数字技术，而且需要建设数字化信息人才队

伍,满足现代信息化建设的基础层面、技术层面和创新层面的不同要求。

数字素养是由以计算机技术知识和软件应用为主的计算机素养,以网络工具相关的知识技能和网络媒体环境相关的思考能力为核心的网络素养,与信息发现、组织和处理能力相关的信息素养,以及与媒介使用、参与、解释相关的媒介素养等几种素养所形成的概念体系,是一个综合、动态、开放的概念。数字能力除了强调基础技能之外,还包括技术素养、技术设计和技术思维等高级知识与技能,涉及批判性、创新性、主动性、自主性和责任等主观意识,是在工作、休闲和交流中,自信和批判地运用信息社会技术的能力。[①] 数字信息人才既需要具备基础的数字素养,更需要强大的数字能力。信息化建设不仅是管理者和技术人员的责任,而且是信息化主体中的使用者和参与者共同的任务,有意识地培养数字素养,有组织地提高数字能力,才能够保证信息化建设与数字经济的发展同步,支持数智赋能更好地落实。

(四)协调宏微观信息化建设,充分融合新型基础设施

我国早期的信息化建设多通过政府引导,在政府部门、信息技术密集和相关性紧密的产业、信息基础设施相对完善的地区、信息技术应用集中的企业和部门优先展开,然后逐渐在组织内外部扩散,带动更大范围和更深层次的信息化建设。而在国家大力鼓励数字化转型战略的背景下,政府、企业都在加大基础研发力度,我国 5G 标准必要专利、人工智能专利排名世界第一,数字信息技术领域的专利量也排在世界前列,国家每年出台大量相关政策引导、支持、鼓励信息化、数字化建设,而微观主体的信息化建设要与宏观国家层面、中观地区和产业层面的信息化建设战略规划相一致和相适应,以有效支撑本地区和行业的信息化建设规划与进程,从而支撑国家信息化建设战略的实施。

《"十四五"国家信息化规划》指出,数字基础设施建设是建设网络强

---

① 王佑镁、杨晓兰、胡玮、王娟:《从数字素养到数字能力:概念流变、构成要素与整合模型》,《远程教育杂志》2013 年第 3 期。

国、数字中国的基础条件。国家在大力开展数字基础设施与现代化信息数字技术建设，包括支持产业互联网发展和智能化转型及应用的由网、云、端构成的新型数字基础设施，支撑数据、算力和算法应用平台发展的大数据、区块链、物联网、人工智能等公共应用的基础设施，支持新一代移动通信网络建设和空、天、海等特殊场景现代化信息建设的5G网络建设等。这些大规模的新型基础设施建设为中观地区、产业和微观企业的信息化建设提供了更先进的平台。新型基础设施建设既是信息化建设的新机遇，也为信息化建设提出了新要求，需要主体在信息化建设中具有融合新型基础设施、关注发展动态和未来趋势的意识。

（五）全面把握数智赋能机遇，实现信息化建设新跃迁

数智化是数字化与智能化的结合，是数字化的进一步发展和提升。"数智化"是我国信息系统研究在创新发展阶段的主题，是在前阶段"数据化"基础上主题的跨越式变迁，体现了信息系统赋能的显著进阶。① 在这一跃迁中，数据的深度治理和算法的智能升级是核心要素，共同构筑了一座连接物理现实世界与数字虚拟世界的桥梁，赋能信息系统的功能和运行更加精准、高效、安全和可靠。全面把握数智赋能机遇，既要强化数据的采集、存储和分析能力，也要在数据的外化、细化及其在价值创造过程中的应用上下功夫；不仅需要在技术上实现创新和突破，还需要综合考量数据的伦理、安全、共享等。与此同时，各方要坚持平衡发展的原则，确保数据的合理利用和充分保护，为信息化建设提供坚实而可靠的支撑。

信息化建设的新跃迁，是在数智化基础上对信息系统理解与应用的进一步深化，是在算法层面的智能化进阶。算法不仅是数据转化为知识和价值的关键，也是推动信息系统创新和优化的核心。算法智能化的深化意味着能更有效地处理和利用庞大的数据集，进而将数据转化为行动指导。随着人工智

---

① 陈国青、任明、卫强、郭迅华、易成：《数智赋能：信息系统研究的新跃迁》，《管理世界》2022年第1期。

能、机器学习等技术的快速发展，信息系统的功能作用将不仅限于传统的数据处理和分析，还将扩展到更加智能化的预测、优化和自动化决策等领域。这要求未来不仅要关注技术本身的发展，更要关注技术如何与人的需求、社会的发展和经济的变化相适应，以及如何在促进社会经济发展的同时，确保技术的可持续性和社会的包容性，进而以数智赋能促进信息化建设实现新跃迁。

五　结束语

在数字化浪潮下，信息化建设与数智赋能之间的互动愈发频繁，共同驱动经济社会的深刻变革。数智赋能深化了信息技术在生产力中的角色，将数据转化为关键生产要素，信息化建设为数字化转型提供所需的技术基础和平台支持。数据作为新生产要素，在信息化建设中的角色日益重要。加快数据流通和共享，有助于解锁数据潜力，助力传统产业数字化转型。未来的信息化建设，将进一步强调数据的全面治理和算法的智能化升级。数据治理将围绕安全、共享和透明性展开，以保障信息流动的畅通无阻，并确保数据价值得到充分发挥；算法的智能化则侧重于提升决策质量和操作效率，使系统更加自主、灵活和智能。此外，随着云计算、大数据、物联网和人工智能等技术的融合应用，数智赋能的边界将不断拓展，信息化建设也将在基础设施、平台建设到服务创新等各个方面得到全面升级。面向未来，在数字技术、数据与人工智能的紧密融合的背景下，数字赋能、数智赋能将不仅是技术进步的象征，更承载着深远的历史使命，将与信息化建设与创新一道，推动新质生产力的快速发展，推进中国经济高质量发展，为中国式现代化发展注入强劲动力。

参考文献

陈国青、任明、卫强、郭迅华、易成：《数智赋能：信息系统研究的新跃迁》，《管理世界》2022 年第 1 期。

陈一华、张振刚、黄璐：《制造企业数字赋能商业模式创新的机制与路径》，《管理学报》2021 年第 5 期。

陈雨露：《数字经济与实体经济融合发展的理论探索》，《经济研究》2023 年第 9 期。

高帆：《"新质生产力"的提出逻辑、多维内涵及时代意义》，《政治经济学评论》2023 年第 6 期。

葛明、方雪、赵素萍：《数字经济研究新进展：评价体系、赋能机理与驱动因素》，《西安财经大学学报》2022 年第 5 期。

管智超、付敏杰、杨巨声：《新质生产力：研究进展与进路展望》，《北京工业大学学报》（社会科学版）2024 年第 4 期。

韩喜平、马丽娟：《发展新质生产力与推动高质量发展》，《思想理论教育》2024 年第 4 期。

黄群慧、贺俊等：《新工业革命：理论逻辑与战略视野》，社会科学文献出版社，2016。

王佑镁、杨晓兰、胡玮、王娟：《从数字素养到数字能力：概念流变、构成要素与整合模型》，《远程教育杂志》2013 年第 3 期。谢伏瞻：《论新工业革命加速拓展与全球治理变革方向》，《经济研究》2019 年第 7 期。

赵志君、庄馨予：《中国人工智能高质量发展：现状、问题与方略》，《改革》2023 年第 9 期。

中国信通院：《数据要素白皮书（2022）》，2022。

B.5

数智赋能的管理要素重构与管理效率提升

李晓辉*

摘　要：　企业的高质量发展是中国经济高质量发展的微观基础，大力提升我国企业的现代化管理水平，是全面建设社会主义现代化国家的题中应有之义。随着以新一代信息技术为代表的科技革命和产业变革的迅猛发展，打造数字化、智能化驱动管理提升新引擎的重要性日益凸显。通过数智化技术的引入，企业可以提高决策质量、优化资源配置、加强内部协同，从而实现管理效率的提升。本报告将在数智赋能的管理含义与分析框架下对企业战略规划、管理决策、组织建设、内控机制等方面呈现的新特征进行深入分析与探讨，并提出数智赋能背景下的新型商业模式。

关键词：　数智赋能　管理效率　管理分析框架　商业模式

一　数智赋能的管理含义与分析框架

建设数字中国是数字时代推进中国式现代化的重要引擎，是构筑国家竞争新优势的有力支撑。2022年以来，《"十四五"数字经济发展规划》和《数字中国建设整体布局规划》等指导性文件相继出台，不断强调企业要加快数字化转型升级（见表1）。企业的数字化转型升级不仅是对政策导向和市场需求的响应，也是拓展市场和业务领域，提高运营效率和管理水平，进而提升整体竞争力的重要举措。

---

* 李晓辉，北京科技大学经济管理学院工商系书记，副教授，博士，硕士生导师，研究方向为组织管理、企业社会责任。

表1 2022年以来数智赋能企业管理的相关政策

政策文件	《"十四五"数字经济发展规划》	《数字中国建设整体布局规划》
印发时间	2022年1月	2023年2月
相关表述	➤加快企业数字化转型升级,支持有条件的大型企业打造一体化数字平台 ➤实施中小企业数字化赋能专项行动 ➤鼓励和支持互联网平台、行业龙头企业等立足自身优势,开放数字化资源和能力 ➤推行普惠性"上云用数赋智"服务	➤全面赋能经济社会发展:支持数字企业发展壮大 ➤强化数字中国关键能力:强化企业科技创新主体地位,发挥科技型骨干企业引领支撑作用

（一）数智赋能的管理含义

数智赋能是指利用数字技术,通过数据要素的高效流动以及信息资源的有效整合,实现更加节约、创新和智能的生产方式,为组织运行提供更多的能力和机会。数智赋能的核心在于将数字技术应用于企业管理的整个过程中,提高竞争力,创造更大的价值。数字技术赋能管理活动的形式包括数据驱动、智能化应用、互联网及创新合作的思维等。例如:通过先进的数字化采集、处理和分析技术,优化决策活动;通过人工智能、机器学习等技术,实现业务流程自动化和智能化,重新配置人力与机器的协同方式,改进运作环节,提高生产率。此外,数字技术通过其物理层面的重新布局,可以更加有效地促成以用户为中心,以开放、共享、协作为基本思维导向的管理模式,通过快速迭代和不断学习,保持企业活力。

管理的效率与效果是构成和评价管理活动的要素,考虑这两个方面,数智赋能的管理内涵如下。

1. 管理效果:数智赋能导向正确的管理目标

企业的管理效果是指管理目标设置的合理程度及管理主体预期目标的实现程度。从管理效果角度来看,数智赋能是指通过数字化技术和工具对管理活动进行支持,实现更准确的管理目标。首先,数智赋能企业决策。数智赋能通过数据的收集、分析和利用,为管理层提供了更准确、全面的信息基础。通过数字化的数据分析工具,管理者可以进行精细化的数据挖掘和模型构建，发现潜在的业务机会和问题，并做出相应的决策调整。其次，数智赋能过程监控。数智赋能可以建立实时监测和反馈机制，帮助管理者及时了解业务运营的状态和变化。实时监测和反馈机制可以使管理者对企业的运营情况有更全面、及时的了解，从而更好地引导管理目标的设定和实施。最后，数智赋能管理创新。数智赋能可以激发管理创新和实践，推动企业在管理目标的设定和实施上进行创新。这些新模式和方法可以帮助企业更好地适应市场变化与客户需求，实现管理目标的创新和提升。

2. 管理效率：数智赋能驱动高效地实现目标

企业的管理效率是指以尽可能少的投入获得尽可能多的产出。从管理效率角度来看，数智赋能是指通过数字化技术和工具对管理活动进行支持与优化，以提高实现管理目标的效率和生产力。具体体现在以下几个方面。

首先，数智赋能目标传达。数智赋能提供了信息共享和传达的平台与工具，使得管理者能够将目标有效地传达给组织内的各个层级和员工。透明的目标传达可以增强团队合作和协同，使得组织的资源和努力得以有效地聚焦在实现目标上，提高目标实现的效率。其次，数智赋能数智工具。数智赋能提供了自动化和智能化的工具与技术支持，帮助管理者提高目标实现的效率和准确性。自动化工具可以减少重复性、烦琐的任务，从而节省时间和资源，使管理者能够更专注于核心目标的实现，帮助管理者更好地制定和调整目标实施的策略。最后，数智赋能知识共享。数智赋能可以促进知识的共享和学习，提高组织的学习能力和创新能力，从而推动实现高效的目标。这种知识共享和学习机制可以促进组织内部的学习与进步，帮助管理者更好地应对挑战和优化目标实现的方法与手段。

（二）数智赋能下的管理分析框架

与传统的管理分析框架（见图1）相比，数智赋能下的管理分析框架（见图2）在计划、组织、领导、控制的基础上更加注重数字化工具和技术的应用，以提高组织目标实现的准确性与执行过程中的效率，进而增强企业的竞争优势和灵活性。

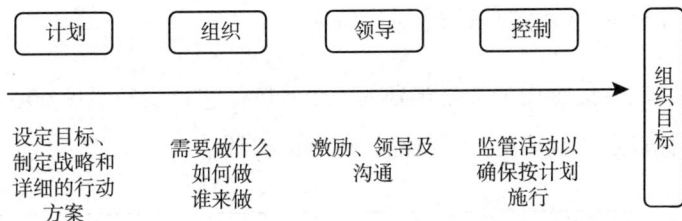

图 1　传统的管理分析框架

资料来源：斯蒂芬·罗宾斯、玛丽·库特尔《管理学》，中国人民大学出版社，2022。

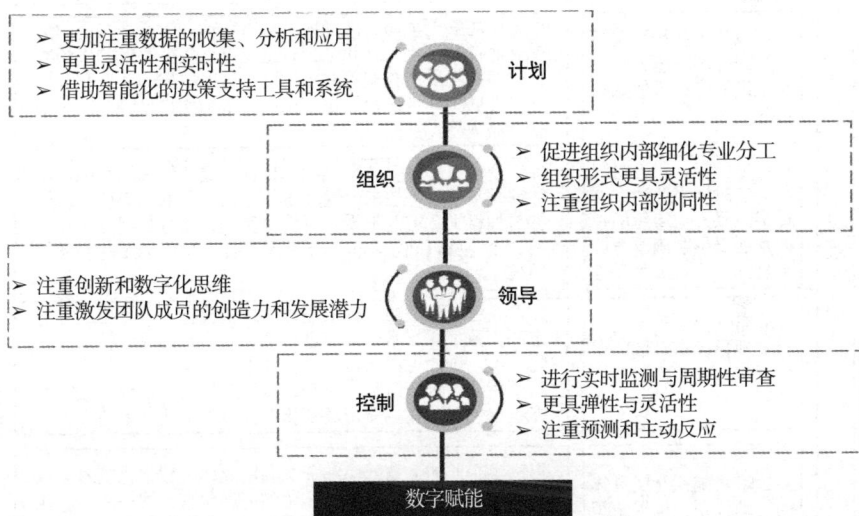

图 2　数智赋能下的管理分析框架

二　数智赋能下的战略规划

数智赋能给企业的战略规划带来了革命性的改变。通过数字技术的应用，企业可以实现更高效的运营和管理，拓展市场和客户群体，提供个性化的产品和服务，以及实现持续创新和增强竞争优势。本部分将探讨数智赋能对战略规划的影响，解析数智赋能下的新型战略规划步骤。

（一）数智赋能对战略规划的总体影响

数智赋能全面渗透到战略规划的各个步骤，包括明确愿景和使命、环境分析、目标设定、战略选择、战略实施和战略评估（见图3）。

战略规划步骤	具体步骤及其作用	数字赋能带来的影响
	1.明确愿景和使命：为组织提供长期的指导方向，激发员工的热情和动力	传统的表述通常依赖于实体资源，如土地、资金、人力等。但在数字化赋能的背景下，这些实体资源的地位逐渐被数字化资源取代，依托数字化资源又能进行信息共享、数字产品开发
	2.环境分析：帮助组织了解内外部环境，从而为制定战略提供依据和指导	使企业能够更全面、准确地了解市场动态和竞争对手的情况。通过数字化工具和平台，企业可以获得大量的市场数据、消费者反馈和竞争对手信息。这些数据的获取和分析可以帮助企业更好地认识市场的需求和变化趋势，及时调整战略规划
	3.目标设定：明确组织在一定时期内要达到的理想成果，为组织的长期发展提供明确的方向和目标	促使企业更加注重数字驱动的目标设定。传统的目标设定往往是基于管理层的经验和直觉，数字化的到来使企业能够更加科学、客观地设置目标。例如，通过数据分析和建模，企业可以确定具体的指标和目标，更好地跟踪和评估绩效
	4.战略选择：确定组织为实现目标而采取的最佳方案，确保资源有效利用	加速企业实现战略目标的进程。为企业扩大了战略选择的空间，数字化技术的发展也带来了众多新的商业模式和战略选项。企业可以通过数字化技术开发新产品和新服务，改变传统的价值链和供应链，探索新的市场机会。数字赋能也促使企业在响应市场变化方面更加灵活和敏捷
	5.战略实施：开展具体的行动计划，确保组织战略高效有序推进	提高了企业的运营效率和资源利用效率。数字化技术可以实现流程自动化、数据一体化和信息共享，加快决策和执行的速度。同时，数字化也提供了更多的交流和协作工具，促进团队合作和跨部门协同
	6.战略评估：及时发现问题、调整策略，确保组织持续稳健地迈向既定目标	更加准确地衡量战略的有效性，即对战略做出准确的评估。数字化技术可以帮助企业收集大量的数据，实时追踪和评估战略的执行结果。通过数据分析和可视化工具，企业可以发现潜在的问题和机会，及时调整战略的方向和执行计划

图3　战略规划步骤

资料来源：徐飞编著《战略管理》（第5版），中国人民大学出版社，2022。

数智赋能对战略规划的影响是多维度的、全面的，它改变了企业对市场环境的认知，使目标设定更加科学、客观，扩大了战略选择的空间，提高了战略实施的效率，增强了战略评估的准确性。数智赋能不仅是一种技术工具，还是一种战略能力和竞争优势的体现。在数字化时代，企业需要认识到数智赋能对战略规划的重要性，并积极应对数智赋能带来的机遇和挑战。

（二）数智赋能下的新型战略规划

数智赋能下的新型战略规划需要在传统企业战略规划的基础上，充分考虑数字化带来的影响，并据此制定出能够适应数字化时代的战略。

1. 明确企业愿景和使命

战略的制定工作始于明确组织的愿景和使命。明确企业愿景和使命不仅是为了让员工和利益相关者了解企业的目标和价值观，也是为了帮助企业自身清晰地认识自己的定位和发展方向。在数智赋能的背景下，企业愿景和使命的规划要着重考虑数字技术对企业核心能力和竞争优势的影响，在此基础上，尽可能具体、务实，提高其可操作性。具体来看，数智赋能下的企业愿景需要明确指出企业要实现的目标和预期结果，以便为具体的业务和运营提供指南；考虑到可操作性，数智赋能下的企业使命应该描述企业如何通过数字化转型实现其愿景，如何通过新型技术为客户、员工和利益相关者创造价值，并有效地指导组织和员工的行动。

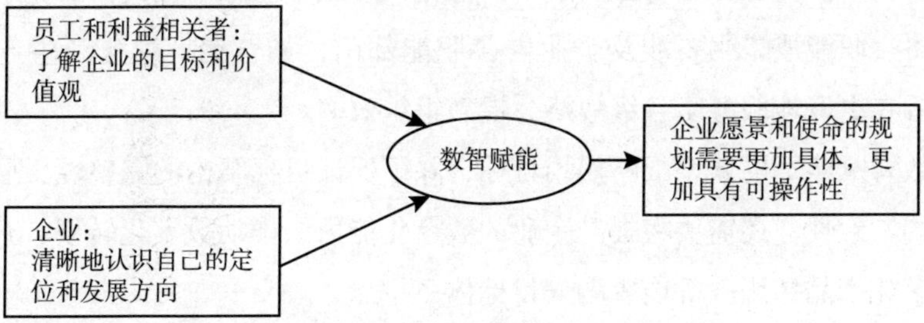

图 4　明确企业愿景和使命

2. 分析内外部环境

在制定战略计划过程中，一个非常重要的环节就是对组织的当前状况做出评估，这是制定和实施计划的前提。当前状况的评估内容包括组织自身的优势和劣势、外部环境的机会和威胁。对上述各个方面进行分析与评价的经典方法为 SWOT 分析。值得关注的是，运行于数字时代背景之下的组织，需要关注的内外部要素以及要素的重要性排序已经发生了变化，在传统分析框架基础上，还需要有新的关注点。同时，企业的信息搜集和处理能力的提升，从更深层改变了企业判断当前情势的手段和方法，使得原来无法获取和实现的判断依据成为可能。

在外部环境分析方面，组织需要格外注重对市场、技术、经济、政策等信息的收集和分析。通过信息整理，企业可以更加清晰地认识到自身的优劣势以及面临的机会和威胁。而在内部环境分析方面，在数智赋能背景下，企业的技术水平、人才资源储备、战略转型能力，都在数字化平台上改变了其工作效能，需要企业重新予以考评。

3. 制定战略目标

按照战略计划所覆盖的范围和内容，企业的战略计划一般可以划分为总体战略、竞争战略（业务单元战略）、职能战略三个层次。总体战略是企业最高层次的战略。它需要根据企业的目标，选择企业可以竞争的经营领域，合理配置企业经营所必需的资源，使各项经营业务相互支持、相互协调。公司的二级战略常常被称为业务单元战略或竞争战略。业务单元战略涉及各业务单位，其主要任务是将公司战略具体化，形成本业务单位具体的竞争与经营战略。职能战略主要涉及企业内各职能部门，如营销、财务和生产部门等，旨在更好地服务于各级战略，提高组织效率。

数智赋能下的新型战略规划目标，除了保证目标结构的完整性、层次间的协同一致性，还需要将提升企业的数字化能力、推动数字化转型、开发新的数字化产品和服务等内容融入目标体系中。

4. 制定具体方案

考虑数字技术同组织经营业务融合的切入点，数智赋能下的新型战略方案包括数字化营销策略、数字化产品和服务策略、数字化供应链管理策略以及数字化人力资源管理策略等类型（见图5）。组织可以根据自身的经营业务特点，细化不同类型的方案，有效支撑企业的数字化战略目标。

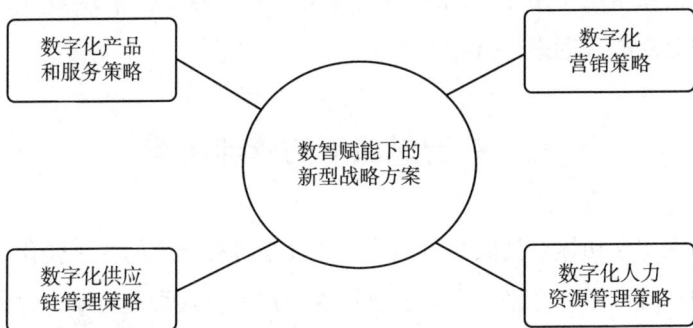

图5　数智赋能下的新型战略方案

5. 战略执行

战略执行是指将方案转化为行动，实施具体工作的过程。这一过程要清楚地告诉人们做什么（What）、何时做（When）、由谁做（Who）、何地做（Where）以及如何做（How）等问题。组织内部需要有专门的部门承担该职能，了解和检查实施情况，与实施部门共同分析问题，采取对策，确保计划目标的顺利实施。

数智赋能下的新型战略规划中，执行阶段常常涉及数字化技术的引入和应用，需要有专业的团队来推动数字化转型项目的落地。此外，有效的沟通和协调是战略执行成功的关键，以确保各个部门和团队工作协同。

6. 战略评估

战略评估是整个战略规划步骤的最后一步，也是不可或缺的一步。数智赋能下的新型战略规划应该设定关键绩效指标，并建立控制和反馈机制，以及时了解战略执行的效果并对其进行调整。这一阶段，数字化技术可以提供更加准确、全面且实时的数据，帮助企业更好地进行战略评估。首先，在设定关键绩效指标方面，应高度重视可量化性及可测量性，以便对其进行跟踪和评估；应包括多个维度，并根据新的需求和实际情况进行阶段性的调整和更新。其次，在建立控制和反馈机制方面，一方面要建立有效的数据收集和分析机制，以监测和评估数字化转型的关键指标；另一方面要进行定期的评估和审查，以确保数字化转型项目按计划进行并达到预期结果。最后，要确保有效的沟通渠道，使项目团队和利益相关者能够及时了解项目进展和结果，以便对战略规划进行持续改进。

三　数智赋能下的管理决策

业内人士深切体会到数智赋能给企业决策过程带来的深刻变化。随着数字技术的迅猛发展，越来越多的企业将数字技术融入管理决策中，具有数字特征的决策活动已经成为当下组织管理中不可或缺的一部分。本部分将探讨数智赋能对决策过程及决策者思维模式的影响，识别数智赋能下管理决策的新特征。

（一）数智赋能下的决策过程

数字化时代，数智赋能对决策过程产生了深远的影响。从经典的决策过程中可以发现，从分析发现问题到结果检查与反馈，数字化技术参与下的每个环节都发生了明显的变化。

1. 分析发现问题

在分析发现问题阶段，数智赋能在很大程度上提高了问题的识别效率。如图6所示，通过大数据分析、人工智能等技术，企业可以实时监测市场动态、消费者行为、内部运营数据等，从而快速发现潜在问题。此外，数字化技术还可以通过数据挖掘和模式识别，帮助企业发现隐藏在数据背后的深层次问题。

可以看到，数字化技术为管理者分析发现问题提供了有力的工具，对海量数据的搜索、分析和处理能力极大地提高了发现"真正的问题"的可能性，这一阶段的数字化手段的应用也非常广泛。但同时，需要管理者关注的是，尽管数字化工具可以有效地提升问题识别的效率，但不能保证问题识别的完全"正确"。由于管理问题与生俱来的"艺术性",对决策问题的识别需要带有一定的"经验性"和"感性",这种情况下,管理者就不能一味地依赖数字工具,而是要结合直觉与自身经验,综合进行判断。

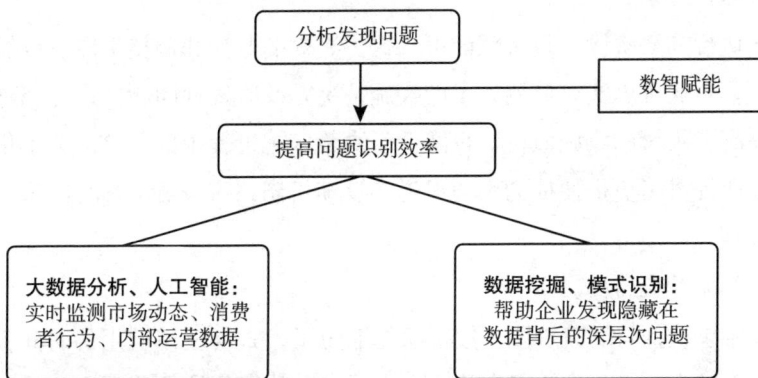

图6 分析发现问题

2. 明确决策准则

在明确决策准则阶段,数智赋能提供了更加具体和量化的目标设定方式,使数据分析更加深入、精准,依据数据比对、计算可以快速做出决策。通过人工智能、机器学习等技术,企业可以对海量数据进行深度挖掘和精准分析,发现隐藏在数据背后的规律和趋势。

3. 拟订方案

在拟订方案阶段,数智赋能提供了更全面、更准确的数据和信息,为决策制定提供了更为可靠的依据。[①] 通过应用大数据、人工智能等技术,组织可以收集和分析大量的信息,包括消费者需求、市场趋势、竞争对手情况等,从而深入洞察市场和客户需求,制定更加完善、可能性更多的决策方案。

4. 比较与选择方案

在备选方案的比较与选择阶段,数智赋能发挥的作用最为明显。由于提

---

① 姜艳、宋海宁:《大数据分析对企业决策的影响》,《企业改革与管理》2018年第12期,第56~57页。

供了科学、客观的评估方法以及海量的计算能力，数智赋能使传统的决策方案选择变得更加迅速、可靠。通过数据分析、模拟仿真等技术，企业可以对备选方案进行多维度、全方位的比较和分析，从而选择最优方案。

5. 执行方案

在执行方案阶段，数智赋能可以提供有效的监控和调整手段。依靠数字化技术，企业可以实时监测方案的实施情况，及时发现问题并进行调整。这不仅提高了决策的实施效率，也降低了决策实施过程中的风险。数字化技术也为企业提供了更加便捷的沟通渠道和反馈机制，赋予员工参与决策实施过程的权利。

6. 结果检查与反馈

在结果检查与反馈阶段，数智赋能缩短了检查与反馈所用的时间，提升了结果准确度，使企业的工作效率大大提升。数字化技术深入企业的经营管理过程，让企业可以实时收集和分析反馈信息，及时对决策进行调整和优化。

随着数字化技术的不断进步和应用范围的不断扩大，数智赋能对决策的影响还将进一步加深。

（二）数智赋能管理决策的新特征

数智赋能对管理决策的过程和步骤产生了深刻的影响，形成了新的特征和模式。

1. 信息收集与分析

在传统的管理决策过程中，信息收集与分析是至关重要的步骤，如何全面收集信息、深入分析数据也是管理决策过程的一大难点。数智赋能使企业可以借助大数据、云计算等技术手段，快速、准确地收集、存储、处理和分析海量数据。[1] 通过对数据的深度挖掘和分析，企业能够获得更全面、更深入的洞察，为决策提供强有力的支持。

2. 决策制定与执行

数智赋能对管理决策的制定和执行过程也产生了积极的影响。如图 7 所

---

[1] 姚望：《大数据分析对企业决策的影响》，《中国商论》2019 年第 2 期，第 31~32 页。

示，首先，通过人工智能、机器学习等技术，企业可以提高自动化决策的水平，减少人为干预和错误，提高决策的准确性和效率。其次，数智赋能还使决策执行更加精准和高效。通过数字化平台和工具，企业可以更好地协调和整合各种资源，提高企业的执行力和效率。

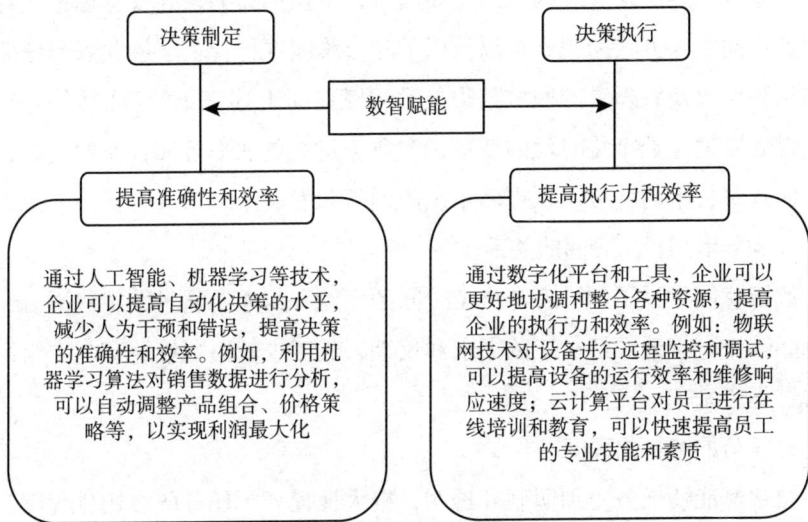

图7　决策制定与执行

3. 风险管理

风险管理是管理决策过程中非常重要的一环。数智赋能可以帮助企业更好地预测和管理风险，通过数据分析和模拟预测等方法，发现潜在风险并采取相应措施进行防范和控制。

例如：利用大数据分析技术对市场趋势进行预测，可以帮助企业提前做好库存管理、销售策略等风险防范措施；通过模拟预测对新产品上市后的销售情况进行预测，可以帮助企业做好生产和供应链管理等风险应对措施。

4. 反馈与调整

数智赋能使得企业在反馈与调整过程中能够更加及时、准确地获取反馈信息，并对决策进行快速、精准的调整。例如：通过客户反馈系统获取消费者对产品的评价和建议，可以帮助企业及时改进产品和提高服务质量；通过内部运营数据获取员工对培训、绩效等的反馈信息，可以帮助企业及时调整管理和激励机制。

（三）数智赋能对领导方式的影响

领导方式是决定管理绩效的重要因素，根据经典的领导权变理论，对于管理者不同领导方式的观察可以从以下三个维度进行：上下级关系、任务的结构化程度以及管理者的职位权力。数智赋能对上述三个维度的影响显著，领导者需要适应数字化时代的变革，与员工建立更加平等和合作的关系，充分发挥数字技术的优势，以推动组织的创新和发展。

1. 领导者与员工之间的关系

数智赋能增强了领导者与员工之间的互动和沟通。通过数字化平台，领导者能够更直接地了解员工的需求和反馈，员工也能更积极地参与到组织决策的过程中来。

2. 任务的结构化程度

数智赋能使任务更加明确和透明，极大地提高了任务的结构化程度。通过数字化工具，领导者能够更清晰地分配任务和资源，员工也能更清楚地了解自己的职责和任务。

3. 职位权力

数智赋能对职位权力产生了两方面的影响。一方面，数智赋能通过提供更准确、全面的数据和分析，帮助领导者更好地行使职位权力，从而进行更有效的授权和分权。另一方面，数智赋能在很大程度上提高了职位权力的透明度和公正性，更有利于下属对指令的接受。

四 数智赋能下的组织、机制建构

数智赋能对组织的要素构成、控制机制的影响以及导向作用是当今商业环境中备受关注的话题。随着信息技术的迅猛发展，数字化转型已经成为现代组织中不可或缺的一部分，本部分将探讨数智赋能下的组织机制的建构以及控制机制。

（一）数智赋能对组织要素构成、控制机制的影响

1. 数智赋能对组织要素构成的影响

按照经典的组织分析框架，组织分析的构成要素包括工作专门化、部门化、权责分配模式、控制幅度以及组织的正式化程度。

第一，数智赋能对工作专门化产生了重大影响。随着信息技术的广泛应用，组织能够更加精细化地进行数据分析和信息管理，从而实现对业务流程的精细化管理。这种精细化管理促进了组织内部的工作专门化，不同部门和岗位能够更加专注自己的核心业务，提高了工作效率和质量。

第二，数智赋能改变了组织的部门化结构。如图 8 所示，通过数字化技术，不同部门能够更加高效地进行信息共享和协作，打破了传统的部门壁垒，促进了跨部门协同工作。这种跨部门协作的模式使得组织更加灵活，能够更快地响应市场变化和客户需求。

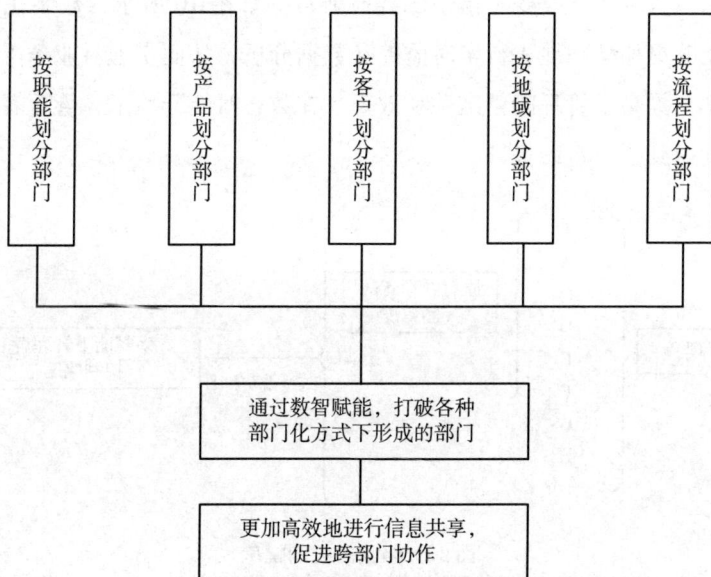

按职能划分部门　　按产品划分部门　　按客户划分部门　　按地域划分部门　　按流程划分部门

通过数智赋能，打破各种部门化方式下形成的部门

更加高效地进行信息共享，促进跨部门协作

图 8　数智赋能下的组织部门化

第三，数智赋能改变了组织内部的权责分配模式。如图9所示，数字化时代背景下，员工能够更加清晰地了解自己的职责范围和目标任务，从而能够更加自主地进行工作，提高了员工的工作积极性和创造力。此外，数字化技术赋予低层管理者与基层员工更多的信息和决策权，使得组织内部的权力结构更加扁平化。

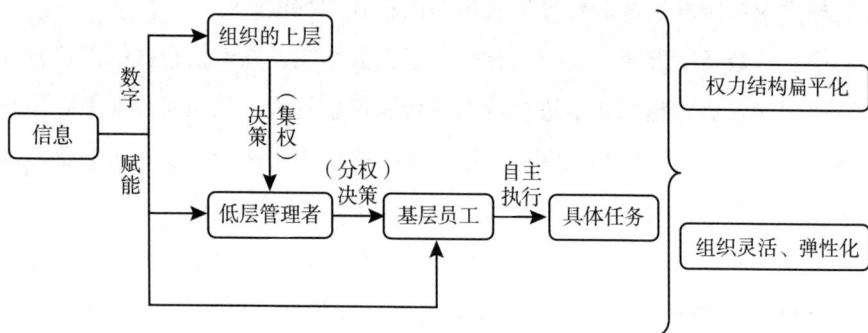

图9　组织的权责分配

第四，数智赋能改变了组织的控制幅度。如图10所示，数字化技术使得组织能够更加精细地进行实时监控和数据分析，从而实现对业务流程的精细化控制，提高了管理的精准性和效率。在数智赋能环境下，管理者的有效控制幅度得到了一定的提升。

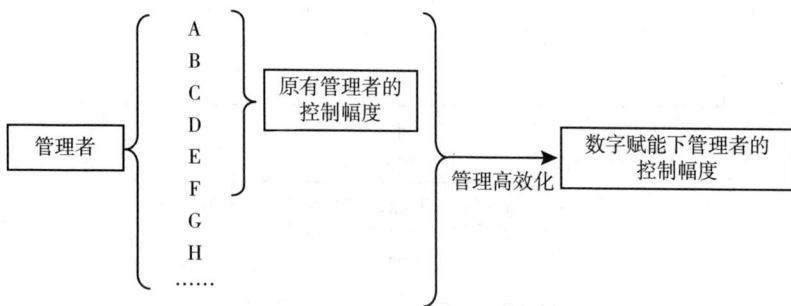

图10　组织的控制幅度

第五，数智赋能影响了组织内部的正式化程度。如图11所示，数字化技术使得组织内部的信息流程更加规范和透明，各项工作的标准化程度更为精细，员工行为受规则和程序指导的程度得到极大的提高。员工能够更加便捷地获取和分享信息，不再受制于烦琐的流程和程序，提高了组织的整体创新能力。

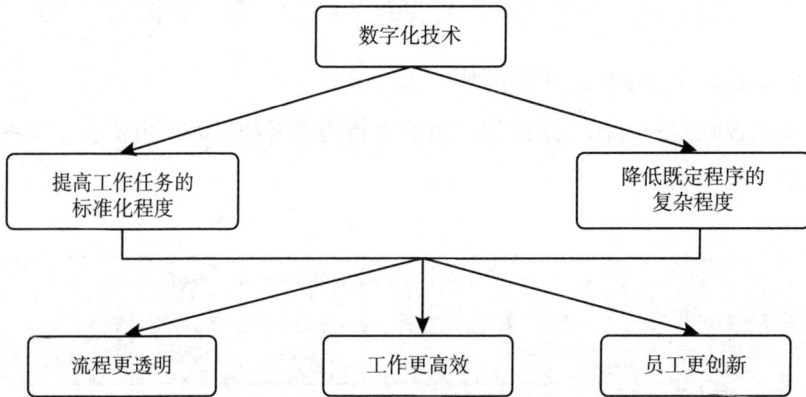

```
                        ┌──────────────┐
                        │   数字化技术   │
                        └──────────────┘
              ┌──────────────┘        └──────────────┐
     ┌──────────────────┐              ┌──────────────────┐
     │   提高工作任务的   │              │   降低既定程序的   │
     │    标准化程度     │              │     复杂程度      │
     └──────────────────┘              └──────────────────┘
        ┌──────────┴──────────┐              │
 ┌────────────┐    ┌────────────┐    ┌────────────┐
 │  流程更透明  │    │  工作更高效  │    │  员工更创新  │
 └────────────┘    └────────────┘    └────────────┘
```

图 11　组织的正式化程度

2. 数智赋能对控制机制的影响

控制活动的基本过程包括实际绩效的衡量、实际绩效同设定目标的比较以及纠正偏差三个步骤。数智赋能对控制的影响渗透于各个步骤中。

首先，数字化技术赋予了组织更多的数据和信息来源，使其对组织自身的实际绩效的测量更加全面和准确。通过数字化系统，组织能够实时地获取各个部门和员工的工作数据，包括生产、销售、客户反馈等方面的信息。这种全面的数据来源使组织能够更加全面地了解实际表现的情况，从而能够更加准确地进行测量和评估。

其次，数字化技术使得对实际绩效同设定目标的比对更加快速和精准。通过数字化系统，组织能够建立起实时的绩效数据监控和比对机制，能够更快速地对实际表现与标准进行比对，并且能够更加精准地识别出偏差。这种快速和精准的比对机制使得组织能够更加及时地发现问题和进行纠偏，从而避免了问题的扩大。

最后，数字化技术也使得组织能够更加灵活地采取管理行动来纠偏。通过数字化的手段，组织能够更加迅速且直接地找到出现绩效偏差的原因，从而更为精准地制定纠偏措施。这种灵活的管理行动使得组织能够更加及时地进行调整和优化，从而提高了管理的效率。

（二）数智赋能下组织设计与控制机制设计需要遵循的新原则

1. 数智赋能下组织设计新原则

在数智赋能的时代，组织设计面临着新的挑战和机遇，也催生了一些新的原则（见图12）。

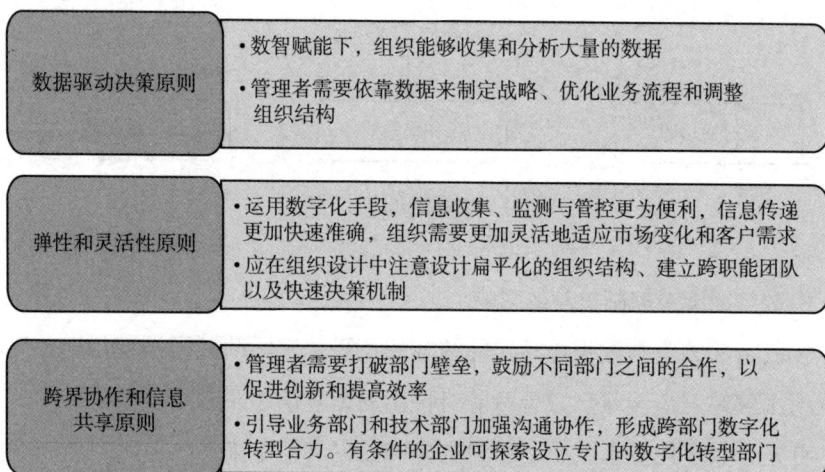

数据驱动决策原则	·数智赋能下，组织能够收集和分析大量的数据 ·管理者需要依靠数据来制定战略、优化业务流程和调整组织结构
弹性和灵活性原则	·运用数字化手段，信息收集、监测与管控更为便利，信息传递更加快速准确，组织需要更加灵活地适应市场变化和客户需求 ·应在组织设计中注意设计扁平化的组织结构、建立跨职能团队以及快速决策机制
跨界协作和信息共享原则	·管理者需要打破部门壁垒，鼓励不同部门之间的合作，以促进创新和提高效率 ·引导业务部门和技术部门加强沟通协作，形成跨部门数字化转型合力。有条件的企业可探索设立专门的数字化转型部门

图12　组织设计新原则

（1）数据驱动决策原则

数智赋能使得组织能够收集和分析大量的数据，因此组织设计需要更加注重数据驱动的决策。

（2）弹性和灵活性原则

组织设计需要更加强调弹性和灵活性，包括扁平化的组织结构、跨职能团队的建立以及快速决策机制的建立。

（3）跨界协作和信息共享原则

数智赋能使跨地域和跨部门的协作更为便捷，因此组织设计需要更加注重跨界协作和信息共享。管理者需要打破部门壁垒，鼓励不同部门之间的合作，以促进创新和提高效率。

2. 数智赋能下控制机制设计新原则

在数智赋能的背景下，组织内部控制机制的设计也需要遵循一些新的原则，以适应数字化时代的发展。

（1）注重数据安全、隐私保护与风险管理

在数字化时代，企业需要收集和处理大量的数据，这些数据包含了企业的核心机密信息和客户隐私。因此，企业内部控制机制的设计需要确保数据的安全性和进行隐私保护，包括数据的加密、备份和恢复等措施。

此外，要在风险事故发生前，运用数字化的手段，认识生产经营活动中的多重风险，识别风险事故发生的潜在原因。[①]

（2）注重数字化技术的应用与员工数字化工作意识的培养

数字化技术可以帮助企业更加精准地进行内部控制，以提高内部控制的效率和准确性。

根据相关调研，目前，调研样本企业中，约18%的企业成立了专门的组织来推动实施人力资源数字化战略并建立相应的运行机制；90%的企业尚未进行人才储备数字化或人才储备较少，人力资源数字化转型还有很大的提升空间。[②] 因此，数智赋能下控制机制的设计需要更加注重员工数字化工作意识和相关能力的培养，包括培训、教育和激励等措施。

（3）注重合规和社会责任

数字化时代，企业需要承担更多的社会责任和合规责任，包括数据隐私保护、环境保护、公平竞争等。因此，企业内部控制机制的设计需要更加注重合规和社会责任，以确保和维护企业的可持续发展与社会形象。

---

① 全国信息技术标准化技术委员会大数据标准工作组、中国电子技术标准化研究院：《企业数字化转型白皮书（2021版）》，2021年10月。

② 姚娟：《云时代企业人力资源管理数字化转型策略分析》，《人才资源开发》2023年第10期，第67~69页。

五 数智赋能下的商业模式

（一）数智赋能对商业模式的影响

商业模式是指企业为实现持续经营的商业逻辑及整体方案，由多种要素及关系构成。企业的数字化转型，主要体现在利用数字技术对业务逻辑进行全面多角度的重塑。2022年我国数字经济规模达50.2万亿元，占GDP的41.5%，拉动GDP增长的贡献率为67.7%，[①] 数字商业模式产生重要作用。

1. 数字技术的工具化运用

以各类智能终端和物联网终端设备—边缘计算—云计算—5G和高速光纤网络—行业智能为核心的数字技术架构不断完善，为企业生产、消费、传输、运营、管理等环节提供丰富保障，打造数字化场景。

2. 数字产业链的形成

数字技术催生了在数字产业链上拥有不同定位的企业，并在一定程度上改变或拓展了企业的业务范围。数字产业链在实践中的体现形式如图13所示。

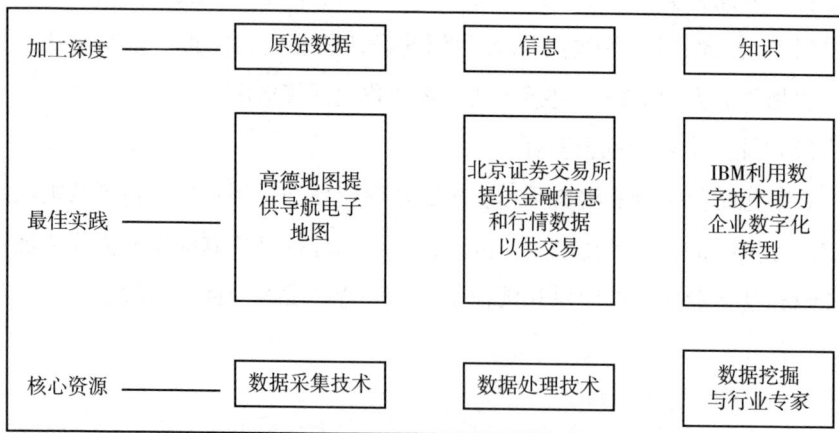

加工深度	原始数据	信息	知识
最佳实践	高德地图提供导航电子地图	北京证券交易所提供金融信息和行情数据以供交易	IBM利用数字技术助力企业数字化转型
核心资源	数据采集技术	数据处理技术	数据挖掘与行业专家

图13 数字产业链示例

---

① 中国信通院：《中国数字经济发展与就业白皮书（2022年）》，2022年7月。

以"知识"为例，2017～2022 年，在全球市值排名前 2500 的上市企业中，27%的全球领先企业已聘用首席数据官（企业中负责数据工作的最高级别个人），且其收入增长率较同行业未设置首席数据官的企业至少高出 5%（见图 14）。

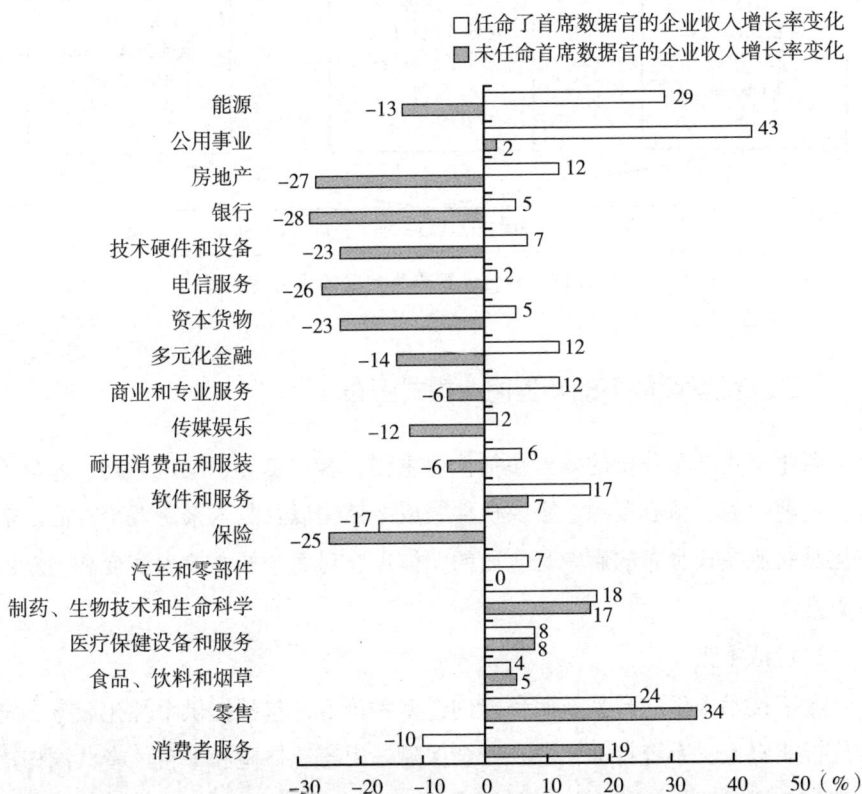

□任命了首席数据官的企业收入增长率变化
■未任命首席数据官的企业收入增长率变化

行业	未任命首席数据官	任命了首席数据官
能源	−13	29
公用事业	2	43
房地产	−27	12
银行	−28	5
技术硬件和设备	−23	7
电信服务	−26	2
资本货物	−23	5
多元化金融	−14	12
商业和专业服务	−6	12
传媒娱乐	−12	2
耐用消费品和服装	−6	6
软件和服务		17 / 7
保险	−17 / −25	
汽车和零部件		7 / 0
制药、生物技术和生命科学		18 / 17
医疗保健设备和服务		8 / 8
食品、饮料和烟草		4 / 5
零售	24	34
消费者服务	−10	19

−30 −20 −10 0 10 20 30 40 50（%）

图 14　2017～2022 年任命及未任命首席数据官的企业收入增长率变化（按行业列示）

资料来源：《〈全球首席数据官调研〉重磅发布：发挥数据价值，引领创新转型》，腾讯网，https://mp.weixin.qq.com/s/yHfuNT8BC33WoAJ_ 63Y8uQ，2023 年 3 月 27 日。

3. 以连接、融合、跨界为特征的平台商业模式创新

如图 15 所示，平台式企业通过"连接"降低平台参与者各方的交易成本，分成客户平台、数据平台、技术平台或三者兼而有之，其本质是数字化的中介组织。

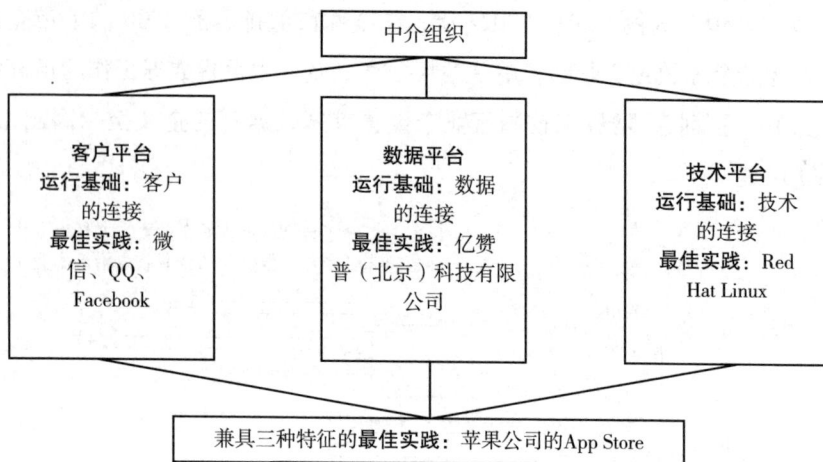

图 15　以连接、融合、跨界为特征的平台商业模式

（二）数智赋能下的新型商业模式画布

商业模式画布分析的要素包括价值主张、客户细分、渠道通路、客户关系、关键业务、核心资源、重要伙伴、成本结构以及收入来源九个方面。数字化对商业模式画布的影响是全面的，体现在对每个核心要素演变和创新的有力推动。

1. 价值主张

数字技术提供的产品及服务能创造多种价值，包括提供个性化服务、全方位智能服务、系统特征、隐私安全保障，内容、体验和平台三者共同构成数字商业模式下的价值主张（见图 16）。[①]

2. 客户细分

数字技术使客户细分更加精准，如大量客制化、多元化市场、多方平台以及利基市场（见图 17）。

3. 渠道通路

数字技术下的渠道通路包含应用系统、应用软件、在线网络销售、一体

[①]　Weill, P., Woerner, S., "Optimizing Your Digital Business Model," *MIT Sloan Management Review*, 2013, 54 (3): 71.

内容：创意感、设计感与高度参与的产品及服务➡个性化服务、全方位智能服务➡沉浸式体验、提高品牌忠诚周期

体验：过程可视化、流程透明化➡隐私安全保障➡客户信赖

平台：依托应用系统或应用软件➡具备系统特征➡维护更新、容易获取、用户友好

价值主张

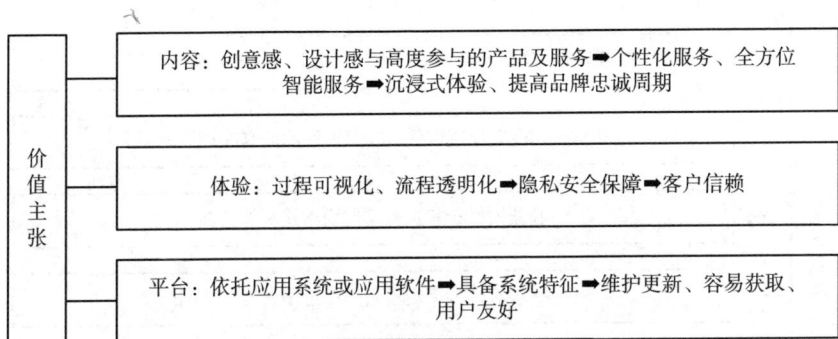

图16 数字商业模式下的价值主张

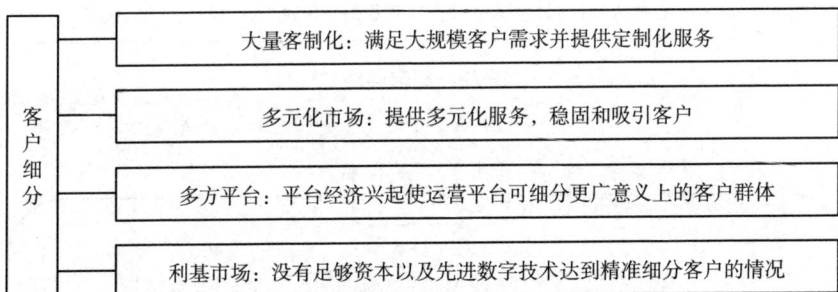

大量客制化：满足大规模客户需求并提供定制化服务

多元化市场：提供多元化服务，稳固和吸引客户

多方平台：平台经济兴起使运营平台可细分更广意义上的客户群体

利基市场：没有足够资本以及先进数字技术达到精准细分客户的情况

客户细分

图17 客户细分

化顾客体验平台、中间商及销售人员六个要素，总体呈专业化、扁平化的趋势（见图18）。

4. 客户关系

数字技术对客户关系的影响主要体现为企业与客户的互动性的增强，企业通过智能系统、社交媒体、在线客服与客户进行个性化互动，可以满足客户的个性化需求，形成私域流量，进行新的品牌建设（见图19）。

5. 关键业务

数字技术下企业的关键业务发生在企业内部和外部。内部业务包括基础架构搭建、数字服务、投资开发、产品迭代和安全保障活动；外部业务包括资源整合与合作伙伴管理。

6. 核心资源

数字技术下企业的核心资源可分为内部与外部两大类。内部资源包括数

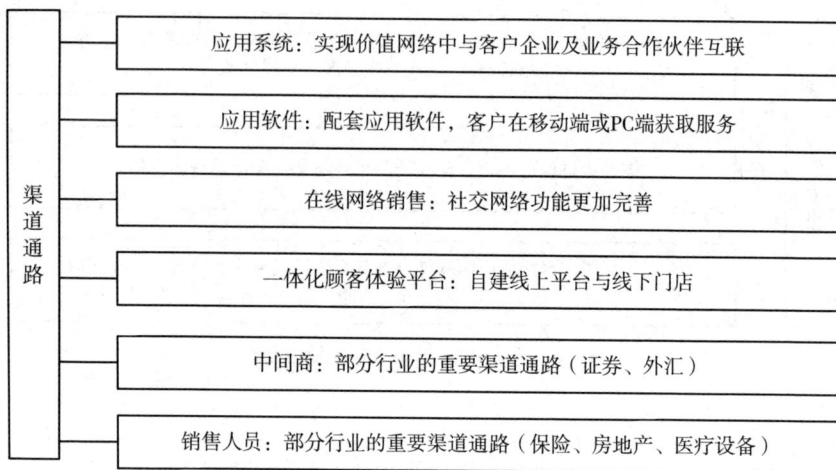

图18 渠道通路

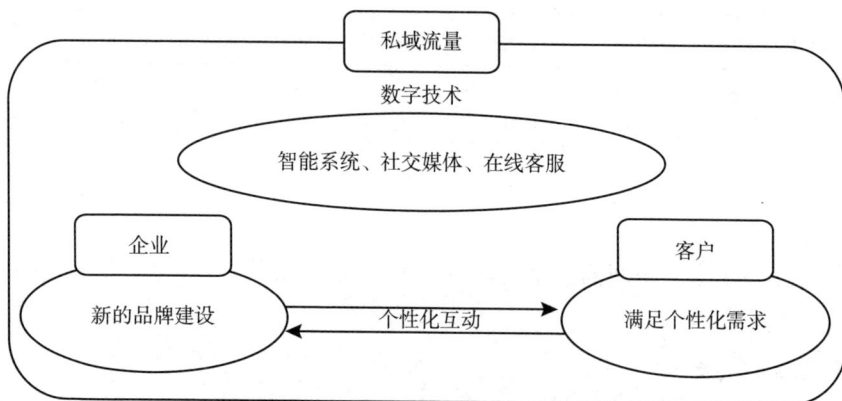

图19 数字商业模式下的客户关系

据资源、技术资源、数智人才、知识产权、社交网络、金融资产等；外部资源包括所处价值网络和边界资源。

7.重要伙伴

企业以自身核心技术为依托，联合价值网络中的各级伙伴，如供应商、开发商、数据分析商、渠道商、客户甚至同行企业，依托相关产业服务平台，形成交互融合、协调发展的生态圈。

8. 成本结构

与关键业务对应，数字技术下的成本支出包括基础架构搭建成本、技术应用运维成本以及运营成本（见图20）。

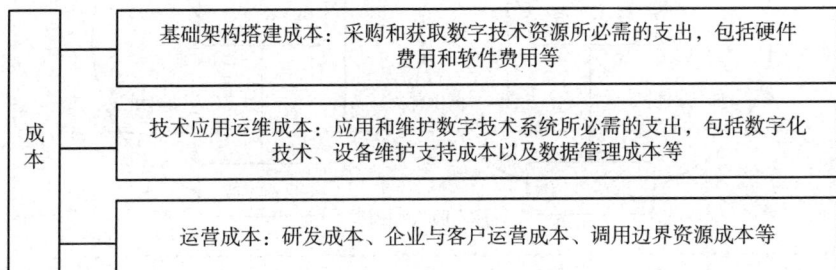

成本

基础架构搭建成本：采购和获取数字技术资源所必需的支出，包括硬件费用和软件费用等

技术应用运维成本：应用和维护数字技术系统所必需的支出，包括数字化技术、设备维护支持成本以及数据管理成本等

运营成本：研发成本、企业与客户运营成本、调用边界资源成本等

图20　数字商业模式下的成本结构

9. 收入来源

数字技术下的收入来源有各类服务费、广告收益、数字资产、基础收入、平台交易佣金等，盈利链条从以往的单一线性模式变成了"产品价值+平台价值+服务价值"的非线性模式（见图21）。

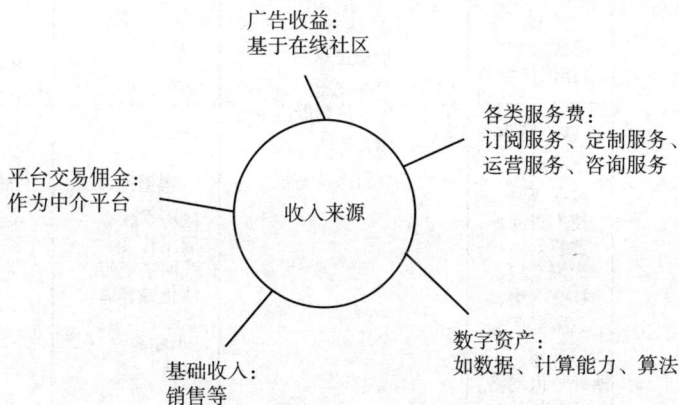

广告收益：
基于在线社区

各类服务费：
订阅服务、定制服务、运营服务、咨询服务

平台交易佣金：
作为中介平台

收入来源

数字资产：
如数据、计算能力、算法

基础收入：
销售等

图21　收入来源

相比传统的商业模式（见图22），数智赋能下的商业模式更注重个性化和数字化渠道的整合（见图23）；与数字技术相关的资源获取以及合作关系也受到更多的关注。

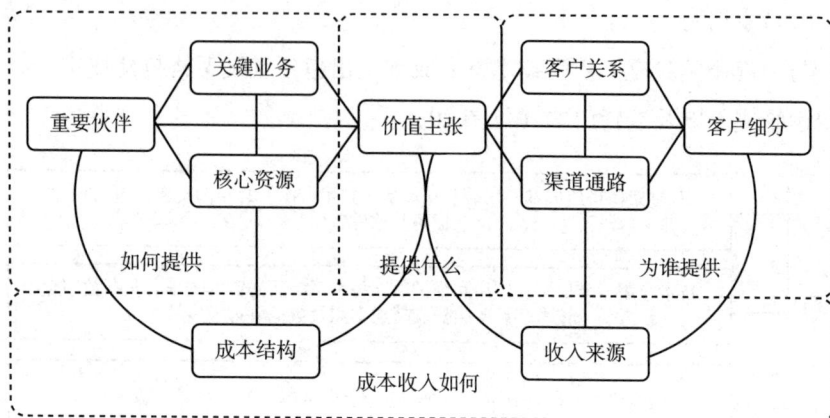

图 22 传统商业模式画布

	关键业务 内部： 基础架构搭建、数字服务、投资开发、产品迭代、安全保障活动 外部： 资源整合、合作伙伴管理		客户关系 个性化互动、私域流量、新的品牌建设	
重要伙伴 供应商、开发商、渠道商、客户、数据分析商、同行企业		价值主张 内容：个性化服务、全方位智能服务等 体验：隐私安全保障 平台：具备系统特征		客户细分 大量客制化、多元化市场、多方平台、利基市场
	核心资源 内部： 数据资源、技术资源、数智人才、知识产权、社交网络、金融资产等 外部： 所处价值网络、边界资源		渠道通路 应用系统、应用软件、在线网络销售、一体化顾客体验平台、中间商、销售人员	
成本结构 基础架构搭建成本、技术应用运维成本、运营成本			收入来源 各类服务费、广告收益、数字资产、基础收入、平台交易佣金	

图 23 数智赋能下的商业模式画布

参考文献

戴淑芬、贾振全、李晓辉主编《管理学原理》，高等教育出版社，2018。

工业和信息化部办公厅：《中小企业数字化转型指南》，2022 年 11 月。姜艳、宋海宁：《大数据分析对企业决策的影响》，《企业改革与管理》2018 年第 12 期。

戚聿东、杜博、温馨：《国有企业数字化战略变革：使命嵌入与模式选择——基于 3 家中央企业数字化典型实践的案例研究》，《管理世界》2021 年第 11 期。

《〈全球首席数据官调研〉重磅发布：发挥数据价值，引领创新转型》，腾讯网，https：//mp. weixin. qq. com/s/yHfuNT8BC33WoAJ_ 63Y8uQ，2023 年 3 月 27 日。

徐飞编著《战略管理》（第 5 版），中国人民大学出版社，2022。

姚娟：《云时代企业人力资源管理数字化转型策略分析》，《人才资源开发》2023 年第 10 期。

姚望：《大数据分析对企业决策的影响》，《中国商论》2019 年第 2 期。

Weill, P., Woerner, S., "Optimizing Your Digital Business Model," *MIT Sloan Management Review*, 2013, 54（3）：71.

B.6
数智时代人才变革与制度建设

童 天*

摘 要： 数字化、智能化转型成为数智时代全球经济发展大势，我国数字经济发展成就举世瞩目，总体规模稳居全球第二。数智变革颠覆传统产业，重塑职业领域和人类能力结构，各领域数字人才需求呈爆发式增长，我国迫切需要以具有更高素质、更优结构的人力资源助力生成新质生产力，对冲劳动力人口减少、老龄化程度加深、结构性就业矛盾等风险因素，支撑数字经济高质量可持续发展。我国数字经济就业规模全球居首，同时也面临总量短缺、产业和区域分布不平衡、供给能力不足等突出困难。突破人才发展瓶颈的关键，是进一步深化人才发展体制机制改革，建立数智时代人才制度优势。本报告基于上述情况，针对我国数智时代人才发展面对的主要机遇、挑战，从人才制度的智慧化特征、建设原则和建设内容出发，提出符合我国国情和人才数字化、数智化发展规律的人才体制机制改革思路。

关键词： 数智变革 人才发展 制度建设

一 数字经济推动人才变革

我国自 1994 年起，历经互联网行业崛起期、电子商务与自媒体高速发展期、互联网移动端盛行期，以及当前的大数据、人工智能、云计算、物联网等数字技术交融发展并向产业深入渗透的数智化新阶段。中国互联网络信

---

* 童天，中国劳动和社会保障科学研究院研究员，中国职业技术教育学会理事，研究方向为人才战略与政策、职业教育。

息中心（CNNIC）于 2024 年发布的统计数据显示，我国数实融合程度持续加深，超 4400 家人工智能企业不断推动实体经济数字化、智能化转型，推动新质生产力加快形成。在近 30 年时间里，与我国数字经济发展相伴的，有阿里巴巴、腾讯、百度等互联网巨头，华为、中兴、浪潮等科技领军企业，5G、大数据、物联网、人工智能等领域青蓝相接的科技人才队伍，以及爱国敬业、开拓进取的企业家群体，这些为数智时代的中国式现代化建设奠定了珍贵的高素质人才基础。未来，数智化革命将以更强、更广、更深的方式，持续改变众多行业的生态结构和发展方式，对人才培养、使用、评价、激励等关键领域产生颠覆性影响。

（一）数智人才前景广阔

近年来，我国数字经济加快发展，规模达 50.2 万亿元，占 GDP 的比重提升至 41.5%（见图 1）。① 互联网、大数据、人工智能等技术对实体经济的赋能作用更加凸显，产业数字化规模占数字经济总规模的比重已超八成，② 重点领域人才需求呈井喷式增长，已有超过 1/4 的企业正在建设数字化人才体系。③ 数字化、智能化共同驱动的人才变革，将成为数字经济时代国际竞争的主战场：一方面，培养数智化新型人才直接推动数字产业化、产业数字化发展；另一方面，新型人才引领人才体制机制和人才结构的优化转型，以更高水平的人力资本支撑数字经济高质量发展。

数字经济所必备的数字化人才，包括拥有 ICT 专业技能的人才以及与 ICT 专业技能互补协同的跨界人才，④ 后者对综合职业能力有更高要求。数字人才通过进一步深化掌握机器学习、云计算、区块链等智能技术从而实现

① 《国家互联网信息办公室发布〈数字中国发展报告（2022 年）〉》，国家互联网信息办公室官网，https://www.cac.gov.cn/2023-05/22/c_1686402318492248.htm，2023 年 5 月 23 日。
② 尹志欣：《充分释放数字经济红利，推动创新创业高质量发展》，《科技中国》2023 年第 9 期。
③ 中信联：《企业数字化转型成熟度发展报告（2022）》，2023 年 3 月。
④ 陈煜波、马晔风、黄鹤、崇滨：《全球数字人才与数字技能发展趋势》，《清华管理评论》2022 年第 Z2 期。

数字产业化规模
9.2万亿元
18%

产业数字化规模
41.0万亿元
82%

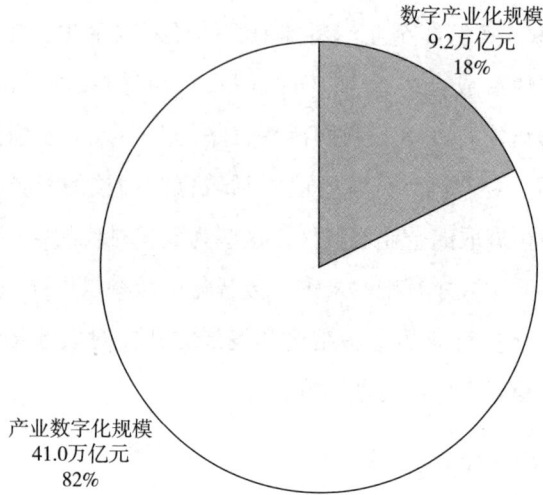

图1　数字经济结构

自身的数智化转型，则是支撑数字经济进阶数智阶段高质量发展的必备条件。以从业领域角度划分，数字人才应包括如下三个类别：一是数字治理人才，能够将自身的数字化专业知识和技能应用于国家、社会、产业等各领域的治理工作；二是数字专业人才，拥有大数据分析、机器学习与深度学习算法、云计算、芯片设计与制造、软件研发等ICT专业技能，能承担ICT产品开发与服务，属于数字经济的核心人才；三是数字综合应用人才，能够综合运用ICT辅助技能并赋能传统业务，比如开展复杂数据分析、智慧营销、智能化客户管理、柔性智造方案设计等。随着数字化快速向产业领域纵深发展，对各类型数字人才的需求体现出爆发式、全覆盖、多层次、多维度的特征。

（二）数智人才开发是中国式现代化的本质要求

根据"2022年全球数字经济国家竞争力排名"统筹考虑数字设施竞争力、数字产业竞争力、数字创新竞争力和数字治理竞争力四方面因素，对各国的数字经济竞争力做出的综合评价，中国在 50 个主要国家中排在美国之后，居第 2 位，且两者间的差距有所拉大（见图 2）。①

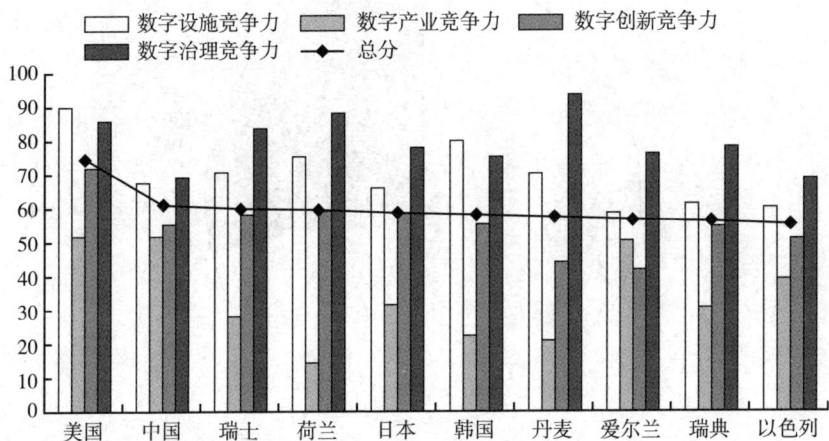

图 2　2022 年全球数字经济国家竞争力评分（前 10）

资料来源：王振、惠志斌主编《全球数字经济竞争力发展报告（2022）》，社会科学文献出版社，2023。

人才发展水平决定国家经济长期发展潜力，生产力的历次实质性跃迁，均是在新一代科技引领下，以"产业—人才共变"的方式推动经济社会变革。数智时代，在数字和人工智能赋能千行百业的背景下，更高质量的劳动者队伍与更高水平的劳动资料、更宽范畴的劳动对象的紧密融合，将有力推动从传统生产力到新质生产力的跨越，人才所蕴含的创新力成为中国式现代化的根本发展动力。在全球人才短缺②的背景下，各国更加重视开发和吸引数智人才。阿里研究院和智谱 AI 联合发布的《2023 全球数字科技发展研究报告——科技人才储备实力研究》显示，中国的数字科技人才规模占全球数字科技人才总量的比重位居第一，是排名第二的美国的 1.5 倍，是排名第三的日本的 8.3 倍（见图 3）。

---

① 王振、惠志斌主编《全球数字经济竞争力发展报告（2022）》，社会科学文献出版社，2023。
② 万宝盛华发布的《2023 年人才短缺调查》指出："2023 年全球人才短缺创 17 年新高。"

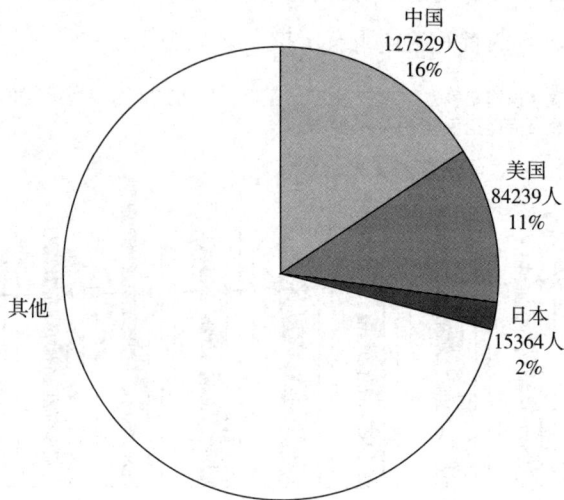

图 3　典型国家数字科技人才占比

资料来源：阿里研究院、智谱 AI《2023 全球数字科技发展研究报告——科技人才储备实力研究》，2023 年 1 月。

二　数智人才发展进入快车道

数字经济，以数据资源为关键要素，以现代信息网络为主要载体，以信息通信技术融合应用、全要素数字化转型为重要推动力，数字经济发展分为"数字产业化"和"产业数字化"两个方面，既是数字技术与传统产业的有机结合，也是数字产业化与产业数字化的深度融合。我国已大步迈入数字经济时代，从初期的信息产业技术赋能传统产业，进入数字要素产业化并推动产业数字化的高阶发展阶段，除了电子信息制造、信息通信、软件服务领域，集成电路、新型显示、关键软件、人工智能、大数据、云计算等新一代技术正在成为数字经济的核心驱动力。

（一）人才转型任重道远

数字化转型绝不仅是发展数字技术，人才是数字化转型绕不过的

"槛"。党的二十大报告指出，教育、科技、人才是全面建设社会主义现代化国家的基础性、战略性支撑。人才，作为教育的目标对象和科技的载体，在这个"三位一体"的发展要素体系中居核心位置，其发展水平直接关系到中国式现代化建设目标的顺利达成，而人才数字化则是数字产业化、产业数字化、数字化治理、数据价值化[①]以及构建数字政府的必要前提。伴随从信息化迈向数字化、智能化，快速涌现的大量数字企业、数字平台、智能工厂，在快速替代传统技术、"消除"传统职业的同时，也逐步释放就业潜能，创造大量新职业、新岗位。现代企业对新型人才的迫切需求，正在倒逼和引发一场全面覆盖人才开发体系的颠覆性变革，对政府和企业的人才治理，院校和教育培训机构的能力转型，以及劳动者自身的技能提升与就业，既构成多重挑战，也带来空前的发展机遇。

（二）人才总量与结构性短缺并存

数字经济时代的竞争，关键看数字人才。我国拥有世界上规模最大的人才队伍，其中数字科技人才规模为 12.8 万人，数字经济从业人员规模近 3000 万人，带动 2.74 亿人实现就业，[②] 同样稳居全球首位。但我国数字人才发展水平还无法满足数字产业化、产业数字化发展，与不断拉长、加宽的数字赛道相比，数字人才总量短缺问题日益凸显。如何建立科学高效的数字人才制度体系，尽快将人口规模优势转化为人才质量优势，是必须解决的重大课题。

---

① 中国信通院发布的《中国数字经济发展白皮书（2020 年）》指出，数字产业化，即信息通信产业，包括电子信息制造业、电信业、软件和信息技术服务业、互联网行业等；产业数字化，即数字技术应用给传统产业所带来的产出增加和效率提升的部分，包括工业互联网、智能制造、车联网、平台经济等融合型新产业新模式新业态等；数字化治理包括多元治理，以"数字技术+治理"为典型特征的技管结合，以及数字化公共服务等；数据价值化，包括数据采集、数据标准、数据确权、数据标注、数据定价、数据交易、数据流转、数据保护等。
② 中国重庆数字经济人才市场管理委员会、中国长江经济带发展研究院、中国重庆人力资源服务产业发展研究院、中经智策信息科技研究院：《2022 中国数字经济人才发展报告》，2023 年 8 月。

面对巨大的数字经济增长需求，预计 2025 年我国数字人才缺口为 2500 万~3000 万人，未来或将成为数字经济发展最严重的掣肘因素。人力资源社会保障部发布的"2022 年第四季度全国招聘大于求职'最缺工'的 100 个职业排行"覆盖大量数字人才，新晋榜单的有计算机网络工程技术人员、计算机硬件工程技术人员、工业机器人系统操作员、电子产品制版工等；相较 2022 年第三季度，不少职业的位次持续提升，半导体芯片制造工上升 38 位，半导体分立器件和集成电路装调工上升 14 位，电子商务师上升 12 位。

我国数字人才除了总量短缺，其总体层次不高和重点领域的结构性短缺问题尤为紧迫。数字科技人才在质量上与领军强国还有较大差距，特别是数字科技高层次人才（H-index ≥ 20）仅有 0.7 万人，约占全球总量的 9%。[1] 各地区近期发布的"紧缺人才目录"中，数字人才均稳居榜单前列，[2] 尤以研发型数字人才最为紧俏，占数字人才总需求量的比重达 74%。[3]

（三）差异化的人才需求凸显行业特征

数字人才广泛分布于数字治理、数字产业化、产业数字化、数据价值化四大领域（见图 4），产业数字化吸纳就业规模在数字经济总体吸纳就业规模中所占比重为 1/4[4]；按照国家统计局发布的《数字经济及其核心产业统计分类（2021）》（国家统计局令第 33 号）数字经济五大类产业范围的划

---

[1] 阿里研究院、智谱 AI：《2023 全球数字科技发展研究报告——全球科研实力对比》，2022 年 11 月。

[2] 综合《国家服务业扩大开放综合示范区和中国（北京）自由贸易试验区建设人力资源开发目录（2023 年版）》《上海市重点领域（科技创新类）"十四五"紧缺人才开发目录》《深圳市境外高端人才和紧缺人才 2021 年纳税年度、2022 年纳税年度个人所得税财政补贴申报指南》《南岸区、重庆经开区 2024 年急需紧缺人才目录》《广州市重点产业紧缺人才目录》（2023 年 2 月发布）《苏州市 2023 年度重点产业紧缺专业人才需求目录》等内容得出。

[3] 中国重庆数字经济人才市场管理委员会、中国长江经济带发展研究院、中国重庆人力资源服务产业发展研究院、中经智策信息科技研究院：《2022 中国数字经济人才发展报告》，2023 年 8 月。

[4] 《中国数字经济就业发展研究报告：新形态、新模式、新趋势（2021 年）》，http://www.caict.ac.cn/kxyj/qwfb/ztbg/202103/P020210323383606724221.pdf。

分，数字化效率提升业人才占比超四成（见图5），凸显传统行业数字化转型的紧迫性。

数字人才类别	数字化领域	细分领域
①数字治理人才	数字治理	顶层规划设计（数字治理规划，重塑政府流程和组织结构等）、构建制度规范（数据与网络资源治理规则，优化管理流程等）、数字政务服务（政务资源信息共享、政务综合管理平台、政务数据智能化分析处理等）
②数字专业人才	数字经济核心产业 / 数字产业化	数字产品制造（计算机制造、通信及雷达设备制造、数字媒体设备制造、智能设备制造、电子元器件及设备制造）、电信（基础电信、增值电信）、软件和信息技术服务（软件开发、信息系统集成服务、物联网技术服务、运行维护服务、信息技术咨询服务、信息处理和存储支持服务、集成电路设计）、互联网（互联网接入及相关服务、互联网信息科技服务、互联网平台、互联网安全服务、互联网数据服务）、人工智能、大数据、云计算、VR等
③数字综合应用人才	产业数字化	智慧农业（数字化设施种植、数字林业、自动化养殖、新技术育种）、智能制造（数字化通用专用设备制造，数字化运输设备制造，数字化电气机械、器材和仪器仪表制造）、智能交通（智能铁路运输、智能道路运输、智能水上运输、智能航空运输）、智慧物流（智慧仓储、智慧配送）、数字金融（银行金融服务、数字资本市场服务、互联网保险）、数字商贸（数字化批发、数字化零售、数字化住宿、数字化餐饮、数字化租赁、数字化商务服务）、数字社会（智慧教育、智慧医疗、数字化社会工作）等
	数据价值化	数据采集、数据标准、数据确权、数据标注、数据定价、数据交易、数据流转、数据保护等

图4　数字人才分布领域

数字经济对人才素质提出更高要求，其五大核心产业从业人员中的研发型数字人才占比，均远高于传统高新技术企业10%的认定标准①（见图6）。

---

① 科技部、财政部、国家税务总局修订印发的《高新技术企业认定管理办法》规定："企业从事研发和相关技术创新活动的科技人员占企业当年职工总数的比例不低于10%。"

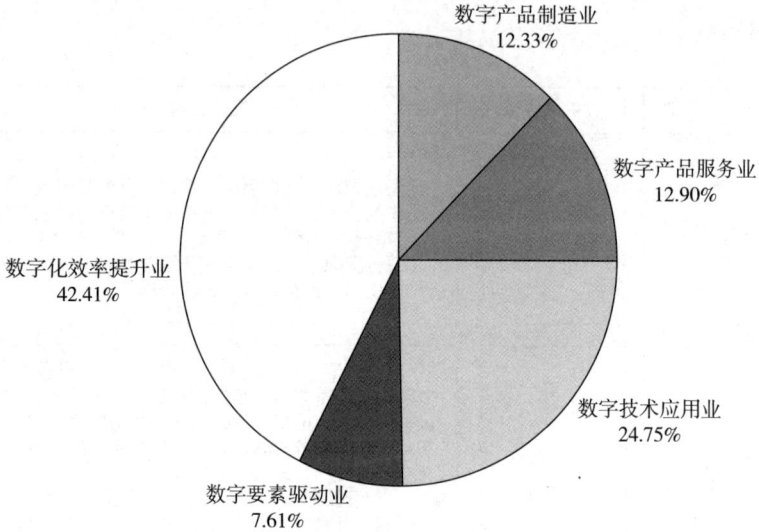

图5 2022年数字人才核心产业分布

资料来源：根据《2022中国数字经济人才发展报告》整理。

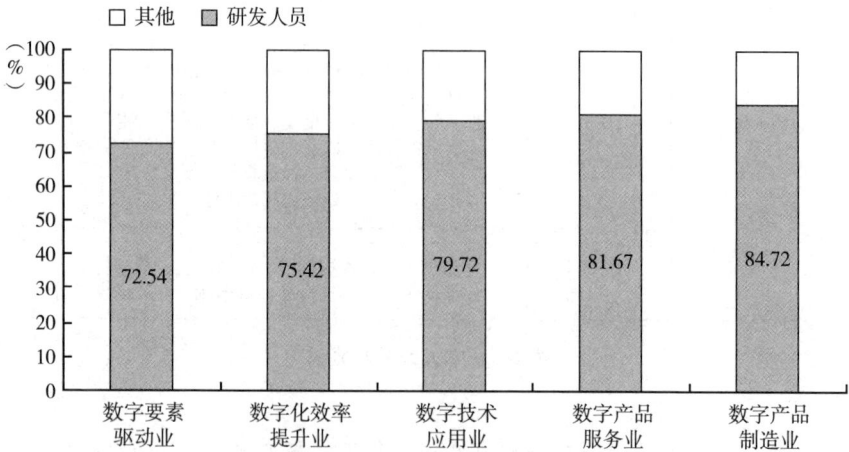

图6 数字经济核心产业研发型人才占比

资料来源：根据《2022中国数字经济人才发展报告》整理。

科学革命、技术革命、产业变革、社会变革的决定性变量，仍然在于人本身。不同领域的数字人才呈现差异化的发展特征。

建设数字政府，是国家提升应对复杂事务能力的关键，也是各国软实力竞争的新领域。建设数字政府，除了要投入大量的资金和技术资源、跨越数字鸿沟，更为艰巨的任务是培养人才：提升领导干部的数字治理能力，培育干部队伍的数字思维、数字技能，更好地运用大数据、云计算、人工智能、物联网、区块链等数字技术，多层次构建国家治理的"大脑"和基层治理的"小脑"、"微脑"，引领政府治理的体系化、协同化、精准化、智能化，以高效的政务服务满足广大人民群众日益多元的服务需求，不断规范数据质量管理、数据安全管理、数据合规管理，积极应对数字社会背景下的数据孤岛、数据闭环、网络安全等各类新问题新挑战。

ICT 产业，是信息技术、通信技术的融合发展领域，也是数字产业化的主阵地和企业数字化转型的动力源。IDC 发布的 2023 年 V2 版《全球 ICT 支出指南：企业规模和行业》（*IDC Worldwide ICT Spending Guide Enterprise and SMB by Industry*）指出，2022 年，我国 ICT 市场支出规模超过 5300 亿美元（全球占比约为 11.3%），预计 2027 年我国 ICT 市场总支出规模将超过 7200 亿美元（全球占比约为 11.7%）。然而，我国 ICT 关键人才供给缺口问题十分突出且有扩大趋势，尤以云计算、大数据、物联网、人工智能、5G 等新兴技术领域[①]为甚。

农业强国，是社会主义现代化强国的根基。发展数字化农业，将数字化技术嵌入农产品管理的人才、技术、资金、营销、物流全链路，助力实现精准评估农业市场需求、严格管控农业生产、保障产品质量、提高生产率，数字技术已成为建设农业现代化的重要力量。"数字乡村"已连续多年被写入中央一号文件；中央网信办等十部门联合发文，部署加强人才支撑，引导高校合理设置农业智能装备工程、智慧农业等专业，用生物技术、信息技术、工程技术等改造提升传统农科专业，培养实用型农村信息

---

① 安永、华为：《中国 ICT 人才生态白皮书》（2022），2022 年 11 月。

技术人才。[①]

制造业，是产业数字化重点领域和吸纳就业的重要载体，其数字化升级以"破立并举"的方式创造更多高质量就业岗位，引领劳动者技能和收入水平的提升。我国制造业已经度过了数字化"概念期"并迈入实质性的"加速转型期"，迫切需要大量兼具数字技能、特定领域专业知识和经营管理能力等的跨学科、跨职业、跨业务领域的"纽带"型复合人才。我国制造业自身存在的传统产业基数大、占比高、投入大、利润薄、回报周期长等特点，以及企业普遍存在的对数字化认识不充分、技术储备不足、培育能力有限、制度建设滞后等问题，都是制造业数字人才队伍建设过程中必须清除的"绊脚石"。

（四）全面推动人才队伍转型升级

我国数字基础设施和数据资源体系建设快速推进，数字技术与实体产业融合不断加深，数字化转型在企业广泛落地生根，既创造大量就业机会，也拉动消费升级。数字产业化以现代信息技术为基础，具有增速快、渗透强、投入充分的先天优势，对高端人才吸纳能力极强。

人才数字化转型，决定生产力升级和经济增长潜力，也关乎劳动者高质量充分就业和个人职业发展。中国政府高度重视数字经济发展及有关人才培养。《中华人民共和国国民经济和社会发展第十四个五年规划和2035年远景目标纲要》明确提出"以数字化转型整体驱动生产方式、生活方式和治理方式变革""加强全民数字技能教育和培训，普及提升公民数字素养"。近年，国家围绕数字人才队伍建设工作密集出台重大政策（见表1），各省市（自治区）相继出台落实政策，如《北京市数字技术技能人才培养实施方案》《2023年上海市专业技术人才工作要点》《广东数字化人才培养计划》《新疆维吾尔自治区专业技术人才知识更新工程实施方案》等，人才数字化转型与数字经济协同发展已全面铺开。

---

① 《数字乡村发展行动计划（2022—2025年）》，国家互联网信息办公室官网，https：//www.cac.gov.cn/2022-01/25/c_ 1644713315749608.htm，2022年1月26日。

表1 2021~2024年人才数字化转型重大政策举措（按时间倒序排列）

政策举措	数字人才建设有关内容要点
2024年的《政府工作报告》	• 大力发展数字教育
2024年，人力资源社会保障部等九部门印发《加快数字人才培育支撑数字经济发展行动方案（2024—2026年）》	• 实施数字技术工程师培育项目 • 推进数字技能提升行动 • 开展数字人才国际交流活动 • 开展数字人才创新创业行动 • 开展数字人才赋能产业发展行动 • 举办数字职业技术技能竞赛活动
2024年，中央网信办、教育部、工业和信息化部、人力资源社会保障部联合印发《2024年提升全民数字素养与技能工作要点》	• 全面提升师生数字素养与技能 • 提高领导干部和公务员数字化履职能力 • 培育高水平数字工匠 • 培育乡村数字人才 • 壮大行业数字人才队伍
2024年，教育部启动"人工智能赋能教育行动"	• 国家智慧教育公共服务平台上线"AI学习"专栏 • 推动国家智慧教育公共服务平台智能升级 • 实施教育系统人工智能大模型应用示范行动 • 将人工智能融入数字教育对外开放
2023年，中共中央、国务院印发《数字中国建设整体布局规划》	• 统筹布局一批数字领域学科专业点，培养创新型、应用型、复合型人才 • 构建覆盖全民、城乡融合的数字素养与技能发展培育体系
2022年，国务院发布《国务院关于印发"十四五"数字经济发展规划的通知》	• 提升员工数字技能和数据管理能力 • 实施全民数字素养与技能提升计划 • 推进中小学信息技术课程建设，加强职业院校（含技工院校）数字技术技能类人才培养，深化数字经济领域新工科、新文科建设 • 鼓励将数字经济领域人才纳入各类人才计划支持范围，积极探索高效灵活的人才引进、培养、评价及激励政策
2022年，国务院发布《国务院关于加强数字政府建设的指导意见》	• 把提高领导干部数字治理能力作为各级党校（行政学院）的重要教学培训内容 • 提升干部队伍数字思维、数字技能和数字素养 • 创新数字政府建设人才引进培养使用机制
2021年，人力资源社会保障部发布《提升全民数字技能工作方案》	• 完善提升全民数字技能政策措施 • 加强技工院校数字技能类人才培养 • 加强数字技能职业技能培训 • 推进数字技能类人才评价工作 • 积极开展数字技能类职业技能竞赛 • 提升数字技能人才培养基础能力建设

续表

政策举措	数字人才建设有关内容要点
2021 年,中央网络安全和信息化委员会印发《"十四五"国家信息化规划》	• 开展终身数字教育(提升教育信息化基础设施建设水平,完善国家数字教育资源公共服务体系,深化教育领域大数据分析应用,建设终身学习经历公共服务体系) • 开展全民数字素养与技能提升行动(搭建全民数字技能教育资源体系、开展数字技能教育培训、精准帮扶信息弱势群体) • 开展大数据人才岗位能力认证,加快知识型、技能型、创新型岗位人才培养 • 鼓励领军企业深度参与高校人才培养
2021 年,中央网络安全和信息化委员会印发《提升全民数字素养与技能行动纲要》	• 提高产业工人数字技能 • 提升农民数字技能 • 提升新兴职业群体数字技能 • 开展妇女数字素养教育与技能培训 • 提升领导干部和公务员数字治理能力 • 提升学校数字教育水平 • 完善数字技能职业教育培训体系 • 建设数字技能认证体系与终身教育服务平台

资料来源:中国政府网、中央网信办官网、人力资源社会保障部官网、教育部官网等。

三　人才体系酝酿深刻变革

　　数字化、网络化、智能化变革,引发人、机、物、网交会融合,强化社会分工的深度和复杂性,引发非线性的复杂网络关系:既创造新产业与专业化分工,也促进产业融合与逆分工,教育出现学历贬值、能力升级与价值观变迁现象,人才体制机制领域传统认知和构建范式正在被颠覆。

(一)职业领域保持动态发展

　　职业,源于社会劳动分工,是社会生产力进步的结果,反映科技、经济、产业发展水平。职业分类,兼顾劳动分工的社会性与人的个体特征,反映经济和产业结构、人口和就业结构的变化，在国家人才开发体系中发挥重要的基础性作用。

近年，人力资源社会保障部先后发布 5 批共 74 个新职业，并于 2022 年 9 月 28 日正式发布《中华人民共和国职业分类大典（2022 年版）》（新版大典）。与 2015 年版大典相比，新版大典的中类新增 5 个，取消 1 个，净增 4 个；小类新增 21 个，取消 5 个，净增 16 个；细类（职业）新增 168 个，取消 10 个，净增 158 个；工种新增 377 个，取消 80 个，净增 297 个。新版大典首次标识 97 个数字职业，占职业总数的 6%。综观 1999 年、2015 年、2022 年三版大典，职业（细类）数量在经历了高达 27% 的降幅之后，又迎来 11% 的回升（见图 7）。

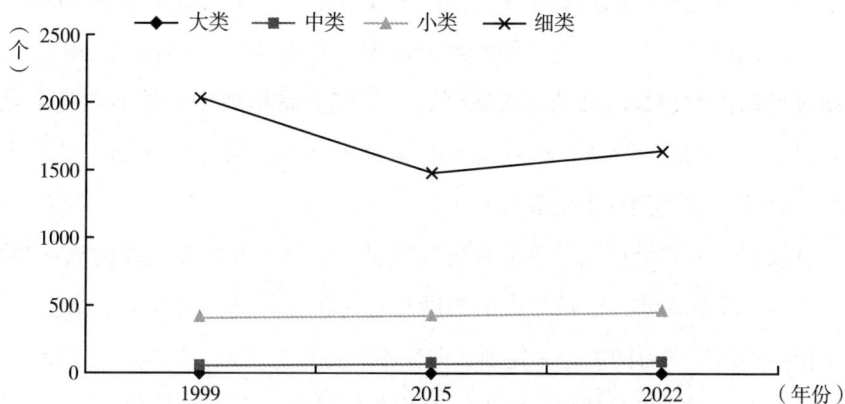

图 7　1999~2022 年职业分类大典的职业分类数量变化

我国持续深化行政审批制度和人才发展体制机制改革，自 2017 年正式启动国家职业资格目录清单管理制度，于 2021 年发布实施《国家职业资格目录（2021 年版）》，职业资格数量比 2017 年目录减少了 68 项，压减比例达 49%。

无论是职业数量的"先降后升"，还是职业资格目录的"大幅缩减"，都是职业领域适应经济社会发展大势所做出的结构性调整和体制机制优化。前者体现数字经济重塑经济结构并深刻改变劳动者生产生活方式，在迅速淘汰传统职业的同时，催生大量新职业，创造高质量就业机会。后者是对职业资格目录的"瘦身"，不是取消职业和职业标准，更不是取消人才评价，而是转变政府服务管理方式，政府回归监管与服务的本职，企业回归评价主体的本位，建立社会化、科学化、多元化的人才评价机制，形成有利于广大劳动者成长成才的制度环境。

（二）技能结构趋向"软硬兼顾"

我国传统上将技能定义为"掌握并能运用专门技术的能力"，通常指代显性动作技能。技能型劳动者的职业能力偏重生产现场的动手操作技能；工程型人才和技术型人才，擅长科学原理的工程转化和理论技术素质；科学型人才则强调掌握科学原理和学术思想。随着经济社会步入数字化的纵深发展阶段，人机交互、融合正在不同程度地改变人们的生活、学习和工作方式，并通过推动人类智慧活动的层级跃迁，引发能力结构转型和技能内涵演化，"软技能"日益成为劳动者就业的核心竞争力和企业选用人才的重要标准，同时也是建设技能型社会的新焦点。

软技能，是"潜在"的不易观察和测量，但对人的职业活动构成重要影响的综合性职业素质，包括与人的态度和行为相关的潜在特质和能力。尽管人工智能的深度学习能力越来越强，但还不具备自主意识，"强人工智能"时代尚未到来，面临技术替代的主要还是操作性技能劳动和特定领域重复性智力劳动。在当前的人机能力交错发展的"窗口期"，人才开发应更加注重人类特有且暂时无法被人工智能复制的能力——软技能（见图8）。一方面，与传统的理论知识、操作能力等"硬技能"相比，"软技能"更加受到用人单位的重视，调查显示，72%的受访企业高管表示软技能对于他们的企业来说比 AI 技能更加重要[①]；另一方面，软技能与个人职业成功之间的相关性显著高于

---

① 《报告：全球提及 AI 技能的招聘需求半年激增 21 倍》，百度百家号，https：//baijiahao.baidu.com/s？id=1775014242912938380&wfr=spider&for=pc，2023 年 8 月 23 日。

硬技能,① 人们提升自身软技能的需求越来越迫切,劳动力技能转型是人力资源升级的关键。

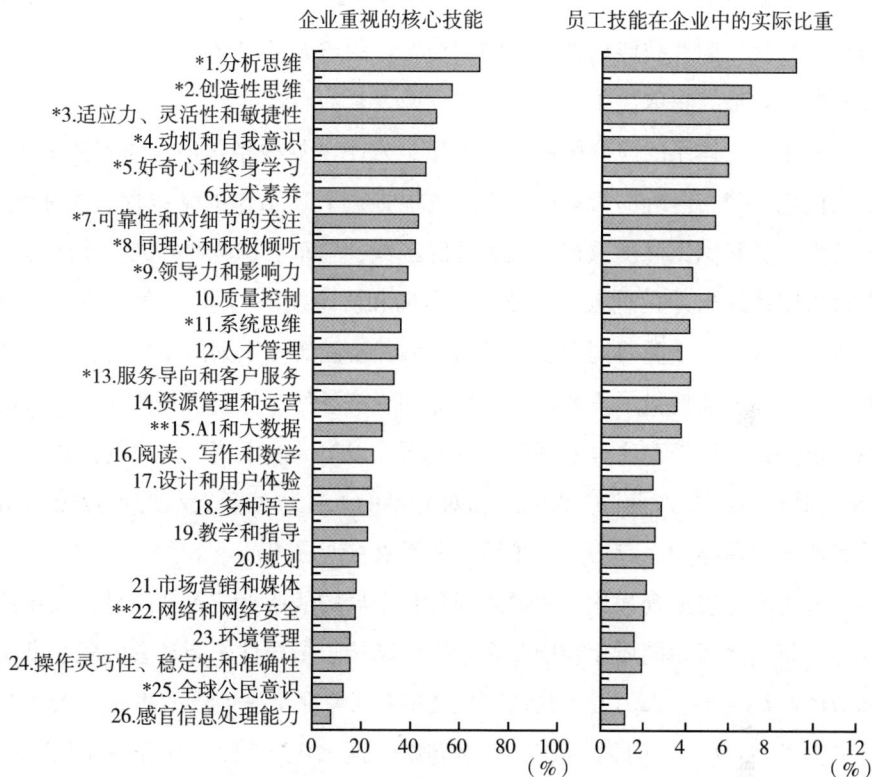

图8 现代企业员工核心技能

*代表"软技能"; **代表"数字技能"。

资料来源:世界经济论坛发布的《2023年未来就业报告》,2023年5月。

(三)人才开发趋向"产—人"协同

在我国人力资源与区域产业和经济协同发展的过程中,还存在人力资本投资不均导致的人力资源结构与产业结构对接错位,进而影响产业结构调整

---

① 中国人民大学职场研究项目组、得到:《2022年中国职场人群发展建议白皮书》,2022年5月。

和区域经济发展的问题，迫切需要建立区域协同的产人联动发展治理模式。数字技术全面渗透经济社会，颠覆传统分工理论、产生"逆分工"，引领职业能力向跨学科、跨专业、跨岗位的复合化方向发展，普通教育、职业教育与技工教育、职业技能培训等不同类型教育的边界呈现交叉、融合态势，人才发展成效最终将取决于多元主体和资源要素的嵌合聚力。

人才制度体系的应变机制正在形成，发生从规模增长向注重量质并进、结构优化、分布合理的根本性转变，更加强调人才工作的系统性、整体性、协同性。党和国家高度重视人力资源的区域合理布局、协调发展。党的二十大报告明确提出"促进人才区域合理布局和协调发展"。长三角一体化、粤港澳大湾区、京津冀协同发展、成渝双城经济圈等一系列战略部署，为区域人才一体化发展提供了重要的制度保障和经济条件，与产业相匹配的人力资源，也是区域经济高质量发展的重要基石。以粤港澳大湾区最大的优势产业"新一代信息技术产业"① 为例，相对充足的人才供给、较高的产业吸引指数和产业保留指数，有力支撑了该产业发展（见图9）。

人力资源发展现代化在中国式现代化全局的战略地位更加凸显，人才开发方式将由大规模同质化转向高素质、优结构、多样性，劳动者的职业素质和劳动技能水平、人力资本结构和配置效率②等都将发生质的飞跃。人才开发是涉及主体多、资源要素多、业务范畴广的系统工程，"联合一体化"的人才开发模式是实现人才供需有效对接的"关键一招"。中共中央办公厅、国务院办公厅于2022年12月印发的《关于深化现代职业教育体系建设改革的意见》，提出"建设市域产教联合体和行业产教融合共同体"。人力资源社会保障部于2023年4月20日召开全国职业能力建设工作座谈会，明确提出"全面推行一体化技能人才培养模式"。各省市（自治区）积极出台落实政策举措，以"联合一体化"的方式升级人才开发机制，由政府、企业、院校、科研机构等，整合政策、资金、人才、技术等资源要素，打造资源开

---

① 《发布大湾区十大未来产业方向》，百度百家号，https：//baijiahao.baidu.com/s？id＝1783499793315654902&wfr=spider&for=pc，2023 年 11 月 25 日。

② 指人力资源增长能够有效地进入产业新增空间。

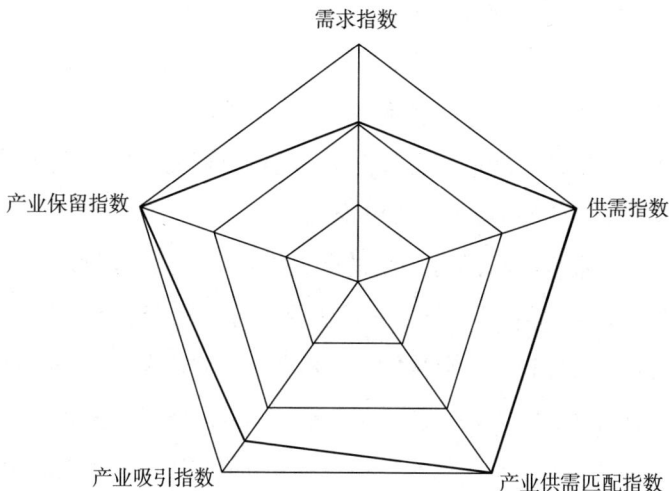

图 9 粤港澳大湾区新一代信息技术产业"产才融合"指标

资料来源：智联招聘与北京大学汇丰商学院企业发展研究所联合发布的《2022 粤港澳大湾区产业与人才融合发展白皮书》，2022 年 6 月。

放共享的人才培育实体，促进创新创业和助力经济产业高质量发展。广东省以多元主体共同投入、联合开发的方式，搭建了"技能生态平台"，国家轨道交通装备行业产教融合共同体（常州）、株洲市产教联合体、辽阳经济开发区产教联合体等纷纷落地实施。

（四）更加重视终身可持续性发展

随着人工与智能化、数字化设备深度融合，数字化产业集成 ERP（企业资源计划）、MES（制造执行系统）、DCS（分布式控制系统）、CRM（客户关系管理）等，融合人力资源、生产管理、信息化管理、自动化设备，加速催生融合性技能和兼职岗位，不断促使工作边界模糊化，岗位性质和角色被重新定义。劳动者的工作内容和技能内涵被重构，职业生涯年限日益延长，人才的专业技能半衰期①则越来越短，数字技能的半衰期则更短且培训

---

① 指知识技能存量价值减半的时间。

周期更长、成本更高。调查显示，只有17%的高管认为自己的员工已经做好了适应新技能和承担新角色的准备。① 面对产业部门日益高端化、复合化和多样化的人才需求，人才制度体系正在承受前所未有的效率变革压力，数智时代比任何时期都更加迫切需要建立主动应对环境变化、高效提升人才竞争力的以终身发展为导向的人才制度体系。

党的二十大报告明确提出"建设全民终身学习的学习型社会"和"健全终身职业技能培训制度"。终身发展，是贯穿广大劳动者生活、工作、学习全程，覆盖科技知识、专业技能、道德文化、职业素养的全面发展，与学校教育、职业培训、能力认定、企业管理、就业服务紧密关联。贯穿终身的可持续性发展，是人才现代化的不变追求与永恒主题，引领人才体制机制改革，不断以更高水平的人力资本和配置效率化解"人口红利"衰减约束，推动经济高质量发展。数智时代劳动者终身发展，关键是人才观念、人才素质和人才体制机制的现代化，将数字技术融入文化知识、专业技能、职业素养、职业道德等教育领域，补齐传统教育知识更新周期长、内容滞后、标准固化的短板，消除数字鸿沟给教育均等化造成的障碍，建立"人人学、时时学、处处学"的学习型社会，使全体劳动者获得贯穿职业生涯全程的终身发展。

四　数智时代人才制度建设思路

人才，作为生产力中最活跃的要素，是微观个体和宏观总体的统一，既是宝贵的再生性、可持续性资源，也是人力资本开发的对象。人才与科技、教育构成辩证统一、相融互促的"三位一体"关系。人才在这种"三位一体"关系中发挥主体性支撑作用——人才是科技的载体，是科技发明的创造者和实践者，是创新动能的本质来源；教育是人才培养的主渠道，人才是教育生产力的核心要素。

新时代更需要以辩证思维看待中华民族伟大复兴进程中的机遇和挑战，

① 德勤：《2021德勤全球人力资本趋势》。

坚持系统思维从复杂性视角出发开展"产—人"全面协同发展治理。把握数字时代的人才制度建设方向，需要从人类与科技的和谐共生出发，协调"'他组织'依靠指令和权力形成自上而下控制范式"与"'自组织'依靠内在驱动形成自下而上演化范式"两种范式构建"共生"生态，在科技、教育、人才"三位一体"良性循环中不断拓展人类精神与物质文明的边界，实现人才与产业全面协同共进，为新质生产力持续提供发展动力。

（一）智慧化特征

人才发展是国家治理的重点，受到经济、产业、科技、教育、文化等多重因素综合影响。数智时代的人才制度建设厚植数字化、智能化发展理念，更具"智慧化"特征，充分发挥制度环境对人才的决定性作用，以更高水平和更高层次的人才供需平衡持续推动传统生产力向新质生产力的跃升。

1. 系统性

人才是国家治理的核心内容，受经济、产业、教育、社会、文化等多种因素的共同影响，人才制度强调体系化，涵盖人才培养、使用、评价、激励全流程。数字人才与传统人才相比，具有覆盖面广[①]、层次跨度大[②]、复合性强[③]的显著特征。现代人才制度的智慧化升级，更强调多元主体联合共赢，多维制度链接联动，行政机制与市场机制共同参与人才治理。

2. 敏捷性

人才作为最活跃的创新要素，是提升全要素生产率的关键。人才制度建设，应牢牢把握"发展性"这一基本命题和基本规律：科技创新引领产业高级化，重塑人才价值链[④]，赋予人力资本价值时代特征，释放人才新需

[①] 数字人才，覆盖数字经济所有行业。

[②] 数字人才的技能层次跨度，既包括ICT产业的集成电路、电子元器件、工业互联网、5G移动通信、人工智能、VR、大模型等领域高精尖人才，也包括掌握5G远程控制技术的集装箱作业人员、具备数字化技术的农业技术员等经过数字化升级的传统行业人才。

[③] 市场短缺的数字综合应用人才，既要掌握传统行业技能，也要掌握数字应用技能，即拥有两者兼顾的融合性职业素质。

[④] 指人才的评价、使用和价值分配。

求、再造人才新生态。科技、教育、人才、产业彼此紧密依存、动态互促，人才是各方交错互动的核心要素。教育、科技、人才的"三位一体"协调程度及其与产业融合的广度和深度，决定生产力的可持续发展能力。衡量数智时代人才治理效能的重要依据，就是看其能否基于市场变化做出快速、精准的制度性和政策性调整。

3. 高效性

制度效率，是人才治理能力现代化的重要内容，也是突破"制度供给滞后"的关键。一是注重价值理性，不仅将人视为生产要素，更要重视终身发展、就业质量与生活幸福；二是注重制度的整体性，最大限度地整合各类主体与资源要素，激发全体人民创新活力，共享发展成果；三是注重决策效率，通过建立多样化的分类、分层、分阶段的制度体系，有效协调各方主体利益诉求；四是注重制度执行力，用好制度的刚性约束和柔性引导，精准落实目标、规划、政策。

（二）建设原则

1. 双向融合

人类与科技两者之间，既有此消彼长的替代性关系、脱离掌控的风险，也有相互促进的共进模式。面对颠覆性的数字化浪潮，人们在期待数字经济发展新增长点的同时，不可避免地产生"技术恐惧"（Technophobia），最为典型的就是普遍存在的"人工智能技术恐惧"（Artificial Intelligence Technophobia）：一方面，这与人工智能专业经验和认知水平的有限性有关；另一方面，人工智能科技革新引发安全隐私、道德伦理风险①，打破传统技术环境、重塑社会分工、颠覆教育体系，对社会系统、经济系统、生态环境系统乃至人类工作生活方式构成深远影响。与科技发展的"雪球效应"相比，人类智能的发展速度滞后，数字技术甚至在一定程度上重塑人类认知。目前看，"人—

---

① 2021年11月25日，联合国教科文组织在法国巴黎发布了《人工智能伦理建议书》，定义统一的价值观和原则，以确保人工智能的健康发展。

机"之间主要是由科技向人才体系赋能的单向增益模式，需要对人类价值活动与数字科技（含人工智能）赋能的各类价值活动①加以统合，建立兼具"互涉"与"互摄"属性的"双向融合"模式，寻求科技与人类的共生发展路径。

2. 能力本位

人工智能无法复制人类创新创造等高层次能力（特定情境下，人类的非线性、非常规、非逻辑的认知与思维模式往往会产生颠覆性的创新成果)，以及人类能力的分类、分层、梯次累进的结构特征。建设数智时代人才制度的逻辑起点，是明确数字经济发展的坐标定位，厘清人工智能与人类智能这两种"能力"的关系，牢牢把握劳动对于人类的"专属性"本质特征②和人类自身对于"终身发展"的根本需求。人类的能力，是一个多维度、多层次、多功能，兼具"互涉"与"互摄"属性的复杂系统。与科技的演化迭代相比，人类能力的发展规律则相对稳定：一是自主性，人的能力只有在自主活动中才能得到发展，而不是被动接受知识技能的传授；二是实践性，理论知识只有通过实践活动才能转化为实际能力；三是递进性，不同层次能力彼此联系、相互影响，低阶基础能力是高阶能力发展的基础和必要前提；四是阶段性，人的能力发展持续终生，每个生命阶段都有独特性。数字人才所应具备的创新能力、沟通能力、批判性思维、知识迁移能力等各项核心素质，彼此之间并非严格独立，而是均建立在扎实的基础性知识技能和一般认知能力

---

① 价值活动，通常被定义为人的社会实践，尤以生产劳动最为典型，为人类所特有。参见李德顺、龙斌《社会历史与人的价值活动——兼论价值观与历史观统一的基础》，《哲学研究》1994年第12期。

② 劳动，是人类特有的基本活动，也是人类社会的重要内容。2023年12月20日，英国最高法院裁定，人工智能（AI）的发明不能注册专利。参见《AI的发明能不能注册专利？英国最高法院作出这一裁定》，中国新闻网，http://www.chinanews.com.cn/gj/2023/12-21/10132592.shtml，2023年12月21日。

之上①。数字经济对人才基础能力的要求不是更低，而是更高了②：数智时代，在注重人才能力结构性升级的同时，也要避免滋生弱化基础知识教育、基础能力培育的新"读书无用论"。

3. 全面协同

在颠覆性科技变革来临之际，"制度优先"有利于发展的稳定、可控、高效。数字化、智能化人才具有综合素质高、个性化强、覆盖面广、培育周期长的本质特征，数字人才制度建设需要有效整合多元主体要素，形成全面协同开发模式：一是目标协同，数字人才开发首先要契合数字经济发展目标，新时代人才高质量发展不仅要关注人才队伍自身的数量、质量和结构，更强调与经济社会体系之间建立动态均衡的发展关系；二是主体协同，人才生态环境优劣在很大程度上取决于制度供给的效率与质量，要聚焦营造个人、企业乃至社会协同发展、共赢共进的人才生态系统；三是区域协同，立足区域③差异化、协调化发展，兼顾部门协同、政策协同，不断优化调整人力资源配置效率，推动人才区域协同发展。

（三）建设内容：打造"产—人"全面协同发展体制机制

数字化、智能化新型人才，在新质生产力的形成和发展中发挥决定性作用，事关新时代社会主义市场经济体制改革、科技进步、产业升级、组织变革、教育转型、文化传承发展等多领域的系统性跃升。因此，要将人才制度建设放在经济社会发展全局中予以考量，坚持"以终为始"，扎根产业需求，整合全主体、全要素协同共治，动态调整人才开发关键环节，以人才发展治理体系现代化推进国家治理体系和治理能力现代化。

---

① 以数字人才的高阶能力——"创新能力"为例，要求个人除了要具备扎实的学科理论知识和操作技能，更要以强认知能力为基础。参见黄小平、李毕琴《高校科技创新型人才素质结构研究》，《心理学探新》2017年第5期。

② 没有基本的专业知识储备和感知、运动、反应速度、注意力、记忆力等认知技能，各项高阶能力就无从谈起。

③ 指经济特区、开发区、高新区、自贸区。

1. 贯彻终身发展理念

建设以终身发展理念为导向的人才制度体系，契合最广大人民群众的最大利益，符合创造劳动者、企业、社会和谐共赢生态，以高质量人力资本赋能中国式现代化的根本要求，深化落实以人民为中心的发展思想，彰显中国共产党坚定的人民立场、真挚的为民情怀。终身发展理念，源自人类为适应环境变化而萌生提升自身能力和寻求发展的理性需要，其核心内涵是以人为本，基本要求是全面、和谐与可持续。新时代以人民为中心的发展思想进一步得到提升并赋予终身发展新内涵，为人才体制机制改革提供根本遵循。

第一，以终身发展为主线贯穿现代人才制度建设始终。制度是人才发展的决定性因素，全体劳动者终身发展是人才发展现代化的前提。以数实融合、产人融合、产教融合为主要特征的全新人才发展模式正在加速形成，迫切需要在更高层次搭建全景式人才制度框架，将终身发展理念提升到"体系共赢"层次，以"多元发展价值链"引领人才制度体系建设，将政府宏观调控与市场自主调节有机结合，以多元主体利益共享为纽带，共促人才终身发展。

第二，以终身发展促进高质量充分就业和产业基础高级化。广大劳动者身上所蕴含的人力资本为产业基础高级化提供强力支撑，终身发展理念的全面、和谐、可持续三方面基本要求，与人力资本积累的三项基本特征（人力资本的多渠道投资方式，投资过程中个人与组织的利益平衡，以及投资的长期性）紧密契合。我国建设终身发展导向的人才制度体系，迫切需要建立注重包容、区域对接的国家资历框架基础制度体系——以能力要素为纽带，构建框架模型、设置运行规则和协同机制；集成资历标准、认证、学分转换、质量监控等核心系统，实现不同类型和层次的教育、学习经历、工作实践之间的等值、互通；统合不同区域人力资源发展水平、不同行业企业人才特征、不同类型教育内涵，集聚更大规模、更高质量的人才梯队；整合各方利益主体形成联合治理体系，推动人才培养、使用、评价、激励各关键环节的紧密衔接，促进教育系统与人力资源市场对接，引导人才终身发展和人力资本结构高级化。

第三，以终身发展助力共同富裕。中国式现代化是全体人民共同富裕的现代化，终身发展是广大劳动者共创幸福生活和实现共同富裕的必由之路。以引导个人、企业与社会共同发展的"共赢思维"建设现代人才制度，实现人力资源与社会需求的"随动共变"：一方面，劳动者持续拓展知识技能领域，在实践中强化成就动机、培育创新思维，在劳动中实现知识共享和知识迁移，通过促进企业发展新技术、制造新产品和创造新需求，推动产业链迈向高端，不断积累社会财富和创造高质量就业机会；另一方面，劳动者在数字经济高质量发展中获得持续性成长，凭借更高水平的数字化、智能化知识技能更好地参与经济建设，对冲技术进步和资本深化对劳动报酬份额的抑制作用，赢得更广阔职业发展空间和实现待遇、地位双提升，迈向共同富裕。

2. 强化人才制度柔性

蓬勃发展的新产业、新业态、新模式，快速涌现的新职业、新技能，扁平化、敏捷化、融合化的组织架构，企业的无边界、共生态发展和精准化行为画像，都在呼唤建立柔性化人才体制机制——打造和谐共生"人才生态"，加快形成新质生产力和推动中国式现代化发展。

第一，加强科学性，发挥制度的决定性作用。建立制度优势是赢得人才优势的前提。一是坚持党对人才队伍的全面领导，以中国特色社会主义规律和人才成长规律为根本遵循，构建现代人才治理体系；二是强化人才引领发展的战略核心地位，建立产业与人才全面协同发展制度，贯通人才规划、教育、就业等关键环节，确保政策举措全国上下联动，以及在行政部门、区域、产业之间的横向衔接；三是聚焦人才数量、结构、质量、流动性，实施前置性风险评估，及时完善人才制度、建立人才比较优势；三是坚持系统思维，建立与产业"随动"的人才培养机制，面向经济主战场不断增强人才制度对总体现代化进程的适应性，强化人才队伍发展的敏捷性、均衡性和可持续性。

第二，加强前瞻性，消除制度滞后。建立超前谋划、布局未来的预判、预警、预培机制，缩减科技迭代与教育周期之间的时间差，消除人才供给滞后性。一是强化感知能力，建立"人才监测预测制度"，实时跟踪国内外科技、产业、人才发展动态，运用大数据、大模型等技术对人才规模、质量、结构、流动性以及"产人"适配性等方面进行分析预测；二是从国家和区域经济布局出发，对人才总体规划、计划、方案等做出制度安排，并定期调整；三是超前布局教育，以谋变、应变、求变的方式谋划教育战略、实施教育规划，以教育、科技、人才一体化发展为视角，合理配置普教、职教和职业培训资源。

第三，加强均衡性，调节供需和优化结构。建立市场化的人才供需调节机制，综合运用大数据技术和思维支撑人才队伍动态均衡发展，联合产业、科技、教育、人社等部门打造人才开发"智慧大脑"，汇集人才监测反馈信息定期调整职业分类，完善职业标准和职业技能等级评价体系的进入、退出机制，适时更新教育培训招生政策。立足市场实际需求开展新兴学科建设和培养新职业、新型人才，开展定制化、专业化知识技能培训，既要确保人才的培养工作顺应时代发展乘势而上，也要避免一哄而上。

第四，加强体系化，夯实基础制度。加快建设国家资历框架，基于复杂性视角，以人才发展基本规律为导向，以能力要素为核心，筹划改革思路、搭建框架结构、设计衔接规则，整合资历标准、认证、学分转换、质量保障等核心系统动态平衡发展，实现学历教育学习成果、非学历教育学习成果、职业技能等级比照互认，破解人才队伍边界不清、壁垒阻隔，特别是不同人才类别资历序列缺乏有效衔接等多重体制机制障碍，推动人才队伍融合发展，拓展劳动者的职业发展空间、激发创新创造活力。

3. 推行"联合一体化"人才开发模式

产业与人才的深度融合、双向赋能，是数字经济发展的本质要求。

第一，宏观层面，强化政府市场"有效协同"。厘清政府与市场的功能定位与作用边界，以政策制定过程、执行过程、监督过程为重点，强化政府宏观调控、法规制定、监督管理、服务保障职能与市场自主调节功能的有效协同，共同调整科技、产业、教育、就业等相关主体部门的高效、稳定、动态、平衡运行，有效避免政策失灵、匡正市场失灵，维持人才供需的协同性。

第二，中观层面，紧密对接区域经济和产业结构。突破行政体制界限，废除针对科技、教育、人才资源要素跨区域自由流动配置的限制性制度和政策，建设区域性和跨区域的科技、教育、人才"联合开发合作平台"载体，以主要经济发展区和重点产业为单位，贯通人才规划、招生、培养、就业等重点环节，充分结合区域经济布局和产业结构的差异化特征，实行全国统筹、区域一体的统一平台人才管理模式，建立跨区协同育人通道，深度契合经济社会数字化转型升级。

第三，微观层面，建立新型人才联合开发机制。夯实基础学科建设，实施以认知智能、人文素养、身心健康为核心的综合素质开发。突破学科之间的边界限制和组织机构壁垒，整合软件工程、大数据、人工智能、物联网、物联网安全、未来网络等领域的产学研组织，建立跨行业、跨学科、跨领域的育才实体——现代人才开发联合体（见图10），培养覆盖不同领域的数字人才，以融合促创新，解决系统性发展瓶颈。建立多样、有效的引才用才机制，突破属地、单位、工作方式限制，探索"数智人才培育"金融服务体系，打造产—人对接信息平台，灵活运用合作引进、项目引进、兼职引进等多种方式，对接数字赋能的教育资源共享①和个性化精准教育②，促进人才资源精准开发、合理流动、科学配置。

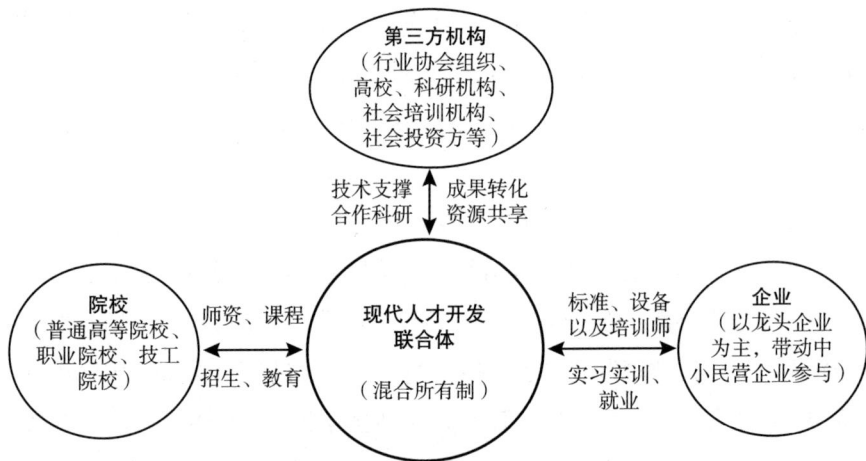

图10　现代人才开发联合体运行机制

① 搭建包括专业课程、虚拟仿真实训及数字化教材在内的资源平台。
② 个性化精准教育，以"千人千面"的方式实现个性化的教学目标获取、教学资源配置和教学技术干预。

参考文献

安永、华为：《中国 ICT 人才生态白皮书》（2022）。

陈升、刘子俊、张楠：《数字时代生成式人工智能影响及治理政策导向》，《科学学研究》2024 年第 1 期。

陈煜波、马晔风、黄鹤、崇滨：《全球数字人才与数字技能发展趋势》，《清华管理评论》2022 年第 Z2 期。

人瑞人才、德勤中国：《产业数字人才研究与发展报告》，社会科学文献出版社，2023。

童天：《打造适应高质量发展的技能人才队伍》，载莫荣主编《中国就业发展报告（2020）》，社会科学文献出版社，2020。

童天：《建立柔性技能人才制度体系》，《中国人力资源社会保障》2023 年第 5 期。

童天：《建设终身发展导向的技能人才制度体系》，《中国工运》2023 年第 5 期。

童天：《新时代技能人才开发体系建设》，言实出版社，2021。

王振、惠志斌主编《全球数字经济竞争力发展报告（2022）》，社会科学文献出版社，2023。

中国互联网络信息中心（CNNIC）：《第 53 次中国互联网络发展状况统计报告》，2024 年 3 月 22 日。

技术与应用篇

B.7
数字基础设施的高速发展与应用创新

杨　鹏　刘如旭　徐林林　申碧霄　穆雨萱*

摘　要：　随着新一代信息技术的快速发展，数字基础设施建设已经成为我国国民经济发展的一大命脉，对于推动我国经济高质量发展、提高社会效率、促进创新以及提升国家竞争力具有重要战略意义。当前我国数字基础设施建设进入高速发展阶段，在网络基础设施、算力基础设施及应用基础设施建设方面成效显著。本报告通过系统研究数字基础设施的内涵意义，深入分析我国数字基础设施的核心能力建设情况以及在生产、生活、社会治理方面的应用创新，研判数字基础设施的发展趋势，为更好地推进我国数字经济发展提供理论支撑。

关键词：　数字基础设施　网络基础设施　算力基础设施

*　杨鹏，中移数智科技有限公司专业副总师，高级工程师，研究方向为企业数字化转型、数字基础设施、数字化管理体系；刘如旭，中移数智科技有限公司咨询经理，研究方向为数字化转型和战略研究；徐林林，中移数智科技有限公司咨询顾问，研究方向为信息通信产业与趋势；申碧霄，中移数智科技有限公司咨询顾问，研究方向为数字技术与产业发展；穆雨萱，中移数智科技有限公司咨询顾问，研究方向为产业经济与战略转型。

一 我国数字基础设施发展概况

随着大数据、物联网、云计算、人工智能等新一代数字技术的加速发展，我国数字经济的发展势头持续上升。数字基础设施作为数字经济发展的关键底座，在推动经济高质量发展方面发挥了重要作用。

（一）数字基础设施相关概念

1.数字基础设施的概念

"数字基础设施"一词首次出现在 2021 年工信部发布的《"十四五"信息通信行业发展规划》中，工信部将数字基础设施定义为以数据创新为驱动、通信网络为基础、数据算力设施为核心的基础设施体系，包括信息基础设施和对物理基础设施的数字化改造两部分。2023 年公布的《数字中国建设整体布局规划》将数字基础设施又进一步细分为网络基础设施、算力基础设施和应用基础设施（见图 1）。整体来看，数字基础设施具有灵活部署、高效存储、安全可靠、绿色低碳的特点，是新型信息基础设施的重要组成部分。

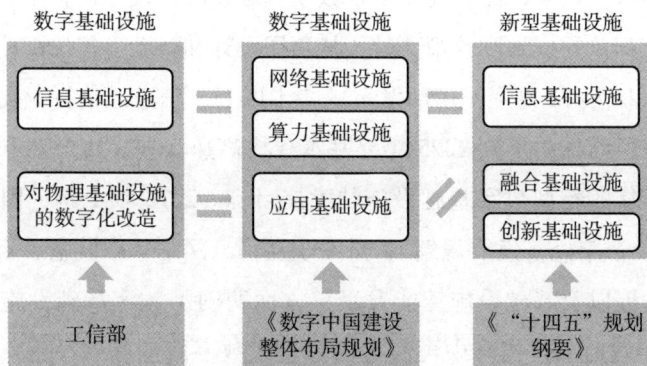

图 1 数字基础设施与新型基础设施的关系

2. 数字基础设施的构成

数字基础设施是支持数字经济发展的关键要素，根据《数字中国建设整体布局规划》要求，数字基础设施包括网络基础设施、算力基础设施和应用基础设施三部分。

（1）网络基础设施，指基于新一代信息技术建设的通信网络基础设施，主要负责数据的传输和连接，能够使数据快速地在各个设备和系统之间传输，包括5G/6G网络、千兆光纤网络、卫星互联网等。

（2）算力基础设施，是集信息计算力、网络运载力、数据存储力于一体的新型信息基础设施，[①] 包括底层设施、算力资源、管理平台和应用服务等，涵盖数据中心、智算中心和超算中心等提供的多样性算力体系。

（3）应用基础设施，指应用新一代信息技术对传统基础设施进行智能化改造后形成的新型生产性设施和新型社会性设施。其中新型生产性设施包括工业互联网、智慧交通物流设施、智慧能源系统等基础设施；新型社会性设施包括智慧民生基础设施、智慧环境资源设施、智慧城市基础设施等。

（二）发展数字基础设施意义重大

1. 数字基础设施建设上升为国家战略

党的十八大以来，国家高度重视数字基础设施建设，出台了一系列与数字基础设施相关的规划和政策文件，从顶层设计和行动上提出战略指导和关键举措。2021年11月，工信部发布《"十四五"信息通信行业发展规划》，首次从国家层面指明了到2025年要基本建成高速泛在、集成互联、智能绿色、安全可靠的新型数字基础设施的发展目标。2022年1月，国务院印发《"十四五"数字经济发展规划》，进一步从信息网络基础设施、云网协同和算网融合发展以及基础设施智能升级三方面明确了数字基础设施的发展方向。2022年政府工作报告中再次提出要建设数字信息基础设施，凸显了数字新基建支撑经济社会发展的战略性、基础性、先导性作用。2023年2月，

---

① 工信部等：《算力基础设施高质量发展行动计划》，2023。

国务院印发《数字中国建设整体布局规划》，提出从网络基础设施、算力基础设施以及应用基础设施三方面打通数字基础设施的大动脉，进一步阐释了数字基础设施的基本内涵，更加清晰地指明了数字基础设施建设的实施路径。2024年3月，政府工作报告中提出加快发展新质生产力，适度超前建设数字基础设施，加快形成全国一体化算力体系。可见，数字基础设施建设已经上升为国家重点战略布局。

2.数字基础设施为数字经济产业发展提供新引擎

数字经济产业包括数字产业化和产业数字化两方面。① 数字基础设施能够推动数字产业发展。数字基础设施所包含的5G、云计算、区块链、人工智能等数字技术已经成为国民经济的战略性、基础性、先导性产业，因此推动数字基础设施建设将直接带动5G和人工智能等新一代信息技术产业创新发展。数字基础设施建设能够聚焦智能硬件、通信设备等重点领域，有助于快速补齐数字产业发展短板，增强产业链关键环节竞争力，完善核心产业供应链体系。数字基础设施能够助力传统产业数智化转型。数字基础设施提供了如大数据、人工智能、云计算等先进的数字技术，能够与农业、交通、能源、制造等传统产业深度融合，实现对传统产业全过程、全环节、全链条业务协同和流程再造，全面提升生产、管理和服务的综合集成能力和智能化水平，催生出新业态新模式，赋能实体经济转型升级。例如，通过与传统制造业充分融合，促使数字技术、数据资源被合理运用到生产过程中，实现各生产制造环节、流程、要素的改造更新，逐步形成数智化管理、平台化设计、智能化制造、网络化协同等新模式。

3.数字基础设施构筑社会治理新模式

近年来，我国加快建设以5G、物联网、云计算等为代表的数字基础设施，助推城市管理、政务等社会治理模式的创新。数字基础设施推动城市管理模式智能化升级。数字基础设施的算网能力和对传统基础设施的智能化升级能力为城市管理提供坚实的底座。数字基础设施借助动态感知、高速传输及大规模计算等技术，推动了城市重点区域实时监控预警业务场景的落地，

① 中国信通院：《中国数字经济发展研究报告（2023年）》，2023。

也为城市规划提供了智能化决策支持。此外，数字基础设施也在不断与电力、水利、交通、通信等基础设施融合，构筑大量以技术融合创新为特征的智慧城市新基建场景，助力城市治理模式智能化升级。数字基础设施助推政务服务模式创新。大数据、互联网、云计算等技术与政务服务深度融合，通过数据流动打破了部门之间、地区之间的藩篱，推动小程序和 App 等"掌上服务"成为移动政务服务的主要通道，"一网通办"的惠民服务，以及秒批、不见面审批、千人千面等个性化服务成为政务服务的新模式，极大地革新了线下政务服务的运作方式，实现了让"数据多跑路、让群众少跑腿"，推动了政务服务治理模式的创新。

二　数字基础设施能力建设

在国家政策和技术发展的双轮驱动下，我国数字基础设施建设已经进入高速发展阶段，在网络基础设施、算力基础设施及应用基础设施建设方面成效显著，为加快推进数字经济发展奠定了良好的基础。

（一）网络基础设施能力建设持续提升

1. 5G 网络建设全面推进

近年来，在国家政策的大力推动下，我国 5G 网络建设规模持续加速，覆盖能力显著提升。如图 2 所示，截至 2023 年底，我国已累计建设开通 5G 基站337.7 万个，平均每万人拥有 5G 基站 24 个，5G 移动电话用户达 8.05 亿户，2023 年净增 5G 移动电话用户 2.44 亿户。5G 网络覆盖到全国所有地级市城区、县城城区，超 90%的 5G 基站实现共建共享。截至 2023 年底，我国 5G 行业虚拟专网数量达到 3.16 万个，① 能为行业提供稳定、可靠、安全的网络设施保障。

2. 千兆光纤网络发展持续提速

当前，我国千兆光纤网络部署加快，千兆城市建设取得突破性进展，宽

---

① 《5G 网络规模和质量世界领先 中国 5G 移动电话用户占比近半》，中国经济网，http://m. ce. cn/xsz/gd/202401/30/t20240130_ 38885933. shtml，2024 年 1 月 30 日。

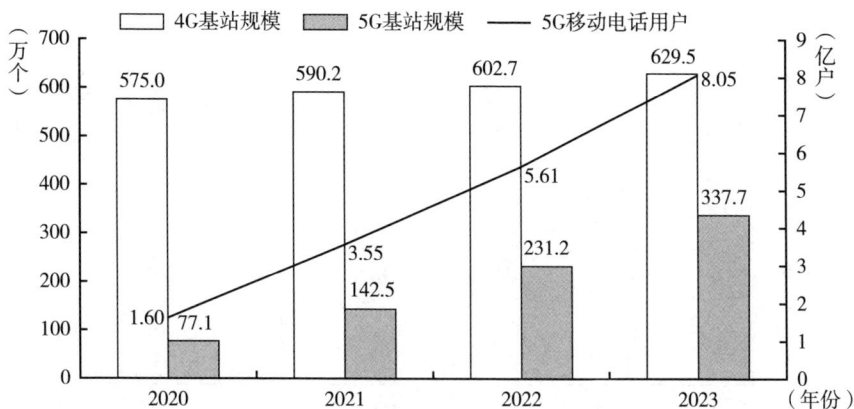

图 2　2020~2023 年我国移动通信基站和 5G 移动电话用户规模情况

资料来源：工信部发布的《2023 年通信业统计公报》。

带接入规模显著增加。2023 年新建光缆线路长度 473.8 万公里，全国光缆线路总长度达 6432 万公里。FTTR（光纤到房间）走向用户推广阶段，推动高清视频、智能家居等智慧家庭应用落地。我国有 207 个城市达到千兆城市建设标准，千兆用户突破 1.5 亿户，千兆光网具备覆盖超过 5 亿户家庭能力。截至 2023 年底，互联网宽带接入端口数达 11.4 亿户（见图 3），比 2022 年末净增 6486 万户。具备千兆网络服务能力的 10G PON 端口数达 2302 万个，在上年翻一番的基础上，2023 年增幅达 51.2%。

3. IPv6 端到端贯通能力显著提升

当前，我国 IPv6 蓬勃发展，其规模部署和应用持续加深。在 IPv6 升级改造方面，三大运营商均完成 IDC、CDN 及云基地的 IPv6 升级改造。在 IPv6 部署规模方面，截至 2023 年 12 月，我国 IPv6 地址数量为 68042 块/32，全球排名第二。IPv6 活跃用户数达 7.78 亿人，移动网络 IPv6 流量占比达到 60.88%，固定网络 IPv6 流量占比达到 19.57%。[①] 在 IPv6 应用支持率

[①]《2024 年深入推进 IPv6 规模部署和应用统筹协调机制会议在京召开》，百度百家号，https：//baijiahao.baidu.com/s？id=1796999905782325272&wfr=spider&for=pc，2024 年 4 月 22 日。

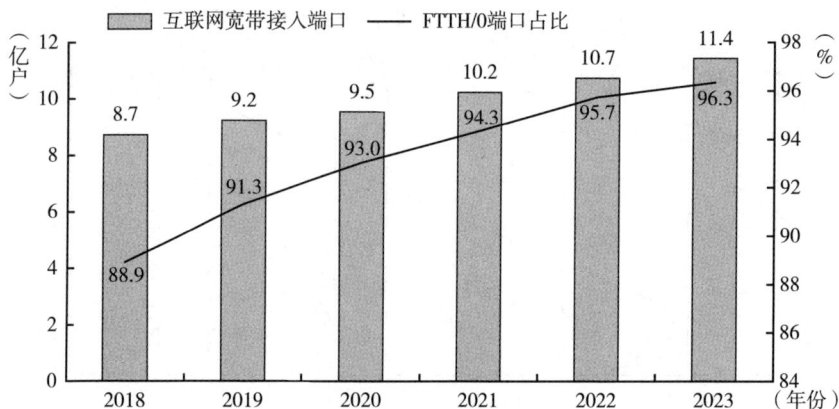

图 3　2018~2023 年我国互联网宽带接入端口发展情况

资料来源：工信部发布的《2023 年通信业统计公报》。

方面，重点网站应用 IPv6 支持率都在 75% 以上（见表 1）。其中，金融央企门户网站支持率最高，已达 100%，其次是 Top 100 移动互联网应用支持率达 99%，双一流大学网站、中央企业门户网站、中央重点新闻媒体网站支持率均达到 90% 以上。在 IPv6 网络融合发展方面，中央网信办联合国家发改委、教育部、工信部等 11 个部门，部署了 22 个 IPv6 技术创新和融合应用综合试点城市，以及 96 个技术创新单栈应用、5G 融合、物联网应用等类型的试点项目，进一步提升了 IPv6 网络对产业数字化转型升级的支撑能力。

表 1　网站应用 IPv6 支持率

网站、应用	IPv6 支持率(%)
中央部委、省级政府门户网站	85.84
中央重点新闻媒体网站	93.75
双一流大学网站	95.62
Top100 互联网网站	76.09
央企门户网站	95.15
金融央企门户网站	100
工信部下属单位网站	80.77
Top100 移动互联网应用	99

资料来源：《从 2023 年 IPv6 部署数据看 IPv6 市场趋势》，知乎，https：//zhuanlan.zhihu.com/p/673393009？utm_ psn＝1774448693485494272，2023 年 12 月。

4.移动物联网能力持续增强

我国移动物联网网络覆盖能力和连接规模持续提升和扩大，已经形成 NB-IoT、4G 和 5G 多网协同发展的格局，成为世界主要经济体中首个实现 "物超人" 的国家。NB-IoT 基站实现全国主要城市、乡镇以上区域连续覆盖，同时 NB-IoT 也形成了水表、气表类等 4 个千万级应用，白电、路灯等 7 个百万级应用，以及 N 个新兴应用。[①] 在连接规模方面，截至 2023 年底，我国移动网络的终端连接总数已达 40.59 亿户，其中蜂窝物联网终端用户达 23.32 亿户（见图 4），占移动终端连接数比重达 57.5%，同比增长 26.4%，本年净增 4.88 亿户，仍处于规模化爆发期。在物联网应用方面，蜂窝物联网终端应用于公共服务、车联网、智慧零售、智慧家居等领域的规模分别达 7.99 亿户、4.54 亿户、3.35 亿户和 2.65 亿户，[②] 赋能千行百业转型升级能力持续提升。

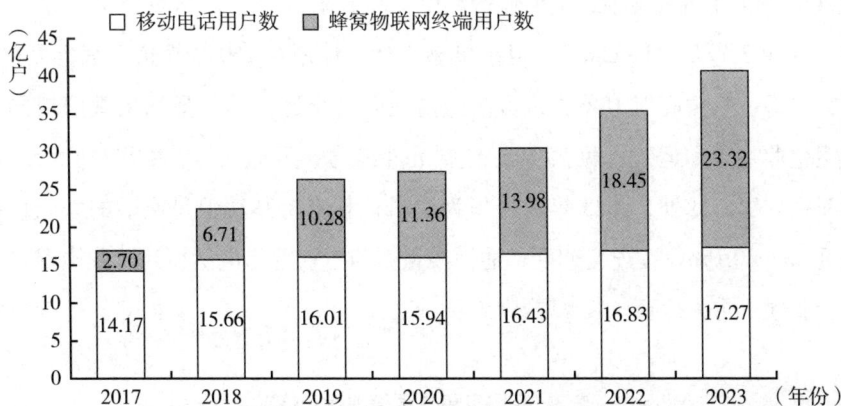

图 4　2017~2023 年蜂窝物联网终端用户数与移动电话用户数

资料来源：工信部发布的《2023 年通信业统计公报》。

5.卫星通信产业发展提速

卫星互联网是能够实现无缝隙覆盖全球的通信基础设施，对国家战略发展

[①]　中国信通院：《2022 年移动物联网发展报告》，2022。

[②]　工信部：《2023 年通信业统计公报》，2024。

的意义重大。在卫星通信建设方面，目前中国在轨道上运行的应用卫星数量已经超过 600 颗，仅次于美国，未来中国卫星数量将会持续增加。据中商产业研究院预测，2024 年我国卫星互联网市场规模将达 404 亿元，2025 年将增至 447 亿元。卫星互联网的布局在全国逐步铺开，目前已经在北京、深圳、武汉、上海、西安、成都、重庆七大城市完成布局。在北斗应用方面，截至 2023 年底，我国北斗系统已服务全球 200 多个国家和地区的用户，具有北斗功能的移动终端在全球移动终端的渗透率已超过 50%。[①] 2023 年以来，北斗系统加快融入电力、交通运输、农业、通信等行业的基础设施建设步伐，逐步形成深度应用、规模化发展的良好局面。在卫星通信产业方面，自从将商业航天写入政府工作报告后，我国正加速低轨卫星的发射进程与试验布局，如银河航天发射 8 颗低轨宽带通信卫星，并于 2024 年 5 月在泰国实现低轨卫星互联网宽带通信网络实验验证；中国星网规划的包含 12996 颗卫星在内的"GW"星座，预计将在 2024 年下半年批量发射；上海蓝箭鸿擎科技有限公司于 2024 年 5 月向 ITU 提交"鸿鹄 3 号"（Honghu-3）卫星星座申请，计划在 160 个轨道平面上发射 1 万颗卫星。从中高轨卫星看，目前国内面向公众运营的卫星均由政府或国有大型企业主导和运营（见表 2），包括北斗三号、天通一号、中星/亚太系列、亚洲系列等。此外，2023 年 8 月华为发布首款支持高轨卫星通话的大众智能手机 Mate60 Pro，在连接速度、通话质量上与专业卫星电话相当，我国卫星通信产业迎来重大变革。

表 2   我国卫星资源管理运营情况

卫星型号	数量（颗）	管理运营方
北斗三号	30	由中国卫星导航系统管理办公室归口管理
天通一号	3	由中国电信集团卫星通信有限公司运营
中星/亚太系列	17	由航天科技旗下中国卫通集团股份有限公司运营
亚洲系列	5	中信数字媒体网络有限公司卫星通信分公司（中信卫星）负责亚洲系列卫星资源在国内的运营

资料来源：根据公开资料整理。

---

① 中国卫星导航定位协会：《2024 中国卫星导航与位置服务产业发展白皮书》，2024。

（二）算力基础设施能力建设稳步增长

进入21世纪，伴随着移动互联网的发展，云计算能够以更低的成本，更灵活的方式按需求分配计算资源，极大地提升了计算能力，成为一种新兴的算力服务模式。近年来，在大数据、人工智能等技术的推动下，计算能力的需求急剧上升，国家开始布局数据中心等基础设施，以解决不断增长的算力需求问题。2022年，国家启动"东数西算"工程，构建算力网络体系，并首次将算力资源提升到水、电、燃气等基础资源的高度，助力我国全面推进算力基础设施化。2023年，工信部等六部门发布《算力基础设施高质量发展行动计划》，明确了算力基础设施内涵以及重点发展任务，进一步推动了我国算力基础设施的建设，掀起了新一轮的建设高潮。算力基础设施主要包括数据中心、智算中心等基础设施、算力网络以及算力产业等方面。截至目前，我国算力基础设施发展成效显著，综合能力显著提升。

1. 数据中心等基础设施加速部署

从设施侧来看，主要包括数据中心、智能计算中心、超算中心及边缘数据中心等基础设施。我国数据中心等基础设施部署规模持续增加。一是数据中心建设规模扩大。截至2023年底，我国在用数据中心机架总规模超过800万架（见图5），占全球数据中心整体规模的比例达到17.5%,[1] 预计未来几年数据中心规模将保持年均20%的增速。2023年，三家基础电信企业为公众提供的数据中心机架数达97万架，比2022年末净增15.2万架。二是智能计算中心加快布局，截至2023年6月，全国已投运的人工智能计算中心达25个，分布在北京、上海、南京、杭州等多个城市，在建的人工智能计算中心超20个,[2] 其中阿里张北智算中心是全球最大的智算平台。三是超算中心发展提速，截至2023年10月，全国已有14个超级计算中心。

---

[1] 赛迪顾问：《从"建设"转向"调度"："东数西算"步入发展新阶段》，《数说IT》2024年第2期。

[2] 《推动算力网络发展 打通数字基础设施大动脉》，百度百家号，https://baijiahao.baidu.com/s? id=1769724532498705573&wfr=spider&for=pc，2023年6月26日。

我国超算发展水平位于全球第一梯队，其中中国的"神威太湖之光"居全球第七位，峰值性能为 12.5 亿亿次每秒。四是边缘数据中心建设陆续开展，边缘数据中心是一种分散式设施，具有冷却系统和电力基础设施，可在靠近数据生成地或数据使用地的位置提供存储和计算。目前江苏、山东、安徽、福建等多省份发布政策，提出推进边缘数据中心建设。三大运营商也在大力布局边缘计算中心，涵盖智慧城市、电力、政务、矿山、医疗、智慧文旅等多个领域。例如中国移动已建成 1500 个边缘节点，计划于 2024 年对边缘节点广泛升级，训/推算力资源配比将上升至1∶10。未来随着 5G、工业互联网建设的推进，边缘算力需求将日益迫切，边缘数据中心建设部署将进一步加快。

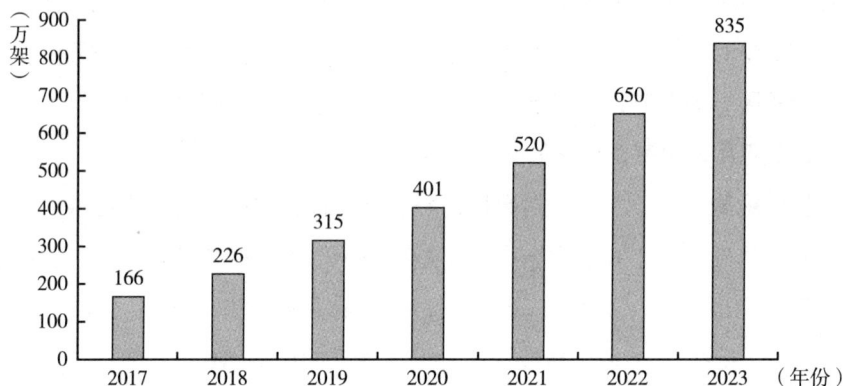

图 5 2017~2023 年我国在用数据中心机架规模

资料来源：工信部发布的《2023 年通信业统计公报》。

2. 算力网络发展持续加快

算力网络是一种根据业务需求，在云、网、边之间按需分配和灵活调度计算资源、存储资源以及网络资源的新型信息基础设施。[①] 近年来，在国家"东数西算"工程和关键技术发展的推动下，算力网络呈现高速发展态势。

---

① 雷波等：《基于云、网、边融合的边缘计算新方案：算力网络》，《电信科学》2019 年第 9 期。

一是算力网络基础设施建设持续加速。我国"东数西算"工程建设全面启动，京津冀、长三角、粤港澳大湾区、成渝、内蒙古等8个国家算力枢纽建设已全部开工。自2023年以来，8个国家算力枢纽中新开工的数据中心项目近70个，其中西部新增数据中心的建设规模超过60万机架。[①] 2023年12月，甘肃庆阳国家数据中心集群也启动建设，预计建成后将重点服务京津冀、长三角、粤港澳大湾区的算力需求。此外"东数西算"也从"建设"步入"调度"阶段，全国已在宁夏、贵州等地上线10余个算力调度平台。未来，随着算力调度的发展与推广，预计2026年中国算力调度市场同比增长率将达到21.6%（见图6）。二是算力网络关键技术取得突破。云网融合和算力编排分别作为算力网络技术的底层基座和智能大脑，是推动算力网络发展的关键技术支撑。云网融合方面，在5G、物联网、边缘计算的推动下，云网融合已经迈入3.0阶段，大量相关产品和服务陆续落地，如云专线、云专网等云网融合产品，智能制造、智慧城市、移动互联网等垂直领域涌现出大量的云网融合解决方案和服务。此外，运营商也在持续攻关云网融合技术，如中国移动创新提出算网一体理念，并于2024年世界移动通信大会发布全球首台算力路由器，构筑起算网一体深度发展的"根技术"。算力编排方面，三大运营商也正推进编排管理技术的研发，中国移动提出构建一体编排、融数注智的"算网大脑"，通过引入一体编排、算力解构、泛在调度等技术，协同调度算网各域资源。中国电信推出算力分发网络——息壤，结合自研算力调度引擎和算力资源管理平台两大基础能力，提供快速上云、按需使用算力的一站式解决方案。中国联通进行算网一体化编排调度平台的升级，构建算网大脑，实现算网资源的按需分配、灵活调度、融合服务，具备在云网边之间智能编排和融合调度算网资源的能力。

[①] 《"东数西算"工程进入全面建设阶段》，中国政府网，https：//www.gov.cn/xinwen/2023-03/17/content_ 5747307.htm，2023年3月17日。

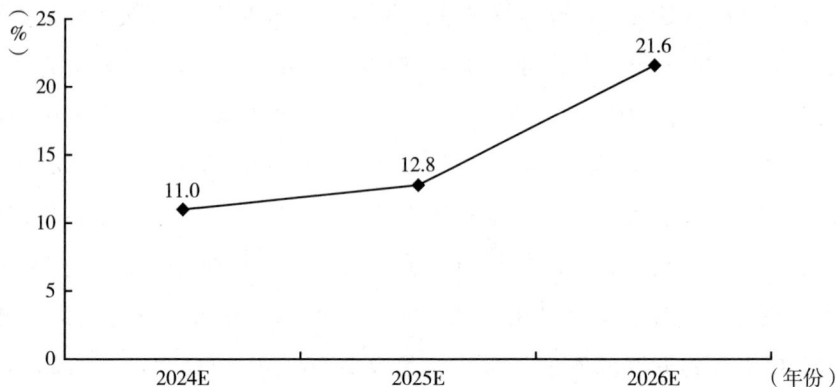

图 6 2024~2026 年中国算力调度市场增速预测

资料来源：赛迪顾问。

3. 算力产业加速壮大

算力产业是构建起来的多架构共存、多技术融合、多领域协同和多行业渗透的软硬件产业体系，[①] 近年来，随着数字经济的发展，我国算力产业加速壮大。一是算力规模稳定增长。根据工信部数据，2023 年我国在用数据中心算力总规模达到 230 EFLOPS，位居全球第二，其中智算比例达到 30%。预计到 2025 年，我国算力总规模将突破 300 EFLOPS。二是算力硬件快速发展。人工智能芯片方面，国产芯片已初具规模，华为海思、龙芯中科、百度等 AI 芯片加速迭代优化。2023 年 8 月华为海思发布纯国产第一款 7nm 制程芯片麒麟9000S，2023 年 11 月龙芯中科发布完全自研的龙芯 3A6000，其多核处理速度提升了一倍以上，且在高精密计算方面与世界上所有主流芯片不相上下。未来随着人工智能等新兴产业的发展，我国国产芯片水平将不断提高，新一代国产芯片有望突破单卡 400T 性能大关。服务器方面，中国是全球最大的服务器市场之一，赛迪顾问和 IDC 数据显示，2022 年我国服务器市场出货量达到447.8 万台，市场规模为 273.4 亿美元，其中 x86 服务器出货量为 432.5 万台，占中国服务器市场的 96.6%。超级计算机方面，我国超算系统占有量与制造

[①] 邢庆科编著《算力数字经济的新引擎》，北京大学出版社，2022。

商总装机量均保持全球领先，E 级超算加速落地。2023 年最新发布的全球超级计算机 500 强中，我国共有 186 台超级计算机上榜，联想是目前全球最大的超级计算机制造商。三是算力服务产业高速增长。数据交易方面，近几年中国数据交易行业呈现稳定高速增长态势，预计 2030 年达到 5155.9 亿元。① 北京、上海、深圳等地加快探索推进数据交易机构建设，截至 2023 年 9 月，全国注册成立的数据交易机构超 60 家（见图 7），其中上海数据交易所积极构建数商生态体系，深圳数据交易所重在推动数据跨境交易。云计算方面，从技术来看，应用现代化、一云多芯、平台工程、云成本优化、云原生安全等新技术层出不穷；从云计算市场来看，中国信通院数据显示，2023 年国内云计算市场规模 6192 亿元，同比增长 36%，2025 年国内云计算整体市场规模将突破万亿元；从厂商来看，阿里云、华为云、中国电信、腾讯云和 AWS 占据中国公有云 IaaS 市场份额的前五，而在公有云 PaaS 方面，阿里云、腾讯云、AWS、华为云处于领先地位。

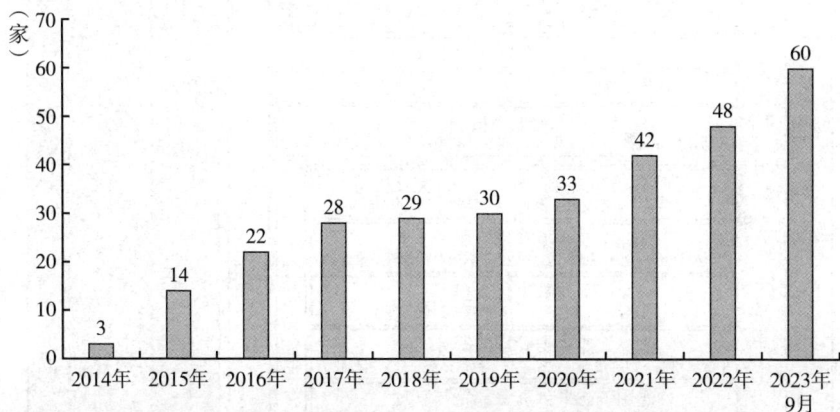

图 7 2014 年至 2023 年 9 月我国数据交易机构数量

资料来源：中国信通院发布的《中国算力发展指数白皮书（2023 年）》。

---

① 上海数据交易所：《2030 年中国数据交易市场研究分析报告》，2023。

（三）应用基础设施能力建设持续增强

1. 工业互联网平台发展迅猛

工业互联网平台是实现人、机、物协同统一的中枢，提供数据分析、汇建模型、知识复用、应用推广四方面服务。按照功能层级划分，工业互联网平台包括边缘层、PaaS层和应用层三个关键功能组成部分（见图8）。在相关政策支持下，我国工业互联网平台建设参与主体呈现多元化特点，平台服务模式呈现多样化。制造业龙头企业、信息通信领军企业、互联网主导企业分别基于各自比较优势，从不同层面与角度搭建工业互联网平台。平台服务

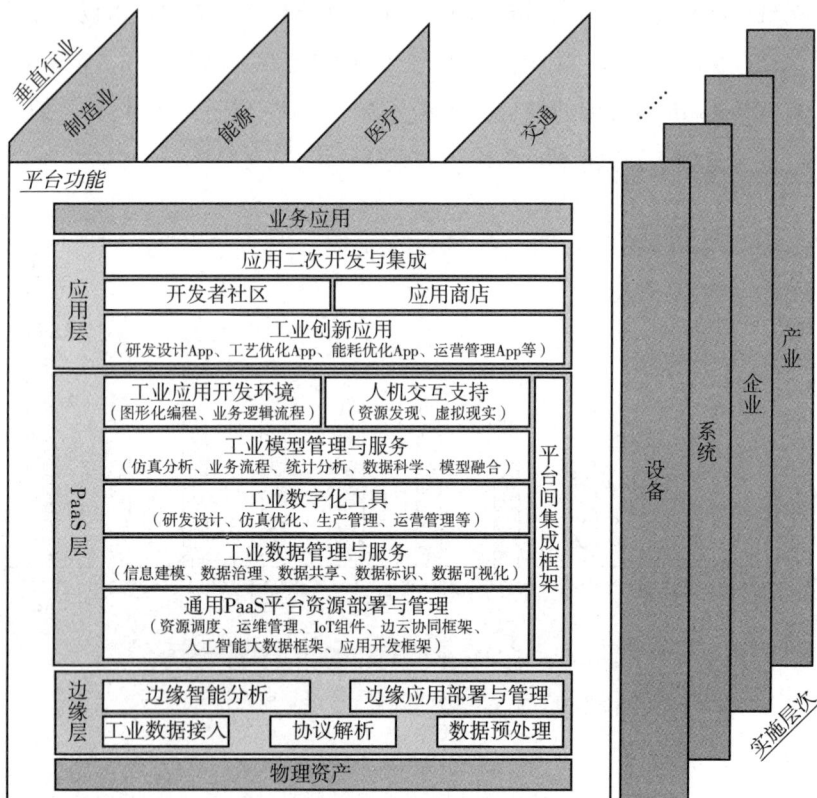

图8 工业互联网功能视图平台体系框架

资料来源：工业互联网产业联盟发布的《工业互联网体系架构（版本2.0）》。

快速向产业园区、中小企业延伸，拓展出平台化设计、数智化管理、智能化制造、网络化协同、个性化定制、服务化延伸六大应用模式。工业互联网平台数量快速增加，市场规模不断扩大。截至 2023 年底，全国培育具有一定影响力的工业互联网平台超过 340 家，其中跨行业跨领域平台达到 50 个，重点平台连接设备超过 9000 万台（套），[①] 有力促进了产品全流程、生产各环节、供应链上下游的数据互通、资源协同，大大加快我国工业数智化进程。据赛迪顾问统计，预计 2025 年中国工业互联网平台市场规模达到 2567.3 亿元，[②] 工业互联网平台市场发展将保持高速增长。

2. 人工智能平台创新能力不断提升

人工智能平台是指通过研发和应用人工智能技术所构建的软硬件环境，以人机协同操作系统为代表，涉及算力、算法、数据等多要素，能够为行业用户提供开箱即用的功能。近年来，人工智能技术持续演进，产业化和商业化进程不断提速，进一步推动了人工智能平台的发展。科技公司加大布局人工智能平台。当下互联网的发展已经进入瓶颈期，人工智能有望成为科技公司新的增长点。行业内的头部科技公司百度、阿里云、腾讯、华为、商汤、京东等纷纷布局人工智能平台，如阿里云 AI 开放平台、腾讯 AI 开放平台、百度智能云等。新算法涌现推动人工智能平台技术能力提升。人工智能平台底层依靠大量的算法和模型支撑，如机器学习、自然语言处理、深度学习、视觉识别等，自 OpenAI 于 2022 年推出 GPT-3.5 以来，谷歌、华为、百度、科大讯飞等企业相继推出超大规模预训练模型，包括 Switch Transformer、盘古、文心大模型、星火认知大模型等，为人工智能平台的发展提供了强大的支撑。未来人工智能的推进将会以人工智能平台为核心，通过平台实现对行业及客户的赋能。

3. 区块链平台建设布局加快

区块链是一个基于个人对个人的系统，它以分布式运算为动力，创建了

---

① 中国工业互联网研究院：《工业互联网创新发展报告（2023 年）》，2023。

② 赛迪顾问：《2022—2023 年中国工业互联网市场研究年度报告》，2023 年 7 月。

以数字货币、去中心化和智能协议为基础的综合平台。近年来，我国区块链应用落地场景不断延伸，与实体经济融合不断深入，推动了区块链平台的发展。区块链基础设施加快布局，为区块链行业发展提供底层平台。例如，2022 年 BSN 面向国内市场发布 BSN-DDC 基础网络，截至 2023 年 7 月，已经有超过 1500 家平台和企业在 BSN-DDC 网络上注册，创建了超过 3200 万个链账户，生成了接近 500 万个官方 DDC 和超过 3000 万个平台方 NFT。[①]中国信通院牵头三大运营商、蚂蚁集团等企业组建"星火·链网"，截至 2024 年 4 月，已在重庆、厦门、沈阳、北京、上海等 12 个城市建设超级节点，骨干节点覆盖超过 60 个城市。多地政府加快打造区块链平台，备案企业和平台不断增多。在区块链技术的发展和政府的大力推动下，全国有 14 个省市建设了区块链平台并投入使用，包括四川省的"蜀信链"、河南省的"河南链"、重庆市的"山城链"等平台。根据中央网信办发布的区块链备案平台批次，截至 2023 年 10 月，共发布十三批 3647 个区块链备案信息平台（见图 9）。

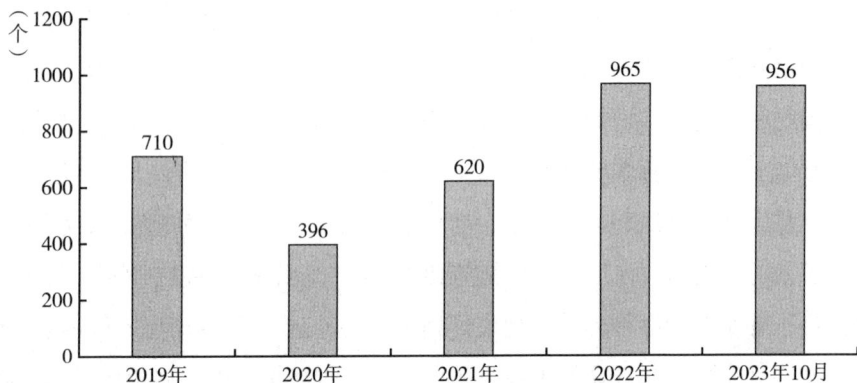

图 9 2019~2023 年区块链备案平台数量

资料来源：赛迪区块链研究院发布的《2022—2023 年中国区块链发展报告》。

4. 大数据平台应用能力持续增强

大数据平台是指以大数据为核心，集成了数据存储、数据管理、数据计

---

① 区块链服务网络发展联盟：《区块链服务网络（BSN）发展报告（2022 年）》，2023。

算、数据分析和数据挖掘等功能的综合性信息技术平台。它通过对海量数据进行收集、存储、处理和分析，能够探索数据中隐藏的规律和价值，做出更加科学、有效的决策。大数据平台逐步与 AI 融合，分析和决策能力持续增强。随着人工智能技术的发展，大数据平台嵌入 AI 技术，实现了自主化决策、预测预警分析、个性化推荐、搜索式分析等智能化能力，为企业提供更加快速灵活的决策。目前大多数数据平台中都融入了 AI 技术，增强了计算机系统对自然语言的准确识别、分析和处理，提供了智能搜索等全新的可视化交互方式，提高了平台的易用性和自服务程度。大数据平台赋能多行业应用。目前大数据平台已在工业、农业、能源、金融、政务、教育等行业落地应用，为各行各业提供更加精准的数据分析服务。例如在政务方面，2022 年 9 月，《国务院办公厅关于印发全国一体化政务大数据体系建设指南的通知》发布，提出要加强政务大数据基础能力建设。"截至 2023 年 8 月，我国已有 226 个省级和城市的地方政府上线了数据开放平台。各地平台无条件开放的可下载数据集容量从 2019 年的 15 亿到 2023 年超 480 亿"①，极大地助力全国建立服务高效、治理精准、决策科学的新型政府运行模式，全面提升政府运行效能。

三 数字基础设施应用与创新

随着新一轮科技革命和产业变革的深入发展，大数据、云计算、人工智能等新一代信息技术正助力千行百业提质增效，推动数字基础设施逐渐融入生产、生活和社会治理的方方面面，不断催生智慧港口、自动驾驶、智慧家居、智慧社区等创新场景，支撑消费者、企业和社会对数字化、智能化的需求。

（一）数字基础设施赋能生产方式升级

1.智慧港口

智慧港口是应用物联网、云计算、大数据及人工智能等信息技术，使物

---

① 中国信通院：《数字政府一体化建设白皮书（2024）》，2024。

流供给方和物流需求方共同融入港口集疏运一体化系统，实现车、船、货、港、人等基本要素间的无缝衔接和协同联动，以智能监管、智慧决策和自动装卸为主要工作模式，为现代物流业提供安全高效、高品质服务的现代港口。[①] 智慧港口依托先进的信息技术能够实现在机器人作业、工业设备数据采集、智能摄像监控方面的全流程智能作业和管控功能，极大地提升港口作业的效率。当前我国智慧港口的发展已取得重大进步，青岛港、天津港、宁波港、大连港等诸多港口的智能化程度越来越高。例如青岛港投入使用全场景智能远控理货机器人，相比传统固定式智能理货设备，该机器人采用履带式行走方式，搭载 5 个摄像机，配备声光报警功能，实现了 360 度全方位作业场景展示、视频数据信息实时管控传输和后台实时理货操作，打造了码头现场全场景远程无人理货的全新作业模式。此外，青岛港也建成了全球领先、亚洲首个真正意义上的全自动化集装箱码头，通过融合工业互联网、物联网、5G 等先进技术，实现了集装箱作业的智能决策和系统管理。青岛港全自动化集装箱码头以 60.2 自然箱/小时的桥吊平均单机作业效率，刷新了装卸效率的世界纪录。

2. 高标准农田

高标准农田是指按照国家规定的标准，通过科学技术手段对农田进行改造以提高农田的产出和质量。高标准农田建设是我国农业现代化的重要组成部分，也是实现农业可持续发展的重要途径。当前，全国各地均通过物联网、大数据等技术建立农田信息化系统或通过在田间地头设立智能监测站等方式，改善农田信息化基础设施，实现农业生产的自动化和智能化，使种植户从会种地到"慧"种地。例如：山东省潍坊市峡山区先后示范建设高标准农田 8000 余亩，联通物联网技术将监测站采集到的农业数据通过 5G+千兆专网传输汇聚到智慧监管平台，立体掌握高标准农田所有相关信息，为墒情监测、病虫害防治、水肥控制等农业科学决策提供精确数据支撑，实现农业精细化管理，提高农产品产量和质量，每亩实现农业增产 15%；淮北市

---

① 陶德馨：《智慧港口发展现状与展望》，《港口装卸》2017 年第 1 期。

濉溪县利用物联网技术，在 6000 亩农田安装土壤温湿度传感器、田间微型气象站、高清摄像头，远程采集农作物影像资料及生长过程中的相关数据，再传输至 MAP 智农管理系统。监测人员通过分析作物长势、营养、病虫害等数据，筛查出问题区域，种植户通过安装在手机上的这款 App 即可登录查看，从而实现精准巡田、精准施肥、精准施药，平均亩产增长 50 公斤。

（二）数字基础设施赋能生活方式升级

1. 自动驾驶

自动驾驶是指依靠计算机与人工智能技术，车辆可以以自动的方式持续地执行部分或全部动态驾驶任务。根据驾驶员在驾驶过程中的参与程度，驾驶自动化可以分为 6 个级别（见表 3），当前我国自动驾驶已经进入 L3+阶段。自动驾驶技术不断发展，已经陆续在智慧泊车、高速公路、封闭园区、公共交通等场景下实现了落地应用。例如在智慧泊车方面，华为问界 M5 拥有代客泊车功能，可根据记忆自动寻找目标车位并完成停放，全程不需要用户操作。当目标车位被占用时，可用其"智慧大脑"自动寻找其他可用车位并且完成泊入，有效解决了城市泊车难题。在公共交通方面，2023 年 8 月，杭州钱塘（新）区在全杭州范围内开通了一条智能网联公交线，该线公交车通过自动驾驶算法，能够实现全程无人驾驶，且车辆单程耗时约 20 分钟，平均时速约为 40 公里，大幅缩短了出行时间。

表 3　自动驾驶分级和特点

类别	分级	名称	车辆横纵向控制	动态驾驶任务接管
人工驾驶	L0	应急辅助	驾驶员	驾驶员
辅助驾驶	L1	部分驾驶辅助	驾驶员和系统	驾驶员
	L2	组合驾驶辅助	系统	驾驶员
自动驾驶	L3	有条件自动驾驶	系统	驾驶员
	L4	高度自动驾驶	系统	系统
	L5	完全自动驾驶	系统	系统

资料来源：甲子光年智库发布的《中国自动驾驶市场研究报告》。

2. 智慧家居

随着科技水平和消费水平的提高，人们对生活品质的要求变得越来越高，智慧家居作为一种新兴的生活方式受到人们的高度关注。智慧家居是指利用物联网、互联网、人工智能、云计算等技术，将各种设备、产品连接在一起，形成一个可互联、可控制的智能化家居系统。它能够根据用户的行为习惯和时间表，实现智能设备的自动化控制和管理，如定时开灯、自动调节温度、智能遮阳、安防监控等。当前我国智慧家居市场正处于从智能互联向全屋智能迈进的过渡阶段，全国多地开始使用全屋智能解决方案。例如，济南万科与华为联合打造全屋智能 5.0 住宅，实现全屋家电互联互通，创新了居住体验。用户归家后，玄关灯可自动打开，便于其进门换鞋；用户观影时，窗帘可自动关闭，便于其享受沉浸影音；用户准备睡觉时，可远程控制室内空调，使其深切感受到数字技术为生活带来的便捷与舒适。深圳市罗湖区将先进技术推广到城区各大住宅、酒店等应用领域，实现家居一键控制、一声响应，以及睡眠、娱乐等多种模式的智能切换，进一步提升了千人千面的场景构建能力，让人与空间、设备的多元化智慧交互变得更加自然、无界。

（三）数字基础设施赋能社会治理方式升级

1. 数字政府

数字政府是指以新一代信息技术为支撑，通过构建大数据驱动的政务新机制、新平台、新渠道，进一步优化调整政府内部的组织架构、运作程序和管理服务，形成"用数据对话、用数据决策、用数据服务、用数据创新"的现代政务治理模式。党的十八大以来，数字化发展步伐加快，"一网通办""一网统管""一网协同"等创新实践不断涌现，推动数字政府建设效能大幅提升，有力支撑了国家治理体系和治理能力现代化建设。例如江苏徐州市政府依托政务服务平台和"苏服办"App，开发上线"徐州尊老金发放"应用模块，申请人本人、子女及亲属、社区工作人员可通过此应用随时随地申报。该应用模块的开发，实现了移动端自主申报及代申报、尊老金老年人信息及发放记录信息化管理，打通了"邮储、建设、农商等银行的账户信息校验"和"老人在世情况校验"两个难关，审批流程从1个月压缩到秒级。上海市依托"上海企业登记在线"网上服务平台，提供精准个性"一站式"全程网办服务，覆盖所有内外资企业类型的全部登记事项。该平台系统性集成登记公告发布查询、外商投资信息报送、简易注销异议预检、登记档案查询等涉企服务，为申请人打造全程电子化的企业登记全程网办服务体系，整体性推进企业登记数字化转型。平台上线半年以来，各类企业采用全程网办的方式办结设立、变更或注销登记业务达35余万件，新设企业全程网办率达90%。

2. 智慧社区

智慧社区是指利用各种智能技术和方式，整合社区现有的各类服务资源，为社区群众提供政务、商务、娱乐、教育、医护及生活互助等多种便捷服务的模式。智慧社区应用场景包括安防、停车、垃圾处理、社区互动平台及公共设施管理等多个方面。当前随着人工智能、物联网、大数据、5G等技术的发展，我国智慧社区建设从早期探索阶段进入经验复制阶段，在山东、安徽、北京等省市已经出现多个成功的智慧社区典型案例。例如山东济宁太白湖新区南风花园社区依托智慧平台，在社区安装访客一体机，提供访客预约、访客登记、人证比对、访客签离、访客权限管理、短信通知、来访记录查看等功能，实现小区来访人员精准控制及小区人员出入动态实时管理，同时在社区广场、车辆出入口、楼内电梯等人流节点安装150多块信息发布屏，实时推送天气预报、车位状况、交通引导路径图等便民信息，提升社区居民生活便捷性。安徽滁州星宁社区通过安装智能化设备，实现社区设施的智能管理。如在社区内配备智能垃圾桶，自动检测垃圾满溢情况，及时通知清洁人员进行处理；在社区广场安装智能照明系统，根据日照强度自动调节灯光亮度，实现节能环保的效果。

四　数字基础设施的发展趋势

数字基础设施是信息时代的发展基石。世界各国纷纷把推进数字基础设施建设作为实现创新发展的重要动能，不断激活新应用、拓展新业态、创造新模式。新一代数字基础设施正朝着高速泛在、天地一体、云网融合、智能敏捷、绿色低碳、安全可控的方向加速迈进，未来将在数字技术发展、产业融合、数据安全、绿色低碳等方面实现长效发展。

（一）数字技术将迈向宽连接、强算力、高智能

技术创新是生产力进步、产业发展的核心驱动力。在国家战略布局和数字化技术发展的推动下，连接、算力、智能作为数字基础设施建设和未来数字化应用的基本技术需求，正朝着更宽、更强、更高的方向发展。当前6G、低轨卫星互联网等新一代信息通信进入研发阶段，云网融合向要素升级和集成创新全面推进，人工智能技术应用也朝纵深发展。未来在连接方面，将进一步扩展频谱带宽、使能更丰富的新型高宽带应用，如元宇宙、3D全息通话等；算力方面，将向着存算一体、算网融合方向发展，支持巨量数据的存储和实时处理；智能方面，将为数字基础设施注入强大智能要素，进一步驱动通信网络走向智能网络、数字经济升级为智能经济、数字社会迈向智能社会。[1]

（二）数字基础设施与产业加速融合

随着新一轮科技革命和产业变革的加速推进，数字技术正加速赋能工业、农业等传统产业以及人工智能、生物技术等新兴产业，催生出大量新业态新模式。一方面，数字技术与实体产业的有效融合，推动各类资源要素快捷流动、各类模式业态跨界发展；另一方面，算力、算法和数据促进产业全要素的互联互通，打破产业、地域限制，打通堵点卡点，提升产业链韧性。未来随着数据基础设施建设在全国遍地开花，云计算等算力基础设施将全面支撑企业资产上云、产业链上云、产业集群上云，为产业集群实现协同奠定基础。区块链等数据基础设施将在部分发达城市开始全面建设，用以支撑当

---

[1] 中兴通讯股份有限公司：《数字基础设施技术趋势白皮书》，2023。

地数字信用体系建立。人工智能等应用基础设施建设提速，在生成式人工智能推动下，人工智能的产业应用场景将率先在交通、健康、环保等领域形成区域乃至全国性的人工智能基础设施。

（三）数据安全成为数字基础设施建设关注重点

近年来，随着数据快速融入生产、分配、流通、消费和社会服务管理等环节，数据安全问题日益凸显。数字基础设施作为数据的关键物质载体，承载着国家数据安全的重要责任。因此，建设数字基础设施，必须把保障数据安全放在突出位置。当前，我国数字基础设施建设集成了大量前沿技术，在这些技术应用的过程中，数据泄露、数据非法滥用、数据勒索、数据窃取等安全事件时有发生，严重影响着我国数字经济的发展。未来数字基础设施建设需要兼顾需求与发展，科学规划不同层级、不同类型基础设施的安全防护要求，结合数字化发展趋势和安全攻防形势构建防护框架。此外，在建设过程中还需加强对数据的加密处理、完善多层次身份验证机制、强化访问控制建设、制定统一的安全协议标准及强化用户隐私保护机制等。应通过全面解决数据存储、交易、流通、共享过程中的安全问题，为数字基础设施的应用与发展提供坚实、可信的支撑与保障。

（四）数字基础设施建设走向绿色低碳化

随着数据中心建设规模的高速增长，数字基础设施能源消耗和碳排放量也在不断增加。在"双碳"目标大背景下，绿色低碳成为数字基础设施未来发展的必然要求。当前，我国数据中心能效水平不断提升，数据中心能效管理从粗犷发展进入精细管理，部分优秀绿色数据中心案例已全球领先。数据中心领域应用的新一代绿色技术已经外溢到整个算力基础设施领域，如高压直流、预制化、液冷、自然冷却等。从建设上看，预制化将加快算力基础设施向内外纵深扩展；从产品上看，供配电系统、制冷系统、IT 设备等将会朝着节能高效的方向发展；从运营上看，智能运维、余热回收、可再生能源将会在算力基础设施领域充分应用。

参考文献

《2024 年深入推进 IPv6 规模部署和应用统筹协调机制会议在京召开》，百度百家号，https：//baijiahao. baidu. com/s？id＝1796999905782325272&wfr＝spider&for＝pc，2024 年 4 月 22 日。

《5G 网络规模和质量世界领先 中国 5G 移动电话用户占比近半》，中国经济网，http：//m. ce. cn/xsz/gd/202401/30/t20240130_ 38885933. shtml，2024 年 1 月 30 日。

工信部：《2023 年通信业统计公报》，2024。

工信部等：《算力基础设施高质量发展行动计划》，2023。

雷波等：《基于云、网、边融合的边缘计算新方案：算力网络》，《电信科学》2019 年第 9 期。

赛迪顾问：《从"建设"转向"调度"："东数西算"步入发展新阶段》，《数说 IT》2024 年第 2 期。

上海数据交易所：《2030 年中国数据交易市场研究分析报告》，2023。

《推动算力网络发展 打通数字基础设施大动脉》，百度百家号，https：//baijiahao. baidu. com/s？id＝1769724532498705573&wfr＝spider&for＝pc，2023 年 6 月 26 日。

邢庆科编著《算力数字经济的新引擎》，北京大学出版社，2022。

中国工业互联网研究院：《工业互联网创新发展报告（2023 年）》，2023。中国卫星导航定位协会：《2024 中国卫星导航与位置服务产业发展白皮书》，2024。

中国信通院：《2022 年移动物联网发展报告》，2022。

中国信通院：《中国数字经济发展研究报告（2023）》，2023。

B.8

数智赋能卫生健康事业高质量发展

郭克强　朱晶宇　种法耀　杨 松[*]

摘　要： 医疗卫生健康的数字化智能化建设是"数字中国"和"健康中国"两大国家战略的关键交汇点，中共和地方政府高度重视并深刻认识到数智化变革带来的机遇和挑战，开展了大量研究和实践工作。本报告基于文献资料综述和实践案例分析，回顾研究了近年来我国卫生健康事业的行业发展概况与瓶颈、数智化发展布局与实践，以及数智赋能卫生健康的新产业、新场景与新实践。研究发现，我国卫生健康顶层设计日益完善，卫生服务体系不断完善，健康中国建设有序推进，但在公共卫生服务体系、供给侧结构、基层医疗卫生、医防协同等方面存在提升空间；中央和地方政府将数智化作为促进卫生事业高质量发展的重要途径和关键抓手；随着数智技术的快速应用普及，卫生健康领域出现了新产业和新场景，浙江、重庆等地方也开展了系统性、创新性的数字健康建设实践。

关键词： 数智技术　卫生健康　高质量发展

一　我国卫生健康事业的发展概况与瓶颈

（一）国家顶层设计

党的十八大以来，以习近平同志为核心的党中央把维护人民健康摆在更

---

[*] 郭克强，中移数智科技有限公司高级工程师，博士，研究方向为能量信息融合、管理系统工程和数智化转型；朱晶宇，中移数智科技有限公司，研究方向为数字政府；种法耀，中移数智科技有限公司，研究方向为数智健康；杨松，中移数智科技有限公司，研究方向为数字政府。

加突出的位置，把人民健康放在优先发展战略地位，① 不断加强国家顶层设计，持续推进建设"健康中国"。近几年，国家层面每年在卫生健康领域出台政策文件数量有所增加（见表1），体现出对卫生健康事业的更加关注，顶层设计日益完善，并且已经进入到持续落实落细的阶段。

表 1　国家层面卫生健康主要政策汇总

时间	政策名称	部分要点内容
2024 年 3 月	《政府工作报告》	2024 年工作任务:推动检查检验结果互认;推进分级诊疗、引导优质医疗资源下沉基层;加快补齐儿科、老年医学、精神卫生、医疗护理等服务短板;落实和完善异地就医结算;做好重点传染病防控;加快创新药的产业发展;促进中医药传承创新、加强中医优势专科建设;严格药品安全监管;居民医保人均财政补助标准提高 30 元;加强养老照护领域人才培训;加强健康、养老等科技研发应用;推动养老、育幼服务扩容提质;深化医药卫生、养老服务改革;加大农村养老服务补短板力度;加强残疾预防和康复服务;放宽医疗服务业市场准入
2023 年 5 月	《全面提升医疗质量行动计划(2023—2025年)》	进一步健全政府监管、机构自治、行业参与、社会监督的医疗质量安全管理多元共治机制,进一步巩固基础医疗质量安全管理,提升医疗质量安全管理精细化、科学化、规范化程度,进一步优化医疗资源配置和服务均衡性,提升重大疾病诊疗能力和医疗质量安全水平,持续改善人民群众对医疗服务的满意度
2023 年 3 月	《关于进一步完善医疗卫生服务体系的意见》	发展"互联网+医疗健康",建设面向医疗领域的工业互联网平台。建立跨部门、跨机构公共卫生数据共享调度机制和智慧化预警多点触发机制。推进医疗联合体内信息系统统一运营和互联互通,加强数字化管理。加快健康医疗数据安全体系建设,强化数据安全监测和预警
2022 年 10 月	党的二十大报告	推进健康中国建设。把保障人民健康放在优先发展的战略位置,完善人民健康促进政策。优化人口发展战略。实施积极应对人口老龄化国家战略。深化医药卫生体制改革。促进优质医疗资源扩容和区域均衡布局。深化以公益性为导向的公立医院改革。发展壮大医疗卫生队伍。促进中医药传承创新发展

---

① 《为中华民族伟大复兴打下坚实健康基础——习近平总书记关于健康中国重要论述综述》，《人民日报》2021 年 8 月 8 日，第 1 版。

时间	政策名称	部分要点内容
2022 年 5 月	《"十四五"国民健康规划》	到 2025 年,卫生健康体系更加完善,中国特色基本医疗卫生制度逐步健全,重大疫情和突发公共卫生事件防控应对能力显著提升,中医药独特优势进一步发挥,健康科技创新能力明显增强,人均预期寿命在 2020 年基础上继续提高 1 岁左右,人均健康预期寿命同比例提高
2022 年 1 月	《"十四五"卫生健康标准化工作规划》	到 2025 年,基本建成有力支撑健康中国建设、具有中国特色的卫生健康标准体系。卫生健康标准化工作基础不断夯实,体制机制更加健全,标准体系进一步完善,标准多途径供给、协同发展局面基本形成,标准应用实施更加广泛,卫生健康服务标准化程度不断提升,卫生健康标准国际影响力显著增强
2019 年 7 月	《国务院关于实施健康中国行动的意见》	健康知识普及行动、合理膳食行动、全民健身行动、控烟行动、心理健康促进行动、健康环境促进行动、妇幼健康促进行动、中小学健康促进行动、职业健康保护行动、心脑血管疾病防治行动、癌症防治行动、慢性呼吸系统疾病防治行动、糖尿病防治行动、传染病及地方病防控行动
2017 年 10 月	党的十九大报告	实施健康中国战略。完善国民健康政策,为人民群众提供全方位全周期健康服务。深化医药卫生体制改革。加强基层医疗卫生服务体系和全科医生队伍建设。全面取消以药养医,健全药品供应保障制度。坚持预防为主。传承发展中医药事业。支持社会办医发展健康产业。促进生育政策和相关经济社会政策配套衔接,加强人口发展战略研究。积极应对人口老龄化
2016 年 10 月	《"健康中国 2030"规划纲要》	到 2030 年,促进全民健康的制度体系更加完善,健康领域发展更加协调,健康生活方式得到普及,健康服务质量和健康保障水平不断提高,健康产业繁荣发展,基本实现健康公平,主要健康指标进入高收入国家行列。到 2050 年,建成与社会主义现代化国家相适应的健康国家

资料来源:根据公开信息整理。

(二)行业发展态势

2023 年 10 月,国家卫生健康委发布的《2022 年我国卫生健康事业发展统计公报》显示，我国全力维护人民生命安全和身体健康，不断加大对医疗卫生领域的投入，扎实做好疫情防控工作，积极推进疫情平稳转段，卫生服务体系不断完善，健康中国建设正在有序推进。①

1. 费用支出连年提高

2022 年，全国卫生总费用初步推算为 84846.7 亿元，占 GDP 的 7.0%（见图 1）。从 2022 年费用支出结构看，其中，政府卫生支出 23916.4 亿元（27.0%），社会卫生支出 38015.8 亿元（44.8%），个人卫生支出 22914.5 亿元（28.2%）（见图 2）。2022 年，全国人均卫生总费用 6010.0 元，个人卫生支出占比进一步下降至 27.0%，说明我国医疗费用控费举措取得了阶段成效，医疗保障待遇有了一定提升，减轻了个人的医疗卫生经济负担。

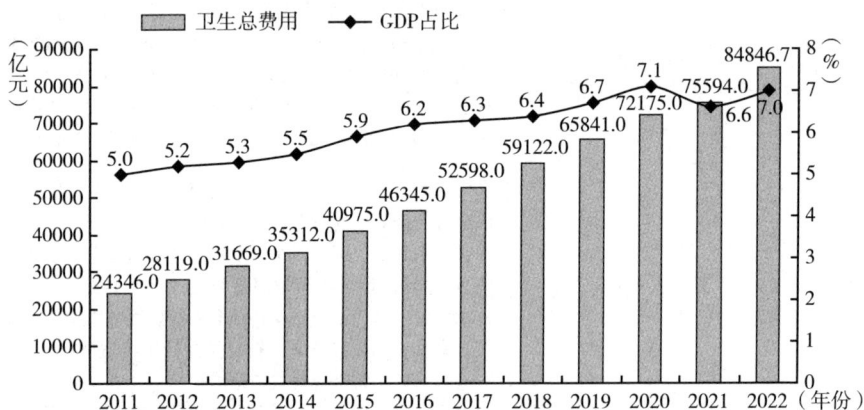

图 1　2011~2022 年我国卫生总费用及 GDP 占比

2. 卫生供给持续增长

医疗卫生机构方面，2022 年末，全国医疗卫生机构总数 1032918 个，比上年增加 1983 个。其中：医院 36976 个，基层医疗卫生机构 979768 个，专业公共卫生机构 12436 个，其他机构 3738 个。

床位方面，2022 年末，全国医疗卫生机构床位 975 万张，其中：医院

① 《2022 年卫生健康事业发展统计公报发布》，中国政府网，http：//www.nhc.gov.cn/guihuaxxs/s3586s/202310/5d9a6423f2b74587ac9ca41ab0a75f66.shtml，2023 年 10 月 12 日。

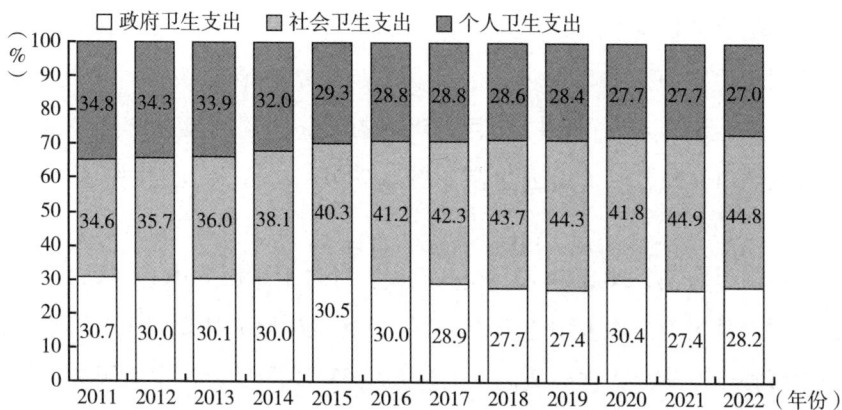

图2 2011~2022年国内卫生费用支出结构

766.3万张（占78.6%），基层医疗卫生机构174.4万张（占17.9%），专业公共卫生机构31.4万张（占3.2%）。每千人口医疗卫生机构床位数由2021年的6.7张增加到2022年的6.9张（见图3）。

图3 2011~2022年我国医疗卫生机构床位数及每千人口床位数

卫生人员方面，2022年末，全国卫生人员总数1441.1万人，比上年增加42.5万人（增长3.0%），每千人口执业（助理）医师3.15人，每千人口注册护士3.71人；每万人口全科医生数为3.28人，每万人口专业公共卫生机构人员为6.94人。

3. 基层资源日益丰富

农村卫生方面，到 2022 年末，全国共有县级（含县级市）医院 17555 所，乡镇卫生院 3.4 万个，村卫生室 58.8 万个，全国县级（含县级市）医院诊疗人次 13.5 亿，乡镇卫生院诊疗人次 12.1 亿，村卫生室诊疗人次 12.8 亿。

社区卫生方面，2022 年末，全国已设立社区卫生服务中心（站）36448 个，其中：社区卫生服务中心 10353 个，社区卫生服务站 26095 个。全国社区卫生服务中心诊疗人次 6.9 亿，入院人次 333.8 万；社区卫生服务站诊疗人次 1.4 亿。

基本公共卫生服务项目方面，人均财政补助标准从 2021 年的 79 元提高至 2022 年的 84 元。2022 年在基层医疗卫生机构接受健康管理的 65 岁及以上老年人数 12708.3 万，接受健康管理的高血压患者人数 11236.3 万。

（三）行业发展瓶颈

1. 公共卫生服务体系有短板

政府财政对医疗卫生健康行业的支出仍有不足。2022 年我国卫生费用占 GDP 的 7.0%，同期美国卫生费用占 GDP 的 16.63%，日本、德国、英国等 OECD 国家普遍都超过 10%。由于与一些发达国家在医疗卫生投入上有一定差距，我国部分医疗卫生机构存在过分依赖药品收入的情况。

疾病预防控制机构基础设施较为薄弱，专业技术人才和科技支撑仍显不足。重大疫情和突发公共卫生事件救治体系有待进一步完善，健康促进工作与群众健康需求还有差距。[1]

2. 卫生健康领域供给侧存在结构性矛盾，需通过改革解决矛盾

卫生健康事业具有一定福利性、公益性，既要适应社会主要矛盾变化，满足群众日益增长的消费需求，又要适应经济社会发展阶段，做到"尽力

---

[1] 《重庆市人民政府关于印发重庆市医疗卫生服务体系"十四五"规划（2021—2025 年）的通知》，重庆市人民政府网，http://www.cq.gov.cn/zwgk/zfxxgkml/szfwj/qtgw/202201/t20220124_10334603.html，2022 年 01 月 24 日。

而为、量力而行"。此外，医疗卫生服务具有供需双方信息不对称性、不确定性、专业性、行业垄断性、非排他性、供给短缺性、即时性（提供服务和消费行为同时发生）等特点，居民理性消费的选择能力相对较弱，供给侧对需求侧的引导性很强，通过供给侧结构性改革，可引导居民理性就医。[①]

医疗卫生资源配置不均衡、布局不合理、供需不匹配。我国大多数医疗资源集中在城市，农村医疗资源相对不足，城乡医疗保险差别大，部分偏远地区缺医少药的现状仍然存在。北京、上海、广州、重庆、成都、武汉、杭州和西安等城市拥有相对丰富的医疗资源，不仅拥有先进的医疗设备和专业的医疗团队，还集合了众多知名的医疗机构和医院。在城市中，高新技术、先进设备和优秀人才等优质资源向大城市大医院集中；部分社区卫生服务资源短缺，服务能力不强，不能满足群众基本卫生服务需要等问题。

3. 基层医疗卫生存在的问题

基层医疗卫生服务机构作为居民的健康"守门人"，仍存在医疗健康服务体系不完善、医疗服务能力不足、基础设施建设相对薄弱、医疗数据"信息孤岛"等问题，百姓"看病难""看病贵"问题突出。"强基层"作为健康中国战略的重要目标之一，如何有效解决医疗卫生资源的有限性与近乎无限性需求之间的矛盾，是基层医疗卫生治理的关键。[②]

然而，医疗卫生服务作为公共产品或者准公共产品，参与主体多，包括卫健、医保、药监、发改等政府部门，基层医院、上级医院等医疗机构，药品生产、流通等企业，以及医生和患者等，不同参与主体之间的利益诉求存在较大差异。基层卫生治理存在主体多元、利益诉求多样、业务协调不够，医疗、医药、医保"三医"缺乏高效联动，医生服务能力相对较低、质量不高，基层医疗机构与医务人员激励机制不健全等问题。"强基层"依然是

---

① 濮小英、顾亚明：《推进卫生健康领域供给侧结构性改革——基于党的二十大精神学习体会》，《卫生经济研究》2023年第4期。
② 李韬、冯贺霞：《数字健共体赋能基层卫生治理变革》，《行政管理改革》2022年第8期。

深化医改的重点、难点、痛点，基本卫生治理亟待创新，其要旨是引入市场机制和社群机制，并促使行政、市场和社群治理形成互补嵌入性的新制度格局。

4. 医防协同、上下联动不充分

公共卫生机构、医疗机构分工协作机制尚未健全，医防结合不够紧密，上下联动不够顺畅，以健康为中心的整合型服务模式尚未形成。医防协同一些现实问题亟待解决，① 比如医疗机构公共卫生职能薄弱，医防协同联动弱、效能低，监督管理约束性不强等。

分级诊疗制度不够完善，价格和医保支付机制的引导作用未得到充分发挥。医院划分级别而患者就诊不分级，使得大医院人满为患，而其他的基础医院缺少就诊患者。2023 年，国家卫生健康委等 10 部门联合印发《关于全面推进紧密型县域医疗卫生共同体建设的指导意见》，明确提出到2025 年底，90%以上的县（县级市及有条件的市辖区）基本建成紧密型县域医共体。② 然而，在医共体建设中，一些地方在人事编制、财政保障、医保政策等方面的协同性还需要加强。此外，牵头医院需要投入大量人力、物力、财力，但由于统筹管理权力有限，对各成员单位缺乏约束力，组织结构不紧密。

二 我国卫生健康事业的数智化发展布局与实践

（一）国家卫生健康数智化发展布局

"十四五"时期是全民健康信息化建设创新引领卫生健康事业高质量发展的重要机遇期，也是以数字化、网络化、智能化转型推动卫生健康工作

---

① 谢虎等：《数字化智能化健康社区医防协同服务模式文献探索》，《中国农村卫生》2024 年第 3 期，第 66~70 页。
② 《关于全面推进紧密型县域医疗卫生共同体建设的指导意见》，中国政府网，https：//www.gov.cn/zhengce/zhengceku/202312/content_ 6923447.htm，2023 年 12 月 29 日。

实现质量变革、效率变革、动力变革的关键窗口期。为推动"十四五"期间全民健康信息化发展，2022 年 11 月，国家卫生健康委、国家中医药局、国家疾控局制定了《"十四五"全民健康信息化规划》。[①]

《"十四五"全民健康信息化规划》指出，"十三五"期间我国全民健康信息化建设成效显著，制度规范的顶层设计基本形成，互联互通的平台基础逐步夯实，疫情防控的应急能力全面提升，便民服务的应用成效不断凸显，网络安全的防护能力明显增强，但目前仍处在夯台垒基、爬坡过坎的关键时期，在基础设施、共享应用、投入保障、网络安全等方面还存在短板与弱项；提出了 8 个主要任务，分别是集约建设信息化基础设施支撑体系、健全全民健康信息化标准体系、深化"互联网+医疗健康"服务体系、完善健康医疗大数据资源要素体系、推进数字健康融合创新发展体系、拓展基层信息化保障服务体系、强化卫生健康统计调查分析应用体系、夯实网络与数据安全保障体系；提出开展 8 个优先行动，分别是互通共享三年攻坚行动、健康中国建设（行动）支撑行动、智慧医院建设示范行动、重点人群智能服务行动、药品供应保障智慧监测应对行动、数字公卫能力提升行动、"互联网+中医药健康服务"行动和数据安全能力提升行动。

（二）各地方卫生健康数智化发展实践

各地方政府贯彻落实国家部署，深刻认识数字化变革带来的机遇和挑战，准确识变、科学应变、主动求变，坚持规划先行、系统推进，在实践中不断打造数字健康新优势，以实际行动促进卫生健康事业实现更高质量、更有效率、更加公平、更可持续、更为安全的发展。表 2 汇总了地方层面卫生健康主要政策。

---

① 《2025 年我国全民健康信息互联互通将再上新台阶》，中国政府网，https：//www.gov.cn/xinwen/2022-11/10/content_ 5725763.htm，2022 年 11 月 10 日。

表 2 地方层面卫生健康主要政策汇总

行政区划		时间	文件/政策名称	部分要点内容
华北	北京	2024 年 3 月	《北京市 2024 年改善医疗服务工作方案》	发挥信息化作用,丰富服务内涵。不断完善信息公开服务。推进医疗信息互通共享。加强医院信息化建设。优化互联网医疗服务。推广使用财政医疗收费电子票据。更新罕见病诊疗机构名单并发布地图
	天津	2022 年 9 月	《天津市全民健康信息化"十四五"规划》	13 个主要任务。打造高质量全民健康信息化基础资源、推进全民健康信息平台系统建设水平、建设智慧卫健机关、助力融合共享便民服务、实施智慧医院高质量建设工程、加强疾病流行趋势智能监测、推动互联网医院持续健康发展、开展数字健共体建设、兼顾数字发展与人文关怀、持续发挥"互联网+医疗健康"示范引领作用、建设健康医疗大数据研究院、全方位做实行业网络安全监管、加强卫生健康领域统计监测
	河北	2018 年 12 月	《河北省人民政府办公厅关于促进"互联网+医疗健康"发展的实施意见》	10 个主要任务。发展"互联网+"医疗服务、创新"互联网+"公共卫生服务、优化"互联网+"家庭医生签约服务、完善"互联网+"药品供应保障服务、推进"互联网+"医疗保障结算服务、加强"互联网+"医学教育和科普服务、推进"互联网+"人工智能应用服务、推动医疗健康信息互联互通与协同共享、加强医疗卫生机构网络基础设施建设、加强网络与信息安全建设
	山西	2018 年 9 月	《山西省促进"互联网+医疗健康"发展行动计划（2018—2020 年）》	10 个主要任务。大力发展"互联网+"医疗服务、创新"互联网+"公共卫生服务、优化"互联网+"家庭医生签约服务、发展"互联网+"医院管理、完善"互联网+"药品供应保障服务、推进"互联网+"医疗保障结算服务、加强"互联网+"医学教育和科普服务、发展"互联网+"大数据应用服务、强化医疗健康服务质量监管、加快"互联网+医疗健康"信息平台建设
	内蒙古	2018 年 9 月	《内蒙古自治区人民政府办公厅关于促进"互联网+医疗健康"发展的实施意见》	3 个主要任务。健全"互联网+医疗健康"服务体系、完善"互联网+医疗健康"支撑体系、加强行业监管和安全保障

行政区划		时间	文件/政策名称	部分要点内容
东北	黑龙江	2022 年 12 月	《黑龙江省"十四五"全民健康信息化规划》	8 个主要任务。强化全民健康信息化基础、深化"互联网+医疗健康"服务、提升卫生健康行业管理与决策能力、提高医疗服务信息化水平、提升公共卫生服务信息化能力、全面推进基层医疗卫生信息化、探索全民健康信息化发展新模式、强化卫生健康统计体系。 7 个重点工程。区域全民健康信息互联互通工程、医疗机构信息化水平提升工程、互联网便民服务能力提升工程、信息化行业治理能力提升工程、新兴信息技术应用工程、健康医疗大数据应用工程、网络与信息安全保障工程
	辽宁	2018 年 11 月	《辽宁省促进"互联网+医疗健康"发展实施方案》	15 个重点任务。发展"互联网+"医疗服务、推进"互联网+"在医疗联合体运用、推进"互联网+"改善医疗服务、推进"互联网+"家庭医生签约服务、推进"互联网+"公共卫生服务、推进"互联网+"药品供应保障服务、推进"互联网+医养结合"服务、推进"互联网+"医学教育和科普服务、推进"互联网+"远程影像诊断服务新模式、加快实现医疗健康信息平台互通共享、完善"互联网+医疗健康"价格及医保支付政策、提升基层医疗机构医疗设施保障能力、发展"互联网+"医疗健康人工智能技术、规范"互联网+医疗健康"质量监管、全力保障数据信息安全
	吉林	2018 年 8 月	《吉林省人民政府办公厅关于促进"互联网+医疗健康"发展的实施意见》	5 个重点任务。夯实应用发展支撑体系建设、开展"互联网+医疗健康"服务、推动"互联网+医疗健康"和健康医疗大数据应用、促进健康医疗大数据产业发展、完善基础保障体系。 6 个重点工程。全民健康信息平台建设工程、"互联网+"医疗健康惠民服务工程、"互联网+"医疗保障管理服务工程、临床医疗大数据中心建设工程、中医药数据中心建设工程、大数据共享和监管平台建设工程
华东	江苏	2023 年 8 月	《江苏省卫生健康委员会关于进一步加强互联网医院建设完善互联网医疗服务的通知》	2023 年底前,全省所有三级公立医院完成互联网医院平台建设和互联网医院执业登记,暂不具备条件自建互联网医院平台的,入驻"江苏省互联网医疗服务系统暨江苏省中医互联网医院系统"

续表

行政区划		时间	文件/政策名称	部分要点内容
华东	浙江	2023 年 4 月	《浙江省人民政府办公厅关于推进浙江省卫生健康现代化建设的实施意见》	9 个重点任务。实施全民健康促进行动、实施公共卫生安全行动、实施县域医疗卫生提升行动、实施"医学高峰"攀登行动、实施优生优育保障行动、实施老年健康支撑行动、实施中医药传承创新行动、实施数字健康高地建设行动、实施"三医"协同治理行动
	上海	2022 年 1 月	《上海市"便捷就医服务"数字化转型 2.0 工作方案》	3 个主要任务。努力推进"便捷就医服务"应用新场景、探索拓展创新亮点项目、持续深化"便捷就医服务"1.0 重点应用场景
	山东	2019 年 7 月	《山东省推进"互联网+医疗健康"示范省建设行动计划(2019—2020 年)》	7 个重点任务。提升便民服务水平、提高医疗救治能力、优化结算支付服务、强化药品供应保障、加强公共卫生管理、丰富健康管理资源、促进医疗健康大数据发展应用
	福建	2018 年 12 月	《福建省人民政府办公厅关于加快推进"互联网+医疗健康"发展的实施意见》	3 个主要任务。健全"互联网+医疗健康"服务体系、完善"互联网+医疗健康"支撑体系、强化"互联网+医疗健康"保障体系
	安徽	2018 年 9 月	《安徽省人民政府办公厅关于促进"互联网+医疗健康"发展的实施意见》	10 项工作任务。全省三级公立医院全面提供互联网医疗服务、基本实现全省所有医疗联合体远程医疗服务全覆盖、建成省级家庭医生智慧服务信息平台、建设全省统一医疗保障业务系统平台、实现医保智能审核和实时监控应用覆盖全省、所有省属医院和 50%二级以上公立医院开展智慧医院建设、全民健康信息平台与省内公立医疗机构实现信息互联互通、全省三级医院全部实现院内医疗服务信息互通共享、省内各级远程医疗服务平台实现互联互通、二级以上医院普遍提供分时段预约诊疗等线上服务
华中	江西	2017 年 7 月	《江西省"十三五"全民健康信息化发展规划》	6 个重点任务。加快推进三级全民健康信息平台建设及互联互通、完善各项重点业务系统建设、探索"互联网+健康医疗"服务新模式、培育健康医疗大数据产业、健全信息安全防护体系、健全全民健康信息标准体系。 5 个重点工程。卫生计生专网建设工程、信息资源整合工程、基层信息化能力提升工程、健康医疗大数据应用工程、健康扶贫信息化助力工程

行政区划		时间	文件/政策名称	部分要点内容
华中	河南	2018年12月	《河南省人民政府办公厅关于促进"互联网+医疗健康"发展的实施意见》	3个主要任务。夯实"互联网+医疗健康"基础、健全"互联网+医疗健康"服务体系、加强行业监管和安全保障
	湖北	2018年12月	《湖北省人民政府办公厅关于促进"互联网+医疗健康"发展的实施意见》	2个主要任务。健全"互联网+医疗健康"服务体系、完善"互联网+医疗健康"支撑体系
	湖南	2018年12月	《湖南省人民政府办公厅关于促进"互联网+医疗健康"发展的实施意见》	6个主要任务。完善"互联网+医疗健康"支撑体系;提升医疗机构便民惠民服务能力;创新"互联网+医疗健康"服务模式;创新"互联网+"公共卫生服务和个人健康管理,构建全民健康促进新模式;推进"互联网+"药品供应和医疗保障结算服务;推进健康医疗大数据和人工智能应用
华南	海南	2022年1月	《海南省数字健康"十四五"发展规划》	6个主要任务。统筹推进数字健康发展新基建、加速医疗卫生机构信息化提档升级新步伐、提升卫生健康业务数字化转型新水平、推广"互联网+医疗健康"便民惠民服务新模式、打造新兴信息技术与卫生健康融合发展新业态、规范构建数字健康运行保障新体系
	广西	2018年9月	《广西促进"互联网+医疗健康"发展实施方案》	3个主要任务。健全"互联网+医疗健康"服务体系、建立健全"互联网+医疗健康"支撑体系、加强行业监管和安全保障
	广东	2017年10月	《广东省"十三五"全民健康信息化和网络安全规划》	到2020年底,健康医疗大数据应用标准体系、相关政策法规不断完善,逐步建立全民健康网络与信息安全可信体系、行业管控体系和安全保障体系,健康医疗服务质量明显提升,覆盖全人口、全生命周期的全民健康信息服务体系基本形成

行政区划		时间	文件/政策名称	部分要点内容
西南	重庆	2023 年 12 月	《重庆市数字健康建设实施方案（2023—2027年)》	"134+N"数字健康体系架构。1 是数字健康大脑;3 是数字健康"统筹监管—运营管理—服务响应"三层监管服务体系;4 是"全域公共卫生智治""智慧整合医疗服务""健康数据融合创新""数字健康运行监管"四大业务板块;N 是 N 个行业特色应用
	四川	2023 年 7 月	《四川省卫生健康信息化三年行动计划（2023—2025 年)》	5 项行动。一是信息化基础建设行动;二是"互联网+"服务体系重塑行动;三是医疗健康信息互通共享行动;四是健康医疗数据深度应用行动;五是网络与信息安全能力提升行动
	贵州	2022 年 4 月	《贵州省"十四五"卫生健康信息化发展规划》	6 个主要任务。夯实卫生健康信息化基础、推进信息化支撑医疗卫生服务、健全智慧公共卫生管理、创新"互联网+医疗健康"便民服务、深化健康医疗大数据应用与发展、健全卫生健康信息化保障体系
	云南	2019 年 4 月	《云南省人民政府办公厅关于促进"互联网+医疗健康"发展的实施意见》	3 个主要任务。以为民惠民为目标,让群众获取医疗健康服务更便捷;以优化资源配置为抓手,提高医疗健康服务能力;以完善支撑体系为保障,促进"互联网+医疗健康"可持续发展
	西藏	2021 年 9 月	《西藏自治区2021 年深化医药卫生体制改革重点工作任务》	推进全民健康信息化建设。加快推进西藏自治区远程医疗服务平台建设,开展远程会诊、远程病理、远程心电、远程影像诊断、远程重症监护、远程查房、远程教育等服务。推动医共体信息化建设,逐步实现医共体内系统互通、数据共享、业务协同。以县域医共体中心医院为主体,做好与医保信息平台对接
西北	宁夏	2023 年 7 月	《加快"互联网+医疗健康"高质量发展实施方案》	5 个主要任务。实施"互联网+医疗健康"服务提质扩容行动、实施"互联网+医疗健康"装备提档扩智行动、实施医疗机构数字信息建设提级扩能行动、实施"互联网+医疗健康"数据提标扩面行动、实施"互联网+医疗健康"产业提速扩量行动

行政区划		时间	文件/政策名称	部分要点内容
西北	甘肃	2023 年 1 月	《甘肃省"十四五"全民健康信息化规划》	7 个主要任务。夯实全民健康信息化基础支撑、深化"互联网+医疗健康"服务、推动健康医疗大数据深化应用、推进数字健康融合创新发展、拓展基层信息化保障服务、强化卫生健康统计调查分析应用体系、夯实网络与数据安全保障体系。 7 个优先行动。互通共享三年攻坚行动、智慧医院建设示范行动、重点人群智能服务行动、药品供应保障智慧监测应对行动、数字公卫能力提升行动、"互联网+中医药健康服务"行动、数据安全能力提升行动
	青海	2019 年 2 月	《青海省促进"互联网+医疗健康"发展的实施意见》	14 个重点任务。发展"互联网+"医疗服务、创新"互联网+"公共卫生服务、优化"互联网+"家庭医生签约服务、完善"互联网+"药品供应保障服务、推进"互联网+"医疗保障结算服务、加强"互联网+"医学教育和科普服务、推进"互联网+"人工智能应用服务、加快实现医疗健康信息互通共享、健全"互联网+医疗健康"标准体系、提高医院管理和便民服务水平、提升医疗机构基础设施保障能力、制订完善相关配套政策、强化医疗质量监管、保障数据信息安全
	陕西	2019 年 1 月	《陕西省人民政府办公厅关于促进"互联网+医疗健康"发展的实施意见》	12 个主要任务。推进"互联网+"医疗服务、开展"互联网+"公共卫生服务、创新"互联网+"家庭医生签约服务、完善"互联网+"药品供应保障服务、推进"互联网+"医疗保障结算服务、加强"互联网+"医学教育和科普服务、推进"互联网+"人工智能应用服务、加快实现医疗健康信息互通共享、推动"互联网+"医疗健康标准应用、提高县级医院管理和便民服务水平、提升医疗机构基础设施保障能力、加强行业监管和安全保障
	新疆	2021 年 8 月	《新疆维吾尔自治区卫生健康事业"十四五"发展规划》	加快全民健康信息化建设。加强顶层设计,促进智慧惠民、完善全民健康信息平台建设、推动基层医疗卫生信息化、推进卫生健康行业信息数据标准化、推广居民电子健康卡、深化"互联网+医疗"服务

资料来源:根据公开信息整理。

三　数智赋能卫生健康的新产业、新场景与新实践

（一）数智医疗新产业

人工智能（AI）、云计算、物联网、区块链等技术在医疗诊断、治疗、远程会诊和面向消费者的移动健康等领域被越来越普遍地应用，并为医疗卫生健康领域的各方参与主体带来工具便利和技术支持，形成了数智医疗的新产业领域。根据动脉网和蛋壳研究院联合制作发布的《2023 数字医疗年度创新白皮书》，数智医疗（"数字医疗"）是一个相对宽泛的定义，是一个与开发和使用数字技术促进医疗健康有关的知识和产业实践领域，是医疗健康事业在新一代信息通信技术引领的第四次工业革命进程中取得的进步。

关于数智医疗产业的内涵和范围，目前仍没有达成普遍共识，没有形成统一的定义。业界根据不同的背景和需求给出的定义有不同的侧重，主要有三类：一是站在供给侧立场，主要关注数智化技术的使用；二是站在需求侧立场，重点强调使用数字技术来促进医疗健康业务发展；三是站在卫生健康系统转型升级的宏观立场上，关注数字医疗对推动当前医疗卫生健康向以患者为中心转变的价值。这些定义无不突出了数智医疗在概念和观点上的高度可变性、高可拓展性。但总体而言，数智医疗产业的发展被公认是一个将卫生系统从以提供者为中心的模式转变为以患者为中心的数字医疗生态系统的机会，对于患者或者人民群众而言，可以利用数智技术实现自我管理身心健康；对于医疗服务提供方和医疗健康参与各方而言，也可提高工作便利性和管理精准化，实现降本增效。

与数智医疗的定义有几种不同的方式一样，其分类也有不同的方法。虽然基于所采用的数智技术进行分类是一种比较常见的方式，但数智技术往往可以在医疗流程的多个方向发挥作用，这种分类方式无助于理解每种数字医疗技术的目的，以及如何使用及评估它们。根据数智技术在医疗流程中不同阶段的作用，可以分为最终用户/受益人、预期用途、监管审查、循

证证据及产品/干预类型 4 个维度。基于这些维度，可以将数智医疗技术分为面向管理方的非卫生系统解决方案和卫生系统运营解决方案，针对医疗服务提供方（如医疗机构）的卫生系统临床解决方案，以及面向患者的数字健康、数字监测、数字护理支持、数字诊断评估和数字治疗干预的解决方案。

（二）数智赋能新场景

1. AI+医学影像

人工智能技术在赋能医学影像诊断领域的落地最早、应用最广，即智能影像诊断，也就是将数智化技术应用于医学影像辅助诊断。数智技术在影像领域的应用主要分两部分——一是图像识别，二是深度学习，二者结合给医学影像领域带来巨大改革。图像识别主要是将病变部位进行影像分析，获取一些有意义的信息。食管癌智能影像监测准确率达 98%，并可区分浅表食管癌和晚期癌症，[1] 肺结核智能系统阅片诊断正确率达 92%，[2] 胆管癌智能磁共振成像诊断准确率达 94%。[3] 深度学习主要是利用影像大数据和模型训练，使其具有评估和诊断能力，进而得出辅助诊疗方案。Google DeepMind Health 团队利用深度学习将视网膜眼底图像用于糖尿病黄斑水肿程度监测，敏感度为 97.5%。[4] 国内学者使用智能超声诊断系统对甲状腺结节进行自动检测，准确率达 97%。[5]

2. AI+医疗机器人

近年来，智能手术机器人是医疗机器人技术领域中的研究热点，相比传

---

① 张彦琦等：《基尼系数和泰尔指数在卫生资源配置公平性研究中的应用》，《中国卫生统计》2008 年第 3 期，第 243~246 页。

② 祁华金等：《经济增长与城乡卫生资源配置公平性的实证研究》，《中国卫生产业》2018 年第 27 期，第 6~8 页。

③ 孙健、文秋林、王前强：《中国卫生资源需求预测研究》，《现代医院》2017 年第 9 期，第 1249~1251 页。

④ 肖峰：《我国医疗卫生资源优化配置的经济学分析》，《经济研究导刊》2018 年第 6 期，第 177~178 页。

⑤ 赵红等：《Lorenz 曲线和 Gini 系数在为卫生资源配置公平性评价应用中的几个问题与思考》，《中国卫生经济》2012 年第 4 期，第 25~71 页。

统的机器人，智能手术机器人对于控制系统的准确性、可靠性、智能化水平要求更高。达芬奇机器人是由美国 Intuitive Surgical 公司研发的先进机器人辅助手术系统，该系统通过融合多种新兴学科，显著提高了手术精度，实现了外科手术微创化、智能化和数字化。[①] 目前，该系统除被应用于心胸外科以外还被应用于普外科、妇科、泌尿外科、骨科等其他学科，适用范围逐步扩大。为紧跟世界医学技术的发展，我国智能手术机器人研究如火如荼，天津大学、中南大学等单位联合研发的"妙手 S"腹腔微创手术机器人可完成直径<1mm 微细血管的剥离、剪切、缝合和打结等手术操作。我国学者设计的全自动无针头疫苗注射机器人，可精确定位疫苗穿刺点和注射角度。

3. AI+医院导诊

在挂号阶段，患者以语音或文本的形式，将信息输入智能交互式对话平台，平台在记录的同时利用语音识别、文本识别等技术，结合疾病知识图谱，形成智能判断，向患者推荐最合适的挂号科室和专家。在候诊及院内导诊阶段，智能导诊机器人可以 24 小时不间断提供常见的就诊和导诊问题解答，既能缓解护士人员工作压力，也能提升患者的导诊体验。患者挂号后，可在手机端提前填写病症感受等信息，调取过往病例，并自动将其导入门诊医生工作站，方便医生接诊后快速查看，从而提升就医效率和就医体验。

4. AI+辅助决策支持

通过训练模型，让 AI 掌握医疗诊断知识，并且按照医生的思维和推理逻辑，给出诊断和治疗建议方案，供医生参考。随着 AI 技术的不断发展，深度学习算法在某些情况下已经表现出了超越临床医生的诊断能力，可以更好地支持医生的决策诊断，也表明 AI 在医疗领域会有更大的发展前景。江苏省人民医院设计的静脉血栓栓塞症（VTE）智能防治管控系统可动态监测住院患者的 VTE，能够支持实现院内 VTE 及时识别和有效干预。Chang Junior 等学者构建了随机森林算法，使用常见临床病历数据，可以对先天性心脏病手

---

① 张晔、张驰、王志强：《2004~2016 年新疆医疗卫生资源配置公平性与影响因素研究——基于"人口公平性"与"地理公平性"的综合视角》，《中国卫生事业管理》2019 年第 7 期，第 499~509 页。

术患者的死亡结局进行预测，这一成果已经支撑网络应用供临床医生参考。①

5. AI+病历数据结构化与质控

在传统临床科研的整个过程中，病历筛选和数据提取占用的时间超过50%。经过训练的 AI 系统，能够深度挖掘和分析医疗文本、图片、视频，快速批量抓取病历中的信息，生成结构化数据库，完整地读懂病历的含义，消除歧义。AI 还能够应用于临床试验、真实世界研究、不良事件追踪、患者管理随访等诸多方面，对电子病历数据质量进行控制，从内容完整性、时效性等方面对病历书写质量进行研判，也能够从术语规范性、逻辑一致性等方面对病历内容质量进行控制，提高质量控制效率和质量，使电子病历质量管理更加高效、稳定、可靠。

（三）数智健康新实践

1. 浙江省卫生健康数字化改革

2021 年，浙江省卫生健康系统以打造"健康大脑+"体系为目标，全省域、全方位、全领域推进卫生健康数字化改革，并制定发布了《卫生健康数字化改革指南 V1.0》，作为全省卫生健康数字化改革的顶层设计，为各地推进卫生健康数字化改革工作统一了跑道、规范了方法、提供了路径。2022 年，其进一步迭代更新形成了《卫生健康数字化改革指南 V2.0》。

浙江省的卫生健康领域数字化改革以"健康大脑+"体系为总体设计，基于健康大脑，聚焦智慧医疗、数字健康管理、智慧公卫等关键子领域，从需求出发，以改革破题，构建重大应用，从而实现服务更便捷、治理更高效的改革目标。"健康大脑+"体系具体表现为"1+3+N"架构："1"即建设一个健康大脑；"3"即智慧医疗、数字健康管理和智慧公卫三个子领域；"N"即在三个子领域下，通过迭代升级、增量开发、模块集成方式，建设N 个多跨场景（见图 4）。

----

① 《中国移动设计院：人工智能在医疗领域的应用及展望》，腾讯网，https://mp.weixin.qq.com/s/C9qmD8fZN0SIRwiQui4KIw，2023 年 11 月 16 日。

1	健康大脑 （云网中心、数据中心、组件中心、医学知识中心、 决策支持中心、标准中心、算法中心、交换中心）			
3	智慧医疗	数字健康管理	智慧公卫	子领域
N	浙医互认　浙里急救　浙里护理　浙里中医　看病就医一件事　……	浙里健康e生　电子健康档案开放　健康画像　数字家医　浙有善育　服务链　证照链　……	浙里防疫　生物安全在线　职业健康在线　住宅卫生在线　医美监督在线	多跨场景

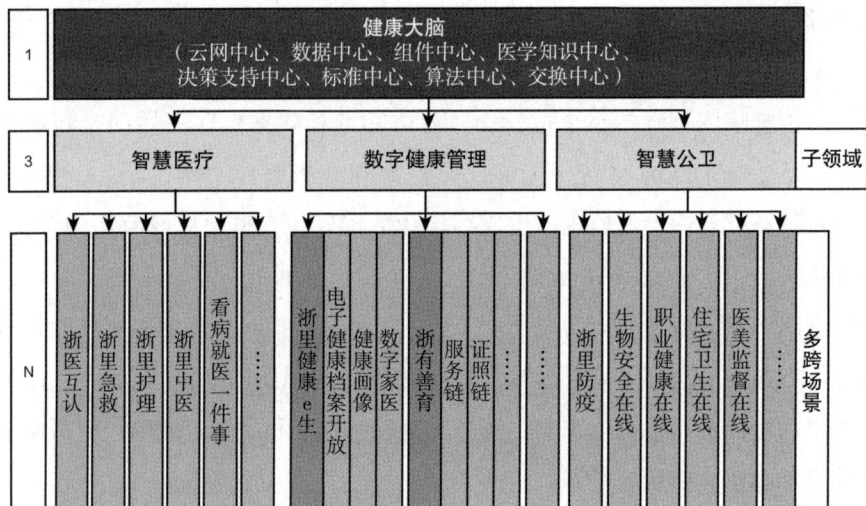

图 4　浙江省"健康大脑+"架构图 2.0

特色做法一：打造"健康大脑+"体系。依托一体化智能化公共数据平台，综合运用大数据、人工智能、区块链、物联网等新一代数字技术，融合数据、技术与医学知识，打造集态势感知、数据治理、应用协同等功能于一体的卫生健康数字化底座，用数据流提升决策流、业务流、管理流，为全人群、全生命周期医疗健康服务和全领域、全方位卫生健康治理增智赋能。健康大脑包括云网中心、数据中心、组件中心、医学知识中心、决策支持中心、标准中心、算法中心、交换中心八大中心。

特色做法二：打造场景化的重大应用。一是智慧医疗子领域，聚力破解群众看病就医"急难愁盼"问题，通过医疗健康数据资源的汇聚、关联、融合，推进诊前诊中诊后全流程服务以及医疗医保医药全业务协同，构建线下线上就医服务闭环，打造一站式、智能化、全方位数智医疗健康服务。二是数字健康管理子领域，聚焦群众对健康生活的需求，集成以老年人、妇女儿童等为重点的全龄人群日常健康管理，形成医防融合、医养结合的全人全程数字健康管理体系。三是智慧公卫子领域，以打造公共卫生最安全省份为目标，汇聚公共卫生数据资源，创新重大疾病预防诊治和医防协同等服务机制，探索构建智能化、精准化的卫生健康监管执法机制，打造方便、安全、温馨的智慧公共卫生服务模式。

2. 重庆市数字健康建设

重庆市卫生健康委员会全面落实党中央、国务院关于加快建设数字中国、推进健康中国建设等系列战略部署，围绕数字重庆建设总体工作目标和任务，立足全人群、全周期、全流程、全方位的卫生健康高质量发展需要，推动卫生健康领域系统化重塑和数智化升级，全面构建信息互联互通、业务协同联动、监管服务智能高效的市域数字健康行业治理新体系，2023 年 12 月印发了《重庆市数字健康建设实施方案（2023—2027 年）》。① 重庆市在推进数字健康建设过程中遵循的基本原则包括：坚持以数字化思维引领全面深化改革、坚持以数智化理念重塑服务体系、坚持以协同化治理推进流程再造、坚持以集约化建设赋能场景共建、坚持以规范化管理夯实制度保障。

着力构建"134+N"的数字健康体系架构。其中："1"是指依托数字重庆一体化智能化公共数据平台建设统一的"数字健康大脑"；"3"是对接融入数字重庆三级数字化城市运行和治理中心，打造数字健康"统筹监管—运营管理—服务响应"三层监管服务体系；"4"是在全量业务梳理基础上，整合形成"全域公共卫生智治""智慧整合医疗服务""健康数据融合创新""数字健康运行监管"四大业务板块；"N"是聚焦核心业务、重大改革，锚定"一件事"，应用"V 模型"，梳理"三张清单"，有序打造和持续迭代丰富 N 个行业特色应用。该体系架构如图 5 所示。

特色做法一：建设"健康大脑"。具体包括六大中枢，分别为：一是云网管理中枢，建设管理数字健康"一朵云"，建设管理数字健康"一张网"，创新卫生健康云网服务体系；二是数据交换中枢，迭代卫生健康数据资源库，升级全民健康智能管理服务平台数据共享交换系统，构建卫生健康数据交换共享枢纽；三是医学知识中枢，建设一批重点医学知识库，搭建知识图

① 《重庆市卫生健康委员会关于印发重庆市数字健康建设实施方案（2023—2027 年）的通知》，重庆市卫生健康委员会官网，https://wsjkw.cq.gov.cn/zwgk_242/fdzdgknr/ghxx/qygh/202312/t20231226_12748366.html，2023 年 12 月 26 日。

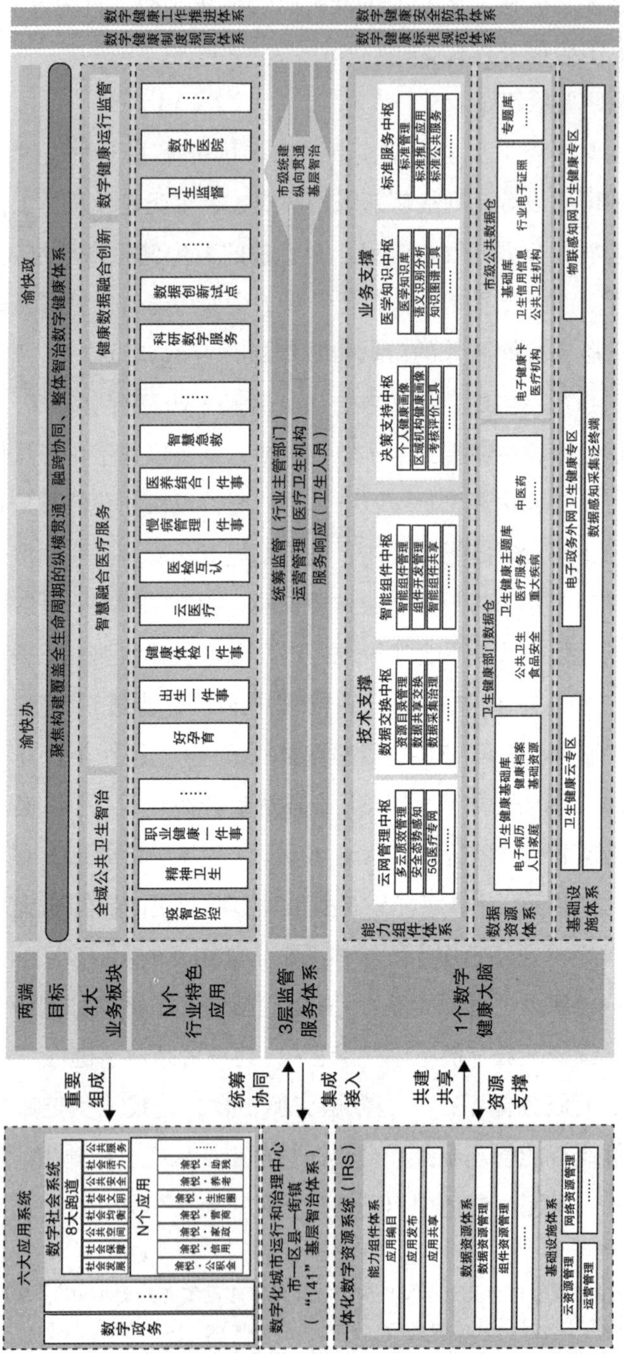

图5 重庆市数字健康"134+N"体系架构

谱工具，建立医学知识授权机制；四是智能组件中枢，建设卫生健康智能组件库，加速行业创新应用服务转化；五是决策支持中枢，建设个人、机构、区域健康画像，建设考核评价工具；六是标准服务中枢，持续完善信息标准，推进数字健康标准落地推广。

特色做法二：建设数字健康监管服务体系。具体包括以下三个方面。一是构建数字健康监管服务体系结构。探索建立市—区县卫生健康行业主管部门统筹监管、各级各类医疗卫生机构协调运营管理、基层医疗卫生人员联动群众服务响应的超大城市数字健康监管服务体系结构。二是统一建设数字健康监管服务能力框架。依托"数字健康大脑"六大中枢，建设行业领域特色数字化能力框架，以智能化可视化集成化手段完成重大疫情、突发公共卫生事件等多跨流转和快速响应任务，支撑医疗卫生服务和不同事件的研判预警、上报流转、接收响应、分拨处置等。三是分层分类建立健全监管服务运行机制。建立健全责任明确的分层建设管理制度，建立健全融跨协同的分类运行管理制度。

参考文献

《2022年卫生健康事业发展统计公报发布》，中国政府网，http：//www.nhc.gov.cn/guihuaxxs/s3586s/202310/5d9a6423f2b74587ac9ca41ab0a75f66.shtml，2023年10月12日。

《2025年我国全民健康信息互联互通将再上新台阶》，中国政府网，https：//www.gov.cn/xinwen/2022-11/10/content_5725763.htm，2022年11月10日。

《关于全面推进紧密型县域医疗卫生共同体建设的指导意见》，中国政府网，https：//www.gov.cn/zhengce/zhengceku/202312/content_6923447.htm，2023年12月29日。

李韬、冯贺霞：《数字健共体赋能基层卫生治理变革》，《行政管理改革》2022年第8期。

濮小英、顾亚明：《推进卫生健康领域供给侧结构性改革——基于党的二十大精神学习体会》，《卫生经济研究》2023年第4期。

祁华金等：《经济增长与城乡卫生资源配置公平性的实证研究》，《中国卫生产业》2018年第27期。

孙健、文秋林、王前强：《中国卫生资源需求预测研究》，《现代医院》2017 年第9 期。

《为中华民族伟大复兴打下坚实健康基础——习近平总书记关于健康中国重要论述综述》，《人民日报》2021 年 8 月 8 日，第 1 版。

肖峰：《我国医疗卫生资源优化配置的经济学分析》，《经济研究导刊》2018 年第6 期。

谢虎等：《数字化智能化健康社区医防协同服务模式文献探索》，《中国农村卫生》2024 年第 3 期。

张彦琦等：《基尼系数和泰尔指数在卫生资源配置公平性研究中的应用》，《中国卫生统计》2008 年第 3 期。

张晔、张驰、王志强：《2004~2016 年新疆医疗卫生资源配置公平性与影响因素研究——基于"人口公平性"与"地理公平性"的综合视角》，《中国卫生事业管理》2019 年第 7 期。

赵红等：《Lorenz 曲线和 Gini 系数在为卫生资源配置公平性评价应用中的几个问题与思考》，《中国卫生经济》2012 年第 4 期。

《中国移动设计院：人工智能在医疗领域的应用及展望》，腾讯网，https：//mp. weixin. qq. com/s/C9qmD8fZN0SIRwiQui4KIw，2023 年 11 月 16 日。

B.9
数智赋能中国城市基层治理
发展报告（2023~2024）

路宇浩 王 伟 韩克非*

摘 要： 基层治理是国家治理的基石，是实现国家治理体系和治理能力现代化的基础工程，统筹推进乡镇（街道）和城乡社区治理。随着中国城市化进程的加速推进和新科技手段的不断涌现，数智背景下的基层治理重要性日益凸显。本报告从基层治理的提出与发展概况、体系构架和能力建设以及创新突破等方面结合浙江省等地方基层智治体系建设进行深入探讨。同时，本报告从信息化和智能化、公众参与和社区自治、绿色和可持续发展、社会治理多元化、应对新挑战的策略等角度分析数智赋能下基层治理的核心发展路径。本报告从加强党的基层组织建设、城乡社区服务体系建设规划、基层治理的现代化和创新、基层治理制度的完善、技术在基层治理的应用、基层法治的推进、生态环境的治理、综合性治理策略等方面对数智赋能下的创新举措进行前瞻性分析。

关键词： 基层智治 数智赋能 基层治理

一 基层治理的提出与发展概况

基层治理，指的是国家对城市的基层单元如社区、乡镇进行的管理和服

---

* 路宇浩，中移数智科技有限公司数字化咨询总监，高级工程师，企业架构师，研究方向为政府、企事业单位数字化转型、数据智能等相关领域；王伟，中移数智科技有限公司高级项目经理，研究方向为数字政府及战略研究等相关领域；韩克非，中移数智科技有限公司项目经理，研究方向为数字经济、产业经济及战略研究等相关领域。

务，包括但不限于社会秩序、公共服务、社区参与等方面。这一概念的提出，是对传统治理模式的重要补充和完善，其核心在于更加注重民众的参与和需求，以及政府服务的有效性和效率。

基层治理在国家治理体系中的重要性不言而喻。党的十八大以来特别是2021年《中共中央 国务院关于加强基层治理体系和治理能力现代化建设的意见》的发布，标志着基层治理作为国家治理的基石，受到国家层面高度重视。进一步讲，基层治理是实现社会稳定、促进经济发展、提高居民生活质量的基石，而且有效的基层治理能够促进社会和谐，通过及时响应和解决基层问题，避免社会矛盾的积累和放大。2023年10月中央文献出版社出版的《习近平关于基层治理论述摘编》一书中，更是将基层治理提升到一个新的高度，强调"基层强则国家强，基层安则天下安"。

（一）基层治理体系概述

近年来，我国基层治理方式和手段不断创新，基层治理体系日益完善，基层治理能力不断增强，为成功防范化解各种风险挑战和促进经济发展、打赢脱贫攻坚战等提供了坚实支撑。习近平总书记指出，"十四五"时期，要在加强基层基础工作、提高基层治理能力上下更大功夫。①

基层是一个地域的概念，更是一个国家治理层级的概念。基层社会治理是指在党的领导下，运用包括政府在内的多种力量向基层辖区居民提供民生保障、公共服务，进行利益协调、矛盾纠纷化解，创造平安和谐舒适的生活环境的活动。

基层社会治理与基层政府治理既有联系也有区别，共同点都是对基层公共事务的治理，不同点在于治理主体和治理对象有所差异。基层社会治理的主体强调的是社会力量，基层政府治理的主体是政府。基层社会治理需要政府的支持和引导，但更多强调的是社会力量的参与，而不是政府直接治理，

---

① 《习近平主持召开基层代表座谈会并发表重要讲话》，中国政府网，https://www.gov.cn/xinwen/2020-09/19/content_5544779.htm，2020年9月19日。

更不是包办代替。从治理对象看，基层政府治理主要涉及政府职能范围内的事项，而基层社会治理主要涉及社会领域的事务，两者有交叉但侧重点不同。因此，基层社会治理具有很强的社会性和自治性。.

党的十八届三中全会提出创新社会治理体制。从社会管理到社会治理，虽只有一字之差，体现的却是治理理念、治理体系的深刻转变。在治理理念上，体现了党领导下多方参与、共同治理的理念；在治理方式上，从单向管理转向多方良性互动。党的十九大提出完善党委领导、政府负责、社会协同、公众参与、法治保障的社会治理体制。通过一系列基层治理体制机制创新，基层治理不仅要以体制为基础，还要强调运行体系，使社会治理从"体制"走向"体系"，努力实现政府治理和社会自我调节、居民自治的良性互动，实现从国家本位到国家和社会协同的转向。党的十九届五中全会把"社会治理特别是基层治理水平明显提高"作为"十四五"时期我国经济社会发展主要目标的重要内容。"十四五"规划要对健全城乡基层社会治理体系做出具体部署，提出"以数字化助推城乡发展和治理模式创新"，着重强调实现基层治理运作的智能化，既是新时代提升基层治理水平的客观要求，也是推进基层治理体系现代化的基本途径。

基层治理是国家治理的基础，承载和支撑着国家治理的大厦。构建一套适合我国国情、能够解决基层治理问题的体系，是推进基层治理现代化创新的关键。同时，基层社会治理体系的创新发展要以改善民生为导向。"增进民生福祉是发展的根本目的"，是新时代中国特色社会主义的本质要求。以改善民生为导向推进基层社会治理创新发展，既坚持和贯彻了以人民为中心的发展思想，有力地推进社会公平正义、维护社会和谐稳定，又深刻昭示着中国共产党人对"走自己的路"的理论认识与自信，价值非凡、意义重大。

伴随改革开放以来我国社会关系、社会结构等方面的发展变化，基层治理体系与时俱进地得到创新和完善，不断回应社会变化对基层治理提出的新要求，不断解决新问题，基层社会的共识和力量不断凝聚，维护了基层社会既充满活力又安定有序的良好局面。

（二）基层治理体系发展

改革开放以来，我国综合国力不断提升。强大的综合国力构成国家善治的必要条件。将国力增强转化为国家治理能力的提升，关键在于提高基础性国家能力。党的十八届三中全会提出国家治理能力与治理体系现代化的改革目标。核心总结基层治理大概经历了如下几个阶段（见表1）。

表1 基层治理的主要发展阶段

阶段	主要内容
改革开放初期	在20世纪80年代，随着改革开放的深入推进，中国的城市化进程开始加速，这也带来了对基层治理模式的初步探索。在这一时期，基层治理主要集中在维持社会秩序和基本公共服务的提供上
21世纪初	进入21世纪，随着社会经济的快速发展和城市化水平的提高，基层治理开始注重居民参与和社区自治。政府逐渐意识到，除了传统的管理职能外，还需要关注社区居民的福祉和需求
近年来的变革	近年来，随着信息技术的发展和社会治理理念的创新，基层治理开始进入一个新的阶段。政府不仅提供传统服务，还在积极探索如何利用数字技术提高治理效率，如通过建设智慧城市来推进电子政务等

资料来源：根据公开资料整理。

2021年4月发布的《中共中央 国务院关于加强基层治理体系和治理能力现代化建设的意见》提出，完善党全面领导基层治理制度、加强基层政权治理能力建设、健全基层群众自治制度、推进基层法治和德治建设、加强基层智慧治理能力建设等要求。随后，不少地方的政府部门出台了数字化改革实施方案，积极扩大数字技术在城市治理场景中的应用，加快数字技术与传统治理工具融合；地方政府积极运用政策工具，以政府治理的数字化转型带动其他部门、其他治理主体的数字化转型，进而推动全领域、全周期的数字化改革，让社会组织、企业和居民等多元治理主体都参与到数字化改革进程中，共同提升城市治理的质量和水平，给城市治理增添新的活力。

数字化治理的基础是公共治理活动的数据化。海量数据的背后，隐藏着人们对公共治理需求的偏好，也隐藏着公共治理需求的优先顺序和变化趋势。数字化改革不是对已有的治理形态做简单的加减法。数据驱动意味着以数据为要素、技术为载体，运用大数据、云计算、区块链、人工智能等技术，通过"数据业务化"推进组织架构、人员配置、内部沟通方式的全面优化。一些地方还设置了首席数据官和数据专员等新岗位。通过数字化改革，治理主体能够更加精确地掌握不同区域、不同群体甚至不同个体的治理需求及其动态变化，进而优化公共资源配置和服务流程，实现城市治理的智能化。

在数字化发展过程中，政府需要为多元主体共同参与的数字化改革提供基础性规则，包括数据获取范围、数据权属、数据流通等数据治理相关规则，以及数字基础设施和数字治理应用的开发、运营、升级等一系列规则体系。必须看到，数字化本身并不是目标，让城市更智慧、让生活更美好、不断增强人民群众的获得感、幸福感、安全感才是政府部门的追求。

各地在数字化改革方面积极探索，取得了明显成效。比如2024年第1期《党建》杂志刊发文章《"吃茶话事"机制打造基层治理新模式》，介绍了福建省南平市松溪县全域推行"吃茶话事"机制，将基层治理创新与当地传统习俗相结合的工作经验，聚焦"有话没处说"，构建"贴近群众"的议事平台；聚焦"有事没人办"，构建"马上就办"服务平台；聚焦"费力难见效"，构建"凝心聚力"发展平台。浙江省建立了浙江政务服务网、"浙里办"、12345平台，在汇集民意、服务群众方面发挥着重要作用。

未来，可以让数字技术在更多场景得到应用，在社会治理领域发挥更大作用。政府部门可以根据需要设立专门的运营和维护团队，形成数字化应用更新迭代的优化机制，还可以借鉴企业的经验和做法，聘请不同行业、不同年龄段群众担任数字体验员，让线上政务服务更好用、更易用，让数字化改革为人民群众营造更美好、更舒心的生活环境。

（三）全国及核心省份建设情况

我国在基层治理方面的建设成就显著。各地区根据自身的特点和需求，推行了一系列创新举措（见表2）。

表2　我国主要地区在基层治理方面推行的创新举措举例

地区	创新举措
东部沿海地区	在经济较为发达的东部沿海地区，基层治理更多地侧重于服务质量的提升和治理模式的创新。例如，上海、浙江等地通过推行"最多跑一次"政策，大幅度提高了政府服务的效率和便捷性
中西部地区	在中西部地区，基层治理的重点更多地放在了基础设施建设和民众基本需求的满足上。例如，重庆、四川等地加大了对农村和偏远地区基层治理能力的投入，强化了基础公共服务的提供
北方地区	北方地区如北京、天津等城市在基层治理上注重融合传统与现代，强调历史文化的保护与社区自治的结合

资料来源：根据公开资料整理。

以浙江为例，基层智治系统是数字化改革重大应用在基层集成落地、推动改革成果转化为治理效能的重要载体，推进基层治理理念、思路、机制、方法、手段系统性重塑，实现基层治理体系和治理能力现代化的重大改革。

1. 基层智治系统建设背景

推进基层智治系统建设，是深入贯彻中央关于基层治理决策部署的必然要求。习近平总书记指出，一个国家治理体系和治理能力的现代化水平很大程度上体现在基层。基础不牢，地动山摇。要不断夯实基层社会治理这个根基。[①]

推进基层智治系统建设，是"县乡一体、条抓块统"改革的迭代升级。近年来，浙江深入贯彻习近平总书记关于加强基层治理的重要论述精神，加快推进"基层治理四平台"建设，逐步实现基层治理从分散走向集中、从零碎走向整合、从部分走向整体。[②]

特别是自2020年5月以来，以衢州市作为"县乡一体、条抓块统"改

---

① 《习近平谈社区治理：提高社区效能的关键是加强党的领导》，新华网，http://www.xinhuanet.com/politics/leaders/2020-07/24/c_1126279898.htm，2020年7月24日。
② 中共中央党史和文献研究院：《习近平关于基层治理论述摘编》，中央文献出版社，2023。

革全市域综合试点，进一步理顺条块关系，增强乡镇（街道）统筹能力，有效提升了基层整体智治能力。基层智治系统以宁波市、衢州市为试点，从县、乡、村和网格入手，做实载体贯通、厘清工作界面、统建枢纽平台、变革体制机制，推动"141"体系全面承接融入"162"体系，推动六大系统重大应用向基层延伸贯通。

推进基层智治系统建设，是体系化破解基层治理难题的有效之举。基层治理是党联系服务群众的"最后一公里"，也是人民群众感知公共服务效能和温度的"神经末梢"。要通过统筹推进技术融合、业务融合、数据融合，提升跨层级、跨地域、跨系统、跨部门、跨业务的协同管理和服务水平，深化共建共治共享，着力破解基层治理中存在的难点痛点堵点问题，及时呼应人民群众多层次差异化、个性化的新需求、新期待，及时解决基层群众的操心事、烦心事、揪心事，推动基层治理方式从行政性单一化管理向党领导下的多元共治转变，从硬性管理向柔性治理转变，从传统粗放式管理向现代精细化治理转变，让基层群众的获得感、幸福感、安全感更加充实、更有保障、更可持续。

2. **基层智治系统定义内涵**

基层智治系统以党建为统领，以推进基层治理体系和治理能力现代化为目标，聚焦基层治理重大需求，深化"县乡一体、条抓块统"改革，迭代升级"141"体系，对基层治理体制机制、组织构架、方式流程、手段工具进行全方位系统性重塑，推动党建统领整体智治、数字政府、数字经济、数字社会、数字文化、数字法治六大系统在基层综合集成、协同赋能，打造高效协同、整体智治的基层治理体系，实现基层治理质量变革、效率变革、动力变革。基层智治系统具有以下七个方面的特征。

一是数字化转型：浙江省积极推动基层治理的数字化改革，通过构建"基层智治综合应用"平台以及与"大综合一体化"执法监管数字应用的全线贯通，实现数据共享、业务协同和智能决策。各地区如杭州、宁波镇海、衢州等均建立了智能网格化管理系统，将大数据、云计算、人工智能等先进技术应用于社区管理、矛盾化解、安全防控等领域。

二是以人为本：基层智治始终坚持以人民为中心的发展思想，注重服务群众的精准性和有效性，比如完善人口基础数据体系，确保城市居民能够享受到全面覆盖的服务，并且通过智能化手段快速响应群众需求和解决实际问题。

三是联动协作：实现多部门、多层级之间的高效协同，整合了包括公安、市场监管、烟草专卖等各种执法力量和社会资源，通过线上线下的深度融合，提升社会治理的整体效能。

四是网格化管理：推行网格化管理机制，依托信息化技术划分网格单元，配备网格员进行精细化管理和实时巡查，实现对基层社会事务的全方位、全天候监控和服务。

五是预防与化解并重：不仅强调事中事后处理，更注重事前预警和源头治理，例如椒江把家事化解作为参与基层治理的切入点，积极推进家事纠纷化解，利用数据集成分析预测潜在纠纷，提前介入化解矛盾。

六是法治保障：将基层智治纳入法治轨道，加强法规制度建设，确保所有智治举措在法律框架下运行，同时运用科技手段强化法治宣传教育和执行力度。

七是持续创新：持续推动治理体系和能力现代化，不断迭代更新系统功能，开发智能组件，推广最佳实践，形成一系列可复制、可推广的经验模式。

3. 基层智治系统与基层治理体系和治理能力现代化的关系

加强和创新基层治理，既是推进省域治理体系和治理能力现代化的题中应有之义，又关乎党长期执政、社会长治久安和广大人民群众的切身利益。加快基层智治系统建设，持续推动基层治理理念、思路、机制、方法、手段创新，是不断夯实省域治理体系和治理能力现代化的重要支撑。

第一，基层智治系统是以数字化改革推动基层治理体系和治理能力现代化的重要载体。基层智治系统通过将数字化改革能力在基层综合集成，全面赋能党建统领，持续完善基层治理体系，切实增强各领域基层党组织政治功能和组织力凝聚力，促进中央的宏观决策在省级的中观执行以及基层的微观落实，实现从县域整体智治到省域整体治理，从基层治理现代化到省域治理现代化。

第二，基层智治系统为基层治理体系和治理能力现代化提供了方法和流程。基层智治系统以事项为切入，聚焦基层治理过程中的高频、高权重、高需求事项和共同富裕示范区重大改革，通过整合"一件事"集成改革以及构建重大应用来实现推动数字赋能、流程再造、制度重塑，实现基层治理事项高效联办、闭环运转，推动共同富裕示范区重大改革集成落地，持续提升县乡协同效率，提高基层治理效能。

第三，基层智治系统为基层治理体系和治理能力现代化提供了工具手段。通过基层智治大脑建设，打造支撑多种应用的能力集和动力集，强化感知发现能力、快速处置能力和量化闭环能力，推动从"模糊的前瞻性"进阶为"预测的确定性"，切实掌握基层治理的战略主动权。

二　基层治理的体系构架与能力建设

党的二十大报告明确提出，将"健全共建共治共享的社会治理制度，提升社会治理效能""建设人人有责、人人尽责、人人享有的社会治理共同体"等作为基层治理体系和治理能力建设现代化的重要目标。可以说，中国城市基层治理的体系构架是一个复杂且多层次的体系，它涉及众多的参与者、政策、技术和过程。

（一）系统架构的多维性和层次性

基层治理的系统架构在中国的城市治理中扮演着至关重要的角色。它通常由多个层级构成，包括省、市、区/县、街道/乡镇和社区/村。每个层级在治理体系中有其独特的职责和作用（见表3）。

表3　基层治理在政府各层级中的职责及作用

层级	职责及作用
省级	主要聚焦于政策和战略的制定,确保整个省的基层治理工作与国家的大政方针相一致,并且做好省级部署与监督执行

层级	职责及作用
市级	市级政府需要结合省委部署与本市区域特点,制定地方策略,出台相关政策,部署合理化行动,监督和指导下属区县的治理工作,同时为他们提供必要的资源和支持
区/县级	区县级的基层治理工作更多地聚焦于政策的实施和地方特色的融入。这个层级的治理需要根据地方实际情况调整和优化市级政策,以确保政策的有效性和适用性
街道/乡镇级	这一层级是连接政府与社区居民的桥梁。街道和乡镇的治理机构负责协调各社区的工作,解决居民的具体问题,并执行区县和市级的政策
社区/村级	社区和村是基层治理的最前线。这个层级直接面对居民,负责提供日常服务,如社会保障、公共安全、环境卫生等。社区和村的工作人员需要密切了解居民的需求和意见,及时反馈给上级治理机构

资料来源:根据公开资料整理。

(二)系统架构的数字化转型

在数字化时代背景下,基层治理的系统架构正在经历一场深刻的转型。信息技术的发展,尤其是大数据、云计算和人工智能的应用,为基层治理带来了新的机遇和挑战。

数据驱动的决策制定:通过收集和分析大量的社区数据,政府能够更准确地理解社区的需求和问题,实现数据驱动的决策制定。例如,通过分析居民的反馈,政府有能力更好地分配和提供公共服务。

智能化的服务提供:利用人工智能和机器学习技术,政府可以提供更加智能化和个性化的服务。例如,通过智能客服系统解答居民的咨询,或者利用智能分析工具预测和解决社区问题。

信息平台的建设与应用:建立统一的电子政务平台,实现政府服务的在线化、透明化。这不仅提高了政府工作的效率,也方便了居民的日常生活。

（三）数字中国建设推动基层治理的显著作用

当今时代，以互联网、大数据、人工智能、物联网及区块链等为代表的数字技术与应用对培育新经济、促进新增长，开辟公共服务新渠道、满足个性化与便利化服务需求，重塑治理流程、提升治理的精准化与高效化等发挥了重要作用。数字化条件下，社会治理的数字化转型已成必然趋势。

党的十八大以来，党和政府高瞻远瞩、审时度势，积极推动实施网络强国战略、数字中国战略等，开启社会全面数字化转型和数字治理变革。

数字政府建设与治理取得积极进展。通过数字化、智能化手段赋能数字政府建设，有助于实现服务流程再造、提高政府服务效能，促使政府治理向更加科学、高效、透明、民主、包容、精细的方向发展。各级政府因地制宜创新数字政府治理实践。从浙江的"最多跑一次"，到上海的"一网统管"与"一网通办"等，这些创新实践一方面极大地方便了各类市场主体和社会公众，另一方面也为创新政府治理新模式、构建新型政务服务和数字治理体系提供了实践基础。

数字社会治理取得明显成效。数字技术正以前所未有的规模和速度服务并赋能社会的发展与治理，依托数字技术和平台面向百姓提供个性化服务、开展精细化治理，既包含了以每人每户为中心的个性化数字化空间治理，也包含了覆盖每分每秒的全天候数字化时序治理，更包含了虚实融合的多维度数字化活动治理，这些都深刻改变着传统的社会治理。近年来，我国在社区治理、社会服务、应急服务管理、数字健康、智慧教育、智慧养老等方面开展了积极探索。在新冠疫情防控中，数字技术和应用在疫情监测分析、病毒溯源、在线咨询、防控救治、物资调配等方面就发挥了重要支撑作用，有效助力复工复产，保障了疫情防控期间人民群众工作生活有序开展。

（四）基层治理的能力建设

《中共中央 国务院关于加强基层治理体系和治理能力现代化建设的意见》提出，要加强基层政权治理能力建设，包括增强乡镇（街道）行政执行能力、为民服务能力、议事协商能力、应急管理能力、平安建设能力五大能力。

增强乡镇（街道）行政执行能力。加强乡镇（街道）党（工）委对基层政权建设的领导。依法赋予乡镇（街道）综合管理权、统筹协调权和应急处置权，强化其对涉及本区域重大决策、重大规划、重大项目的参与权和建议权。根据本地实际情况，依法赋予乡镇（街道）行政执法权，整合现有执法力量和资源。推行乡镇（街道）行政执法公示制度，实行"双随机、一公开"监管模式。优化乡镇（街道）行政区划设置，确保管理服务有效覆盖常住人口。

增强乡镇（街道）为民服务能力。市、县级政府要规范乡镇（街道）政务服务、公共服务、公共安全等事项，将直接面向群众、乡镇（街道）能够承接的服务事项依法下放。乡镇要围绕全面推进乡村振兴、巩固拓展脱贫攻坚成果等任务，做好农业产业发展、人居环境建设及留守儿童、留守妇女、留守老人关爱服务等工作。街道要做好市政市容管理、物业管理、流动人口服务管理、社会组织培育引导等工作。加强基层医疗卫生机构和乡村卫生健康人才队伍建设。优化乡镇（街道）政务服务流程，全面推进一窗式受理、一站式办理，加快推行市域通办，逐步推行跨区域办理。

增强乡镇（街道）议事协商能力。完善基层民主协商制度，县级党委和政府围绕涉及群众切身利益的事项确定乡镇（街道）协商重点，由乡镇（街道）党（工）委主导开展议事协商，完善座谈会、听证会等协商方式，注重发挥人大代表、政协委员作用。探索建立社会公众列席乡镇（街道）有关会议制度。

增强乡镇（街道）应急管理能力。强化乡镇（街道）属地责任和相应职权，构建多方参与的社会动员响应体系。健全基层应急管理组织体系，细化乡镇（街道）应急预案，做好风险研判、预警、应对等工作。建立统一指挥的应急管理队伍，加强应急物资储备保障。每年组织开展综合应急演练。市、县级政府要指导乡镇（街道）做好应急准备工作，强化应急状态下对乡镇（街道）人、财、物的支持。

增强乡镇（街道）平安建设能力。坚持和发展新时代"枫桥经验"，加强乡镇（街道）综治中心规范化建设，发挥其整合社会治理资源、创新社会治理方式的平台作用。完善基层社会治安防控体系，健全防范涉黑涉恶长效机制。健全乡镇（街道）矛盾纠纷一站式、多元化解决机制和心理疏导服务机制。

结合各个地方的落地实践，总体可概括为促进服务能力、支撑能力和保障能力的全面提升。表4是对这三个方面的详细探讨。

表4 基层治理的三个重要能力建设

类别	概念阐释	主要措施
服务能力建设	服务能力建设是基层治理能力建设中的重要组成部分。它主要指的是提升基层政府及其工作人员为民众提供服务的能力	人员培训和专业化：基层治理的质量在很大程度上取决于执行治理任务的人员的素质。因此，对基层工作人员进行定期的培训至关重要。这包括政策解读、服务技巧、紧急应对能力等方面的培训
		优化服务流程：简化和优化服务流程，减少不必要的官僚程序，提高服务效率。例如，通过在线服务平台减少居民办事的步骤和时间
		强化互动和反馈机制：建立有效的沟通渠道，收集居民的意见和反馈，及时调整和优化服务内容
支撑能力建设	支撑能力是指基层治理体系的硬件和软件支持，包括基础民生建设、基础设施建设、信息化建设等	基础民生建设：包括党建统领、经济生态、平安法治、公共服务等系统性工程的上下贯穿与数字化赋能
		基础设施建设：加强社区服务中心、文化活动中心等基础设施的建设和改造，为居民提供更加便捷和舒适的服务环境
		信息化建设：利用信息技术提升治理效率。例如，通过建设电子政务平台，实现政务服务的在线化；运用大数据分析优化资源配置和政策制定

续表

类别	概念阐释	主要措施
保障能力建设	保障能力建设是确保基层治理顺利进行的重要保障,主要包括民意民生的关注和社会治安的维护	民意民生的关注:定期开展民意调查,了解居民的需求和意见;在政策制定和服务提供中充分考虑居民的实际需求,确保政策和服务能够切实改善居民的生活
		社会治安的维护:加强社区治安管理,提升公共安全水平。例如,通过增设监控设施、加大巡逻力度等方式,预防和减少犯罪事件的发生

资料来源:根据公开资料整理。

三　基层治理的创新突破

在基层治理的实践中,创新是推动治理效能提升的关键因素。以下是对基层治理创新突破的几个重要方面的详细探讨。

(一)模式创新

模式创新是实现基层治理现代化的重要路径。这包括但不限于政策制定、服务提供、技术应用等多个方面的创新,其相关案例见表5。

表5　基层治理模式创新的主要举例

类别	举例
政策制定的创新	探索更加高效和民众参与度更高的政策制定机制。例如,引入公众咨询和公民投票机制,使政策更加贴近民众的实际需求和期望
服务提供的创新	创新服务提供的方式和方法,如通过建立多功能的社区服务中心,提供一站式的综合服务
技术应用的创新	运用新兴技术,如人工智能、大数据、云计算等,提高治理效率和质量。例如,通过人工智能技术优化资源配置,通过大数据分析预测和解决社区问题

资料来源:根据公开资料整理。

基层治理是国家治理的微观基础。基层治理是否有效，直接关系着经济社会能否持续发展、繁荣和稳定。推进基层治理现代化，是适应世界之变、时代之变、历史之变的必然要求，是实现人民对美好生活向往的必然要求。"十四五"时期，基层治理要坚持以人民为中心的发展思想，发挥群众智慧，接地气、讲协调、重创新、有实效。基层治理创新，关键要解决实际问题。只有坚持问题导向，强化治理效能，不断推动基层治理日趋精细化，才能为全面推进社会主义现代化建设奠定坚实的基层基础。

坚持党的全面领导，推进指挥一体化。必须充分发挥党总揽全局、协调各方、集中力量办大事的优势，将党的制度优势转化为基层治理效能。一方面，加强各级党委对基层治理的全面领导，需要各级党委发挥大脑中枢作用，加强顶层设计、系统设计、制度设计。另一方面，尤其是县区党委需要发挥"一线指挥部"作用，抓统筹、聚合力，抓落实、创特色，乡镇（街道）党（工）委发挥"龙头"作用，抓党建、抓治理、抓服务。同时，加强对基层各类组织和各项工作的统一领导，村（社区）党组织需要发挥战斗堡垒作用，把党的领导贯穿基层治理的全过程、各方面。

优化组织架构，推进权责明晰化。组织架构层面需要上下贯通、执行有力，党的领导才能"如身使臂、如臂使指"。通过对县、乡、村三级组织架构和职能体系的优化，创新治理架构。做优县区"顶线"，县区党委侧重抓总。做强乡镇（街道）"中线"，规范乡镇机构设置，做实模块化改革，按职能划分为乡村振兴、平安建设、纪检监察、组织统战等十大模块。做实村（社区）"底线"，坚持"分岗明责、网格管理"，选优配强村（社区）"两委"干部队伍。畅通"竖线"功能，加快推进市县社会治理中心、乡镇（街道）社会治理室、村（社区）网格工作站建设，形成党委领导、部门联动、线上线下协同的联动指挥体系。

聚集事权匹配，推进条块协同化。破解基层治理的权责不匹配问题，关键在于做好放权赋能。坚持试点先行，重点推动"一支队伍管执法"、政务服务就近办和县乡协同事项联办三项改革，实现人员下沉、职权下放、服务下移，提高乡镇统筹能力。一是推进人员下沉，结合事业单位重塑性改革，抓好减县增乡、人员下沉。二是推进职权下放，以县区部门赋能基层、更有效满足乡镇（街道）实际需求为出发点，依法下放管理权限。三是推进县乡协同，编制县乡协同事项清单，赋予乡镇（街道）对协同事项的提请权、评价权，明确县乡协同事项的方式、运行流程、人员经费保障等，建立乡镇（街道）牵头、县区部门协同的联动机制。

实施数字赋能，推进流程数字化。一切努力都是在回应人民群众的所急和所盼，全部奋斗都是为了让老百姓过上好日子。数字化这个"好钢"，必须要用在满足群众需求这个"刀刃"上。从信息时代智能互联大背景出发，技术革新给基层治理创新创造了难得的机遇。加强数字社会、数字政府建设，提升公共服务、社会治理等数字化、智能化水平是时代之需。以数字化、信息化赋能基层治理精细化，着力提升治理智慧化能力和水平，就一定能不断提升公共服务均等化、普惠化、便捷化水平，更好地造福人民群众。为此，在基层治理实践中，需要始终坚持以"让群众办事更方便，让政府管理更高效"的理念，把数字专项贯穿基层治理全过程，搭建基层治理数字平台架构，实现整体态势"一张图"、基层治理"一网格"、指挥调度"一流程"、数据联动"一端口"、政策赋能"一码通"。

以结果为导向，推进考评多维化。治本在得人，得人在审举，审举在核真。为政之要，莫先于用人。识别干部是否是真担当、真作为，重在考准考实，避免雾里看花。在推进基层治理实践中，一方面，需要盯紧且解决督而不用、考而不实、督考脱节等问题，成立督查考核委员会，将日常督查与综合考评、奖惩激励深度融合，创新开展"三评两比一综合"考评。另一方面，从不同群体、不同层级、不同层面对领导干部进行多维考评，做到一个干部一个特写，精准识别干部的德才素质和实绩表现，激励各级各部门和广大党员干部躬身入局、挺膺负责、实干立身，归根到底要以结果为导向。

（二）服务创新

服务模式的创新是提升基层治理效率和质量的关键。这涉及如何更有效地满足居民的服务需求，提高服务的可获取性和满意度。

基于对 100 份"全国社会治理创新案例（2023）"案例评审的研究，梳理分析上海浦东新区两个服务模式创新的案例：金桥镇的"党建引领建好长效机制，自治共治啃下'类住宅'硬骨头"、东明路街道的"探索参与式基层治理构建社会治理共同体"。

1.金桥镇的"党建引领建好长效机制，自治共治啃下'类住宅'硬骨头"

金桥镇通过落实厘清思路、堵疏结合、尊重民意三条长效治理经验，有效解决了禹洲国际和中环大厦的治理乱象，治安、消防等安全隐患大大降低，园区和大厦容貌得以焕新、物业服务得以提升、业主权益得以保障，"类住宅"治理模板基本成形。

厘清思路："先整治、后纳管"放眼长远解决问题。金桥镇在开展类住宅整治的过程中发现，类住宅治理中存在两个阶段：系统整治、长效治理。在系统整治阶段，需要政府强参与，统筹消防、公安、房管等诸多部门，合力解决群租、黑物业等居民自治力不能及的难题，大力整治私拉私通燃气管线，消除消防隐患，兜牢安全底线。在整治完成、类住宅进入正常状态后，将其纳入政府整体管理。在长效治理阶段，通过成立"攻坚突击队"、建立党建联席会议制度、建立日常管理队伍、组建"商户联盟"等手段，强化综合整治的力量，并通过成立"自治管理委员会"、组织"自治同盟"等方式，推动常态化治理，整体上从共治、法治、自治三个方面建立"三治融合"的治理模式。

堵疏结合："长期自住"与"非法牟利"区分应对，严防非法群租回潮。类住宅中的人员构成复杂，对此，金桥镇以大力整治非法群租为重点，针对不同类型住户分别施策。一是针对那些长期居住、旨在解决实际居住问题的"非法居住"人群，正视历史原因和居住现实，约法三章，要求其消除消防隐患、不得破坏建筑物墙体、不得超员居住、不得私自建隔离墙、不得非法出租/群租或盈利，同时强化人口管理，要求其"主动向政府进行居住人员备案"。二是针对"单一产权"的类住宅，通过约谈二房东推动落实业主责任，给出整改期限，推动群租整治。以禹洲国际园区为例，金桥镇梳理名单后开展统一约谈。在得知转租行为不合法且房屋居住存在大量安全隐患后，二房东普遍对清退工作表示认可。三是针对"非单一产权"的类住宅，采取自治共治路径推动整治和长效治理等工作。

尊重民意：以"自治委员会"为关键抓手，推动长效治理。类住宅与普通住宅的不同点在于，类住宅的业主大多不自住，园区商户、住户长期生活工作在其中，对园区环境和治安更熟悉、也更有诉求。对此，金桥镇尊重住户意愿，以"自治委员会"作为长效治理的关键抓手，扩大了类住宅治理的参与群体，在业主的基础上，将商户代表、租户代表、物业代表都纳入其中，以自治章程为依据，共同推动类住宅治理事项的商议、决定。比如，禹洲国际自治管理委员会根据多数业主的意愿进行重组，通过会议选举的方式，将物业、业主、商铺代表以及有突出贡献、群众公认的志愿者调整纳入自治管理委员会，园区重大管理措施均经过自治管理委员会决定，弥补部分法律空白。此外，自治委员会经过集体决策，通过开设账户盘活了公共收益的使用。

2. 东明路街道的"探索参与式基层治理构建社会治理共同体"

东明路街道以居民需求为治理的出发点，以"参与"机制设计为关键环节，以破解治理的公共性问题为目标，将全过程人民民主贯穿基层治理始终，凸出居民在基层治理中的主体性，不断提升治理规范化精细化水平。

加强顶层设计，贯彻"以人民为中心"的发展思想。围绕人民城市重要理念，街道党工委汲取群众智慧和意愿，建立完善持续党建引领下的"1+2+3+N"社区治理体系，编制《"宜居东明"人民社区建设三年行动计划》，在此框架下"美丽社区""法治社区""智慧社区""安全韧性社区""人文社区"三年行动计划陆续出台，形成居民对未来生活的共同愿景，明确了社区治理的价值导向，确保缤纷社区、场景营造、数字化治理等各项工作推进方向不偏、蹄疾步稳、有力有序，为参与式治理中长期发展奠定扎实基础。发动居民为社区建设建言献策，每年向居民征集社区规划提案，并汇编成册提交社区代表会议讨论。

注重队伍建设，挖掘参与式治理主体力量。采取对内挖掘与对外引进、专业团队与居民力量相结合的方式，加强治理队伍建设，重点培育两支队伍。社区规划师队伍：街道以多样化、协同化、专业化为目标，打造形成了覆盖全年龄群、近千人的"1+1+n"的社区规划师队伍，成功孵化培育了由属地居民组建成立的全市第一个社区规划师社会组织——东明聚明心社区规划与营造支持中心，为参与式社区规划制度建设提供有力支撑。基层治理达人：挖掘党员干部、治理达人、社区精英加入社区治理队伍，吸引更多专业人士用专业方法和技能参与空间管理、加梯协商、停车协调、文明养宠等治理难题的化解。

打破围墙内外，全方位推进参与式治理。将参与式治理领域扩展至小区外部，将社区商户纳入参与式治理主体，充分挖掘商户自身资源和优势，打造共建共治共享的街区共同体。分片区成立街区治理工作站及选举产生自治理事会，夯实街区治理"两大阵地"，构建政府和商户的沟通桥梁，完善街区议事协商机制。以服务赋能辖区商户为宗旨，在灵岩南路建设为社区居民与小商户智慧化交流空间——街区发展中心，并成立了由在地居民、在地商户为理事的街区社会组织——东明汇明心街区发展服务中心（筹），推进商户赋能行动，通过街区共生六大行动计划，建设"烟火灵岩精品街区"。

基于上文的论述，本报告构建数智赋能基层治理的概念模型，如图 1 所示。当然，构建的模型及内容并非一成不变，将随着相关理论的不断丰富而迭代演进。

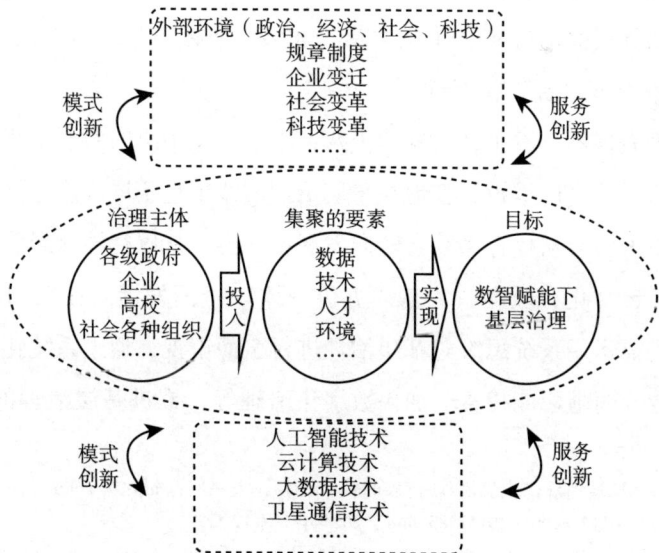

图 1　数智赋能基层治理概念模型

四 基层治理的发展趋势

在全球化和信息化的大背景下，中国城市基层治理面临着前所未有的机遇和挑战。党的十八大以来，以习近平同志为核心的党中央坚持和加强党对基层治理的领导，把服务群众、造福群众作为出发点和落脚点，坚持系统治理、依法治理、综合治理、源头治理，加强基层政权治理能力建设，构建共建共治共享的城乡基层治理格局，激发基层活力，提升社区能力，形成了群众安居乐业、社会安定有序的良好局面。① 基层是社会和谐稳定的基础，基层治理是国家治理的基石。② 习近平总书记指出："基层是改革发展稳定的第一线，是各种矛盾和问题的集聚地。任何一项群众性工作，脱离了基层，脱离了群众，口号再多，规划再多，也会成为无源之水、无本之木，都是做不好的。"③ 推进国家治理体系和治理能力现代化，必须抓好基层治理现代化这项基础性工作。党和国家的大政方针能否真正落实落地，关键也要看基层。新时代新征程，我们要积极探索基层治理新模式，激发基层治理内生动力，坚持以基层善治夯实"中国之治"根基，不断开辟"中国之治"新境界、谱写"中国之治"新篇章。

从种种表现不难看出，自党的十八大以来，党中央对基层治理及相关改革工作就给予了高度重视，各地在基层治理实践中也不同程度地体现了系统化趋势。我国已经从生存型社会转向发展型社会，从以往注重经济发展转向经济、政治、文化、社会、生态"五位一体"全面发展。在新的时代条件下，同样需要运用系统思维对基层治理进行全面审视，通过系统化设计、优化治理结构、明晰职能权责、加快数字化治理等，推进基层治理的系统性、

---

① 《推进基层治理现代化的根本遵循和科学指南》，人民网，http://politics.people.com.cn/n1/2024/0112/c1001-40157285.html，2024 年 1 月 12 日。

② 《以基层善治夯实"中国之治"》，人民网，http://politics.people.com.cn/n1/2023/1105/c1001-40110444.html，2024 年 2 月 19 日。

③ 中共中央党史和文献研究院：《习近平关于基层治理论述摘编》，中央文献出版社，2023。

整体性和协同性。其中，基层治理的未来创新与变革将以信息化和智能化的深入发展、公众参与和社区自治的加强、绿色和可持续的发展理念、社会治理的多元化以及应对新挑战的策略为核心路径，旨在激发基层活力，提升治理效能，更好地满足人民群众对美好生活的期待，切实将我国的制度优势转化为强大的国家治理效能。

（一）数智赋能的核心发展路径分析

1. 信息化和智能化的深入发展

随着技术的不断进步，信息化和智能化将深刻影响基层治理的各个方面。

基于数据的情报轨迹感知和预测：在大数据时代，通过对海量有价值的多源异构数据进行搜集和分析，政府能够更精确地了解社区需求，预测和解决问题。例如，利用居民健康数据帮助制定更有效的公共卫生政策。

智能化服务的推广：借助人工智能、物联网等技术，提升服务效率和精准度，实现数据开放共享，线上线下服务一网通办。例如，智能客服系统可以解答居民的咨询，智能监控系统能够提高社区安全性。

电子政务平台的完善：进一步优化电子政务平台，实现更多政府服务的线上化，提高服务的便捷性和透明度。例如，建立基层治理数字化转型阶段评估和转型效果评价体系，通过增强各治理单元协同联动、合理配置有限资源、吸纳更多主体参与基层治理工作，最终实现多元主体共建共治的基层治理转型目标。

2. 公众参与和社区自治的加强

公众的广泛参与是未来基层治理的重要趋势之一。

大数据辅助民主决策机制的完善：强化社区居民在治理中的发言权，通过投票和公共咨询等方式参与决策，将使数字治理过程中出现大量数字化痕迹，充分挖掘数字价值并将其应用于大数据决策中，以数据驱动视角剖析各类问题并赋能政府治理。

社区自治的推广：鼓励和支持社区自治，提高居民自我管理和服务的能力。例如，支持社区内的志愿组织、增加居民参与公共事务的机会等。

3. 绿色和可持续的发展理念

随着人们环境保护意识的提升，基层治理将更加注重绿色和可持续发展。

生态文明建设：在基层治理中融入生态文明理念，如推广绿色出行、建设生态友好型社区。

资源节约和循环利用：优化资源配置，推动资源的节约使用和循环利用。例如，鼓励垃圾分类、推广再生能源的使用等。

4. 社会治理的多元化

未来的基层治理模式将呈现多元化的共同治理模式。

政府与社会组织的合作：政府与社会组织、民间团体的合作将成为常态，共同参与社区建设和提供服务。

政府运行"一网协同"：不同政府部门之间的协同将更加紧密，打通多个专业领域系统，形成柔性网络并进行统筹协调，建立更加高效的治理体系，全面提升政府治理能力。

治理过程数据化：做好数据采集、数据标准化、隐私保护、完善数据权责制度。

5. 应对新挑战的策略

面对新的社会变革和挑战，基层治理需要不断适应和更新策略。

灵活应对社会变化：在人口结构、社会需求等方面的变化面前，基层治理需要保持灵活性，及时调整策略。

突发事件感知智能化：提高应对突发事件和危机的能力，建立有效的风险预警和应对机制，搭建智能互联互通平台。

（二）数智赋能的重要创新举措分析

遵循《中共中央关于制定国民经济和社会发展第十四个五年规划和二〇三五年远景目标的建议》，基层治理将加速融入数字社会、数字政府建设，提升公共服务与社会治理的数字化、智能化水平。构建"数据+应用"集成管理平台，摸清基层"家底"，搭建治理基础数据和政务信息化管理平台。推广"互联网+"智能应用，满足居民个性化、精准化服务需求，推动公共服务供给的社会化、精准化、智能化、精细化。强化党建引领，提升基层数字化、信息化治理能力，确保数字化转型服务于高效能基层治理的目标，即提升人民的获得感、幸福感、安全感。数智赋能基层治理具体创新举措可能会集中在以下方向。

1. 加强党的基层组织建设

中共中央和国务院强调了加强党的基层组织建设的重要性。2023 年 3 月，中共中央、国务院印发的《党和国家机构改革方案》，决定组建中央社会工作部，并将统筹推进党建引领基层治理和基层政权建设，换句话说，基层党组织应成为领导基层治理的坚强战斗堡垒，其建设应得到强化和巩固。同时，基层党组织在统一领导基层各类组织和工作中的作用被强调，例如乡镇（街道）、村（社区）党组织对基层治理重要事项和重大问题的决策作用。

2. "十四五"城乡社区服务体系建设规划

国务院办公厅发布的《"十四五"城乡社区服务体系建设规划》中提出了城乡社区服务体系建设的目标。这一规划旨在通过党委统一领导、政府依法履责和社会多方参与，构建一个以村（社区）为基本单元的服务网络。该网络的目标是满足村（社区）居民的生活需求，提高生活品质，并以公共服务、便民利民服务、志愿服务为主要内容。

3. 党对基层治理的全面领导

《中共中央 国务院关于加强基层治理体系和治理能力现代化建设的意见》中强调，党对基层治理的全面领导是新时代基层治理现代化建设的核心。这涵盖了加强基层党组织建设、增强基层党组织政治功能和组织力等方面。此外，党组织在基层治理中的领导地位和作用被视为首要任务，如构建党委领导、党政统筹的乡镇（街道）管理体制等。

4. 基层治理的现代化和创新

中国政府网发表的《以"基层善治"开辟"中国之治"新篇章》一文指出，基层治理现代化被视为基础性工作，关键在于党组织和党员的作用。例如，黑龙江省尚志市鱼池朝鲜族乡的新兴村通过创新活动，增强了基层党组织的凝聚力和战斗力。此类创新实践有助于提升基层治理水平，保障国家安全稳定、社会和谐有序。

5. 党全面领导基层治理制度的完善

《中共中央 国务院关于加强基层治理体系和治理能力现代化建设的意见》中指出，基层治理是国家治理的基石。政策要求完善党全面领导基层治理制度，建立健全党组织领导的自治、法治、德治相结合的城乡基层治理体系。这样的体系应在基层治理中实现社会化、法治化、智能化、专业化。

6. 社区参与和民众的角色

中国政府在基层治理中逐渐强调社区参与和民众的积极作用。这意味着政府鼓励和支持居民在社区管理中发挥更大的作用，例如通过社区议事会、居民代表大会等形式，提高民众对社区事务的参与度和决策权。这种做法不仅提高了政策的透明度和公众的满意度，也有助于政策的有效实施。

7. 技术在基层治理中的应用

随着科技的发展，数字化和智能化技术在基层治理中的应用变得日益重要。例如，利用大数据分析来更好地理解社区需求、通过在线平台促进政府与民众的互动、使用智能监控系统提高社区安全等。这些技术不仅提高了治理效率，还增强了治理的精准性和响应能力。

8. 基层法治的推进

法治在中国的基层治理中扮演着重要角色。政府逐步加强对法律法规在基层的实施和监督，确保政策和管理措施的合法性。此外，提高基层干部和民众的法治意识也是政府的重点工作，以确保社区治理不仅依赖于行政命令，更是建立在法律基础之上。

9. 生态环境治理

随着中国对可持续发展和生态文明建设的重视，基层治理也开始更多地涉及生态环境保护。这包括在社区层面推广绿色生活方式、实施垃圾分类和资源回收项目、提高环境保护意识等。这些措施旨在在基层社区中培养环保意识，从而促进国家的生态文明建设。

10. 综合性和多元化的治理策略

当前，中国的基层治理正逐渐转向更加综合性和多元化的策略。这意味着在治理过程中，不是只关注单一的行政管理或公共服务，而是综合考虑经济发展、社会稳定、文化繁荣、生态保护等多方面因素，实现多领域的协调发展。这种治理模式强调政策的全面性和长远性，旨在实现社区以及更广泛层面上的可持续发展。

五 结语

基层治理是中国政府与社会群体之间重要的桥梁与纽带，深刻影响着国家治理的根基，随着新科技新技术的蓬勃发展，数智化手段也会不断赋能基层治理体系，助力基层治理事业高水平发展。同时，各级社工部门相继成立，在基层治理领域，中国政府的未来发展方向也将聚焦于强化党的主导作用和推进基层治理的现代化进程，并着重于基层组织建设和社区服务体系的完善，实现国家治理体系和治理能力的现代化。

参考文献

罗旭：《数智赋能社区治理的影响因素和作用机制研究》，2023。

田毅鹏：《基层技术治理的结构与行动：以衢州智治经验为中心》，2022。

《推进基层治理现代化的根本遵循和科学指南》，人民网，http://politics. people. com. cn/n1/2024/0112/c1001-40157285. html，2024 年 1 月 12 日。

王芳等：《数智赋能政府治理的理论与实践进展：一个跨学科学术会议综述》，2023。杨华：《县乡中国》，2022。

《以基层善治夯实"中国之治"》，人民网，http：//politics. people. com. cn/n1/2023/1105/c1001-40110444. html，2024 年 2 月 19 日。

浙江大学公共政策研究院、中共衢州市委党校：《"县乡一体、条抓块统"改革的衢州实验与未来设计》，2021。

中共中央党史和文献研究院：《习近平关于基层治理论述摘编》，中央文献出版社，2023。

产 业 篇

B.10
数智赋能健康服务产业高质量
发展报告（2023~2024）

黄大勇　张翠萍*

摘　要： 随着科技的迅速发展和数字化转型的推动，数智赋能已经成为推动健康服务产业高质量发展的重要力量。健康服务产业正面临着前所未有的机遇与挑战。如何有效利用数字技术和智能化手段，推动健康服务产业高质量发展，已成为行业内外的关注焦点。本报告深入分析了数智技术在健康服务产业中的应用，以及如何通过个性化服务、智能化管理、跨界融合创新等途径，实现产业的优化升级和持续发展。然而，数智在赋能健康服务产业的发展中也带来了一些挑战，如数据安全与隐私保护、技术更新迭代、人才短缺等。为了克服这些挑战，我们建议政府、企业和社会各界加强合作，建立健全的数据安全保护机制、加大技术研发和创新投入力度、培养和引进专业人才等。

---

* 黄大勇，北京康迅传媒股份有限公司总经理，兼任中关村健康服务产业促进会健康与医学技术创新分会常务副会长，北京慢性病防治与健康教育研究会理事，研究方向为医药健康品牌传播、医学教育与学术交流；张翠萍，北京康迅传媒股份有限公司副总经理，研究方向为医药健康品牌管理。

关键词： 健康服务产业 数智化 科技创新

一 数智赋能健康服务产业的发展现状

在 2023 年 7 月最新公布的《现代服务业统计分类》（国家统计局令第 36 号）文件中，健康服务包括医疗健康服务、健康体检服务、精神康复服务、其他健康服务等相关服务，涉及药品、医疗器械、保健用品、保健食品和健身产品等支撑产业。[①] 健康服务业具有强大的产业带动力，其关联性、融合性和渗透性较强，能够将"医、药、养、游"等多个领域融合在一起，为人民群众提供全方位的健康服务。健康服务产业作为现代服务业的重要组成部分，随着科技的迅速发展和数字化转型的推动，正面临着前所未有的机遇与挑战。如何有效利用数字技术和智能化手段，推动健康服务产业高质量发展，已成为行业内外的关注焦点。

（一）市场规模不断扩大，需求不断增长

《"十四五"国民健康规划》提出，预期健康服务业总规模在 2025 年超过 11.5 万亿元。[②]《"健康中国 2030"规划纲要》提出，2030 年我国健康服务行业市场规模将达到 16 万亿元。[③] 可以看出，健康服务产业规模呈稳步增长态势。同时，数字医疗健康综合服务市场规模也在不断增长。中商产业研究院发布的《2022—2027 年中国互联网+医疗健康产业发展趋势分析及投资风险预测报告》显示，2022 年中国数字医疗健康综合服务行业的市场规

---

① 《现代服务业统计分类》（国家统计局令第 36 号），国家统计局官网，https://www.stats. gov.cn/sj/tjbz/gjtjbz/202307/t20230728_ 1941612.html，2023 年 7 月 28 日。

② 《国务院办公厅关于印发"十四五"国民健康规划的通知》，中国政府网，https:// www.gov.cn/gongbao/content/2022/content_ 5695039.htm，2022 年 4 月 27 日。

③ 《中共中央国务院印发〈"健康中国 2030"规划纲要〉》，中国政府网，https://www.gov.cn/ zhengce/2016-10/25/content_ 5124174.htm？eqid=d3b8bd10000095130000000664590b75，2016 年 10 月 25 日。

模为 1352 亿元，同比增长 30%，2023 年市场规模约为 1886 亿元。

随着我国人民生活水平的稳步提高，居民对自身健康的关注度也在逐渐提升，同时，人口老龄化问题逐渐凸显。这些因素共同推动了我国医疗和健康服务需求的持续提升。因此，大量的数据正在以爆发式、几何式的方式增长，这对我国的医疗和健康服务领域提出了新的挑战。

如表 1 所示，我国人均医疗保健消费支出增长速度加快，健康服务需求正在快速增长。同时，我国人口老龄化进程加快，带来老年群体的医疗、保健需求的急剧增长，这一点不容小觑。《持续高质推进中国式积极老龄社会建设研究报告》于 2023 年 12 月 25 日发布，其中提出：中国是世界上唯一一个老年人口超过 2 亿的国家，老龄人口总体规模巨大。[①] 2023 年老年人口比例持续上升，65 岁及以上人口占比已超过 14%，较 2022 年有所增长（详见表 2、表 3）。

表 1　2022~2023 年人均医疗保健消费支出对比

年份	人均医疗保健消费支出（元）	增长率（%）	占人均消费支出的比重（%）
2022	2120	0.20	8.60
2023	2460	16.04	9.20

资料来源：国家统计局。

表 2　2023 年末人口数及其构成

指标	年末数（万人）	比重（%）
全国人口	140967	100.0
其中:城镇	93267	66.2
乡村	47700	33.8
其中:男性	72032	51.1
女性	68935	48.9
其中:0~15 岁(含不满 16)	24789	17.6
16~59 岁(含不满 60)	86481	61.3
60 周岁及以上	29697	21.1
其中:65 周岁及以上	21676	15.4

[①] 《〈持续高质推进中国式积极老龄社会建设研究报告〉发布——积极老龄化方兴未艾社会组织大有可为》，《人民政协报》，http://dzb.rmzxb.com/rmzxbPaper/pc/con/202401/02/content_ 55159. html，2024 年 1 月 2 日。

表3　2022年末人口数及其构成

指标	年末数（万人）	比重（%）
全国人口	141175	100.0
其中:城镇	92071	65.2
乡村	49104	34.8
其中:男性	72206	51.1
女性	68969	48.9
其中:0~15岁(含不满16)	25615	18.1
16~59岁(含不满60)	87556	62.0
60周岁及以上	28004	19.8
其中:65周岁及以上	20978	14.9

资料来源：国家统计局。

我国老年人口呈现超大规模、超快速度、超早阶段、超稳结构四大特点，老年人患病率高、得病种类多、带病时间长等特点突出，再加上年龄、经济情况、身体状况等，使得老年人群对医疗、养老、护理等服务的需求尤为突出，老年人对健康服务的需求也呈现增长态势。数智医疗、医养结合成为老年人口的核心诉求。在大力推进"健康中国"和"数字中国"两大背景下，数智医疗在应对我国人口老龄化带来的种种养老挑战中起到积极作用，具体体现在线上问诊咨询、门诊就诊检查、入户随访、家庭病床、移动支付、移动药房等多样化健康服务场景方面，让老人足不出户就能享受高效便捷的医疗服务。

数智健康服务，代表了现代服务行业新的发展方向之一，有利于解决我国医疗资源不平衡和人们日益增长的健康医疗需求之间的矛盾，是卫生部门积极引导和支持的医疗发展产业。

（二）政策支持力度不断加大，服务内容不断丰富，专业化程度不断提高

国家对数智健康产业的支持力度持续加大，各项政策措施不断推动产业的快速发展（见表4）。

表4　国家层面数智健康主要政策汇总

时间	会议/文件/政策名称	部分要点内容
2024年2月	国家卫健委卫生发展研究中心召开"实现全民健康覆盖数字化转型"研讨会	数字健康将成为全球卫生治理和卫生发展援助的优先议题和重点投入领域。未来,推动数字技术创新更好的造福人类健康,实现公平可及、高质量的全民健康覆盖是需要探讨的重要问题。随着我国健康产业数字化转型从全方位、多领域拓展开来,各种新模式和新技术运用场景的创新也在不断探索和积累,这为打造未来新型健康产业奠定了基础
2024年1月	《工业和信息化部等七部门关于推动未来产业创新发展的实施意见》	重点推进未来制造、未来信息、未来材料、未来能源、未来空间和未来健康六大方向产业发展
2023年12月	中央经济工作会议	未来要大力发展数字消费、绿色消费、健康消费,积极培育智能家居、文娱旅游、体育赛事等新的消费增长点。在我国经济持续回暖,现代化产业体系日益健全的新的背景下,如何针对不同健康行业领域、不同人群做好健康产业的数字化转型,打造出普惠、创新、智能、绿色、融合的新型健康产业成为重要研究课题
2023年3月	《关于进一步完善医疗卫生服务体系的意见》	发展"互联网+医疗健康",建设面向医疗领域的工业互联网平台。建立跨部门、跨机构公共卫生数据共享调度机制和智慧化预警多点触发机制。推进医疗联合体内信息系统统一运营和互联互通,加强数字化管理。加快健康医疗数据安全体系建设,强化数据安全监测和预警
2022年4月	《"十四五"国民健康规划》	到2025年,卫生健康体系更加完善,中国特色基本医疗卫生制度逐步健全,重大疫情和突发公共卫生事件防控应对能力显著提升,中医药独特优势进一步发挥,健康科技创新能力明显增强,人均预期寿命在2020年基础上继续提高1岁左右,人均健康预期寿命同比例提高
2022年3月	《人工智能医疗器械注册审查指导原则》	为医疗人工智能的注册审批提供了明确的指导原则,进一步推动了我国智慧医疗行业的发展
2021年10月	《"十四五"国家临床专科能力建设规划》	将积极推动智慧医疗体系的建设,并加强人工智能和传感技术在医疗行业的实践应用。为了进一步推广"互联网+"医疗服务新模式,还计划在计算机智能辅助诊疗和远程医疗等方面取得积极进展

续表

时间	会议/文件/政策名称	部分要点内容
2021 年 6 月	《深化医药卫生体制改革 2021 年重点工作任务》	加强智慧医院建设，推动人工智能、第五代移动通信(5G)等新技术应用
2021 年 3 月	"十四五"规划和 2035 远景目标纲要	将在智能交通、智慧物流、智慧能源和智慧医疗等重点领域进行试点示范。此外，还强调了推进医院信息化、公共卫生信息化、医疗保障信息化以及新兴技术应用和监管等建设的重要性
2020 年 12 月	《关于深入推进"互联网+医疗健康""五个一"服务行动的通知》	支持"互联网+"医疗复诊处方流转，探索定点医疗机构外购处方信息与定点零售药店互联互通。结合门诊费用直接结算试点，探索互联网服务异地就医直接结算。落实"长期处方"的医保报销政策，对符合规定的"互联网+"医疗服务在线处方药费等实现在线医保结算
2018 年 4 月	《关于促进"互联网+医疗健康"发展的实施意见》	允许依托医疗机构发展互联网医院。医疗机构可以使用互联网医院作为第二名称，在实体医院基础上，运用互联网技术提供安全适宜的医疗服务，允许在线开展部分常见病、慢性病复诊

资料来源：根据公开信息整理。

同时，数智创新为健康服务产业带来了巨大的变革。例如，大数据、人工智能、物联网等先进技术的应用，使得健康服务的个性化、精准化和智能化成为可能。这些技术的应用不仅提高了健康服务的效率和质量，也催生了新的服务模式和服务内容。随着健康服务产业的数智化发展，其专业化程度也在不断提高，主要体现在专业化人才、专业化的设备和技术、专业化的管理、专业化的服务模式等方面，为人们提供了更加专业、精准的健康服务。

（三）科技驱动成为重要趋势

科技驱动是健康服务产业数智化发展的重要驱动力，主要体现在以下几个方面。

首先，互联网科技的应用使得健康服务更加便捷、高效。国家卫生健康委员会于 2023 年 11 月 7 日新闻发布会上指出，目前国家全民健康信息平台已基本建成，省级统筹区域全民健康信息平台不断完善，基本实现了国家、省、市、县平台的联通全覆盖，目前已经有 8000 多家二级以上公立医院接入区域全民健康信息平台，20 个省份超过 80%的三级医院已接入省级全民健康信息平台，25 个省份开展了电子健康档案省内共享调阅，17 个省份开展了电子病历省内共享调阅，204 个地级市开展了检查检验结果的互通共享。① 通过互联网，人们可以随时随地获取健康信息和服务，避免了实体医院和诊所的交叉感染，提高了服务的可及性。

其次，云服务的应用使得健康数据得到了更好的管理和利用。通过云服务，医疗机构可以实时获取和分析患者的健康数据，为患者提供更加精准的健康服务。例如基于庞大而优质的医疗数据库，相关机构共同开发出了一款专为急性脑卒中再灌注治疗设计的智能决策平台。此平台运用精准快速的影像分析技术，对急性缺血性脑卒中患者的头部影像进行解读，显著缩短了术前决策时间，为更多患者赢得了宝贵的救治时机。

再次，可穿戴设备的应用使得人们可以更加方便地监测自己的健康状况。通过可穿戴设备，人们可以实时监测自己的心率、血压、血糖等指标，及时发现健康问题并采取相应的措施。心脏疾病患者能从数字医疗技术中获益良多。以心脏功能衰竭患者为例，通过可穿戴设备的运用，医生能够实时追踪监测患者的肺动脉压力。这一数据对于预测患者心衰和恶性心律失常的发生概率至关重要。通过实时监测，医生能够在异常情况发生时迅速介入，为患者提供及时的治疗，从而有效保障患者的健康安全。

最后，大数据的应用使得健康服务更加智能化。通过对大量健康数据的分析和挖掘，医疗机构可以更加准确地预测疾病的发生和发展趋势，为患者提供更加个性化的健康服务。比如通过运用人工智能技术，医院能够对个体的脑健康水平进行精准的定量分析。一旦脑健康分析结果显示存在罹患脑血

---

① 《国家卫生健康委 2023 年 11 月 7 日新闻发布会介绍全国医疗机构信息互通共享三年攻坚行动有关情况》，国家卫生健康委员会官网，http：//www.nhc.gov.cn/xwzb/webcontroller.do? titleSeq＝11530&gecstype＝1，2023 年 11 月 7 日。

管疾病的风险，就可以立即采取针对性的干预措施。这种前瞻性的管理方式，有助于降低脑血管疾病的发生概率，提升人们的整体健康水平。

（四）竞争逐步加剧

数智健康服务产业的竞争格局可以从区域和企业两个层面进行分析（见图1）。

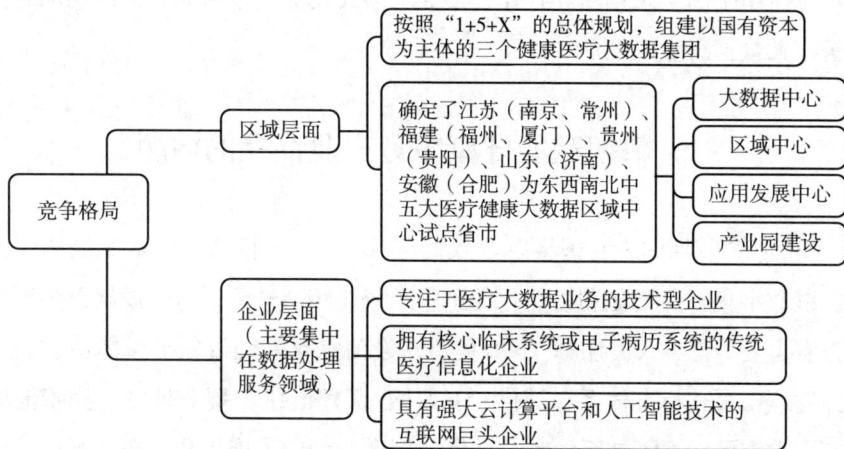

图1　数智健康服务产业的竞争格局

从区域层面来看，为了落实国家战略部署，打造国家健康医疗大数据中心，国家卫健委按照"1+5+X"的顶层设计，以国有资本为主体，组建了三个健康医疗大数据集团。随后，两批医疗健康大数据区域中心与产业园建设国家试点工程相继启动，江苏（南京、常州）、福建（福州、厦门）、贵州（贵阳）、山东（济南）、安徽（合肥）被选定为五大医疗健康大数据区域中心试点省市，分别位于我国的东、西、南、北、中五个方位。目前，"1+5+X"的规划正在逐步落地，五大医疗健康大数据区域中心已经确立。这些中心不仅承担着国家健康医疗大数据中心、区域中心、应用发展中心和产业园建设等国家试点工程任务，还肩负着推动产业整体建设和行业生态培育的重任。同时，这些中心也在积极探索与市场合作或引入民企成立合资公司，以进一步推动业务的发展。

从企业层面来看，健康医疗大数据行业的竞争主要集中在中游的数据处理服务领域，涉及各类应用服务的开发和提供。目前，行业内的竞争者主要包括三类：一是专注于医疗大数据业务的技术型企业，如美年健康；二是拥有核心临床系统或电子病历系统的传统医疗信息化企业，如迈瑞医疗；三是具有强大云计算平台和人工智能技术的互联网巨头企业，如百度。这三类企业在竞争中不断寻求创新和合作，形成了多元化的竞争格局，共同推动着健康医疗大数据行业的发展。

二　数智赋能健康服务产业存在的问题

"十四五"期间，我国将以"八大任务""八大行动"全面发展数字健康，以数字化、网络化和智能化促进整个行业转型升级，为建设健康中国提供强有力支撑。"八大任务"，即集约建设信息化基础设施支撑体系、健全全民健康信息化标准体系、深化"互联网+医疗健康"服务体系、完善健康医疗大数据资源要素体系、推进数字健康融合创新发展体系、拓展基层信息化保障服务体系、强化卫生健康统计调查分析应用体系和夯实网络与数据安全保障体系；"八大行动"，即互通共享三年攻坚行动、健康中国建设（行动）支撑行动、智慧医院建设示范行动、重点人群智能服务行动、药品供应保障智慧监测应对行动、数字公卫能力提升行动、"互联网+中医药健康服务"行动和数据安全能力提升行动。

健康服务产业作为支撑社会发展和人民健康的重要基石，正面临着前所未有的机遇与挑战。随着科技的进步和信息化水平的提升，数智化技术在健康服务领域的应用越来越广泛，但随之而来的是一系列复杂的问题。

（一）数据安全与隐私保护不足，用户信任度较弱

近年来，我国卫生健康行业信息化取得了显著进步，医疗数据开放共享已经成为当前时代发展的必然趋势。中共中央、国务院颁布的《"健康中国

2030"规划纲要》明确提出了推动基于区域人口健康信息平台的医疗健康大数据的开放共享、深度挖掘和广泛应用的要求。同时，《"十四五"全民健康信息化规划》中也强调了加强健康医疗大数据的创新应用与行业治理的重要性，提出通过"原始数据不出域、数据可用不可见"等策略，有序促进健康医疗大数据的共享与应用。然而，现实情况表明，医疗健康数据共享与利用所面临的挑战仍是制约卫生健康行业信息化进一步发展的关键因素，其核心问题在于数据共享过程中潜在的数据安全问题。健康服务产业涉及大量个人敏感信息，如医疗记录。如何在利用数据进行数智化服务的同时，保障个人隐私和数据安全，是健康服务产业数智化面临的首要问题。

频繁暴发的数据泄露和隐私侵犯事件，使公众对数据安全和隐私保护的担忧日益加剧。许多用户对健康相关的智能应用持有怀疑态度。他们担心自己的健康数据被滥用或泄露，因此不愿意使用数字化服务。再者，部分智能健康设备操作复杂，用户需要花费大量时间和精力来学习如何使用。同时，由于每个设备的操作界面和功能各不相同，用户需要不断适应不同的设备，这给他们的健康管理带来不便。

（二）技术应用的不均衡

首先是城乡差异。城乡之间的医疗资源和技术应用存在巨大差异。根据《2022 中国卫生健康统计年鉴》的数据，2017 年我国农村每千人口执业（助理）医师为 1.68 人，而城市同期数据为 3.97 人，差距达到 2.29 人。然而，2021 年，农村的每千人执业（助理）医师数增加到 2.42 人，与城市的 3.73 人相比，差距缩小至 1.31 人。这表明，城乡之间的人均医师资源差距正在逐步缩小。尽管如此，需要注意的是，在某些省份，城乡之间的医师资源差距仍然较大。例如，2021 年西藏的农村地区每千人口执业（助理）医师数仅为 1.83 人，而城市数据为 6.14 人，差距达到 4.31 人。其他省份如新疆、河南、山西、云南和青海的城乡差距也都在 1.9 人以上。① 《2022 年

---

① 《2022 中国卫生健康统计年鉴》，中国政府网，http：//www.nhc.gov.cn/mohwsbwstjxxzx/tjtjnj/202305/6ef68aac6bd14c1eb9375e01a0faa1fb.shtml，2023 年 5 月 17 日。

我国卫生健康事业发展统计公报》显示，我国卫生人员总数达到 1441.1 万人（见表 5）。然而，基层医疗卫生机构人员总数为 455.1 万人，这意味着全国近 1000 万卫生从业人员主要集中在三线以上城市，而基层的 400 多万卫生人员需要为约 5 亿的农村常住人口提供服务。

表 5　2021~2022 年我国卫生人员数据统计

年份	卫生人员总数(万人)	基层医疗卫生机构人员总数(万人)
2021	1398.3	443.2
2022	1441.1	455.1

资料来源：《2022 年我国卫生健康事业发展统计公报》，中国政府网，http://www.nhc. gov.cn/cms-search/downFiles/8a3994e41d944f589d914c589a702592.pdf。

城乡之间的医疗资源分配一直存在较大差距，而数智化技术的应用进一步拉大了这种差距。城市地区的医疗机构和居民更容易获得先进的医疗设备和数字化服务，而农村地区由于基础设施薄弱、技术普及率低等原因，难以享受到数字化带来的便利。

其次是领域差异。数智化技术在健康服务领域的应用主要集中在医疗、康复等少数几个方面，而心理健康、营养保健等其他领域的应用相对滞后。这种领域间的不均衡导致部分领域的数字化程度较低，无法充分发挥数智化技术的优势。

（三）医护人员技能与数智化发展的不匹配

目前，健康服务产业中具备数智化思维和技能的人才相对匮乏，这在一定程度上制约了产业的数智化进程，主要体现在以下几个方面。

首先，培训和教育滞后。传统的医护人员培训和教育体系无法跟上数智化发展的速度。未接受过数字化和智能化技术培训的医护人员无法充分利用新的医疗设备和技术。中国医院协会信息专业委员会（CHIMA）发布的《2021—2022 年度中国医院信息化状况调查报告》显示，本年度参与调查医院信息技术部门全职职工的平均数量为 10.33 人，比上年度的 10.02 人有所增加，说明随着医院信息化的不断发展，信息技术人员队伍也在不断壮大。但总体情况仍然不容乐观，参与调查医院信息技术部门的职工数量在 10 人以下的占比仍超过六成。三级医院的全职职工数量主要为 6~15 人。[①] 其次，观念和习惯的转变。一些医护人员对新技术持有怀疑或抵触的态度，或者他们习惯了传统的工作方式，不愿意改变。这导致他们在数智化发展的过程中缺乏积极性和参与度。再次，技术应用能力不足。尽管一些医护人员可能已经接受了数智化技术的培训，但他们可能在实际应用中遇到困难，例如操作不熟练、对数据解读不准确等。这导致他们在提供医疗服务时无法充分利用数智化技术的优势。最后，资源和发展不平衡。在一些地区，医护人员和医疗机构可能面临资源匮乏的问题，无法及时获得最新的数智化设备和技术的支持。这可能导致这些地区的医护人员在数智化发展方面存在较大的缺口。

（四）产业标准与规范不一

首先，标准不统一。目前，全球范围内的健康服务产业尚未形成统一的标准体系，这导致了不同系统之间的数据交换和信息共享存在障碍。同时，由于缺乏明确的规范和指引，一些机构在推进数智化转型过程中可能存在盲目跟风、乱象丛生的情况。这不仅影响了数智化技术在健康服务产业中的健康发展，也可能给消费者带来潜在的风险。其次，监管缺失。目前市场上存在大量智能健康设备，但对其的监管力度相对不足。由于缺乏有效的市场监管机制，一些质量不过关或存在安全隐患的设备可能进入市场并给用户带来风险。因此，加强市场监管是提高用户信任度和促进健康服务产业数智化发展的关键措施之一。同时应建立完善的召回制度，以确保存在问题的设备能够及时从市场上撤离并得到妥善处理。

---

① 《CHIMA 发布：2021—2022 年度中国医院信息化状况调查报告》，中国医院协会信息专业委员会官网，https://www.chima.org.cn/Html/News/Articles/16012.html，2023 年 2 月 22 日。

（五）商业模式与盈利模式不清晰

商业模式与盈利模式是推动健康服务产业数智化发展的内在动力。然而，在实际操作中，许多机构面临着商业模式与盈利模式不清晰的问题。这不仅影响了机构的可持续发展能力，也可能对整个产业的数智化进程造成不利影响。一方面，一些机构在推进数智化转型过程中，过于注重技术的引进和应用，而忽视了商业模式的创新和盈利模式的构建。这导致技术投入与产出不成比例，机构难以实现盈利甚至陷入亏损。另一方面，一些新兴的数智化健康服务机构过于依赖外部投资，缺乏稳定的盈利模式和自我造血能力。一旦融资出现问题或投资环境变化，这些机构将面临较大的经营压力甚至倒闭风险。因此，如何在数智化转型过程中构建清晰的商业模式和盈利模式，是健康服务产业亟待解决的问题之一。

三 数智赋能健康服务产业发展的有效路径

（一）建立数字化健康平台

2024 年全国卫生健康规划信息工作会议聚焦数智健康，并明确指出要全力推动其深入发展。这一战略决策旨在通过数智技术的广泛应用，为健康中国建设的全面推进提供坚实的技术支撑和保障。建立数字化健康平台是推动健康服务产业发展的重要途径，数字化健康平台涵盖医疗、保健、康复等多个细分领域，通过互联网、移动应用、智能设备等技术手段，为患者提供个性化、便捷、高效的一站式健康服务，满足多层次、多样化的健康需求。通过跨地域、跨行业协作，实现医疗资源的共享与优化配置。数字化健康平台的建立需要具备强大的技术支撑，包括云计算、大数据人工智能等技术，开发技术平台，以便为用户提供个性化、智能化的服务。

如何建立数字化健康平台，可以从以下方面入手。第一，明确平台定位和服务对象。在建立数字化健康平台之前，需要明确平台的定位和服务对象，针对不同的服务对象提供个性化的服务内容和方式。第二，整合医疗健康资源。数字化健康平台需要整合各种医疗健康资源，包括医疗机构、专家、设备、药品等，以及各种健康数据和信息，为服务对象提供全方位、一体化的服务。第三，利用先进技术手段。数字化健康平台需要利用先进的技术手段，如大数据、云计算、人工智能等，提高数据处理和分析的能力，为服务对象提供更加精准、高效的服务。第四，建立完善的运营和管理机制。数字化健康平台需要建立完善的运营和管理机制，包括服务质量评估、服务流程优化、人员培训和管理等，确保平台的可持续发展。第五，加强合作和交流。数字化健康平台需要加强与其他医疗机构、企业、学术机构的合作和交流，共同推进数字化健康产业的发展。

（二）完善智能医疗设备与搭建智能系统应用

智能医疗设备与系统应用可以通过自动化和智能化技术，提高医疗服务的准确性和效率，减少医疗差错和延误，从而提升医疗质量。其主要体现在以下方面。一是智能健康管理。通过智能手环、智能体重秤等智能设备，可以监测人体的多项生理参数，如心率、血压、体重、体脂等，并通过数据分析和预警，帮助用户了解自己的身体状况，制定个性化的健康管理计划。二是智能诊断治疗。通过医学影像技术、人工智能等技术，可以对疾病进行智能诊断和个性化治疗。例如，通过人工智能技术，可以对医学影像进行自动分析，辅助医生进行疾病诊断；通过智能康复设备，可以对康复患者进行个性化的康复训练，提高康复效果。三是智能监护。智能医疗设备可以对患者进行实时监测和预警，例如智能血糖仪、智能呼吸机等，可以监测患者的生理参数，及时发现异常情况并采取相应措施。

此外，通过数据分析和技术创新，可以优化医疗资源的配置和使用，提高医疗效率，缓解医疗资源紧张。例如，智能化的患者监护系统可以实时监测患者的病情变化，及时发现异常情况并采取相应的治疗措施，减少医疗资源的浪费；电子病历系统可以实现医疗数据的共享和交流，提高医疗服务的协同效率。

（三）提升个性化健康管理与服务

健康服务产业中个性化健康管理与服务，主要是基于个体的健康现状（个人既往病史、健康体检/医检信息、遗传基因信息、个人生活饮食习惯等信息），建立健康管理档案，经科学、系统和专业化的健康风险综合分析评估，从社会、心理、环境、营养、运动及医学干预等多方面加以预防和规避风险因素，并提出切合个体本人的个性化健康管理指导方案，以利于健康维护与疾病预防，降低医疗开支，提高生命质量。个性化健康管理服务包括健康咨询、健康评估、健康干预和健康随访等方面。其中，健康咨询可以通过电话、网络或面对面的方式进行；健康评估可以通过体检、问卷调查和生物样本检测等方式进行；健康干预可以通过制定个性化的饮食、运动和药物等方案进行；健康随访可以通过定期随访和监测进行。个性化健康管理与服务需要多方面的支持，包括医疗机构、健康管理机构和科技公司等。医疗机构可以提供专业的医疗知识和资源支持，健康管理机构可以提供健康评估和咨询服务，科技公司可以提供先进的技术工具和数据支持。

（四）加大智能药物研发与管理力度，完善智能化疾病预防与筛查

通过引进先进的药物研发技术和设备，如高通量筛选、计算机辅助药物设计等能够加速新药的研发进程。同时，利用大数据和人工智能技术，对药物数据进行深度挖掘和分析，为药物研发人员提供更加精准的药物设计和优化方案。在药品生产过程中，利用智能化的生产线和质量控制设备，实现药品生产的自动化和智能化。通过实时监测生产数据和产品质量信息确保药品的质量和安全性。同时，利用人工智能技术对生产数据进行挖掘和分析，提高生产效率和降低成本。

利用现代科技，研发、引进先进的医疗技术和设备，如基因检测、医学影像等，对潜在的疾病进行早期筛查和诊断。人工智能技术，特别是深度学

习，已经在医学影像诊断中发挥了重要作用。例如，AI 可以协助医生识别 CT 扫描中的肺癌、MRI 中的脑瘤等，这种辅助诊断工具极大地提高了诊断的准确性和效率。健康管理 App 应用程序使用算法和数据分析来提供个性化的健康建议，它们可以跟踪用户的健康数据，如步数、饮食和睡眠，并提供相应的反馈和建议；通过各种传感器和监测设备，还能实现实时追踪与记录环境因素和生活方式对健康的影响。

（五）优化跨学科健康数据共享与分析

跨学科健康数据共享与分析是推动健康服务产业数智化发展的关键，通过建立跨学科的健康数据共享平台，整合不同领域的医疗数据资源，实现数据的共享和互操作。同时，利用大数据和人工智能技术，对健康数据进行深度挖掘和分析，为医学研究和医疗服务提供更加全面和精准的数据支持。同时需要注意防止患者信息泄露。2023 年 9 月，国家卫健委制定的《患者安全专项行动方案（2023—2025 年）》（以下简称《行动方案》）中专门对患者诊疗信息做出严禁外泄的硬性规定。在跨学科健康数据共享与分析过程中，我们需要严格遵守伦理原则，尊重个人隐私权。对数据进行匿名化处理和加密保护，确保个人隐私不被泄露。同时，需要向参与者说明数据使用的目的和范围，并征得其同意。在数据分析过程中，也需要遵循伦理原则，避免对特定群体造成歧视或伤害。全国医疗机构信息互通共享三年攻坚行动在 2024 年全面展开。在指定的试点省份，实现省域内三级公立医院以及半数二级公立医院的检查检验结果能够在不同医疗机构之间自由调阅。此外，为了让居民更便捷地掌握自身健康状况，还将启动电子健康档案的授权查询服务，确保居民能够经授权后轻松查阅自己的健康信息。

（六）促进远程医疗服务与协作

最主要的远程医疗服务方式是远程诊断与会诊，医疗专业人员通过远程技术（实时视频、医学影像传输），可以远程观察患者的症状，收集相关数据并进行分析，从而对患者的病情进行诊断和评估，给出诊断意见和治疗方案。这种方式能够克服地理障碍，让患者在家门口就能获得优质的医疗服务。截至 2023 年 6 月，我国网民规模 10.79 亿人，居世界第一；国家远程医疗服务平台覆盖率地市级达 100%。① 同时，远程教育与培训也是提升医疗工作者的重要途径，远程教育与培训利用互联网和多媒体技术，为医疗工作者提供线上学习平台。通过远程教育，医护人员可以学习先进的医学知识和技术，提升自身专业技能，从而为患者提供更好的医疗服务。此外，远程教育还能降低培训成本，扩大知识传播的范围。

远程医疗服务与协作已成为医疗领域的重要趋势。这种服务模式突破了地域限制，为患者提供了更为便捷和高效的医疗体验。在远程医疗服务与协作中，医疗机构之间的跨机构协作与资源共享至关重要。通过建立区域性的医疗协作平台，医疗机构可以共享资源技术和经验，提高整体服务水平。此外，跨机构协作还能促进医疗服务的均衡发展，使更多地区的患者能够享受到优质的医疗服务。

（七）加强创新能力建设，推进科技成果转化

创新能力建设是提升产业核心竞争力与推动产业升级的关键。2024 年全国卫生健康工作会议上指出，应充分发挥科技创新和人才队伍的重要支撑作用，加快建设符合行业特点的科技创新体系，加强科技攻关，促进成果应用推广，助力开辟生命科学等未来产业新赛道。要建立创新机制，建立以企业为主体、市场为导向、产学研相结合的技术创新体系。鼓励企业加大研发投入力度，加强自主创新，形成一批具有自主知识产权的核心技术。培养创新人才，加强人才培养和引进，建立多层次、多渠道的人才培养体系，培养一批高水平的健康服务领域科技创新人才。同时，作为健康服务领域内的企业应该建立完善的培训体系，提高员工的技能水平和创新能力。健康服务产业还应积极拓展国际合作，引进国外先进的科技成果和管理经验。通过与国

---

① 《互联网之光丨风好正是扬帆时》，国家互联网信息办公室官网，https：//www.cac.gov.cn/2024-02/28/c_ 1710791981604337.htm，2024 年 2 月 8 日。

际同行的交流与合作，可以进一步提升自身的创新能力，开拓更广阔的市场。

（八）深化"数字化+智能化"发展，建立产业集群

通过引进先进的数字化技术，如大数据、云计算、物联网等，实现健康服务产业的数字化转型。建立数字化平台，整合各类健康数据资源，为医疗服务、健康管理、药物研发等领域提供数据支持。利用人工智能、机器学习等技术手段，实现健康服务产业的智能化升级。开发智能化的医疗设备、健康管理工具和服务，提高医疗服务的效率和准确性。同时，利用智能算法和数据分析技术，对健康数据进行深度挖掘和分析，为医疗决策提供更加精准的支持。

健康服务产业涉及多个领域，包括医疗、康复、保健、营养等。通过整合这些领域，可以形成完整的健康服务产业链，提供全方位的服务。同时在一定的区域内，集中优势资源，打造具有特色的健康服务产业集群，实现区域内的资源共享和协同发展，提升整个区域的健康服务水平。通过专业化分工，形成各种专业化的健康服务企业，如专门从事健康咨询、健康管理、康复护理等业务的企业。通过信息化手段，实现健康服务产业的数字化和智能化。例如，利用大数据、人工智能等技术手段，提高健康服务的精准度和个性化程度。健康服务产业的集群化发展，需要政府、企业和社会各方的共同努力。

（九）提升研发水平，推进"政产学研融合"协同发展

2024 年我国的政府工作报告提出要加快推动高水平科技自立自强。强化基础研究系统布局，长期稳定支持一批创新基地、优势团队和重点方向，增强原始创新能力。第一，强化企业科技创新主体地位，激励企业加大创新投入力度，深化产学研用结合，支持有实力的企业牵头重大攻关任务。加强健康、养老等民生科技研发应用，政产学研融合协同发展，是推动健康服务产业创新和升级的重要途径。将政府、产业、学术和研究机构的力量融合在

一起，形成多元主体协作的创新体系。第二，通过政策引导和市场机制，推动健康服务产业相关企业、科研机构、高校等形成产业集群。加强产业链上下游企业的合作，形成资源共享、优势互补的产业生态。加强科研机构、高校与企业的合作，推动产学研一体化发展。政府在政产学研融合中扮演着关键的角色，通过制定和实施一系列政策（如财政支持、税收优惠、市场准入等），降低企业的创新成本，提高其创新的积极性，鼓励健康服务产业的创新和研发活动。

总而言之，政产学研融合需要打破行业和领域的界限，实现资源共享和跨领域合作。产业界的深度参与能够提供市场需求、产业发展趋势等关键信息，为学术研究和政策制定提供参考。产业界也是技术成果转化的主要推动者，通过引入新的技术和产品，提升整个产业的竞争力。学术界在政产学研融合中提供理论支持和创新动力。学术研究可以通过探索新的健康服务技术和模式来提供实验证据和实践案例，推动健康服务理论的发展和完善。同时，学术界还可以通过培养创新人才，为健康服务产业提供持续的人才供给。通过共享研究设施、数据和知识资源，各方可以降低创新成本，提高创新效率。

（十）融合新技术新模式，推动智慧健康服务发展

随着新技术和新模式的不断涌现，数智健康服务的应用场景和服务模式不断丰富，政府相关部门对数智健康服务领域尤其是智慧医疗的发展高度重视，多年以来出台多项鼓励发展的政策。自 2018 年起，国家卫健委连续发布文件，指导医疗机构合理配置和有效利用医疗资源，推广预约诊疗和远程医疗等智慧服务，创新服务模式，提升医疗服务能力和效率。2019 年，国家卫健委首次提出智慧医院概念（见图 2）。

以物联网、大数据、云计算、人工智能等为代表的新一代信息技术在医疗健康领域的应用日渐增多。2023 年 3 月，中办、国办印发《关于进一步完善医疗卫生服务体系的意见》，提出"积极运用互联网、人工智能等技术，持续优化服务流程""建设智慧医院"。以数字化、网络化、智慧化为特征的数字医疗逐步成为医疗健康领域的新趋势，不断推动智慧健康服务的发展。

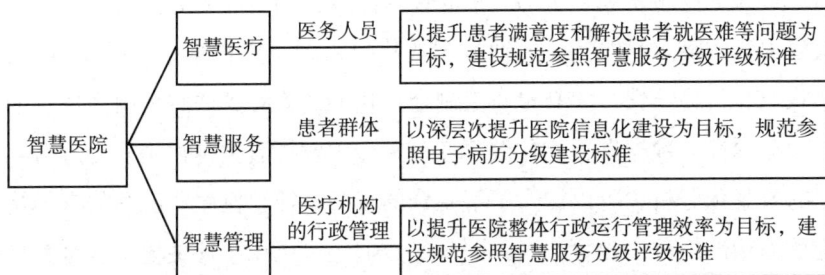

图 2　智慧医院

（十一）提升数智化安全管理水平，促进行业健康发展

制定严格的法规和标准、强化监管机构职责、推动企业自我管理、加强信息安全管理、建立应急响应机制、提升技术应用能力、增强人员素质培训、完善监督检查机制、完善行业监管法规，提升数智化安全管理水平。强化基础设施建设，完善数字化基础设施（包括网络、数据中心、智能设备等），为数智化安全管理提供硬件支撑。引入智能化技术，建立安全管理体系。利用物联网、大数据人工智能等技术手段，实现对安全风险的实时监测和预警，提高安全管理效率。加强数据安全保护，确保患者信息和隐私的安全。同时，通过数据挖掘和分析，优化安全管理体系。

（十二）智能化健康教育与宣传

智能化健康教育及宣传已成为健康领域中的重要组成部分，将先进的人工智能技术与健康教育结合，能够更好地满足公众对健康信息的需求，并提高大众的健康素养。利用先进的科技手段和创新思维，开发智能化的健康教育平台和宣传资料，如在线课程、虚拟现实体验等，提高健康教育的趣味性和互动性。同时，利用大数据和人工智能技术，对健康教育效果进行评估和优化，为健康教育提供更加精准的指导和支持。

传统的健康教育宣传通常采用一刀切的方式对所有人传递相同的信息。

然而每个人的健康状况、生活习惯和风险因素都不尽相同，因此，个性化健康教育内容的需求日益凸显。通过智能化技术，可以根据个人的基本信息、健康状况和行为习惯，为其量身定制个性化的健康教育内容，提高信息的针对性和有效性。数据在智能化健康教育宣传中发挥着关键作用。通过对大量数据的收集和分析，可以深入了解受众的行为特征、健康状况和需求，从而制定更为精准的健康教育方案。同时，数据还可以用于评估健康教育宣传的效果，为进一步优化提供依据。

四 数智赋能健康服务产业的发展趋势

在国家政策与科技进步的双重驱动下，我国健康服务产业近年来展现出了蓬勃发展的态势。经济结构的转型升级与数智科技的日新月异，正促使这一行业经历前所未有的变革。

（一）数智健康相关政策支持力度将持续加大，服务市场潜力巨大，规模将持续扩大

2024 年政府工作报告提出，要着力扩大国内需求，推动经济实现良性循环。培育壮大新型消费，实施数字消费、绿色消费、健康消费促进政策，积极培育智能家居、文娱旅游、体育赛事、国货"潮品"等新的消费增长点。随着"十四五"规划的实施和数字经济战略的深入推进，国家将进一步加大对健康服务产业的政策支持力度，未来将会出台更多有利于健康服务产业发展的政策文件和建设方案。

尤其是互联网和数字经济的发展，数字基础设施建设、数字化人才队伍建设、数字经济制度保障等逐渐完善，"数智化"已经成为全行业的大势所趋，健康服务产业也不例外，"数智思维"将加速崛起。社会的持续进步促进了人民生活质量的显著提高，以及生活方式的转变，健康产品的需求正呈现爆炸性增长的态势。以生物技术和生命科学为引领，融合医疗卫生、营养保健、健身休闲等多元健康服务功能的产业，已成为 21 世纪全球经济的重要增长极。得益于政府出台的一系列扶持政策、行业标准的不断完善，以及

行业自身强大的发展动力，健康服务产业展现出规模持续扩大、结构日益优化、新产品不断涌现的繁荣景象。在未来，随着科技的不断进步和人们生活质量的持续提高，数智健康服务市场有望继续保持强劲的增长势头，为经济和社会发展注入新的活力。

（二）健康服务产业数智化程度将不断加深，应用领域将进一步拓展，产业模式创新层出不穷

随着人工智能、云计算、物联网等新兴技术的不断发展和成熟，其与健康服务产业持续深度融合，在健康服务行业将有更多的技术创新和应用场景出现，将打造更多智慧化健康服务场景。尤其是在影像识别、自然语义分析、深度学习等方面，将有更多的突破和进步出现。涌现出远程医疗咨询、在线医疗门诊、电子病历、智慧医院等更多新兴的应用领域，为疾病的早期预防、早期诊断、个性化治疗方面提供了更多可能。例如，在基因检测、药物开发、保险定价等领域，利用生物大数据进行精准匹配和个性化服务；在慢性病管理、运动健身、心理咨询等领域，利用健康大数据进行远程监测和干预；在药品流通、药品监管、药品质量等领域，利用经营运营大数据进行溯源追踪和风险控制。

健康服务产业因其广泛的覆盖面、长产业链和高度的融合性，正吸引着来自不同行业的新兴市场参与者。科技、零售、地产等行业的跨界合作，不仅催生了"数智健康+养老""数智健康+旅游"等多种融合模式，还推动了产业生态圈的持续扩张，为消费者提供了更多元化、个性化的数智健康服务体验。十七部门联合制定的《"数据要素×"三年行动计划（2024—2026年）》中指出，实施"数据要素×医疗健康"行动，加强医疗数据融合创新，支持公立医疗机构在合法合规前提下向金融、养老等经营主体共享数据，支撑商业保险产品、疗养休养等服务产品精准设计，拓展智慧医疗、智能健康管理等数据应用新模式新业态。[①]

---

① 《十七部门关于印发〈"数据要素×"三年行动计划（2024—2026年）〉的通知》，国家互联网信息办公室官网，https://www.cac.gov.cn/2024-01/05/c_1706119078060945.htm，2024年1月5日。

（三）对于新数智化浪潮下的健康服务产业，产品智能化将成为新宠，技术将更加精准化助力医疗革新

随着数字化、信息化和智能化技术的飞速发展，健康产业正迎来一场前所未有的变革。在这场数智化的浪潮中，云计算、大数据、移动互联网等数字化信息技术为健康服务提供了前所未有的便捷与高效，而人工智能技术的广泛应用，更是为健康产业注入了新的活力。云计算技术的运用，使得医疗资源的整合与共享成为可能。通过云平台，医疗机构能够实现跨区域、跨学科的协同合作，提升医疗服务的质量和效率。同时，大数据技术的引入，使得海量医疗数据得以挖掘和分析，为精准医疗提供了数据支持。移动互联网的普及，使得健康管理变得更加个性化和便捷。患者可以通过手机等移动设备随时随地进行健康咨询、预约挂号、远程诊疗等操作，极大地提升了就医体验。而人工智能技术的深度应用，更是让健康服务变得更加智能化。从手术机器人的精准操作，到语音交互诊疗的人性化服务，再到健康信息数据挖掘的智能化分析，人工智能技术正在逐步改变着传统的医疗模式。

在这一大背景下，精准医学作为受政策影响深远的细分领域，正享受着健康中国和创新驱动两大国家战略的双重红利。精准医学以个体化医疗为基础，通过基因组学和基因检测技术的飞速进步，实现了从"一刀切"到"个体化、差异化、智能化"治疗的转变。这种新型的医疗模式，不仅能够为患者提供更加精准、高效的治疗方案，还能够在疾病早期预防、诊疗等领域展现出巨大潜力。可以预见，随着数智化技术的不断发展和普及，健康服务产业将迎来更加广阔的发展空间。未来，我们有望看到更加智能化、个性化的健康管理服务，以及更加精准、高效的医疗治疗方案。

五 结束语

随着科技的飞速发展，数智化已经深入各个产业领域，为产业的升级和高质量发展提供了强大的动力。在健康服务产业中，数智化的应用正在改变

传统的服务模式，为人们提供更加便捷、高效、个性化的健康服务。

本报告通过深入分析数智赋能健康服务产业高质量发展的现状和趋势及解决方案，系统总结了数智化技术在健康服务产业中的应用案例和发展经验。我们发现，数智化技术的应用在提高医疗服务效率、优化健康管理体验、促进健康产业创新等方面发挥了重要作用。在数智化的时代背景下，健康服务产业正迎来前所未有的发展机遇。

展望未来，数智赋能健康服务产业高质量发展仍具有广阔的空间和无限的可能性。我们将继续关注数智化技术的新进展和产业发展的新动态，努力推动健康服务产业的持续创新和升级，为建设健康中国和实现人民美好生活的目标贡献力量。让我们携手共进，共同迎接数智赋能健康服务产业高质量发展的美好未来！

参考文献

国家互联网信息办公室：《数字中国发展报告（2022）》，2023。

黄阳华：《基于多场景的数字经济微观理论及其应用》，《中国社会科学》2023 年第 2 期。

江小涓、靳景：《数字技术提升经济效率：服务分工、产业协同和数实孪生》，《管理世界》2022 年第 12 期。

荆文君、刘倩、孙宝文：《数字技术赋能经济高质量发展：一种改进的"技术—经济"分析范式》，《电子政务》2023 年第 10 期。

李川川、刘刚：《数字经济创新范式研究》，《经济学家》2022 年第 7 期。

李晓华：《数字技术与服务业"成本病"的克服》，《财经问题研究》2022 年第 11 期。

史丹：《数字经济条件下产业发展趋势的演变》，《中国工业经济》2022 年第 11 期。

王秉：《何为数智：数智概念的多重含义研究》，《情报杂志》2023 年第 7 期。

张立：《以数字化驱动中国式现代化》，《红旗文稿》2023 年第 21 期。

中国信通院：《数据要素白皮书（2023 年）》，2023。

中国信通院：《中国数字经济发展研究报告（2023 年）》，2023。

B.11

数智赋能银行高质量发展

郭建伟　冯金星*

摘　要： 本报告通过背景介绍，详细阐述了数智技术在银行的应用和重要性，以及数智赋能对银行高质量发展的积极影响；进一步分析了当前银行数智赋能的现状，指出存在的问题和挑战，如数据安全、技术应用等方面；探讨了数智赋能银行的未来发展趋势，包括人工智能、区块链、大数据、大模型等新技术在银行的应用前景；提出了数智赋能银行的发展路径和建议，包括加强技术创新、强化数据安全、推动金融科技合作、加强人才培养等方面的具体措施；总结了数智赋能银行高质量发展的重要性和影响，并展望了数智赋能对银行未来发展的推动作用，旨在为促进银行的数智赋能提供理论支持和实践指导。

关键词： 数智赋能　高质量发展　技术应用　数据安全　大模型

一　数智赋能银行高质量发展现状分析

在当今数字化时代，数智赋能银行高质量发展已成为银行业领域的重要议题。银行高质量发展是指通过数字技术的赋能，实现银行业的智能化、数据化和创新化发展。其背景和意义在于提升银行业的效率、风险管理能力和服务质量，推动银行向数字化转型。

---

* 郭建伟，曾任中国人民银行中国金融出版社总编辑、总经理，博士，研究员，研究方向为货币市场利率、金融战略；冯金星，中国电信集团金融行业特聘专家，苏州盈天地资讯科技有限公司总裁兼COO，研究方向为银行数字化转型、数字化营销与运营。

（一）数智赋能银行高质量发展的价值

数智技术在金融高质量发展中的应用至关重要。人工智能、大数据分析、区块链等技术的运用，可以提升金融机构的运营效率、风险控制水平和客户体验。数智赋能对银行高质量发展的积极影响体现在提高金融机构的竞争力、降低运营成本、提升金融服务的普惠性和可及性等方面。因此，数智赋能金融的发展不仅有利于推动金融行业的创新发展，也有助于提升金融服务的质量和效率，为金融高质量发展注入新动力。

（二）数智赋能银行高质量发展的现状

当前，银行业在数智赋能领域取得了显著的成就。通过人工智能、大数据和区块链等前沿技术的广泛应用，银行服务得以智能化、高效化和便捷化，客户体验得到显著提升，同时风险管理能力也得到了强化。

1. 银行金融科技投入持续加大

截至 2024 年 3 月 31 日，21 家上市银行发布了 2023 年年度报告。其中多家上市银行在年报中公布了金融科技/信息科技投入金额，包括 6 家国有大行及 7 家股份制银行，普遍投入金额和营收占比均较 2022 年有所提升。其中，6 家大型银行总共投入了人民币 1228.22 亿元，同比增长 5.38%。[①]虽然近几年国有大行金融科技投入增速呈现逐年放缓趋势，但科技投入占营业收入的比例在 2023 年达到了 3.52% 的新高，比 2022 年的 3.16% 上升了0.36 个百分点（见表 1）。

---

① 《六大行金融科技投入：五年突破五千亿》，零壹财经公众号，https://mp.weixin.qq.com/s/gclHFQ7TfXIpDifRWNN9_ w，2024 年 3 月 31 日。

表1 2020~2023年部分上市银行年报中金融科技投入情况

单位：亿元，%

银行	2020年投入金额	2020年投入占营收比重	2021年投入金额	2021年投入占营收比重	2022年投入金额	2022年投入占营收比重	2023年投入金额	2023年投入占营收比重
工行	238.19	2.70	259.87	2.76	262.24	2.86	272.46	3.23
建行	221.09	2.93	235.76	2.86	232.90	2.83	250.24	3.25
农行	183.00	2.78	205.32	2.85	232.11	3.20	248.50	3.58
中行	167.07	2.95	186.18	3.07	215.41	3.49	223.97	3.59
交行	57.24	2.85	87.50	4.03	116.31	5.26	120.27	5.64
邮储银行	90.27	3.15	100.30	3.15	106.52	3.18	112.78	3.29
大型银行小计	956.86	2.82	1074.93	2.92	1165.49	3.16	1228.22	3.52
招商银行	119.12	4.45	132.91	4.37	141.68	4.51	141.26	4.59
兴业银行	48.62	2.39	63.64	2.88	82.51	3.71	83.98	3.98
浦发银行	57.15	2.91	67.06	3.51	70.07	3.71	暂未披露	暂未披露
中信银行	69.26	3.56	75.37	3.68	87.49	4.14	121.53	5.90
光大银行	51.50	3.61	57.86	3.79	61.27	4.04	58.15	3.99
平安银行	72.10	4.70	73.83	4.36	69.29	3.85	63.43	3.85
民生银行	37.02	2.10	45.07	2.83	47.07	3.57	59.87	4.56
华夏银行	29.20	3.06	33.19	3.46	38.63	4.12	暂未披露	暂未披露
渤海银行	5.60	1.72	9.45	3.24	12.60	4.76	14.00	5.60
股份制银行小计	489.57	3.28	558.38	3.57	610.61	3.91	不适用	不适用
北京银行	22.00	3.42	23.20	3.50	24.52	3.70	暂未披露	暂未披露
上海银行	15.49	3.14	18.53	3.36	21.32	4.18	暂未披露	暂未披露

续表

银行	2020年投入金额	2020年投入占营收比重	2021年投入金额	2021年投入占营收比重	2022年投入金额	2022年投入占营收比重	2023年投入金额	2023年投入占营收比重
贵阳银行	未披露	未披露	3.06	2.04	3.58	2.29	暂未披露	暂未披露
重庆银行	2.63	2.02	3.36	2.31	3.84	2.85	4.80	3.63
威海银行	未披露	未披露	2.24	3.04	3.16	3.81	未披露	未披露
甘肃银行	2.10	3.23	2.11	3.36	2.60	3.99	1.98	2.97
东莞农商银行	未披露	未披露	5.14	3.95	5.51	4.16	5.26	3.97
上海农商银行	未披露	未披露	8.83	3.65	9.95	3.88	暂未披露	暂未披露
无锡农商银行	0.14	0.35	0.09	0.20	0.11	0.25	0.14	0.33
城农商行小计	不适用	不适用	66.56	3.21	74.59	3.61	不适用	不适用
合计	不适用	不适用	1699.87	3.12	1850.70	3.39	不适用	不适用

资料来源：2020~2023年各银行年度报告。

2. 银行加大金融科技人员配置力度

截至 2024 年 3 月 31 日，在已公布的 21 家银行 2023 年年度报告中，16 家上市银行披露了金融科技/信息科技人员数量，普遍占比较 2022 年有所增长。从 2023 年上市银行披露的数据中可观察到，大型商业银行在金融科技人员配置数量和占比方面均具有绝对优势。由于大型商业银行拥有庞大的员工队伍，他们在吸引高精尖人才方面具有更大的优势，因此也拥有更多的优秀人才。部分上市银行金融科技人员配置情况如表 2 所示。

3. 成立专业金融科技公司

截至 2024 年 3 月 31 日，已有 23 家银行设立了金融科技子公司。其中，大型商业银行有 5 家、全国性股份制银行有 8 家、城商行有 6 家、农商行有 2 家、农信社有 2 家（见表 3）。① 值得注意的是，大型商业银行中仅有邮储银行没有设立金融科技公司。

4. 数字技术全面融入银行经营发展

银行核心系统已经演变为整合金融服务、信息管理和风险控制相关业务系统的综合平台，不再仅限于处理存贷款账户操作。在数字经济时代，商业银行积极进军金融科技市场，加速在大数据、云计算、区块链等领域的投入。一些国内金融机构如中国银行、招商银行、平安银行等已开始尝试在货币、跨境支付、清算结算、贸易融资等业务中应用区块链技术（见表 4）。习近平总书记强调把区块链作为核心自主创新重要突破口。② 未来，随着金融科技的发展，银行业将面临重大变革，尤其是随着"无人网点""刷脸支付"等新技术的推广，银行业务有望逐步向线上转变。

---

① 《母系优势与局限下的突围：金融科技子公司发展报告（2023）》，零壹财经公众号，https：//mp. weixin. qq. com/s/O7kKBki7mRZqSqicY7t22A，2024 年 3 月 1 日。
② 《习近平：把区块链作为核心技术自主创新重要突破口 加快推动区块链技术和产业创新发展》，光明网，https：//m. gmw. cn/baijia/2019 - 10/26/33266458. html，2019 年 10 月 26 日。

表 2 　2020～2023 年部分上市银行金融科技人员配置情况

单位：人，%

银行	2020年科技人员数量	2020年占比	2021年科技人员数量	2021年占比	2022年科技人员数量	2022年占比	2023年科技人员数量	2023年占比
工行	35400	8.10	35000	8.10	36000	8.30	36000	8.60
建行	13104	3.51	15121	4.03	15811	4.20	16331	4.33
农行	8056	1.80	9059	2.00	10021	2.20	13150	2.90
中行	未披露	未披露	12873	4.20	13318	4.35	14541	4.74
交行	3976	4.38	4539	5.03	5862	6.38	7814	8.29
邮储银行	4492	2.31	5350	2.76	6373	3.27	7000+	3.58
招商银行	8882	9.77	10043	9.69	10846	9.60	10650	9.14
兴业银行	2331	4.82	3303	6.45	6699	11.87	7828	13.91
中信银行	4190	7.60	4286	7.73	4762	8.40	5626	8.41
浦发银行	5859	9.92	6428	10.64	6447	10.47	暂未披露	暂未披露
光大银行	1965	4.24	2361	5.11	3212	6.75	3685	7.74
平安银行	8500	22.31	9000	22.14	未披露	未披露	未披露	未披露
民生银行	2625	4.63	3062	5.31	4053	6.78	4559	未披露
浙商银行	未披露	未披露	未披露	未披露	1615	9.60	未披露	未披露
渤海银行	405	未披露	709	7.32	1271	9.57	1554	11.30
北京银行	未披露	未披露	1297	7.52	783	4.74	暂未披露	暂未披露
上海银行	842	6.51	1055	9.05	1232	10.14	暂未披露	暂未披露
宁波银行	1120	4.79	1414	6.17	1727	7.11	暂未披露	暂未披露
徽商银行	未披露	未披露	404	3.79	517	4.62	640	5.51

续表

银行	2020年科技人员数量	2020年占比	2021年科技人员数量	2021年占比	2022年科技人员数量	2022年占比	2023年科技人员数量	2023年占比
贵阳银行	未披露	未披露	232	3.99	253	4.30	暂未披露	暂未披露
重庆银行	133	3.02	141	2.99	151	3.02	未披露	>5
青岛银行	未披露	未披露	220	4.83	未披露	未披露	319	6.35
甘肃银行	112	2.69	116	2.68	138	3.13	149	3.31
重庆农商银行	367	2.40	440	3.00	522	3.54	未披露	4.13
上海农商银行	未披露	未披露	484	6.28	715	7.86	暂未披露	暂未披露
东莞农商银行	未披露	未披露	664（含外包）	未披露	714（含外包）	未披露	327（不含外包）	未披露
广州农商银行	277	3.38	307	未披露	未披露	未披露	未披露	未披露
无锡农商银行	66	4.30	71	4.36	118	7.00	未披露	未披露
张家港农商银行	未披露	未披露	127	未披露	未披露	未披露	暂未披露	暂未披露

资料来源：2020~2023年各银行年度报告。

表3 2023年底商业银行成立金融科技公司情况

银行板块	银行	金融科技子公司	成立时间	注册资本（亿元）
大型商业银行（5家）	建行	建信金融科技有限责任公司	2018年4月	17.30
	工行	工银科技有限公司	2019年3月	9.00
	中行	中银金融科技有限公司	2019年6月	6.00
	农行	农银金融科技有限责任公司	2020年7月	6.00
	交行	交银金融科技有限责任公司	2020年8月	6.00
全国性股份制银行（8家）	兴业银行	兴业数字金融服务（上海）股份有限公司	2015年11月	3.50
	平安集团	上海壹账通金融科技有限公司	2015年12月	12.00
	招商银行	招银云创信息技术有限公司	2016年2月	2.49
	光大集团	光大科技有限公司	2016年12月	4.00
	民生银行	民生科技有限责任公司	2018年4月	2.00
	华夏银行	龙盈智达（深圳）科技有限公司	2018年5月	0.21
	浙商银行	易企银（杭州）科技有限公司	2020年6月	0.20
	浦发银行	浦银金科	2021年5月	10.00
城商行（6家）	北京银行	北银金科	2019年5月	0.50
	廊坊银行	廊坊易达科技有限公司	2020年11月	0.02
	厦门国际银行	集友科技	2020年9月	0.10
	长沙银行	长银数科	2022年7月	0.10
	济宁银行	济银数科	2020年11月	0.05
	盛京银行	盛银数科	2021年7月	0.10
农商行（2家）	深圳农商银行	前海金信	2016年5月	0.11
	重庆农商银行	渝银金科	2023年11月	1.00
农信社（2家）	浙江农信社	浙江农商数科	2020年12月	1.00
	广西农信社	桂盛金科	2020年12月	0.12

资料来源：企查查、零壹智库。

表4　国内商业银行区块链应用实践

银行	货币	跨境支付	清算结算	贸易融资	ABS	风控
中国银行	参与央行数字货币发行和基于区块链的数字票据交易平台研究					区块链抵押贷款估值系统
招商银行		联手永隆银行,实现区块链跨境人民币汇款	将区块链应用于跨境直联清算,实现全球账户统一视图以及跨境资金归集		牵头完成了以Pre-ABS功能为主的ABS区块链平台建设	
平安银行				中小企业金融服务云平台"壹企银"	金融壹账通ALFA智能ABS平台	

资料来源：根据公开资料整理。

5. 商业银行机构的经营管理能力全面提升

第一，商业银行机构在数智赋能领域通过对人工智能、区块链、大数据等新技术的应用，实现了智能客服、风险管理、数据分析等方面的突破性进展。一是金融机构广泛应用人工智能技术，实现智能客服、智能投顾等服务，通过自然语言处理和机器学习算法，实现智能对话和个性化推荐，提升客户体验。同时，人工智能在反欺诈、信用评估等风险管理领域也发挥着重要作用。二是金融机构利用区块链技术实现了跨境支付、数字资产管理等应用。区块链的去中心化、不可篡改等特性，提高了交易的透明度和安全性，同时简化了跨境交易流程，降低了成本。三是金融机构通过大数据技术实现了更精准的客户画像、风险评估和市场分析。利用大数据分析，金融机构可以更好地理解客户需求，提供个性化的金融产品和服务，同时优化风险管理模型，提高风险控制能力。总体而言，金融机构对人工智能、区块链、大数据等新技术的应用程度加深且效果显著，通过这些技术的赋能，实现了智能化、高效化和个性化的金融服务，提升了客户体验，同时加强了风险管理，提升了数据分析能力，推动了金融行业向智能化、数字化转型的高质量发展。

第二，商业银行机构在数据安全方面采取了一系列措施，包括数据加密、隐私保护和风险监测等方面的措施，以确保数据安全和隐私保护。一是金融机构广泛应用数据加密技术，对存储在数据库中和传输过程中的重要数据进行加密处理，确保数据在传输和存储过程中不被窃取或篡改。加密技术有效防止了数据泄露和非法访问。二是金融机构注重用户隐私保护，建立了严格的用户数据保护机制。通过数据匿名化、脱敏处理等技术手段，保护用户个人信息的隐私性，确保用户数据不被滥用或泄露。三是金融机构建立了完善的风险监测系统，通过实时监控数据流量、访问日志等信息，及时发现异常行为和潜在安全风险。同时，金融机构还采用行为分析和机器学习等技术，识别和应对潜在的数据安全威胁。通过这些数据安全保护措施的实施，金融机构有效保障了用户数据的安全性和隐私性，防范了数据泄露和黑客攻击等安全威胁，提升了金融机构的信誉和用户信任度。金融机构在数据安全保护方面取得了一定的成绩，但仍需要不断加强技术研发和风险监测，以适应日益复杂的网络安全环境，确保金融数据安全和隐私保护水平的持续提升。

第三，商业银行机构通过数智赋能技术大大提升了客户服务体验。一是金融机构利用大数据和人工智能技术分析客户行为和偏好，实现了个性化推荐服务。通过智能算法，金融机构可以向客户推荐最适合其需求的金融产品和服务，提高了客户满意度和交易转化率。二是金融机构引入人工智能和区块链技术，实现了智能化交易服务。客户可以通过智能交易平台进行快速、便捷的交易操作，享受更高效的交易体验。同时，智能化交易系统还能提供实时市场分析和交易建议，帮助客户做出更明智的投资决策。三是金融机构利用区块链技术实现了快速结算和跨境支付服务。区块链的去中心化特性和智能合约技术，使得金融交易结算速度大幅提升，同时降低了交易成本和风险，改善了客户的结算体验。通过以上数智赋能技术的应用，金融机构成功提升了客户服务体验，实现了个性化推荐、智能化交易和快速结算等方面的显著改善。客户可以享受到更加便捷、高效和个性化的金融服务，提高了客户满意度和忠诚度，推动了金融行业向数字化、智能化转型的高质量发展。

第四，商业银行机构通过数智赋能技术提升了创新能力，包括新产品开发、业务流程优化和市场营销创新等方面的创新成果。一是金融机构利用大数据分析和人工智能技术，开发了一系列创新产品，如智能投顾服务、数字化支付解决方案、区块链金融产品等。这些新产品满足了客户不断变化的需求，拓展了金融机构的业务范围，提升了市场竞争力。二是金融机构借助数智赋能技术，优化了传统的业务流程，提高了效率和服务质量。通过自动化流程、智能化决策系统等技术手段，金融机构简化了操作流程，降低了成本，加快了业务处理速度，提升了服务水平。三是金融机构通过数据分析和人工智能技术，实现了个性化营销和精准定位。通过对客户行为和偏好的分析，金融机构可以制定精准的营销策略，增强了市场推广效果，增强了客户黏性和忠诚度。通过数智赋能技术带来的创新能力提升，金融机构不断推出创新产品、优化业务流程、实施市场营销创新，提升了竞争力和市场地位，满足了客户需求，推动了金融行业向数字化、智能化转型的高质量发展。这些创新成果为金融机构开拓新的业务领域，提供了更多的发展机遇，促进了金融行业的创新发展。

第五，商业银行在数智化赋能应用过程中，高度重视合规性与监管要求，主动遵循相关法律法规及标准，构建了完善的风险管控与监控体系。一是金融机构在数智赋能应用中严格遵守相关法规和标准，包括数据隐私法规、网络安全法规、金融监管规定等。金融机构确保数据采集、处理和存储的合规性，保护用户隐私和数据安全，避免违反法规带来的风险。二是金融机构建立了完善的风险管理机制，包括数据风险评估、数据安全培训、数据泄露应急预案等。通过风险评估和监控，金融机构能够及时发现和应对潜在的数据安全风险，保障数据安全和合规性。三是金融机构实施了严格的监控机制，对数智赋能应用进行实时监测和审计。通过日志记录、访问控制、行为分析等技术手段，金融机构能够监控数据流动和访问行为，确保数据使用符合规定，防范数据泄露和滥用风险。金融机构在数智赋能应用中注重合规性和监管情况，通过遵守相关法规和标准、建立完善的风险管理和监控机制，有效保障了数据安全和合规性。金融机构的合规监管成绩为其提供了可持续发展的基础，增强了市场信誉和用户信任度，推动了金融行业向数字化、智能化转型的高质量发展。

二 数智赋能银行高质量发展面临的挑战

然而，随着技术不断进步和金融业务不断创新，银行业在数智赋能方面仍面临一系列新挑战。

（一）数据隐私和安全挑战

在数智赋能金融领域，商业银行机构在大规模数据应用中可能面临以下数据隐私和安全挑战。一是数据隐私泄露：银行在处理大量客户数据时，存在数据泄露的风险。如果未能妥善保护客户的个人信息，这些数据可能被未经授权的第三方获取，导致客户隐私权受损。泄露的个人信息可能被用于欺诈、身份盗窃等违法活动，给客户带来财务损失，并引发信任危机。二是数据安全漏洞：银行在数据处理和存储过程中可能存在安全漏洞，造成数据被黑客攻击或恶意软件感染的风险。一旦数据被篡改或破坏，银行可能无法正常运营，客户信息和资金安全受到威胁。三是数据滥用风险：银行在进行大规模数据分析和挖掘时，可能出现数据滥用的情况。如果未经客户同意或违反相关法规，银行可能将客户数据用于商业目的或未经授权的用途，导致客户隐私权被侵犯。

（二）技术标准和互操作性挑战

技术标准和互操作性挑战在数智赋能金融领域是一个重要问题，主要表现在以下方面。一是标准不一：不同的数智技术提供商和解决方案可能采用不同的技术标准和规范，导致在系统集成和数据交换过程中出现标准不一致的情况。这会增加系统集成的复杂性和成本，降低系统的效率和可靠性。二是互操作性差：由于技术标准不一致，不同数智技术之间的互操作性较差，系统之间无法有效地进行数据交换和共享。这可能导致出现信息孤岛现象，数据无法流畅地在不同系统之间进行传递和共享，限制了数据的有效利用和分析。三是系统集成困难：由于技术标准不一致和互操作性差，银行在引入新的数智技术时可能面临系统集成困难。不同系统之间无法无缝对接，需要耗费大量时间和资源来解决集成问题，延缓了技术应用和业务创新的进程。

（三）人才短缺和培训挑战

人才短缺和培训挑战在金融机构数智赋能领域是一个关键问题，主要表现在以下方面。一是专业技术人才短缺：金融机构在数智赋能领域需要具备专业的数据科学家、人工智能工程师、数据分析师等高端技术人才，但这类人才相对稀缺。由于技术发展迅猛，金融机构很难快速招聘到符合要求的专业人才，导致人才短缺问题。二是培训成本高昂：金融机构需要进行员工的数智赋能培训，以提升员工的数据分析和人工智能技能。然而，培训成本通常较高，包括培训费用、培训时间和资源投入等，对金融机构的财务和人力资源构成一定压力。三是技术更新速度快：数智领域的技术更新速度非常快，金融机构需要持续投入资源进行员工的技能培训和更新。由于技术更新速度快，金融机构需要不断跟进最新技术趋势，这对培训和人才引进提出了更高要求。

（四）监管政策和合规挑战

监管政策和合规挑战在金融机构数智赋能领域是一个重要问题，主要表现在以下方面。一是监管政策不明确：随着金融科技的快速发展，监管政策可能无法及时跟进技术创新和应用，导致监管政策不明确或存在漏洞。金融机构在数智赋能应用中可能面临法律风险和监管不确定性，需要花费额外成本和精力来应对监管政策的变化。二是合规风险：金融机构在数智赋能应用中涉及大量客户数据和敏感信息，可能存在数据隐私泄露、信息安全漏洞等合规风险。如果金融机构未能遵守相关法规和监管要求，可能面临罚款、声誉损失等严重后果。三是技术监管挑战：一些新兴技术如人工智能、区块链等在金融领域的应用可能涉及复杂的技术监管挑战。监管机构需要了解这些新技术的工作原理和潜在风险，制定相应的监管政策和规范，确保金融机构在应用这些技术时符合法规要求。

（五）用户接受度和信任度挑战

用户接受度和信任度挑战在金融机构数智赋能领域是一个重要问题，主要表现在以下方面。一是用户数据安全：金融机构在数智赋能应用中涉及大量用户数据的收集、存储和分析，用户担心个人隐私泄露和数据安全问题。如果金融机构未能有效保护用户数据，可能引发用户的担忧和不信任，影响用户对金融机构的信任度。二是用户体验：数智赋能应用的复杂性和技术性可能导致用户体验不佳，用户难以理解和操作。如果用户体验不好，可能降低用户对金融机构的接受度，影响应用的推广和使用效果。三是透明度和沟通：金融机构在推动数智赋能应用时需要与用户进行有效的沟通和足够的透明度，解释应用的目的、数据使用方式和风险控制措施。缺乏足够的透明度和沟通可能导致用户对应用的不信任，降低用户的接受度。

三 数智赋能银行高质量发展趋势

（一）大型商业银行和区域性银行差异化发展

大型商业银行和区域性中小银行自身条件不同，转型路径应各有特点，不同类型银行规划、资金、技术和人才基础等条件均不同，大型商业银行和区域性中小银行在数字化转型过程中逐渐分化出以下不同的路径。

1. 大型商业银行发展模式

以国有大行为代表的大型银行，因为数字化转型探索的起步早，并且已经形成比较完善的整体规划，用规划指导实际工作。先从规划层面设计相应的战略和实施路线图,以系统性、整体性和全面性进行数字化转型。

从规划出发,大型商业银行通常在委员会层面设置专门的金融科技/金融数字化/数字化转型委员会,同时在总行部门层面设置专门的金融科技/信息技术部作为具体落地部门。

依托规划,数字化转型初期,大型商业银行的探索通常在零售金融业务。这是因为零售业务是大数据等新技术应用的沃土。伴随着零售金融探索的深入,大型商业银行的对公、财富业务也在全面落地贴近业务实际的数字化。大型商业银行将教育、餐饮、医疗、养老、出行、娱乐等非金融服务融入原有金融服务平台,建设手机银行超级 App,拓展各类生态场景循环。如工商银行手机银行与"工银 e 生活"的联动和互补,建设银行手机银行与建行生活的"双子星"计划,农业银行基于掌银大力发展"衣食住行游乐娱购"等非金融场景。

2. 中小银行发展模式

中小银行在资金、科技实力、人才储备等各方面优势不明显,在数字化转型过程中更要探索成本可承担、应用可持续的转型路径。

中小银行组织架构相对扁平化,部门设置灵活,这意味着中小银行在数字化转型过程中,面临组织架构变化的阻力较小,且能较快实现落地。例如:可针对产品创新、项目攻关等重大事项,组建业务技术融合、跨职能的敏捷小组,集中主要力量,提升产品研发速度和业务响应效率;也可以通过内部大赛,内部人才盘点的形式,重点挖掘和培养内部数字化人才;还要加强同科研院所、外部人才培养合作伙伴在人才培养上的合作,打造数字化人才的预备机制。

综上所述,未来金融领域将更加依赖新技术的赋能,通过人工智能、区块链、大数据、物联网、大语言模式等技术的应用,推动金融行业实现更智能、高效、安全的发展,为金融高质量发展提供更多可能性。数智技术将在金融高质量发展中发挥越来越重要的作用。表 5 是一些新技术在金融领域的应用前景。

表5 主要数字技术未来应用领域情况

技术领域	应用领域	优势
人工智能(AI)	智能客服、风险管理、反欺诈、智能投顾	提升金融服务的智能化水平
区块链技术	支付结算、数字资产管理、智能合约	提升金融交易的透明度和安全性
大数据分析	客户需求分析、风险管理、市场趋势分析	优化产品设计、风险管理和营销策略
物联网技术	智能支付、智能保险、财资管理	提升金融服务的便捷性和个性化程度
大语言模式	客户服务、自然语言理解和生成	提升客户服务质量,改善用户体验

资料来源：根据公开信息资料整理。

（二）人工智能（AI）赋能银行高质量发展应用趋势

国家监管部门于 2023 年 1 月与 7 月分别针对互联网信息服务深度合成与生成式人工智能服务明确了基调，标志着我国对生成式 AI 的治理监督进入体系化阶段。展望银行业，预计 2024 年关于金融业大模型的应用相关指引与操作规范将不断健全，在数据安全与个人信息保护等法律法规之下进一步明晰场景合规边界。在未来指引更加明确和监管趋严的形势下，把握监管合规、安全风控和增长赋能的平衡是银行业追求可持续创新发展中所面临的重要课题。

人工智能（AI）在金融领域的应用趋势是不可忽视的，它为金融机构提供了许多创新的解决方案，推动金融业务向智能化方向发展，将推动金融服务的智能化水平不断提升，提高金融机构的运营效率、客户体验和风险控制能力，促进金融行业向高质量发展的方向迈进（见表6）。金融机构应积极探索人工智能技术的应用场景，不断创新服务模式，以适应市场变化和客户需求，实现可持续发展。

表6 人工智能（AI）赋能银行高质量发展应用趋势

应用领域	描述
智能客服	通过自然语言处理和机器学习算法，实现智能客服系统，为客户提供24/7全天候的在线服务。系统能快速、准确地回答客户问题，提高客户满意度和服务效率
风险管理	将人工智能应用于风险评估、欺诈检测、信用评分等领域。通过大数据分析和机器学习，帮助金融机构更准确地识别风险、预测未来趋势，提高风险管理效率和准确性
反欺诈	通过分析交易数据和行为模式，人工智能识别异常交易和欺诈行为，帮助金融机构及时发现和阻止欺诈活动，保护客户资产安全
智能投顾	将人工智能应用于智能投顾、量化投资等领域。通过分析市场数据和客户需求，为投资者提供个性化投资建议和优化方案，提高投资决策准确性和效率

资料来源：根据公开信息资料整理。

2024年3月19日，中国工商银行发布手机银行9.0版，新版手机银行运营前沿数字技术，从大财富、全融资、促消费、强智能、优体验五个方面完善服务供给，为客户提供更加智慧便捷的移动金融服务。在人工智能应用方面，工商银行在同业率先建成自助可控的千亿级AI大模型技术体系，业内首推的"工小智等数字员工"已承担相当于3万名员工的年工作量。[①]

（三）区块链技术赋能银行高质量发展应用趋势

区块链技术在金融领域的应用趋势非常引人注目，它为金融机构提供了一种去中心化、安全可靠的交易方式，推动金融业务向更高效、透明和安全的方向发展（见表7）。金融机构应积极探索区块链技术的应用场景，加强技术研究和创新，不断优化业务流程，提升服务水平，实现可持续发展。

---

① 《工商银行启动"数字金融伙伴"行动并发布新版手机银行》，中国工商银行公众号，https：//mp. weixin. qq. com/s/LJzmlMUESXb033QCkWQR0A，2024年3月19日。

表 7 区块链技术赋能银行高质量发展应用趋势

应用领域	描述
提升交易透明度	区块链技术实现交易数据的公开、透明和不可篡改,金融机构可利用其记录和追踪交易信息,确保透明度和可追溯性,减少信息不对称和欺诈行为
加强交易安全性	区块链采用密码学技术和共识机制,确保交易数据的安全和完整性。金融机构可实现安全的数字资产管理、支付结算和智能合约执行,防范数据篡改和网络攻击,提高交易安全性和信任度
提高交易效率	区块链技术实现去中心化的交易结算和清算,减少中间环节和交易成本,提高效率。金融机构利用区块链简化支付结算流程、加速资产转移和结算速度,提升交易效率和便捷性
促进创新金融服务	区块链为金融机构提供新商业模式和服务场景,如数字资产管理、智能合约、供应链金融等。金融机构借助区块链开展更多创新金融服务,满足客户需求,拓展业务边界,推动金融行业高质量发展

资料来源:根据公开信息资料整理。

无论是工行、中行还是微众银行,这些银行都在区块链领域进行了长期布局。其中,微众银行目前主导了业内应用最为广泛的联盟链 FISCO BCOS 的开发。中行自 2014 年以来已对区块链技术进行了深入研究,并在多个领域应用。工行手机银行 App 上线数字藏品"工银玺链数字藏品"[①],基于"非遗护宝"的理念,通过数字藏品实现对营销业务的赋能。2024 年 2 月 2 日,工商银行苏州分行"非遗"数字藏品"光福核雕"首发[②];2024 年 3 月 1 日,数字藏品"寻觅姑苏-玉雕"上新[③];2024 年 4 月 3 日数字藏品"澄泥石刻"上新[④]。据了解,未来工商银行苏州分行还会有更多"非遗"数字藏品在工商银行手机银行中推出。

---

① 《工行数字藏品赋能营销业务应用实践》,移动支付网,https://m.mpaypass.com.cn/news/202309/05144005.html,2023 年 9 月 5 日。

② 《【数字藏品】手慢无,国家级非遗项目光福核雕数字藏品开领啦》,工商银行苏州分行公众号,https://mp.weixin.qq.com/s/Vx_v6fYXK57NdwX6Zg-JgA,2024 年 2 月 2 日。

③ 《首发!"非遗"数字藏品上新啦》,工商银行苏州分行公众号,https://mp.weixin.qq.com/s/1544XXWtL-MqtKNydJ9rwVVQ,2024 年 3 月 1 日。

④ 《@苏州人,您身边的这些好物正在"数字化"……》,工商银行苏州分行公众号,https://mp.weixin.qq.com/s/fYLrrMmG0DAy-pOGY2e1OQ,2024 年 4 月 3 日。

（四）大数据分析赋能银行高质量发展应用趋势

大数据分析在金融领域的应用趋势是非常重要的，它为金融机构提供了强大的数据处理和分析工具，帮助机构更好地理解客户需求、进行风险管理和把握市场趋势，从而优化产品设计、风险管理和营销策略，推动金融行业向更高质量发展的方向迈进（见表8）。金融机构应加强数据收集、分析和应用能力，借助大数据技术实现智能化决策和服务创新，提升竞争力，实现可持续发展。

表 8　大数据分析赋能银行高质量发展应用趋势

应用领域	描述
客户需求分析	大数据分析帮助金融机构深入了解客户的行为偏好、消费习惯和需求特征，精准定位客户群体，提供个性化的金融产品和服务。通过大数据分析，金融机构可以实现精准营销、客户细分和定制化服务，提高客户满意度和忠诚度
风险管理	大数据分析可以帮助金融机构实时监测交易数据、市场波动和风险事件，识别潜在风险和异常行为，及时采取应对措施，降低风险损失。通过大数据分析，金融机构可以建立风险预警系统、量化风险评估模型，提高风险管理的准确性和效率
市场趋势分析	大数据分析可以帮助金融机构分析市场数据、竞争动态和消费趋势，发现市场机会和潜在风险，制定相应的营销策略和业务决策。通过大数据分析，金融机构可以实现市场定位、产品创新和业务拓展，提高市场竞争力和盈利能力

资料来源：根据公开信息资料整理。

（五）物联网技术赋能银行高质量发展应用趋势

物联网技术在金融领域的应用趋势是非常具有潜力的，它为金融机构提供了更广阔的发展空间，可以实现金融设备的互联互通，提升金融服务的便捷性和个性化程度，将实现金融设备的互联互通，提升金融服务的便捷性和个性化程度，推动金融行业向更高质量发展的方向迈进（见表9）。金融机构应积极探索物联网技术的应用场景，加强技术研究和创新，不断优化服务模式和客户体验，实现可持续发展。

表9　物联网技术赋能银行高质量发展应用趋势

应用领域	描述
智能支付	物联网技术可以实现各种支付设备的互联互通，如智能手机、智能手表、智能POS机等，实现便捷、安全的支付体验。通过物联网技术，金融机构可以推出智能支付解决方案，提供多样化的支付方式和场景，满足客户个性化支付需求，提升支付效率和便捷性
智能保险	物联网技术可以实现保险设备和客户信息的实时监测和交互，如车载传感器、智能家居设备等，为保险机构提供更准确的风险评估和定价依据。通过物联网技术，金融机构可以开展智能保险业务，实现精准定价、个性化保障和智能理赔，提升保险服务的质量和用户体验
智能客户服务	物联网技术可以实现金融设备和客户信息的实时连接，为金融机构提供更全面、实时的客户数据和行为信息。通过物联网技术，金融机构可以实现智能客户服务，提供个性化的金融建议、产品推荐和服务支持，增强客户满意度和忠诚度
风险监控	物联网技术可以实现金融设备和风险监控系统的实时连接，帮助金融机构及时监测风险事件和异常行为。通过物联网技术，金融机构可以建立智能风险监控系统，实现风险预警、快速反应和有效控制，提高风险管理的准确性和效率

资料来源：根据公开信息资料整理。

平安银行通过创新驱动发展战略，率先布局"物联网+卫星+金融"服务模式。未来，平安银行数字口袋星云物联网将利用第一手数据赋能金融产品，为供应链上下游企业提供更快捷的放款服务，促进实体经济的高质量发展。星云开放联盟已联合超过 500 个开放联盟合作伙伴，直接服务 5 万核心客户，及 2000 万平台商户，提供支付结算、财资管理、供应链融资等数字化综合金融服务。[①]

---

① 《平安银行星云物联网助力实体融资超 6500 亿元》，新浪网，https：//k. sina. com. cn/article_ 1893278624_ 70d923a0020013zd4. html，2023 年 3 月 31 日。

（六）大语言模式赋能银行高质量发展应用趋势

大语言模式技术，如 GPT-4（Generative Pre-trained Transformer 4）等，在金融领域的应用具有巨大潜力，可以赋能金融高质量发展，提升客户服务质量，实现自然语言理解和生成，改善用户体验，推动金融行业向更智能化、个性化的方向发展（见表10）。金融机构应积极探索大语言模式技术的应用场景，加强技术研究和创新，不断优化服务模式和用户体验，实现可持续发展。

表10 大语言模式赋能金融高质量发展应用趋势

应用领域	描述
智能客服	大语言模式技术可以帮助金融机构实现智能客服系统，通过自然语言理解和生成，为客户提供快速、准确的解答和服务。金融机构可以利用 GPT-3/4 等技术构建智能客服机器人，实现24/7全天候在线服务，提升客户服务效率和满意度
个性化推荐	大语言模式技术可以分析客户需求和行为，实现个性化产品推荐和营销。金融机构可以利用 GPT-3/4 等技术分析客户数据，为客户提供个性化的理财建议、产品推荐和投资方案，助力产品销售和提升客户满意度
风险管理	大语言模式技术可以帮助金融机构实现智能风险管理，通过自然语言理解和生成，分析市场信息和风险事件，提供风险预警和决策支持。金融机构可以利用 GPT-3/4 等技术构建智能风险管理系统，提高风险识别和管理效率，降低风险损失
营销策略优化	大语言模式技术可以帮助金融机构优化营销策略，通过自然语言生成，创作吸引人的广告文案和营销内容，提升营销效果和用户参与度。金融机构可以利用 GPT-3/4 等技术定制个性化的营销方案，吸引客户关注和提升品牌影响力

资料来源：根据公开信息资料整理。

2024 年 3 月，6 家国有银行 2023 年的年报中均或多或少地提到了大模型、AIGC 等相关内容。特别是中国工商银行、中国建设银行和中国邮政储蓄银行，在 2023 年探索了大模型在多个场景中的应用，并且已经取得了初步成效（见表11）。[①]

[①] 《6 大行年报透露大模型、生成式 AI 相关进展，工行、建行、邮储有看点》，银行科技研究社公众号，https：//mp. weixin. qq. com/s/yDjfwRNNYNTux6jUJJsHxA，2024 年 4 月 6 日。

表 11　6 大行在大模型和 AIGC 等领域的成绩

银行	描述
中国工商银行	1. 在网点运营方面,上线首个基于大模型的网点员工智能助手,提升网点效能,运营领域智能处理业务量全年共计 3.2 亿笔,比 2022 年增长 14%。 2. 在远程银行方面,已实现大模型技术在智能客服(如"座席助手")等服务场景的落地。 3. 在消费者权益保护方面,将生成式 AI、自然语言处理等技术应用于投诉处置和管理主要环节,提高监测分析智能化水平,推动投诉治理取得更大成效。 4. AI 大模型建设成果获评人民银行《金融电子化》"2023 年金融信息化 10 件大事",并居榜首,是银行业中唯一入选的大模型技术创新应用
中国农业银行	主要应用于远程渠道方面,依托人工智能创新实验室,加快推进大模型技术预研孵化、客服知识库上线答案推荐、知识库辅助搜索等功能
中国建设银行	1. 启动"方舟计划",推进金融大模型建设工程。 (1)基础能力建设方面,已具备信息总结、信息推断、信息扩展、文本转换、安全与价值观、复杂推理、金融知识等 7 项一级能力; (2)基础应用建设方面,上线"方舟"助手、"方舟"工具箱、向量知识库等金融大模型基础应用; (3)实现智能客服工单生成、自动化生产营销创意内容和文案、快速生成投研报告中的摘要和点评、录入语音自动生成拜访记录、输入提示词与关键参数自动生成图片、自动生成上市公司类客户调查报告等 25 项场景应用。 2. 构建大模型向量知识库,打造"文生图"工具,推进生成式人工智能技术在智能客服、市场营销、投研报告、智慧办公、智能运营、智能风控等场景的应用。 3. 作为核心编写单位,联合中国信息通信研究院发布国内首个金融行业大模型标准
中国银行	主要探索大模型在内部知识服务、辅助编码等场景的应用
交通银行	主要探索大模型在办公助手、客服问答等场景的应用,以提升生产力
中国邮政储蓄银行	1. 研发测试方面,聚焦研发测试孵化"研发助手",辅助需求分析、UI 设计、代码生成、系统测试等研发全流程,促进端到端研发效率提升。 2. 运营管理方面,赋能运营管理上线柜面"小邮助手",为柜员提供在线业务知识问答,提升业务办理效率。 3. 客户营销方面,推出情感模型会话洞察与"灵动智库"服务增强企业微信运营功能,提升基层精细化客户洞察能力。 4. 智能风控方面,打造智能风控"智能审查助手",辅助法审工作合规高效。 5. 消费者权益保护方面,研发基于大模型的投诉问题分类智能模型,实现消保投诉管理自动统计分析和智能监测

资料来源:根据 2023 年各行年报资料整理。

四　数智赋能银行高质量发展的路径与建议

为促进数智赋能银行高质量发展，本报告提供以下一些发展路径和建议。

（一）加强技术创新

首先，创新提升竞争力，改进服务和产品，满足客户需求，获得市场优势。其次，新技术提高效率，简化流程、减少成本，加快交易处理速度，提高服务效率。最后，新技术加强风险管理，帮助识别和管理风险，例如人工智能和大数据分析可提高风险预测准确性，降低损失。技术创新不仅能提升竞争力和效率，还能加强风险管理，对金融行业发展至关重要。一是加大投入研发：金融机构应当持续增加对研发的投入，建立专门的研发团队，持续探索新技术在金融领域的应用，并及时转化为具体的产品和服务。二是推进合作创新：金融机构可以与科技公司、初创企业等合作，共同开展技术创新项目，通过合作，可以更快速地获取最新技术成果，推动创新发展。三是建立创新文化：金融机构应树立创新意识，鼓励员工提出新想法和创新方案，建立鼓励创新的文化氛围，推动技术创新的持续发展。

自 2023 年以来，工商银行坚持数字化发展理念，深入推进数字工行（D-ICBC）建设，推动金融服务加快数字化转型。全行重点聚焦"服务客户、赋能员工"两个方向，持续完善业务和数据技术两个支撑体系，加快推动业务模式和管理流程变革，以数字化转型赋能业务高质量发展。在 AI 大模型方面，工商银行积极推进体系化建设大模型技术能力。利用 AI 大模型技术开拓新型业务应用场景，率先实现百亿级 AI 大模型的实际应用，打造网点员工智能助手，为一线员工提供规章制度、业务文档等智能问答支持，打造创新投研助手，实现金融市场投研报告的分钟级智能生成。提升传统 AI 模型服务质效，推出知识运营助手，更加高效、精准实现资料提炼、数据标注与知识维护，助力提升智能客服的服务质效。联合业界领先科研机构和头部企业，合作探索千亿级 AI 大模型在金融行业的创新应用范式，继续树立靶向前沿的技术领先优势。[①]

2024年3月19日，中国工商银行在北京启动"数字金融伙伴"行动并发布手机银行9.0版，进一步聚焦GBC（政务、产业、消费）三端生态，[②]携手数字金融伙伴服务国家改革、产业升级与社会民生。

（二）强化数据安全

数字化、智能化的金融服务不断渗透到生产生活的方方面面，银行信息系统越发开放，使得银行管理运营面临的风险类型更加纷繁复杂，安全不止于网络安全，行内各部门对内容安全、云原生安全、运营安全、数实融合安全、数据安全等广义安全的讨论度和关注度也越来越高。尤其结合《金融数据安全　数据安全分级指南》《金融数据安全　数据生命周期安全规范》《中国人民银行业务领域数据安全管理办法》等行业标准文件陆续发布的监管动态来看，数据安全的重要性已上升到了新高度。

首先，强化数据安全可保护客户隐私，建立信任；其次，可防范数据风险，维护金融机构声誉和稳定性；最后，遵守法规要求，确保合规经营，规避法律风险。金融机构需要合作推动科技发展，同时加强数据安全措施，保护客户隐私，防范风险，遵守法规，确保业务可持续发展。一是建立完善的数据安全管理体系：金融机构应建立完善的数据安全管理体系，包括明确的数据安全政策、流程和责任分工，确保全员参与数据安全工作。二是大力使用加密技术：金融机构应采用隐私计算等加密技术对敏感数据进行脱密处理、加密存储和传输，防止数据泄露和篡改。三是实施权限控制：金融机构应设定严格的权限控制机制，根据员工角色和职责来设置不同的数据访问权限，避免未授权人员访问敏感数据。四是进行风险监测：金融机构应建立数据安全监测系统，实时监测数据访问和使用情况，及时发现异常行为并采取应对措施。

[①] 《2023年中报看四大行：数字化转型落地成效》，搜狐网，https://www.sohu.com/a/729906011_100235530，2023年10月20日。

[②] 《工商银行启动"数字金融伙伴"行动并发布新版手机银行》，中国工商银行公众号，https://mp.weixin.qq.com/s/LJzmlMUESXb033QCkWQR0A，2024年3月19日。

（三）推动金融科技合作

随着新一轮科技革命加速演进，科技金融近年来迅猛发展，在助力科技创新方面发挥了重要作用。当前我国科技金融发展成效显著，银行业金融机构成为科技金融的"主力军"。根据中国银行业协会2023年披露的数据，我国已设立科技特色支行、科技金融专营机构超1000家。[①]

首先，金融机构与科技公司的合作有助于促进金融创新，探索金融发展新路径；其次，合作可以提升金融机构的服务水平，提高效率、降低成本，提供更便捷、个性化服务；最后，合作可以形成资源共享、优势互补，促进金融机构和科技公司的共同发展。金融机构与科技公司应该加强合作，共同推动金融科技行业的健康发展。一是建立合作机制：金融机构可以建立与科技公司的合作机制，包括签订合作协议、设立联合研发中心等，明确合作目标和责任，推动合作项目的顺利开展。二是共同研发创新：金融机构与科技公司可以共同开展研发项目，探索新技术应用和创新模式，推动金融科技创新，提升服务水平。三是加强人才交流培训：金融机构可以与科技公司开展人才交流和培训，共享技术人才和经验，提升双方的技术水平和创新能力。四是积极探索市场合作：金融机构与科技公司可以共同探索市场合作机会，开发新产品和服务，拓展市场份额，实现双方的共赢发展。例如，吉林银行近两年持续与外部金融科技公司紧密合作，在2024年3月公布的2023经营年报中指出，截至2023年末，外包队伍人数达到2010人，较年初增加了448人，是正式员工队伍人数的两倍有余。[②]

（四）加强人才培养

技术驱动下，金融科技行业需要具备数智技术应用和金融知识的复合型

[①] 《强化科技型企业金融服务》，国务院新闻办公室官网，http://www.scio.gov.cn/live/2024/33253/xgbd/202401/t20240119_829393.html，2024年1月14日。

[②] 《吉林银行零售业务2023年成绩盘点》，零售新逻辑公众号，https://mp.weixin.qq.com/s/4mayTPtlKSk63382g9CIKA，2024年3月14日。

人才，培养高素质人才可满足行业需求，推动技术创新和产业发展。一是设立专业课程：金融机构可以与高校合作，设立数智赋能金融领域的专业课程，培养具备数智技术应用能力和金融领域知识的专业人才。二是开展技术培训：金融机构可以开展内部技术培训，提升员工的数智技术应用能力，不断提升团队整体科技素质，适应金融科技行业的发展需求。三是积极引进人才：金融机构可以引进具有数智赋能领域专业知识和技能的人才，注重人才的结构性匹配，提升团队整体水平，推动金融行业的高质量发展。四是建立人才培养机制：金融机构可以建立完善的人才培养机制，包括评价体系、晋升机制等，激励人才持续学习和成长，提高人才的综合素质和创新能力。

建设银行致力于为员工搭建广阔的发展平台，以"一个中心、两种思维、三个阶段、四个层次"为思路，坚持业务思维和产品思维，按照产品化、体系化、生态化三个阶段，从培训运营、能力提升、人才成长、企业战略四个层次全面推进具有建行特色的员工成长体系建设。[1]

2024 年 1 月 30 日，中国工商银行浙江省分行正式成立了数字化运营中心，率先响应总行对数字化运营人才培养的要求，切实贯彻落实中央金融工作会议精神，做好数字金融大文章。该中心将加强对员工的数字化技能培育，加快打造一支高素质的数字化人才队伍，将数字基因渗透到各个条线、各个机构，赋能提升全行数字化经营管理能力。[2]

（五）提升金融服务体验

2023 年 10 月中央金融工作会议明确提出"做好科技金融、绿色金融、普惠金融、养老金融、数字金融五篇大文章"，并将"科技金融"置于首要位置。这一立足发展实际的重要部署，明确了金融发展方向，为金融服务实体经济提供了行动指南。

---

① 《【ESG 专栏】中国建设银行：完善学习体系，重塑员工成长新内核》，中国建设银行官网，2023 年 1 月 6 日。

② 《工行浙江分行成立数字化运营中心》，工行浙江公众号，https：//mp.weixin.qq.com/s/iESlTl_ _ TwlFD4hn3qL-UA，2024 年 2 月 2 日。

随着经济社会的发展，客户需求日益多样化和个性化，优质服务能更好地满足需求、增强客户黏性、提升市场竞争力。数智技术的支持可优化产品设计和服务流程，提高效率和质量，增强品牌竞争力。提升体验有助于促进普惠金融，提高服务的普及性和可及性，让更多人受益，推动金融普惠发展。一是推广数智技术应用：金融机构可以结合人工智能、大数据分析等数智技术，优化金融产品设计和服务流程，提升服务的个性化和定制化水平，满足客户不同需求。二是改进用户体验设计：金融机构可以注重用户体验设计，优化产品界面和交互设计，提升用户体验感知，简化操作流程，提高客户满意度。三是提供个性化服务：金融机构可以通过数智技术分析客户数据，实现个性化推荐和定制化服务，提供更符合客户需求的金融产品和服务，增强客户黏性。四是拓展多渠道服务：金融机构可以通过多渠道服务，如线上、线下结合，提供全方位的金融服务体验，让客户更加便捷地享受金融服务，提高服务的可及性和便利性。

五　总结与展望

数智赋能对银行高质量发展至关重要，能够提升金融服务效率、改善客户体验、降低风险、推动金融科技创新、发展金融新质生产力，对金融行业具有深远影响。未来，数智赋能将持续推动银行业向更智能、高效、安全的方向发展。借助人工智能、区块链、大数据等先进技术，银行业得以整合创新资源，构建新型业务模式。通过这些技术的应用，银行能够实现风险管理的精准化、金融服务的个性化以及交易结算的高效化，从而进一步提升银行的竞争力和创新能力。数智赋能还将促进金融科技合作的深化，推动金融生态系统的协同发展，重塑金融和科技两种创新资源的配置组合，为银行业的数字化转型和智能化升级提供强大动力，助力金融行业迎接未来挑战，实现可持续发展。

参考文献

胡刚、陆岷峰：《场景金融与金融场景：构建数智化普惠金融成长新模式》，《长春金融高等专科学校学报》2024 年第 1 期。

李祖宜：《人工智能加速商业银行数智化升级》，《北方金融》2023 年第 11 期。

陆岷峰、高伦：《大语言模型发展现状及其在金融领域的应用研究》，《金融科技时代》2023 年第 8 期。

陆岷峰：《关于构建我国金融科技银行生态体系的研究——兼论十四五期间我国商业银行改革与发展的主要方向》，《金融理论与教学》2024 年第 1 期。

陆岷峰：《金融数智化赋能实体经济：个性特征、运行机理与应对策略》，《兰州学刊》2023 年第 12 期。

陆岷峰：《数字科技金融赋能小微科创企业战略研究》，《江南论坛》2023 年第 7 期。

曾玉婷、康玲：《区块链技术的应用场景研究——以商业银行为例》，《营销界》2023 年第 10 期。

专题篇 ➦

B.12

中国人才管理的数智化
发展研究[*]

尹 奎 迟志康[**]

摘 要： 中国企业正处于高度易变、不确定、复杂与模糊的商业环境中，传统的人才管理方式越来越难以应对企业业务端对人才的需求。人才管理比以往任何时候都需要更加灵活和敏捷。ChatGPT、文心一言等新兴科技正推动经济、社会与企业发生重大变化，也将赋予企业人才管理巨大变革力量，使得人才管理敏捷化与智能化成为可能。本报告从供给端与需求端全面探讨了中国人才管理数智赋能的现状、瓶颈和趋势。从供给端看，人力资源服务业发展前景较好、智能化产品不断涌现，但行业集中度偏低；从需求端看，企业人才管理数智化尚处于起步阶段，数智化更多应用于招聘等个别人才管

---

[*] 本报告得到国家自然科学基金项目（72272011）、中央高校基本科研业务费（FRF-BR-23-08B）资助。

[**] 尹奎，北京科技大学经济管理学院副教授，博士，研究方向为绩效管理、人力资源管理、领导力相关领域；迟志康，北京科技大学经济管理学院硕士研究生，研究方向为绩效管理、领导力、元分析相关领域。

理模块，应用尚不全面与深入。人力资源服务业面临客户预算不足、产品数据价值不高等瓶颈，而企业面临大数据基础薄弱、缺乏数智化人才以及HR智能化工具应用水平低等问题。最后，无论是人力资源数字化服务业还是企业人才管理数智化都有一些积极的发展趋势。

关键词： 数智化　数智赋能　人才管理　人力资源管理

根据中国信息通信研究院发布的《中国数字经济发展研究报告（2023年）》，我国数字经济规模超过50.2万亿元，占国内生产总值的41.5%，其中数字产业化规模与产业数字化规模分别达到9.2万亿元和41万亿元。数字化基础上的智能化是大势所趋，根据国际数据公司（IDC）预测，到2025年，数据的复杂性、波动性和资源稀缺性将增加，一半以上的中国500强企业将使用人工智能和自动化技术来检测和自动处理数据。[①] 数智化转型已成为各行各业的共识，数智化进程也从单一的业务数智化向管理数智化推进。与此同时，2023年职场已经步入虚拟智能模式，体现为工作场所无处不在、工作聚焦数据价值以及人机协同成为主流。数智化浪潮下，企业的商业模式与运营方式发生了巨大变革，企业对人员能力要求发生重大改变，这对传统人力资源管理提出了新挑战。人力资源管理[②]数智化不单单是一套系统或者成立一个数智化的部门，而是人才管理与数智化技术的深度融合。要实现人力资源管理的数智化，不仅需要企业人力资源管理体系的变革，更需要人力资源管理服务业的助力。本报告聚焦于人力资源管理数智化赋能，从供应端（人力资源服务业）与需求端（用工企业）分析数智化对人才管理带来的机遇与挑战。

---

① 《IDC FutureScape：2023 年中国未来智能市场十大预测》，https://www.idc.com/getdoc.jsp? containerId=prCHC50348023。

② 根据世界著名人力资源服务商 Workday 的定义，人才管理是指采取战略方法来吸引、留住和发展企业劳动力，与传统的人力资源管理定义并无本质差异。

一 人才管理的"数智化"概念

（一）人才

对人才的理解存在两种视角：包容性视角与排他性视角。前者强调每个员工的潜力，认为每名员工都可以潜在地为组织创造价值，人才等同于人力资源；后者强调员工价值贡献的差异性，认为只有少数人是人才，通常以是否身处关键岗位、是否拥有高潜力或高绩效为评价标准，是企业中具有特殊人力资本的员工。不同行业对人才的理解与定义不同，人才的两种视角都具有一定的合理性。本报告所提人才不严格区分两者，既可以指普通员工也可以指核心员工。在这个意义上，人才管理等同于人力资源管理。

（二）数智化与数智赋能

王秉将数智化归纳为依托和利用数智技术来培育和发展数据这一新的生产力并使之造福于社会的历史过程。与数字化相比，数智化更加注重人工智能与深度学习等智能化分析，更加注重决策自优化、执行自动化以及自我学习提升。[①] 自2021年欧盟委员会发布"工业5.0"系列报告以来，数智化成为新一轮工业革命的发展重点与核心特征。数智化代表了智能化与数字化的深度融合，[②] 是大数据、云计算、区块链、人工智能等数字信息与智能技术的结合，其本质是通过人工智能实现数据的智能化。

数智赋能是企业通过大数据、云计算、人工智能、机器学习等新一代数智技术，构建企业基础数字设施，引发企业技术、业务与管理的全方位变

[①] 王秉：《何为数智：数智概念的多重含义研究》，《情报杂志》2023年第7期。
[②] 张志学、赵曙明、连汇文、谢小云：《数智时代的自我管理和自我领导：现状与未来》，《外国经济与管理》2021年第1期。

革，由内而外调动经营管理的主动性，从而构建强大竞争优势的过程，可以从数据化、数字化和智慧化三个方面来度量。①

（三）人才管理数智化

人力资源管理经历了手工人力资源管理时代（1990 年以前）、电子人力资源管理时代（1990~2010 年）、云化人力资源管理时代（2011~2023 年）以及人力资源管理数智化时代（2023 年以后）。人力资源管理数智化时代下，机器学习等 AI 技术应用更加深入，有着更高的人机协同和卓越的员工体验。② 数智化在人力资源管理功能中的应用体现为：智慧招聘、自动化组织人事管理、智能薪酬福利管理、以人为本的绩效管理、按需定制个性化培训与组织文化等（见表 1）。③

表 1 数智化在人才管理中的应用

数智化应用	具体表现
智慧招聘	岗位描述自动生成、岗位全渠道发布、简历筛选、AI 面试、求职者追踪自动化管理
自动化组织人事管理	交互式 HR 智能助手、离职反馈
智能薪酬福利管理	智能薪酬测算、个性化福利定制
以人为本的绩效管理	绩效目标智能生成、AI 绩效反馈与建议
按需定制个性化培训	定制化培训内容、交互式培训、自动评估与反馈
组织文化	数据驱动型组织文化

资料来源：36 氪研究院 & Moka 发布的《AGI 时代下的组织变革研究报告》，2023。

在企业层面，人力资源管理数智化体现为组织敏捷、团队赋能、人才发展、智慧决策四个方面。④ 组织敏捷表现为以数智化为手段，优化运营模式

---

① 梁玲玲、李烨、陈松：《数智赋能对企业开放式创新的影响：数智双元能力和资源复合效率的中介作用》，《技术经济》2022 年第 6 期。

② 李楠、林依玲、时芸婷：《数智化人力资源管理的理念内涵与实现路径》，《山东工会论坛》2023 年第 5 期。

③ 36 氪研究院 & Moka：《AGI 时代下的组织变革研究报告》，2023。

④ 张月强：《用友 BIP 赋能人力资源管理数智化转型》，《数字经济》2021 年第 6 期。

与效率来响应组织发展要求；团队赋能强调通过数智化搭建团队赋能平台，优化人才梯队建设；人才发展强调基于数智化消灭数据孤岛，实现关键人才的识别、活力激发与构建人才成就平台；智慧决策强调落实数字化创新对企业转型升级、管理提升的深度应用，通过数据建模、指标库搭建和大数据分析，提高洞容力、战略决策力和业务绩效。数智化人力资源管理在管理目标、管理地位、管理内容等方面区别于传统的人力资源管理（见表2）。

表 2　数智化人力资源管理特征

对比维度	非数智化人力资源管理	数智化人力资源管理
管理目标	高效完成工作	提升员工体验和组织效能
管理地位	执行层	战略层
管理内容	人事核心模块管理	全链条人才服务
数据互通	数据孤岛	数据互通与共享
决策机制	经验为主	数据驱动为基础
管理工具	人工处理为主	数字化平台为主
员工与组织关系	传统雇佣关系	协同共生关系

资料来源：李楠、林依玲、时芸婷《数智化人力资源管理的理念内涵与实现路径》，《山东工会论坛》2023 年第 5 期。

（四）数智化技术

数智化技术是指运用云计算、元宇宙、数字孪生、自然语言处理等新一代信息技术，对海量数据进行深度挖掘和分析，从而获得新的实时洞察和思路，并通过智能化应用加以落地的一类技术。[1] 典型的数智化技术包括：元宇宙技术，即虚拟与现实边界模糊的技术实践，[2] 其特征体现为技术（如脑机接口、GIS 等软件技术等）集成、虚实融合、去中心化自治[3]等；云计

---

[1] 霍雯露：《以数智技术赋能乡村治理推进乡村振兴》，《产业创新研究》2023 年第 11 期。

[2] 赵星、陆绮雯：《元宇宙之治：未来数智世界的敏捷治理前瞻》，《中国图书馆学报》2022 年第 1 期。

[3] 任兵、陈志霞、张茂茂：《迈向数智时代的城市元宇宙：概念界定与框架构建》，《电子政务》2023 年第 6 期。

算，即通过网络随时随地访问存储、计算等云端资源，其核心机制在于利用专用软件对资源池进行管理和实施，以无人介入的方式实现动态扩展和回收，对于改变市场格局和推动新应用场景的发展具有关键作用[①]；数字孪生，即在信息化平台上建模、模拟物理实体、流程或系统的概念；自然语言处理，在人力资源管理领域表现为客服对话机器人、人才扫描、舆情分析等。

（五）数智化理论

数智化相关的理论有人-机-组织共生系统理论[②]、心智认知理论。人-机-组织共生系统理论融合了系统工程科学理论和共生理论，旨在深入研究人-机-组织共生系统中人、机、组织三要素的相互作用与共生关系，提出人-机-组织共生系统理论的三大要素：共生单元、共生环境以及共生模式。其中，共生模式描述了人类员工、智能机器、企业组织之间存在的互利共生、偏利共生、偏害共生、竞争吞噬四种关系，这些关系在组织系统的不同发展阶段和情境下发生转变，呈现"竞争吞噬-偏利共生/偏害共生-互利共生"的演进趋势。相较于传统的人-组织二元系统，人-机-组织三元共生系统引入了智能机器维度，使得员工的某些劳动功能开始被机器替代，组织关系由二维交互体系转向三维共生系统。作为新兴理论体系，人-机-组织共生系统不仅为智能时代组织系统变革提供了更具解释力的理论视角，也为引领组织系统的数智化转型实践提供了理论框架的新范式。

企业对数智技术的运用会给员工的情绪带来显著影响，心智认知理论能够帮助管理者更好地理解这一现象。心智认知理论认为，人的心智认知由感知和机能构成，感知是指感受他人情绪或产生难过、快乐等情绪的能力，代表情感性维度；机能是指理性地思考、计划和行动的能力，代表功能性维

① 张清华、高渝、申秋萍：《数据科学：从数字世界到数智世界》，《数据采集与处理》2022年第3期。
② 何江、朱黎黎：《"人-机-组织"共生系统：一个智能化组织理论框架》，《当代经济管理》2023年第6期。

度。人们通常通过对对方感知与能力两个维度的评价产生情绪。员工会根据企业提供的可使用数智技术，从感知和机能两个角度进行评价，并对工作态度和行为产生影响。

二 中国人才管理的"数智化"进程

人才管理数智赋能包括供需两端，供方主要包括共性底座企业、行业平台企业以及咨询与服务业，需方是指产业应用企业。上述两方都在进行数智化转型，为中国数字经济的发展贡献力量。本报告重点关注了供给端中的人力资源服务业（如北森、中智、拉勾、猎聘等），以及需求端的行业龙头与中小企业（如链家、海尔等）。

（一）供给端：人力资源服务业数智化发展现状

企业人才发展离不开外部劳动力的供给，其中人力资源服务业发挥核心作用。人力资源服务业是指生产和提供人力资源服务产品的众多经营单位的集合体，包括劳务派遣、猎头服务、人力资源外包、人力资源咨询和培训等多种类型服务。数智化赋能的人力资源服务业，即通过数智化信息技术理念与手段，为人力资源供需双方提供人才服务，实现人力资源开发、优化、服务和方案解决为一体的人力资源服务体系的行业。① 在数智化背景下，人力资源服务业呈现如下发展现状。

1. 政策红利不断，行业规模持续扩容

根据人社部数据，截至 2022 年底，全国共有各类人力资源服务机构 6.3 万家，从业人员 104.2 万人，年营业收入 2.5 万亿元，分别比 2019 年增长 59.09%、54.42% 与 27.55%（见表 3）；2022 年为全行业 3.1 亿人次劳动者提供各类就业服务，为 5268 万家次用人单位提供专业支持。以湖

---

① 项玉娇：《VUCA 新常态下数智化赋能人力资源服务业发展路径探析》，《中国商论》2022 年第 6 期。

南省为例，2023 年全省人力资源服务机构达到 2456 家，从业人员 2.5 万人，营业收入达到 618.3 亿元，同比增长 31.7%。[①] 根据亿欧智库的调查，中国数字化人力资源行业的市场规模 2022 年达到 232 亿元，2025 年预计将达到 426 亿元。[②] 根据艾瑞咨询的预测，2022 年人力资源数字化市场规模为 230 亿元，预计到 2025 年将达到 419 亿元（见表 4）。[③] 近年来，促进人力资源服务业发展的政策接连出台，广州市 2023 年 1 月发布《广州市人力资源服务业发展提升计划（2022—2025）》，北京市 2023 年 4 月发布《北京市人力资源服务业创新发展行动计划（2023—2025 年）》。2023 年 7 月 28 日，《人力资源社会保障部办公厅关于做好〈人力资源服务机构管理规定〉贯彻实施工作的通知》发布，强调要做好简化优化行政许可、深入推进便民服务，规范实施行政备案、加强招聘服务管理、强化个人信息保护等，体现了国家对人力资源服务业的重视。2024 年济南市人力资源和社会保障局等单位联合发布《济南市人力资源人力资本服务业创新发展行动计划实施方案》，提出要进一步强化人力资源开发利用，激发市场活力与发展动能。

表 3　2019 年、2022 年人力资源服务业发展情况

统计指标	2019 年	2022 年	增长率(%)
从业人员数量(万人)	67.48	104.2	54.42
服务机构数量(万家)	3.96	6.3	59.09
营业总收入(万亿元)	1.96	2.5	27.55

资料来源：《2019 年度人力资源和社会保障事业发展统计公报》和《2022 年度人力资源和社会保障事业发展统计公报》。

---

① 《湖南，突破 600 亿元，增长 31.7%！》，腾讯网，https://new.qq.com/rain/a/20240402A005CC00，2024 年 4 月 2 日。

② 亿欧智库：《精准画像描摹，释放数字价值——2023 中国人力资源数字化企业需求分析》，2023。

③ 艾瑞咨询：《中国人力资源数字化研究报告》，2023。

表4　2020~2025年中国人力资源数字化市场规模

单位：亿元

年份	市场规模
2020	159
2021	201
2022	230
2023	270
2024	335
2025	419

资料来源：艾瑞咨询发布的《中国人力资源数字化研究报告》，2023。

人力资源服务业的龙头公司有中智股份、科锐国际、万宝盛华大中华区、海峡人力等。上述4家公司2020~2022年连续三年均实现业绩正向增长（见图1）。以培训业务市场为例，根据《2023中国企业培训行业发展白皮书》，2023年企业培训行业规模突破9000亿元，2024年与2025年将分别达到11535亿元和13194亿元。此外，各大咨询与人力资源服务公司2023年均在进行人员扩张，尤其是数智化咨询方面。例如安永在2022年收购了8家公司，重点是科技咨询公司；金融数字化咨询公司波士顿2023年招聘计划为2000人。2024年3月28日，人瑞人才发布了2023年业绩公告，其数字化技术和信息技术人才业务收入在2023年达到17.53亿元，同比增长225.2%，反映出数智化给人力资源服务行业企业发展提供了巨大的机遇。

2. 智能技术兴起，数智化产品不断涌现

2022年12月5日印发的《人力资源社会保障部关于实施人力资源服务业创新发展行动计划（2023—2025年）的通知》强调，要发展一批聚焦主业、专注专业、成长性好、创新性强的"专精特新"人力资源服务企业。该通知同时指出："鼓励数字技术与人力资源管理服务深度融合，利用规模优势、场景优势、数据优势，培育人岗智能匹配、人力资源素质智能测评、人力资源智能规划等新增长点。"近年来，人力资源管理服务企业扎根技术，充分运用大数据、云计算、人工智能等技术，努力打造一体化数字化平台，提高人事信息与业务流程的系统集成，形成高水平的数据驱动与智能决

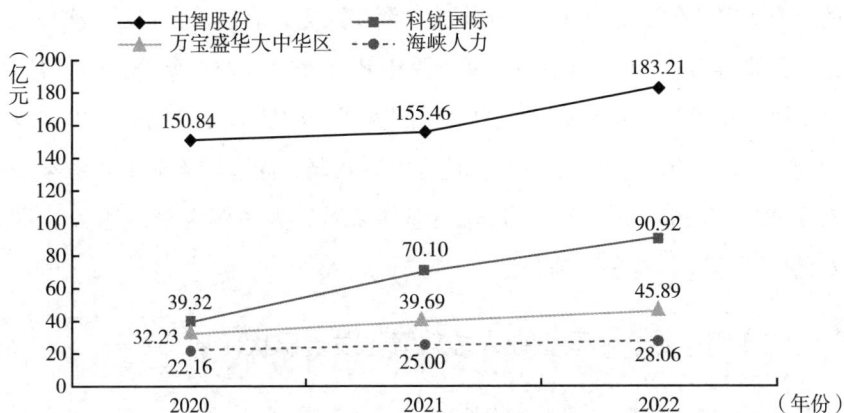

图 1 2020~2022 年人力资源服务业龙头企业营业收入

资料来源：根据公开资料整理。

策能力，促进人力资源管理服务业的高质量发展。例如在应届生招聘中开始引入投射测验、游戏测评、AI 面试等工具，不过上述智能化工具的应用并不充分，据调查，在招聘中使用上述工具的比例为 1%~3%。[①] 2023 年上半年开始，人力资源数字化转型服务厂商纷纷推出基于人工智能生成内容（AIGC）的相关产品与服务，例如：2023 年 5 月北森推出 AI 家族（AI 面试、员工服务机器人、陪练机器人等）；2023 年 6 月 Moka 推出 Moka Eva（对话式 BI、员工 Chatbot、智能面试等）；2023 年 9 月腾讯乐享推出 AI 助手（如 AI 提炼知识点、AI 生成考试等）。基于 AIGC 技术将为企业数字化转型创造重要机遇，体现为：辅助人才规划，推动人才盘点数智化；优化招聘流程，实现组织降本增效；参与员工培训，助力员工成长；提供薪酬建议，提高薪酬管理公平感。[②]

3. 行业集中度低，头部企业尚未形成

根据中国人力资源媒体公司 HRoot 依据企业 2020 年的财政收入，发布了"2021HRoot 全球人力资源服务机构 50 强榜单"，中国人力资源服务业企业入

---

① 中智咨询：《2023 年应届生招聘和薪酬管理及实习生调研报告》，2023。
② 杜洋：《基于人工智能生成内容（AIGC）技术的企业人力资源数字化转型》，《信息系统工程》2024 年第 3 期。

围的只有 5 家，分别是中智、科瑞国际、海峡人力、前程无忧、万宝盛华大中华区，分别排名 4、45、46、47、48。除中智之外，另外 4 家公司与任仕达、德科集团、瑞可利等外资头部人力资源服务机构的实力相差甚远。以在线招聘为例，2021 年 Boss 招聘、前程无忧、智联招聘、同道猎聘的市场份额分别只有 5.9%、6.1%、5.5%、3.7%。① 总体来看，人力资源管理服务业没有绝对的龙头企业，竞争较为分散。

（二）需求端：中国企业人才数智化发展现状

1. 人力资源管理数智化才刚刚起步

根据 Gartner 发布的《2023 年度董事会调查》，数智化已经成为企业战略的重要组成部分，89% 的被调查企业将其视为业务增长的重要途径，但数智化在人力资源管理中的应用还处于起步阶段。根据中智咨询 2023 年的调查，在人力资源管理方面能够实现数据驱动的业务协同与智能决策的公司只占 3.8%，7.5% 的公司开始融合数字技术并深化人力资源管理转型效果（见图 2）。② 上海外服 2023 年的调研也发现，只有 7.0% 的企业认为自身人力资源数智化水平达到行业领先且开始使用 AI 技术。③ 根据亿欧智库发布的《精准画像描摹，释放数字价值——2023 中国人力资源数字化企业需求分析》，中美人力资源数字化行业市场规模差距较大，2021 年中国人力资源数字化管理的渗透率只有 2.9%，远低于美国（9.9%）。根据普华永道的研究报告，40% 的跨国公司人力资源部门工作中已开始使用 AI。④ 中国人力资源开发研究会智能分会于 2024 年发布的《中国人力资源管理数智化发展白皮书》表明，2023 年，49.69% 的企业已经开始探索应用人力资源数智化，这一比例比 2021 年上升了 13 个百分点。由此看来，我国企业人

---

① 《人力资源服务行业深度研究报告：旭日东升，百舸争流》，百度百家号，https://baijiahao.baidu.com/s? id=1742453745934181628&wfr=spider&for=pc，2022 年 8 月 29 日。
② 中智咨询：《企业人才管理典型场景的数字化应用现状调研报告》，2023。
③ 上海外服：《2023 企业人力资源数智化转型洞察与展望报告》，2023。
④ 董毓格、龙立荣、程芷汀：《数智时代的绩效管理：现实和未来》，《清华管理评论》2022 年第 5 期。

力资源管理数智化进程已经开始起步，但与全模块的"全面落地"还有一段距离。

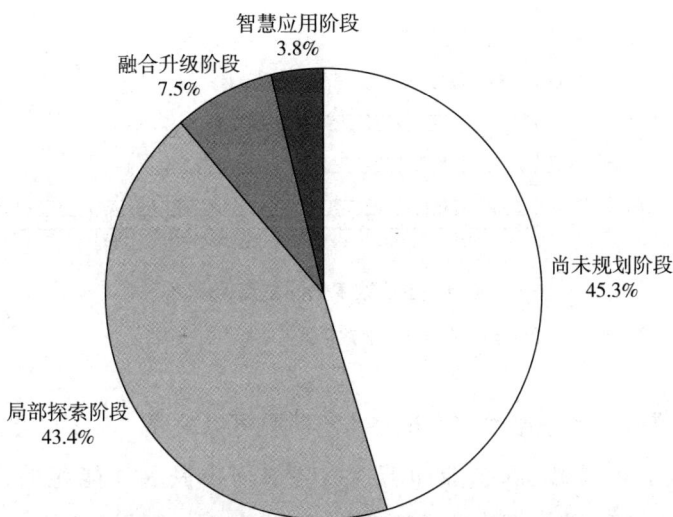

图2 企业在 HR 方面数字化情况（$N=159$）

资料来源：中智咨询发布的《企业人才管理典型场景的数字化应用现状调研报告》，2023。

这与中国人力资源管理学科发展较晚，人力资源服务业发展时间较短有一定的关系。另一个原因在于目前企业的数字化或者数智化转型更侧重于业务端，而非管理端。根据红杉中国对一、二线城市235家企业数字化负责人的调查，2023年企业数字化的重点是数据驱动的洞察与决策（73%）、数字化运营与供应链（54%）、以客户体验为中心的设计（43%）等，相比之下，数字化组织与人才只占被调查对象的20%（见图3）。

2. 智能化快速赋能企业人才的招聘

通过人力资源大数据能够在一定程度上消除劳动力市场中的信息不对称问题，帮助企业快速识别最佳候选人。根据亿欧智库于2023年发布的《精准画像描摹，释放数字价值——2023中国人力资源数字化企业需求分析》，某头部招聘平台在校园招聘环节中，传统人力面试需要花费420小时完成

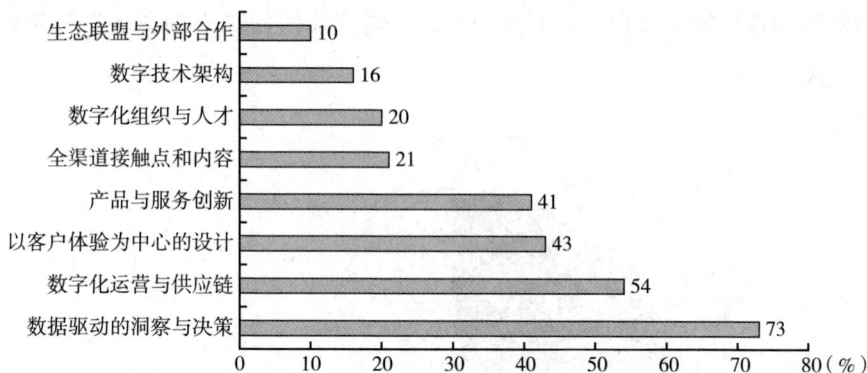

图 3 企业数字化的重点领域

资料来源：红杉中国发布的《2023 企业数字化年度指南》，2023。

5000 人才快面，但采用数字面试官 4 小时就可以完成。对于已在人力资源管理活动中布局 AI 的企业而言，招聘活动中嵌入智能化的占比最高（75.71%），其次为人事管理（42.86%）（见图 4）。这得益于上述人力资源职能活动中的数据更丰富、更有结构性。

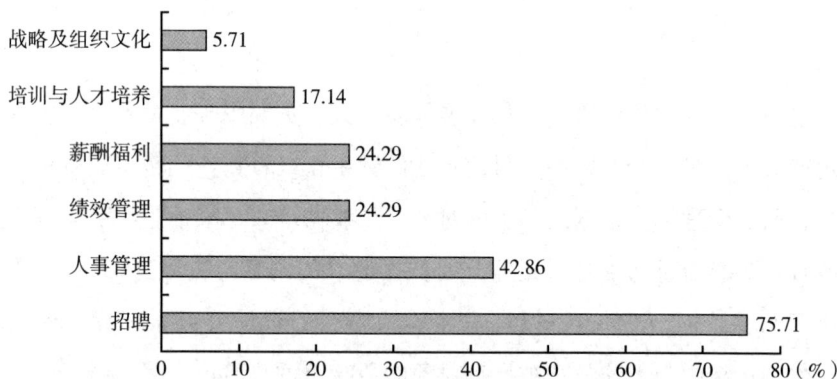

图 4 AI 工具在组织与人力资源管理中各模块的渗透率

资料来源：36 氪研究院 & Moka《AGI 时代下的组织变革研究报告》，2023。

尽管招聘数智化相比于其他人力资源管理活动的数智化程度高，但实际应用程度也不高。根据北森人才管理研究院发布的《2023 招聘年度观察：

企业迈入数质化招聘时代》，招聘中应用智能化工具可以实现自动化筛选、自动化笔试测评、自动化面试协同、自动化入职协同等，但应用北森招聘平台的公司招聘活动中应用 AI 的占比大都低于 50%（见表 5）。

表 5　招聘活动中的 AI 应用情况

招聘活动	AI 应用占比(%)
录用阶段自动转移状态	51
根据面试官筛选与面试结论自动淘汰	18
根据面试通过结果自动到下一阶段	16
自动转移至人才库	16
自动淘汰	13

资料来源：北森人才管理研究院发布的《2023 招聘年度观察：企业迈入数质化招聘时代》，2023。

3. 数智化赋能企业人才培训与开发

在人力资源管理活动中，高频应用智能化工具的人力资源管理活动除招聘外，学习管理（80%）的 AI 应用程度也较高（见表 6）。学习管理对应于人力资源管理中的培训与发展。数智化技术的推广使用降低了应用型人才发展的门槛，可以减少重复劳动，帮助员工培育新的技能。例如，随着低代码平台和零代码平台的推广，一线生产管理人员即便没有编程基础也能自行开发软件应用。例如在一汽大众，9000 多名低代码开发者中，有 90% 是一线人员；在上海三棱电梯，公司搭建了 100 多个低代码应用，50% 是由业务人员自行开发的。根据 TE·智库的研究报告，2023～2026 年的复合增长率将达到 29.2%。[1] 再如已有公司采用新一代交互技术对个人进行焊接培训，这大大降低了事故发生率和培训成本。[2] 此外，基于大数据+AI 的培训也能大大提升传统培训的效率与效果，例如链家开发了社区百科 AI 讲盘智能通关专业技能培养项目，实现模拟实景，进行讲盘闯关。在这个过程中，公司员

---

[1] TE·智库：《AIGC 入局与低代码产品市场的发展研究》，2023。

[2] 《培训》杂志、极客时间、中国企业数字人才发展研究中心：《2023 中国企业数字化人才发展白皮书》，2023。

工需要回答 AI 机器人所提问题，并且 AI 机器人会在楼盘掌握情况、讲解能力、语言表达、控场和逻辑四个方面基于智能算法生成反馈。某国有银行通过 AI 陪练和 AI 知识库应用到新员工培训中，员工技能的考核通过率提升了10 个百分点以上。

表 6　数智化在人力资源管理活动中的应用

人力资源管理活动	传统工具(%)	数智化工具(%)
学习管理	20	80
招聘管理	20	80
绩效管理	50	50
劳动力管理	65	35
薪酬管理	75	25
核心人力	80	20

资料来源：北森人才管理研究院发布的《2023 招聘年度观察：企业迈入数质化招聘时代》，2023。

三　中国人才管理的"数智化"瓶颈

（一）供给端：人力资源服务业数智化发展瓶颈

1. 企业人力资源数智化预算不足

根据智享会于 2024 年发布的《绩效管理的敏捷调整与数字化工具的助力》，企业不打算采用绩效管理数字化的原因中，排名第 1 的是系统的成本高（43.59%），间接反映了组织对人力资源管理数智化预算有限这一问题。根据 IDC（国际数据公司）2021 年调研，48%的企业人力资源数字化投入占 IT 总预算不超过 5%，20%的企业没有专门划拨预算用于人力资源数字化工作。根据艾瑞咨询的统计与调查，在 2022 年上市公司年报中，47.4%的公司提及"降本增效"；2023 年企业人力资源管理核心目标选择控制管理成本的达到 55.2%，相比于 2022 年提高 3 个百分点。降本增效以及管理成本控制会抑制企业对人力资源管理服务采购的预算与需求，进而影响人力资源服务业的发展。

2. 基于预测的数据价值服务较弱

数智化相比于传统的大数据更加强调预测能力。人力资源服务业的数据能力可以分为大数据资源整合能力与大数据预测分析能力。采用李克特 7 级评价，对 257 家人力资源服务业的调查分析发现，大数据资源整合能力的得分（均值=5.53）高于大数据预测分析能力的得分（均值=5.40），并且后者对企业技术创新的预测力高于前者。[①] 以此来看，人力资源服务业不仅要注重数据的整合，更应该在提升大数据预测分析能力上发力。例如，强化在大数据分析中发掘客户潜在需求的能力，通过数据分析为企业决策者提供有力支撑的能力等。

3. 人力资源数智化行业差异较大

人力资源智能化体现为组织运用大数据技术和其他数据处理技术，分析组织成员生理、行为与关系大数据，并在分析结果中挖掘商业洞见，用于指导企业人力资源管理决策的过程。部分行业（如司机等）使用传感器或者可穿戴设备追踪员工的物理移动、生理健康、与他人互动等行为，来预测个体表现。例如在体育产业中，生理大数据已经得到了相对广泛的应用。但是，对于大部分行业，企业所积累的数据都是非结构化的，这增大了人力资源智能化的难度。此外，不同类型企业对人力资源一体化平台 SaaS 模式的接受程度存在差异，50%的民营企业接受 SaaS 模式，国有企业与外资企业分别只有 20.6%和 25.5%。[②]

（二）需求端：中国企业人才数智化发展瓶颈

1. 人力资源大数据基础薄弱

智能化赋能人才管理的基础是拥有人力资源大数据。人力资源大数据是

[①] 周小刚、陈水琳、李丽清：《大数据能力、技术创新与人力资源服务企业竞争力关系研究》，《管理评论》2021 年第 7 期。

[②] DHR 工会：《2023 中国企业人力资源数字化转型现状与趋势调研报告》，2023。

指一切对于人力资源管理中的决策支持、洞察发现、流程优化等具有潜在价值的数据集合。[①] 人力资源大数据包括生理大数据（生理指标和人类基因）、行为大数据（教育、求职、工作和消费等）以及关系大数据（线上互动和线下互动）。按照信息的来源，刘善仕等进一步将人力资源大数据总结为网络职业招聘平台、社交网络、在线劳动力市场、在线知识社区与搜索引擎和人力资源管理信息系统5类。[②] 目前组织能够获取与利用的更多的是公司内部数据与结构化行为数据、线上互动数据（如邮件往来、内部通信记录等）。

结构化数据是智能算法模型开发与迭代的基础，图像、文本、语音、点云等数据源都需要进行标注，将非结构数据转化为结构化数据。[③] 出色的数智化离不开高质量数据、高质量标注和管控，但是红杉中国2023年的调查显示，数据质量和完整度不足（53%）是目前企业数据能力面临的最大挑战，数据标准和口径不一致在所有短板中排名第三（见图5）。未来企业应该明确数据治理总体方向，明确数据管理职责，澄清数据资产，选择合适的数据管理工具与平台。[④] 中国人力资源研究会智能分会于2024年发布的《中国人力资源管理数智化发展白皮书》也表明数智化过程中最大的困难依然是数据本身的问题，例如数据质量差、数据管理碎片化、缺乏大数据平台等，2023年认为数据基础薄弱的占比为59.6%，比2021年提升了7.2个百分点。

部分公司注重数据的积累与分析，例如陶氏化学根据公司4万名员工历史数据、产业和资金大数据，推测整个化工行业劳动力需求的周期性变化，并据此测算员工离职率、内部职位调动等，并设计了一个人力资源分析模型——陶氏战略性人员配置模型。以商业智能为重要指标的数据分析已经在市场营销、运营管理、财务金融等领域得到大量关注与商业化应用，但在人

---

① 姚凯、桂弘诣：《大数据人力资源管理：变革与挑战》，《复旦学报（社会科学版）》2018年第3期。
② 刘善仕、孙博、葛淳棉、彭秋萍、周怀康：《组织人力资源大数据研究框架与文献述评》，《管理学报》2018年第7期。
③ 德勤中国：《人工智能基础数据服务白皮书》，2023。
④ 红杉中国：《2023企业数字化年度指南》，2023。

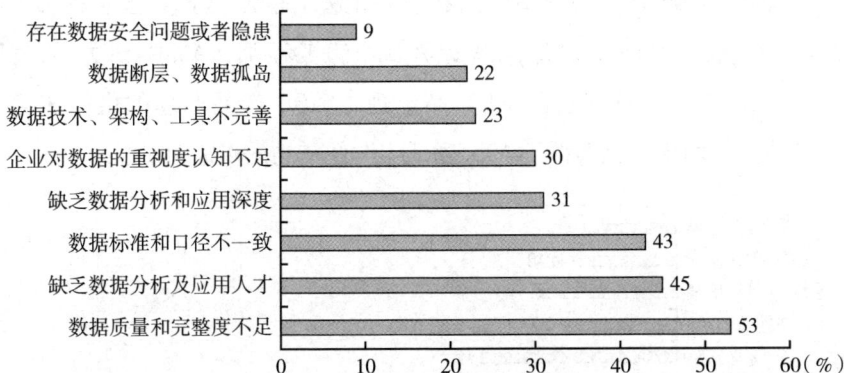

图 5　企业数据能力的短板

资料来源：红杉中国发布的《2023 企业数字化年度指南》，2023。

力资源管理领域商业智能的应用明显不足。目前大部分公司的人力资源智能化还是停留在描述性统计分析，例如薪酬、出勤率、年龄和员工人数的统计等。

2. 数智化与复合型人才缺乏

数字化人才分为数字化管理人才、数字化应用人才、数字化技术人才 3 类。[①] 中智咨询对比了 2023 年与 2022 年企业人力资源数字化转型中面临的首要挑战，发现已经从 2022 年的"暂未找到适合企业自身数字化产品或服务的供应商"变为 2023 年的"缺乏桥梁型人才，HR 团队数字化思维和能力有待提高"。根据智联招聘于 2023 年发布的《2023 雇佣关系趋势报告》，企业对求职者的思维能力提出了更高的要求，相比于实用性技能企业对求职者的思维能力需求占比从 2020 年的 24% 上升到 2023 年的 27%。

根据中智咨询的调查，2023 年 32% 的公司表示对产品研发或者开发类岗位应届生需求增加，在所有类型岗位中增加百分比排名第 1（见图 6）。[②] 2023 年数字化岗位应届生起薪高出市场平均水平 30%~50%。根据拉勾招聘 2023 年第一季度的调研结果，AIGC 领域涉及的主要岗位有算法工程师、CV

---

① 艾瑞咨询、阿里云：《企业数字化人才发展白皮书》，2022。
② 中智咨询：《2023 年应届生招聘和薪酬管理及实习生调研报告》，2023。

算法工程师、NLP 算法工程师、机器学习算法工程师、AI 算法工程师、AI 产品经理、推荐算法工程师、深度学习算法工程师、AIGC 算法工程师、AIGC 产品经理。上述岗位除 AI 产品经理、AIGC 产品经理的供需比超过 10，其他岗位的供需比均低于 10，远低于岗位平均的供需比。

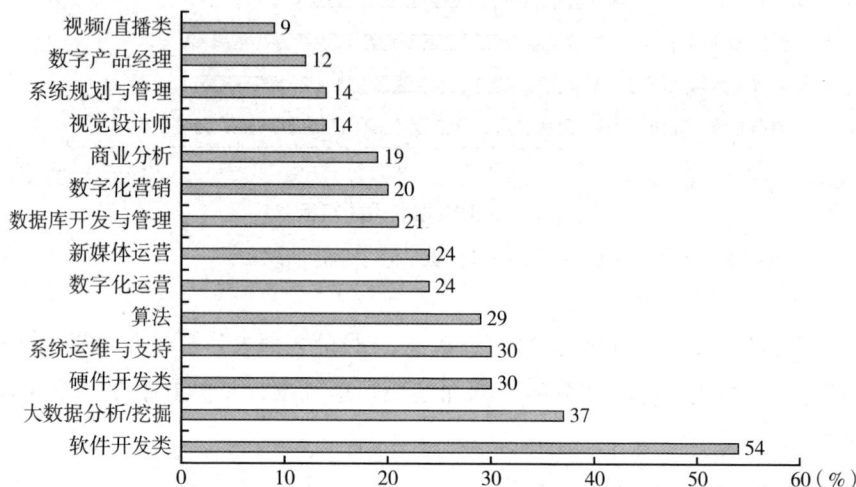

图 6　数字化相关岗位招聘需求

资料来源：中智咨询发布的《2023 年应届生招聘和薪酬管理及实习生调研报告》，2023。

3. HR 智能化工具应用程度低

人力资源数智化的价值在于帮助业务做出决策或者实现预测，但 61% 的公司没有建立人才驾驶舱，形成基于数据的决策机制，从而深入挖掘数据价值。北森人才管理研究院将人才管理成熟度划分成 5 级，发现 2020~2021 年中国企业人力资源管理工作整体基于一个人才管理平台系统来开展工作的比例为 11.0%，高于 2016~2017 年的水平（5.4%）（见表 7）。2020~2021 年对各种量化的数据进行深度挖掘，建立人力资源工作的决策与预测模型，并指导工作的企业占到调研企业的 7.3%。上述调研对象多数为使用北森服务的企业（多为行业龙头或者资质较好企业），全国总体的水平应比该比例更低。

表 7　HR 借用的管理软件情况

单位：%

HR 借用的管理软件	2020~2021 年	2016~2017 年
等级 5：人力资源管理工作整体基于一个人才管理平台系统来开展工作	11.0	5.4
等级 4：运用 e-HR 管理员工信息、工作流程，且部分模块启用了专业的人才管理平台	33.9	17.6
等级 3：除 Office 工具外，还运用 e-HR 系统来开展 HR 工作	30.4	29.9
等级 2：运用 Excel 等 Office 工具来处理 HR 事务	22.6	42.6
等级 1：主要依赖的仍是线下的方式	2.2	4.3

资料来源：北森人才管理研究院发布的《2022 中国人力资源年度观察》。

四　中国人才管理的"数智化"发展趋势

（一）供给端：人力资源服务业数智化的发展趋势

1. 行业厂商逐步走向分化与整合

领域知识不断细分且更新迭代速度越来越快，这就决定了在垂直细分领域的龙头企业依然会保持优势。

以企业数字化学习行业这一细分赛道为例，美国著名的以企业数字化学习驱动的人才管理 SaaS 服务商 CSOD（Cornerstone OnDemand），2017 年后增速逐渐放缓，横向一体化并购不断增加。国内数字化学习厂商竞争也在不断加剧，一体化厂商有北森、肯耐珂萨、Workday、Oracle 等，单模块数字化学习厂商有知学云、时代光华、云学堂、魔学院等。根据艾瑞咨询的统计与预测，2017~2021 年中国企业数字化学习市场规模的平均增长速度都超 20%，2022~2024 年市场增长率都在 20% 以下（见表 8）。当行业发展速度放缓时，头部企业的收购与兼并将日益增多，例如云学堂 2020 年投资果识云、中欧商业在线，2021 年投资领带金融与嘉扬，2022 年投资倍智人才。

表 8   2016~2024 年中国企业数字化学习市场规模

单位：亿元

年份	市场规模
2016	12
2017	15
2018	18
2019	22
2020	28
2021	34
2022e	40
2023e	47
2024e	56

资料来源：艾瑞咨询发布的《中国企业数字化学习行业研究报告》，2023。

在人力资源服务业，数智化的深入将出现整合与分化的趋势。整合体现为人力资源平台方，其"内卷"更加严重，通过合并等方式更可能产生大的龙头型企业。这些企业大都以提供劳务外包、人才评价、人才培养为主，由于产品的同质化，企业竞争将日趋激烈，行业内部的整合不可避免。分化主要是指细分领域涌现更多龙头公司。那些能够深入行业，以产品研发、内容服务和工具支持为主的产品与服务提供商，将建立行业品牌，成为细分领域的龙头。人力资源服务行业将呈现巨头和小而美机构并存的状况。[1] 例如聚焦于为中小企业上市培育的摩天之星；聚集于企业人才发展与组织绩效提升的百仕瑞；致力于搭建"平台+生态+服务"一体化企业培训平台的魔学院。

2. 一体化 HRSaaS 是未来的趋势

一体化 HRSaaS 系统强调整合人力资源管理各项功能，打通人力资源的各个流程，推动人才管理基础设施向数字化、智能化迈进，满足端到端的管理需求以及企业定制开发需求，建立业务管理系统与外部资源有效对接的整体系统，体现为全流程、全业务、全数据以及全场景。根据亿欧智库的调查，

---

[1]   腾讯营销洞察、T20、多鲸：《2023 中国企业培训行业发展白皮书》，2023。

中国人力资源 SaaS 行业市场规模 2022 年为 43.4 亿元，到 2025 年预计达到 103 亿元，年复合增长率达到 33.4%。根据 DI-R 工会的调研，34.1% 的企业表示未来 1~3 年可以接受 SaaS 模式，这比 2022 年的 21.2% 提升了 12.9 个百分点。

中国企业数字人才发展研究中心的调查也发现，基于数智化的平台赋能正成为中大型企业人才发展的必备工具，在各类人才发展技术中，培训平台综合一体化占到 70.9%，高于其他技术（见图 7）。红杉中国发布的《2023 企业数字化年度指南》认为，基于 AI 的营销、基于 AI 的在线学习应用程序以及基于 AI 的招聘自动化是初创公司在数据缺乏情况下的优先选择，而前两者都体现了组织人才发展与培训问题。根据亿欧智库于 2023 年发布的《精准画像描摹，释放数字价值——2023 中国人力资源数字化企业需求分析》，人力资源解决方案商未来发展的路径为：一是提高系统一体化建设水平；二是提升定制化服务能力。前者强调整合人力资源全模块的一体化 SaaS 平台，提升系统集成建设能力，引入生态合作伙伴，为客户提供一站式和全方位的服务；后者强调服务商在提升自身技能的同时提升咨询能力，为客户提供定制化的转型服务方案，积极搭建 PaaS 平台，实现低代码开发，满足下游客户的个性化开发需求。

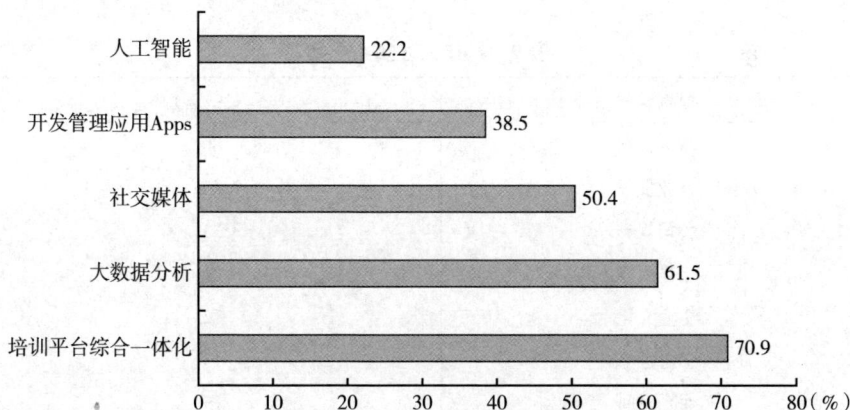

图 7　人才发展技术使用情况

资料来源：《培训》杂志、极客时间、中国企业数字人才发展研究中心发布的《2023 中国企业数字化人才发展白皮书》，https://www.infoq.cn/minibook/Hx4rL9EBjjXx9V3vdrGI。

3. 提供基于预测的数据价值产品

人力资源数智化的核心在于智能决策、咨询式赋能，未来，人力资源服务厂商将从简单的提供服务价值（如自动排班、考勤统计、智能搜索、AI 面试等）向提供数据价值功能过渡，例如帮助企业进行智能定薪、学习地图搭建、智能人力资源规划等。缺乏优质数据集、存在算法侵权现象、多元算力基础设施薄弱等都会制约人力资源管理数智化的发展。以服务端为代表的供给端能够提供高质量数据，提升算法灵活度是解决 AI 技术能够为终端客户带来综合价值的关键。[①] 未来，人力资源服务厂商应该深耕 AI+HR 技术，在服务组织人岗匹配、人才画像识别、音视频面试的基础上，开发更多 RPA（机器人软件自动化）产品，降低企业人力资源管理从业者的工作负荷，依托深度学习尝试进行智能职业发展规划、人才盘点等。[②]

4. 数智化人才流动主要看薪酬

拉勾招聘 2023 年的调查结果显示，2023 年第一季度 89% 的数字科技人才更看重企业的薪酬福利，43% 的人更看重行业发展，随后是公司规模（33%）、工作内容（23%）与企业文化（22%）（见表 9）。

表 9　科技人才重视要素

报酬要素	占比（%）
薪资福利	89
行业发展	43
公司规模	33
工作内容	23
企业文化	22
学习进修	15
通勤时间	13

---

① 亿欧智库：《商业变现，掌握 AI 场景的投资密码》，2023。
② HR 图灵学院：《AI+HR 黑科技秘笈：AI 赋能人力资本智能化变革》，2023。

报酬要素	占比（%）
工作强度	12
办公环境	11
专业对口	9
经营状况	9

资料来源：《拉勾招聘发布〈2022 数字科技人才招聘白皮书〉全面解读数字人才市场新趋势》，中国日报中文网，https://tech.chinadaily.com.cn/a/202212/26/WS63a945faa3102ada8b228558.html，2022 年 12 月 26 日。

5. 增强数智化技术有用与实用性

企业的人才管理数智化未必会带来业绩与效率的提升。根据周琦玮、李倩、梁爽发表的《员工对企业数字化转型的反应研究：基于压力的理论视角》一文，员工对组织数智化的认知、情绪影响了其随后的行为。当员工将工作场所的数智化认为是一种阻碍性压力时会产生退缩行为，与此同时，员工也会产生焦虑情绪。这要求数智化技术本身除了要足够智能外，更重要的是技术本身要具有易用性、有用性等特征，这对人才管理数智化服务商提出了更高的要求。

（二）需求端：企业人才数智化赋能发展趋势

1. 重视培养与引进复合型人才

根据红杉中国发布的《2023 企业数字化年度指南》，42.5%的被调查企业在 2023 年增加了对数字化人才的需求。数智化背景对企业的创新发展提出了更高的要求。数智化背景下的复合型人才特征区别于传统复合型人才。以往复合型人才更多强调专业能力与通用能力结合的"T 型"或者"π 型"能力结构，而数智化背景下的复合型人才在通用能力基础上，应该具备更宽泛的专业能力，即"梳型"能力结构。海尔智家提出了企业 C 型数智化人才能力模型，认为企业数智化人才的能力由数智化领导力、数智化专业能力以及数智化通用能力构成,不同的能力培养目标不同、培养方式不同。具体如表 10 所示。

表 10 海尔数智化人才能力模型

对象	能力要求	培养目标	培养方式
小微主及公司高层	数智化领导力	制定数智化战略目标,助推业绩发展	专业论坛、战略工作坊、圆桌会议、标杆企业参访
数智化专职人员	数智化专业能力	掌握必备技能与方法,支持数智化	新建职业发展通道、前期规划、赋能实施、成果复制
全员	数智化通用能力	建立数智化观念,统一认知	数智化主题季(互联工厂大讲堂)、线上社群运营

资料来源:艾瑞咨询、阿里云。

2.更加关注员工的体验与授权

组织的用工模式也在发生变革,灵活用工日益普遍,组织的管控职能逐渐弱化,赋能职能日益凸显。根据《职场中的 Z 世代调研——变与不变:Z 世代的价值观、驱动力与韧性传导》,90 后与 00 后员工在选择工作时更加注重体验与个人价值实现,员工价值管理与体验管理在企业人力资源管理中的重要性日益凸显。数智化时代下,在人机互动中,员工面对的是效率至上但价值中立的算法,员工工作的内在价值与意义感的来源是什么?在此情况下,基于信任、尊重的工作设计与制度安排更能体现组织对人才发展与培育的重视,以此赋予员工更大自我领导的空间与权力,从而激发组织人才活力。根据 DHR 工会的调查,HR 数字化平台建设未来重点发展方向排名第二的就是员工数字化体验设计(63.0%)(见表 11),其中注重员工体验的占比从 2020 年的 43.2%上升到 2023 年的 65.1%。上海外服 2023 年的调查也发现,企业进行人力资源数智化转型的目的之一是优化员工体验,实现员工与 HR 部门双向触达。[①]

---

① 上海外服:《2023 企业人力资源数智化转型洞察与展望报告》,2023。

表 11　**HR 数字化平台建设未来重点发展方向**（$N=596$）

HR 数字化平台建设未来重点发展方向	占比（%）
人力资本分析	66.6
员工数字化体验设计	63.0
HR 基础数据的治理	53.6
HR 主系统的完善和重组	43.2
系统用户体验优化	42.5
AI 在 HR 领域的应用	41.6
人员数据合规	23.1
单点模块的开发	16.9

资料来源：DHR 工会《2023 中国企业人力资源数字化转型现状与趋势调研报告》，https：//www.vzkoo.com/document/20230820c38867ba7b68890ce86da485.html。

3. 数智化向核心 HR 功能渗透

在企业层面，数智化可以应用于精准招聘（一键检索简历、一键安排面试、精准招募信息投放、制定个性化招募广告等）、基于社交应用的个体评估（基于非职业社交平台的个性评估）、探索基于聚类的培训方案制定与个体职业生涯模式识别、基于大数据的绩效考核与过程管理等。数字化的价值重点体现在人才管理、组织管理与绩效管理三大领域。绩效考核与管理是人力资源管理活动中的核心与难点。根据智享会于 2024 年发布的《绩效管理的敏捷调整与数字化工具的助力》，88.72% 的被访者认为绩效管理数字化可以帮助企业实现敏捷绩效管理。人力资源管理数智化可以帮企业从周期性绩效考核升级为实时的绩效反馈与追踪，并依据绩效动态调整薪酬激励，在这个过程中，数智化的人力资源管理不仅能衡量工作结果，也能分析业绩原因，不仅能降低绩效评估的主观性，也使得评估方式更加透明。为了降低绩效评价主观性，可以借助算法分析内部的沟通频率、沟通时段、邮件大小等，再通过建模、机器学习、分析检验等自动选出参与绩效评估者。字节跳动便采用 OKR 作为绩效管理工具，其数智评估系统可以基于数据对每个绩效评价者的评分风格进行打分，避免评价风格（如过严、过松、平均主义等）对员工的绩效考核结果造成影响。总体来看，未来应该着眼于目前人力资源管理工作中的痛点与占用时间多的"熵增"点，实现企业微观数智化，从而助力企业发展。

4. 人机协作成为未来工作模式

数智化背景下，员工与机器或 AI 之间的协作将更加紧密，这将重塑组织内部的工作模式。例如腾讯通过识别到招聘中的微观痛点——招聘中例外工作处理，通过建立智能系统梳理招聘中的异常点，如面试进度过慢、薪资谈判延时等，能够让招聘人员实现由被动打断到提前规划。这个过程中需要人来总结与识别业务中的难点，并借助 AI 来完成智能化，并最终由人来处理异常值。根据 36 氪研究院和 Moka 于 2023 年发布的《AGI 时代下的组织变革研究报告》，未来人机协作模式的价值主要体现在优化资源配置、驱动创新实践以及增强环境自适应性。优化资源配置强调人类将更多时间与精力放在需要创造力、情感力和社交力相关的工作上；驱动创新实践体现为自动化能力将缩短创新周期和加速创新落地；增强环境自适应性体现为组织提供更多灵活性与敏捷度。

5. 人才管理数智化与业务数智化融合

人才管理数智化的目的是促进公司的业务发展，其数智化的需求起点理应是业务的痛点，不应为了数智化而数智化。根据智享会和众合云科于 2024 年联合发布的《人力资源数字化转型与进阶研究》，78% 的被调查者认为人才管理与业务数字化步调一致是必要的。未来企业在人才管理数智化中可以尝试通过采用组建临时项目团队、建立常态化沟通机制、制定数据共享机制等方面实现业务与人才管理数智化的同步化发展。

参考文献

36 氪研究院 & Moka：《AGI 时代下的组织变革研究报告》，2023。
德勤中国：《人工智能基础数据服务白皮书》，2023。
董毓格、龙立荣、程芷汀：《数智时代的绩效管理：现实和未来》，《清华管理评论》2022 年第 5 期。

杜洋:《基于人工智能生成内容（AIGC）技术的企业人力资源数字化转型》,《信息系统工程》2024 年第 3 期。

何江、朱黎黎:《"人-机-组织"共生系统:一个智能化组织理论框架》,《当代经济管理》2023 年第 6 期。

红杉中国:《2023 企业数字化年度指南》,2023。

霍雯露:《以数智技术赋能乡村治理推进乡村振兴》,《产业创新研究》2023 年第 11 期。

李楠、林依玲、时芸婷:《数智化人力资源管理的理念内涵与实现路径》,《山东工会论坛》2023 年第 5 期。

梁玲玲、李烨、陈松:《数智赋能对企业开放式创新的影响:数智双元能力和资源复合效率的中介作用》,《技术经济》2022 年第 6 期。

刘大同、郭凯、王本宽、彭宇:《数字孪生技术综述与展望》,《仪器仪表学报》2018 年第 11 期。

刘善仕、孙博、葛淳棉、彭秋萍、周怀康:《组织人力资源大数据研究框架与文献述评》,《管理学报》2018 年第 7 期。

《培训》杂志、极客时间、中国企业数字人才发展研究中心:《2023 中国企业数字化人才发展白皮书》,2023。

《人力资源服务行业深度研究报告:旭日东升,百舸争流》,百度百家号,https://baijiahao. baidu. com/s? id = 1742453745934181628&wfr = spider&for = pc,2022 年 8 月 29 日。

任兵、陈志霞、张茂茂:《迈向数智时代的城市元宇宙:概念界定与框架构建》,《电子政务》2023 年第 6 期。

腾讯营销洞察、T20、多鲸:《2023 中国企业培训行业发展白皮书》,2023。

王秉:《何为数智:数智概念的多重含义研究》,《情报杂志》2023 年第 7 期。

项玉娇:《VUCA 新常态下数智化赋能人力资源服务业发展路径探析》,《中国商论》2022 年第 6 期。

姚凯、桂弘诣:《大数据人力资源管理:变革与挑战》,《复旦学报》（社会科学版）2018 年第 3 期。

亿欧智库:《2023 中国 AI 商业落地投资价值研究报告》,2023。

亿欧智库:《精准画像描摹,释放数字价值——2023 中国人力资源数字化企业需求分析》,2023。

张清华、高渝、申秋萍:《数据科学:从数字世界到数智世界》,《数据采集与处理》2022 年第 3 期。

张月强:《用友 BIP 赋能人力资源管理数智化转型》,《数字经济》2021 年第 6 期。

张志学、赵曙明、连汇文、谢小云:《数智时代的自我管理和自我领导:现状与未来》,《外国经济与管理》2021 年第 1 期。

智联招聘:《2023 雇佣关系趋势报告》,2023。

智享会:《绩效管理的敏捷调整与数字化工具的助力》,2024。

智享会 & 众合云科:《人力资源数字化转型与进阶研究》,2024。

中国人力资源开发研究会智能分会: 《中国人力资源管理数智化发展白皮书》,2024。

中智咨询:《2023 年应届生招聘和薪酬管理及实习生调研报告》,2023。

中智咨询:《企业人才管理典型场景的数字化应用现状调研报告》,2023。

中智咨询:《中国企业数字化学习行业研究报告》,2023。

中智咨询:《中国人力资源数字化研究报告》,2023。

周琦玮、李倩、梁爽:《员工对企业数字化转型的反应研究:基于压力的理论视角》,《心理科学进展》2024 年第 2 期。

周小刚、陈水琳、李丽清:《大数据能力、技术创新与人力资源服务企业竞争力关系研究》,《管理评论》2021 年第 7 期。

DHR 工会:《2023 中国企业人力资源数字化转型现状与趋势调研报告》,2023。

HR 图灵学院:《AI+HR 黑科技秘笈:AI 赋能人力资本智能化变革》,2023。

TE·智库:《AIGC 入局与低代码产品市场的发展研究》,2023。

B.13
商业银行数字化转型探索与实践

王洪志　任师迁[*]

摘　要：　"十四五"规划指出，加快数字化发展，建设数字中国。推动企业数字化转型是数字经济发展的必经路径。作为实体经济金融血脉的商业银行，在数字中国的建设中发挥着不可替代的作用，其自身的数字化转型也是数字化发展的典型样本。2013年至今，我国商业银行的数字化转型已经走过了十多个年头，取得了举世瞩目的成绩，然而银行业务产品线多、客户多元、需求复杂，数字化转型还存在诸多不足，面临种种挑战。以零售业务为例，目前，商业银行的零售数字化转型已步入转型引领业务发展的转型深水区，数字化转型的引领性定位对商业银行提出了新的要求，不再是简单地将数字技术应用到业务当中，而是要从战略定位、体制和机制等方面与数字化深入融合。坚持目标导向原则，按照数字化转型引领商业银行业务发展的战略方向，结合银行自身资源禀赋，因"行"制宜地建立数字化转型模式；全面提升银行业务的线上化、体系化、智能化，实现产品、服务、渠道、管理、人员、技术等方面的全面数字化转型，以高质量的业务增长推动高质量的商业银行可持续发展目标的实现。

关键词：　数字化转型　数字金融　金融科技

---

* 王洪志，中国电信集团金融行业首席特聘专家，中国管理科学学会金融研究院特聘金融科技专家，西交利物浦大学行业导师，苏州盈天地资讯科技有限公司董事长兼CEO，研究方向为商业银行、数字化转型、营销科技；任师迁，上海大学专业硕士研究生导师，苏州盈天地资讯科技有限公司副总裁，研究方向为银行数字化转型、消费金融、金融科技、数字化营销与运营。

一 商业银行数字化转型发展概述

（一）商业银行数字化转型的背景

近年来，随着科技的飞速发展，人工智能、区块链、云计算、大数据、生物识别等先进技术日益成熟并全面普及，极大地推动了我国数字经济的迅猛增长。作为数据密集型行业的代表，银行业在数字化和信息化建设方面一直走在前列，展现出较高的成熟度。然而，在过去的几年中，互联网和金融科技等新势力给传统银行业带来了不小的冲击，使得银行业在数字化转型过程中感受到了明显的竞争压力和危机感。在数字化转型上升为国家战略的大背景下，银行业如何主动求变，拥抱新技术，顺应新趋势？金融监管部门与银行都在不断探索。

2022年1月，中国银保监会办公厅发布了《关于银行业保险业数字化转型的指导意见》，对银行业数字化转型提出了具体工作目标，"到2025年，银行业保险业数字化转型取得明显成效，数字化金融产品和服务方式广泛普及"，"数字化经营管理体系基本建成，网络安全、数据安全和风险管理水平全面提升"，从战略规划和组织架构、业务经营、数据能力、科技能力、风险防范等方面全面推进银行业保险业数字化转型。同月，中国人民银行印发《金融科技发展规划（2022—2025年）》，标志着以科技引领的银行业数字化转型时代全面到来。该规划指出，要坚持"数字驱动、智慧为民、绿色低碳、公平普惠"的发展原则，推动我国金融科技从"立柱架梁"全面迈入"积厚成势"新阶段，力争到2025年实现整体水平与核心竞争力跨越式提升。

（二）商业银行数字化发展现状

以智能化、大数据、万物互联为特征的第四次工业革命不断带来新的机遇与挑战，数据文明在我国的纵深发展已使我国金融科技处于全球领先地位，为银行数字化转型创造了良好先决条件。金融科技新技术所带来的效率提升、成本降低和服务创新开始逐渐影响银行产业的发展。

数字化的趋势使得银行从线下业务向线上业务转移，通过技术手段推出了更便捷的线上服务，同时新技术的赋能也帮助银行加强风险控制，例如银行借助大数据技术对客户进行风险评估，通过精细化、精准化的客户画像，使得消费贷款、信用卡等业务开始全面通过互联网渠道展业。

近年来，银行业不断推进和强化数字化转型工作，无论是公司治理、科技建设还是经营管理，都把数字化转型摆在了首要位置。部分商业银行数字化战略如表1所示。

表1　部分商业银行数字化战略

银行	数字化战略
工商银行	建设"数字工行"，实施"数字生态、数字资产、数字技术、数字基建、数字基因"五维布局
建设银行	全面推进数字化转型，构筑数字经济时代的竞争新优势；积极助推数字技术与实体经济深度融合，推动产业数字化转型；坚持底线思维，切实提升防范数字经济背景下新型金融风险能力
中国银行	"2+2+5"的数字化转型战略，集团"一盘棋"推进数字化转型
农业银行	2019年，启动全面实施数字化转型战略，重塑一个全新的农业银行
招商银行	移动优先策略和"一体两翼"战略
平安银行	打造中国最卓越、全球领先的智能化零售银行，坚持"科技引领、零售突破、对公做精"12字策略方针，全面推进数字化转型
中信银行	坚持"以客户体验为中心、以客户旅程重塑为手段，打造智慧、生态、有温度的数字中信"的数字化转型战略目标
民生银行	以"科技引领，数字民生"为愿景，深入落实"科技金融的银行"发展战略，强化"技术+数据"双轮驱动，推动加速数字化、网络化、智能化转型升级
北京银行	秉持"一个银行、一体数据、一体平台"理念，开启以"大零售—大运营—大科技"为核心的"新三大战役"
中原银行	2018年，按照"一横四纵一基石"的蓝图规划，全面启动数字化转型

（三）商业银行零售业务数字化转型的不足与挑战

虽然我国银行业的数字化转型取得了诸多成果，但银行业的数字化转型仍然存在着转型不均衡、不充分的现象，随着技术不断进步和经营环境的不断变化，商业银行仍然面临一系列新挑战。其中，直接面向海量客户的银行零售业务受到的压力最大。

首先，由于市场、技术、客户等内外部多种因素影响，银行的整体营收能力和网均效能均呈下降趋势。其次，银行的日常经营管理依然以管理者为中心，缺乏以市场、客户、员工为本和以提升竞争力为核心的经营理念。同时，银行战略的穿透性、有效性、持续性不足，敏捷反应能力弱，对市场变化和客户需求的快速响应力不足。此外，可持续发展意识不足，过度关注短期目标而忽视长期发展，在经营中缺乏以客户为中心的意识，各条线之间缺少协同合作从而无法形成合力，全行范围内还没有形成数字化经营的统一认知。具体来说，银行零售业务在数字化经营方面往往面临以下具体问题。

1. 人才能力方面

（1）数字化人才能力不足

在数字化全面发展的时代，银行急需数字化人才。数字化人才培养，核心在于满足业务需求，难点也在于此。既要解决部门割裂、团队协作度不佳的问题，也要解决业务不懂科技、科技不懂业务的问题；既要解决数字化工具多、使用难度大的问题，也要解决工具本身对实际业务助力程度不高的问题；既要解决学习内容偏理论、实践应用性差的问题，也要解决学习内容碎片化，或来自其他行业难以形成与业务场景相匹配的体系化认知问题。

目前部分银行虽然成立了数字化客户经营敏捷项目组，但现有人才能力和经验不足，数字化核心人才短缺，缺少懂金融、懂数据、懂科技、懂运营、懂管理和懂营销的"雪花型"人才，没有有效构建数字化人才的"内培外引"机制。

（2）缺乏项目管理经验

目前银行数字化客户经营团队普遍存在项目管理经验不足的问题，缺乏在数字化背景下对业务目标的解构能力，缺乏资源规划和管理能力，缺乏风险评估和应对能力，缺乏项目进度和成本把控能力，缺乏标准化、常态化、高效化协同工作机制。

2. 科技建设方面

（1）缺乏数智化系统支撑，无法实现营销管理闭环

数字化转型的上半场，银行大量建设了数字化系统，但这些系统缺乏统一的建设目标，系统之间数据甚至无法打通，随着人工智能技术的爆发式发展和内外部环境的变化，这些以前建设的数字化系统面对新环境、新挑战、新课题显得应对乏力。目前银行普遍缺乏真正的数智化平台和系统支撑，导致无法形成数据驱动的客户标签构建—客群洞察分析—价值客户圈选—精细营销运营—运营效果后评价的全链路营销管理闭环；缺乏以大数据分析为基础的客群深度洞察能力；缺乏客群差异化、产品差异化和服务差异化运营；缺乏"产品—服务—内容—权益"的精准高效匹配能力。

3. 数据应用方面

（1）缺乏数据应用，无法实现差异化精准营销

目前银行的数据系统建设大多集中在总行层面，总行与分行之间的数据传输并不通畅，往往仅通过数据库，缺乏数据集中管理和质量把控，不能有效开展数据分析与应用，缺乏数据标签及客户洞察，总行得不到作为一线经营单位的分行及时有效的数据，分行也得不到总行适合本地客情的数据策略支持，数据价值没有有效利用，无法赋能差异化精准营销。

（2）缺乏数据回流，无法实现运营效果后评价

目前银行的营销活动普遍还处于"先有后优"的"有"阶段，缺乏对营销活动数据的监控，导致难以量化和评估营销转化率、用户权益偏好和活动运营的投入产出比；难以基于数据分析来调整和优化营销策略，数字化营销不够精准高效。

4. 营销运营方面

（1）缺乏体系化的营销运营规划

目前银行缺少大零售统一营销和运营规划，各条线部门仅就各自负责的业务指标开展独立营销，导致活动零散、不协调、资源浪费等，影响客户参与体验和品牌统一形象；未形成标签化、体系化的营销运营模式，对重点客群的部署、重点场景的建设缺少系统性工具，缺少体系化营销的相关实践和成果。

（2）缺乏营销活动、权益、渠道等触客抓手

目前银行面向客户推出的营销活动、权益中心等渠道触点缺乏有效的抓手，客户黏性不高，无法沉淀私域客户流量池，不能有效留存和进一步转化客户。

（3）缺乏营销活动策划能力

目前银行营销活动形式较为单一，缺乏品牌概念的整体规划，缺乏结合本地特色的内容输出，缺乏结合游戏、任务、闯关等多样活动的玩法，缺乏基于数据的策略输出，以及数据驱动的精细化营销策划。

二 商业银行零售数字化转型的探索与建议

（一）目标导向，制定明确的转型目标

1. 整体目标

零售业务数字化转型的总目标是短期内促进业务增长，长期构建数字化生态系统。具体来说，应该以建设数字化客户经营体系为主要抓手，以数据驱动的营销闭环和管理闭环为基础，聚焦重点客群、重点业务，一方面沉淀数据资产及营销策略，实现数据驱动的精细化运营，另一方面基于数据构建敏捷协同机制和管理办法，助力银行实现向下穿透、向上还原的管理形态。

（1）构建数据驱动的营销闭环和管理闭环

聚焦灯塔项目核心目标，构建数据驱动的营销和管理闭环，打造渠道协同的统一触客平台，沉淀常态化、标准化运营工作流程，助力业务增长。

（2）提升敏捷团队成员数字化营销运营能力

采用以战代练方式提升银行数字化人才的数字化思维和数字化营销实操能力。

2. 体系建设目标

（1）实现"三渠道一平台"联动的营销形态

聚焦线上私域渠道和场景建设，形成三渠道——官微公众号、企业微信（员工营销助手）、智能外呼（包含智能外呼、短信、智慧短信等）与一平

台——手机银行（本地生活专区建设）的智能联动，形成对客营销的新形态。

（2）实现千人千面的数字化精准营销形态

聚焦零售业务数字化营销与运营体系建设，通过科技平台与大数据的赋能，从更广泛的维度了解客户，建立以数据为驱动、以客户为中心的全生命周期、全渠道、全链路的精准营销体系，实现千人千面的精准营销和精细化运营。

（3）提升大数据应用能力，提高数据应用效率

建立零售业务客户营销数据资产管理体系，挖掘行内行外数据资产价值，实现数据治理、数据标签、数据洞察、数据策略对管理和业务的充分赋能，充分发挥数据价值，推动数字化智能营销生态的建设。

（4）提升营销规划及活动管理能力

短期以线上渠道建设、私域运营及数字化营销运营体系搭建为基础，实现统一营销平台、统一数据标签平台、统一营销工具、统一管理工具等；长期结合零售业务各板块营销与运营需求，推动零售板块整体协同运作，实现统一营销规划、统一权益管理等，实现效率提升和资源的集约共享。

（5）提升数字化运营能力

建立数字化人才梯队建设和人才培养体系，培养数字化运营人才，打造懂科技、懂业务、懂数据、懂场景、懂运营、懂管理的综合型人才团队，提升数字化运营能力。

（二）因"行"制宜，科学拆解转型目标

银行零售业务的数字化转型应围绕战略目标，因行制宜地拆解关键路径。从战略端将数字化基因融入金融业务的全产品和全流程，实现线上线下的融合发展，优化客户体验，降低服务成本，强化风险防控，提升业务的服务质量。

1.4T 理论确保转型规划顺利落地

如图 1 所示，银行数字化转型围绕战略目标的拆解至少应包括四大步骤即 4T 理论：建体系（sysTem）、搭平台（plaTform）、出策略（sTrategy）、做运营（growTh）。首先，建体系阶段聚焦于数字化转型的赋能培训、咨询

和规划设计，旨在围绕业务建立场景化运营体系、敏捷管理体系和数据建设体系等。其次，在搭平台阶段，通过构建科技支撑平台，以银行的产品和服务为基础，搭建完整的零售运营管理平台和统一的数据集成、分析、预测平台，同时提供赋能工具包及应用平台。再次，在出策略阶段，利用大数据工具建立内外部数据分析模型，通过充分分析行内数据、实时监测运营数据、深挖客户行为数据，以此为依据不断优化营销活动，提高营收。最后，在做运营阶段，着重经营存量客户与潜在客户，通过精准化运营策划、开发、运维、监控和数据分析等，以活动为单元，实现获客、活客、留存、转化等目标。这四大关键步骤为银行数字化转型提供了全面而具体的实施路径，确保了转型策略的有效落地。

图1　零售数字化转型 4T 理论

2. 聚焦五大方向，建设数字银行新生态

银行的数字化转型应主要聚焦于以下方向。以客户为中心，构建数字化的客户运营策略，整合权益以实现客户权益服务的统一规划。以商户联盟为开端，营造数字金融新场景。以数据策略为导向，驱动业务产品的新布局。通过数据赋能运营管理，实现运营管理的双闭环，以客户财富增值为目标，加强运营业务的竞争力，培育良性竞争的新常态。以全渠道智慧平台为基础，建设开放银行新生态。通过这一系列措施，旨在构建一个全新的数字银行生态系统，为客户提供更加高效、便捷、个性化的服务，推动金融服务的

创新和发展。

3. 构建智能运营生态系统夯实数字化转型技术底座

银行的数字化经营首先需要构建一个全行级的智能运营生态系统，通过打通内外部数据、拓展服务边界、植入更多的生态场景，为客户提供个性化的金融服务体验。实现"人、货、场"的线上线下互联互通，通过全周期、全渠道的精准服务组合，实现业务可持续增长。

一般而言，智能运营生态系统由运营中台和数据中台构成。运营中台承载银行的运营和管理任务，将业务数据化。数据中台则基于业务产生的数据反哺业务，将数据业务化。银行通过构建运营中台和数据中台的"双中台"智能运营生态系统，以应对日益多元化的客户需求和适应数字时代的发展。该体系以大数据和人工智能为核心，通过高效的数据收集、处理和分析，提升数据利用效率，同时采用敏捷管理和数字化运营策略，优化内部流程，提升服务效率和质量。此外，通过强化品牌文化建设和创新销售管理模式，进一步提升客户体验。

4. 以数据驱动的全渠道运营助力业务可持续增长

结合银行的数字化发展现状，整合全渠道运营体系的数字化策略，着重于构建自动化与智能化的数据基础，以预测客户行为偏好并制定有效的运营策略。首先，通过全渠道数据的整合，优化客户管理策略，实现全渠道客户数据的沉淀与数字化管理。其次，持续完善客户标签体系，形成360度的客户画像，便于对客户进行精准分类与运营。最后，通过探索专题数据洞见并打造相应的数据模型，将业务增长的潜在发力点或薄弱环节纳入运营策略讨论，制定有针对性的运营策略。这一策略旨在夯实数据管理，完善客户标签体系，并探索专题数据洞见，从而精准传递产品和服务信息，推动业务持续增长。

为了实现精细化经营并驱动业务增长，持续打造贴合业务需求、紧密结合管理且以客户为中心的自动化、智能化大数据平台系统至关重要。通过深入的数据洞察分析，驱动数据策略的迭代升级，精确理解用户特征如年龄、性别等，为各类运营活动提供精准的指导基础。数据洞察分析揭示了业务的关键薄弱环节和转化路径（如 AARRR 增长模型和木桶理论），基于这些洞见，与业务运营团队共同讨论并制定具有针对性的运营策略，同时进行少量的投放试验以测试可行性和优化效果。以数据洞察和分析为基础的策略迭代升级，不仅优化了运营效果，也为银行业务的持续增长奠定了坚实的数据基础。

（三）双中台支撑，四大体系确保战略目标顺利落地

银行数字化转型战略的执行应聚焦于四大核心体系建设，即科技支撑、数据赋能、运营优化、敏捷管理，旨在全面提升银行的竞争力和市场响应速度。首先，科技支撑体系通过构建以"数据+运营"为核心的双中台，实现业务、运营和管理的全面赋能，促进运营活动和管理的高效协同。数据赋能体系侧重于深度的数据洞察、分析和挖掘，通过全链路客户旅程解析和数据策略产出，支持智能化、自动化和精细化的运营，推动精准营销和业务增长。运营优化体系强调从"以产品为中心"到"以客户为中心"的转变，建立全员参与、全渠道、全生命周期的数据驱动场景化运营体系，以满足不同业务线如全量客户、信用卡、代发薪、跨境、手机银行等的需求。敏捷管理体系通过管理的向下穿透和数据的向上还原，实现敏捷反应和快速迭代，借助数字化人才梯队建设、敏捷项目管理平台等工具，构建符合互联网节奏的敏捷管理模式。四大体系共同构成了零售数字化转型的主战场，明确了转型方向和实施路径，为实现长期可持续发展奠定了坚实基础。

1. 双中台：筑牢数字化转型坚实基础

科技支撑体系是数字化转型的坚实基础，目前银行业普遍缺乏高可用性的运营中台和数据中台，导致客户运营主要依赖手机银行提供的权益和短信运营，缺少针对各业务部门的活动支持。个人金融板块未能快速建立运营体系和及时跟进热点活动，数据监控和复盘反应迟缓，难以构建长期可持续的数字化运营体系，影响了业务增长的有效支撑。此外，线上线下场景化客户运营缺乏数据支持，尤其在客户社会化属性、资产规模、产品持有、价值贡献、交易偏好等多维度深层次价值洞察方面应用不足。业务和科技部门都期待通过数据价值和洞察实现精准运营。基于双中台的数字化运营体系建设及能力提升路径如图 2 所示。

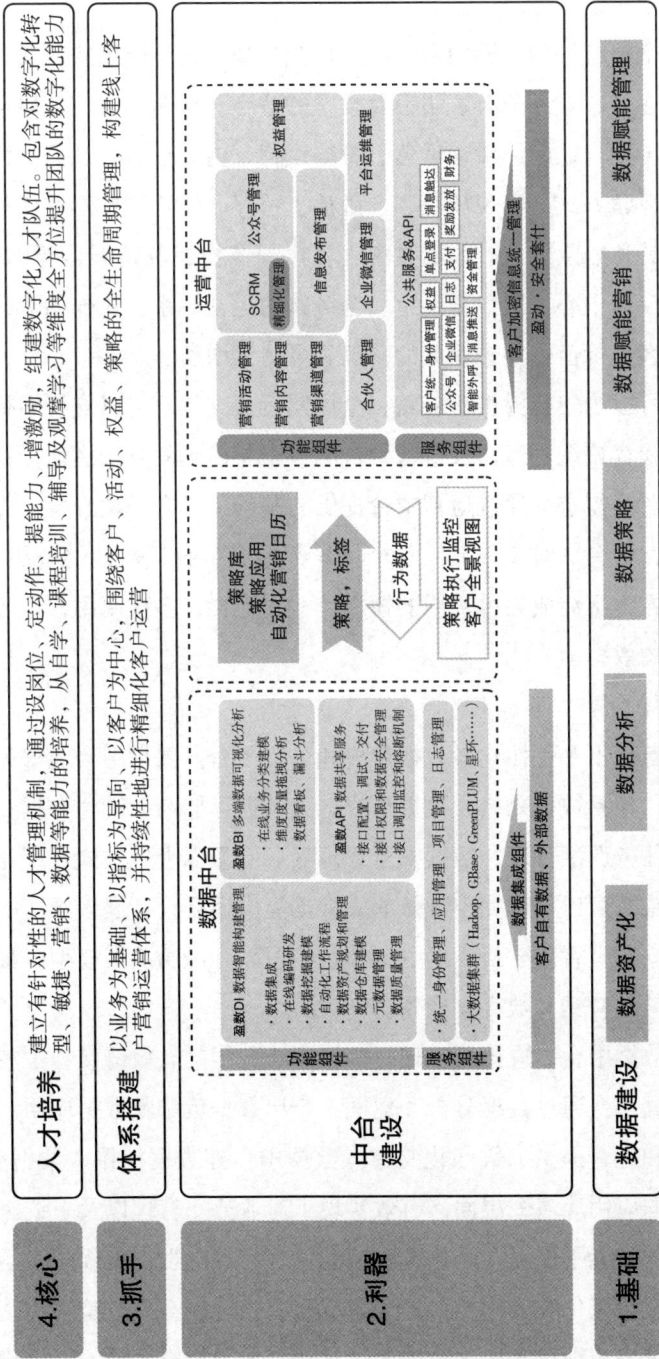

4.核心 人才培养 建立有针对性的人才管理机制，通过设岗位、定动作、提能力、增激励，组建数字化人才队伍。包含对数字化转型、敏捷、营销、数据等能力的培养，从自学、课程培训，辅导及观摩学习等维度全方位提升团队的数字化能力

3.抓手 体系搭建 以业务为基础，以指标为导向，以客户为中心，围绕客户、活动、权益、策略的全生命周期管理，构建线上客户营销运营体系，并持续性地进行精细化客户运营

2.利器 中台建设

运营中台

功能组件：
- 营销活动管理
- 营销内容管理
- 营销渠道管理
- 合伙人管理
- SCRM
- 精细化营运
- 公众号管理
- 信息发布管理
- 企业微信管理
- 权益管理
- 平台运维管理

公共服务&API：
- 客户统一身份管理
- 公众号、企业微信、权益、单点登录、消息触达
- 智能外呼、消息推送、日志、支付、奖励发放、财务、资金管理

服务组件：公共服务信息统一管理、盈动·安全套件

客户加密信息统一管理

策略库 策略化应用
- 自动化营销日历
- 策略、标签
- 行为数据
- 策略执行监控 客户全景视图

数据中台

功能组件 盈数DI 数据智能构建管理：
- 数据集成
- 在线编码研发
- 数据校验建模
- 自动化工作流程
- 数据资产规划和管理
- 数据仓库建模
- 元数据管理
- 数据质量管理

盈数BI 多端数据可视化分析：
- 在线业务分析建模
- 维度度量拖拽分析
- 数据看板、漏斗分析

盈数API 数据共享服务：
- 接口配置、调试、支付
- 接口权限和数据安全管理
- 接口调用监控和解析机制

服务组件：
- 统一身份管理、应用管理、项目管理、日志管理
- 大数据集群（Hadoop、GBase、GreenPLUM、星环……）

客户自有数据、外部数据

1.基础 数据建设 | 数据资产化 | 数据分析 | 数据策略 | 数据赋能营销 | 数据赋能管理

图 2 基于双中台的数字化运营体系建设及能力提升路径

资料来源：盈天地科技。

319

（1）运营中台

通过搭建全行统一的运营中台，改变传统的竖井式运营模式，实现了各业务团队目标客群、业务范畴、服务及权益的整合。运营中台应该以业务指标为导向，整合用户运营、活动运营、策略运营、内容运营、社群运营等线上线下全渠道运营方式，实现从获客、激活、留存、转化到推荐的完整运营链路。它应该具备触点打通、数据收集、客户画像构建及精准运营的能力，构建一个以客户为中心、覆盖全渠道、全链路的运营体系。这样的运营体系能最大化挖掘客户价值，促进业务的自然和可持续增长。

运营中台可以为银行提供全链路、全周期运营支持，可以支持银行进行运营渠道整合和客户统一运营。运营中台能够以零代码的方式搭建活动，银行根据自身的营销需求，通过运营中台提供的基础工具在云端开发、部署和运行应用。运营中台针对业务部门每个场景都形成可直接落地的解决方案，并将这些解决方案沉淀成为可复用的模板，一次配置，多次使用，极大地提升了用户运营的效率。

（2）数据中台

数字化运营离不开一体化大数据集成和分析平台。数据中台能够为银行提供多种能力，包括数据采集、数据集成、大数据存储与计算、数据资产挖掘、数据处理任务调度管理、数据安全管理等。基于以上一站式可视化的数据管理能力，银行可以构建完整高效的大数据能力闭环，拓展多维度的客户画像分析、建立数据智能分析模型、运营预测模型和经营决策模型，最终实现数据驱动的精准营销和数字化经营。

通过搭建数据中台，应该可实现行内各系统数据的有效链接，汇集行内外的数据。数据中台通过数据分析和建模，产出数据策略及数据应用，为行内的经营管理和运营提供了数字化支撑。数据中台在数据挖掘、数据分析、数据策略和数据应用等多个层面，有效实现了对业务、管理以及一线工作的全面赋能。这种赋能不仅提升了业务决策的效率和准确性，也优化了运营流程，提升了对市场变化的响应能力，为实现数字化转型打下了坚实的基础。

数据中台应该实现对多样化数据源的支持、数据集成管理的可视化、对差异化数据的存储与处理、数据开发过程的版本化管理、客户标签的在线敏捷挖掘与管理、数据建模的可视化与灵活配置，以及数据展示终端的多样化。具体而言，数据中台应能快速对接行内数据仓库、本地系统、信用卡系统、手机银行、微信等渠道的用户行为埋点和外部多样化数据源。利用大数据消息队列、数据工作流、数据集成平台和实时流数据处理等技术手段，从数据源集成数据，通过拖拽式的 UI 界面实现数据处理的任务编排，并通过全面的运行日志监控，使数据流转的管理变得可视化。在数据存储与处理上，将业务数据与日志行为数据分别存储，并使用不同的引擎进行查询分析，以便于使用。数据中台还应该允许用户直接在系统界面上进行快速的客户标签挖掘和客群分析，缩短传统方式的客户标签挖掘应用周期。数据建模工具的可视化、可拖拽、可配置性，以及成熟的模型市场和应用市场，便于快速完成数据分析。通过数据中台，运营数据的结果可以通过 BI 平台、驾驶舱、微信小程序、DataAPI 等多样化的终端展示，满足不同应用层和使用者的需求。

2. 数据赋能体系：以数据洞察分析结果驱动数据策略迭代升级

数字化转型成功的关键，在于银行数据赋能体系的建设，即数据分析、处理、标签建设、模型搭建及策略能力建设。通过数据赋能体系，银行能够实现运营、管理的双闭环：从借助数据分析进行业务洞察，到生成运营策略建议，选择最优运营渠道，管理运营全流程，以及进行活动复盘分析和持续迭代优化，全面赋能业务发展。此过程实现了端到端的数据全链路闭环，构建了一个流动通畅的数据体系，为管理和运营的双闭环提供了强有力的支撑，通过数据的高效流转，推动业务的持续优化和增长。

（1）客户标签建设

第一，打通总分行数据壁垒：银行借助数据中台打通总行与分行的数据链路，实现行内外数据的汇集。基于全量数据，构建主题数据集市、客户标签体系和机器学习模型等关键功能，实现对管理、运营和执行的全面赋能。这一策略不仅提高了数据利用效率，还促进了业务决策的精准性和执行力的提升。

第二，建设数据处理底座：基于数据中台，银行应建设具有多元处理能力的数据处理底座，底座涵盖了数据来源层、数据传输层、数据存储层、资源管理层、数据计算层、任务调度层以及业务模型层等关键组成部分。这一架构设计不仅确保了数据的高效流通和安全存储，还提升了数据处理的灵活性和计算能力，为业务的快速发展和创新提供了坚实的基础。

第三，优化标签处理流程：标签加工的原始数据首先被收集并存储至Kudu。在数据中台的标签挖掘界面，用户可编写标签挖掘脚本，并通过Impala 计算引擎执行这些脚本，计算结果随后被存储在 HDFS 上。这一流程使得在标签管理页面上能够展示完整的标签树，并允许基于这些标签进行客群分析。此外，配置运营活动时，可以通过调用标签平台的 API 接口，将活动相关的标签缓存到 Redis 中，这一机制可支持高并发的实时调用标签进行客户身份识别，极大地提升了运营活动的效率和精准度。

（2）业务场景洞察

通过数据洞察分析，业务真实的关键薄弱环节和转化路径得以显现，基于这些洞察分析所揭示的业务增长发力点，业务运营团队共同讨论并制定有针对性的运营策略。通过少量投放试验，验证这些策略的可行性与优化效果。如：手机银行业务、快捷支付业务、信用卡业务、代发薪业务、基金业务、保险业务、消费金融业务等客户画像。这些洞察报告为业务部门提供了强有力的数据支持，避免了业务人员因可得性偏差对某些细节做出错误判断，为策略设计和投放指明了最短路径和最佳实践方向，有效推动了业务的精准拓展和持续优化。

（3）数据策略模型

数据策略模型的建设对于提升业务运营精准度具有重要意义。在进行业务洞察分析和策略投放复盘之后，通过对策略模型进行机器学习建模方面的优化，根据投放结果不断迭代策略模型的精准度和召回率，实现运营精准度的持续提升。在实际数字化营销中，银行通过数据层、标签层、策略层、营销层构建智慧营销闭环（见图3）。

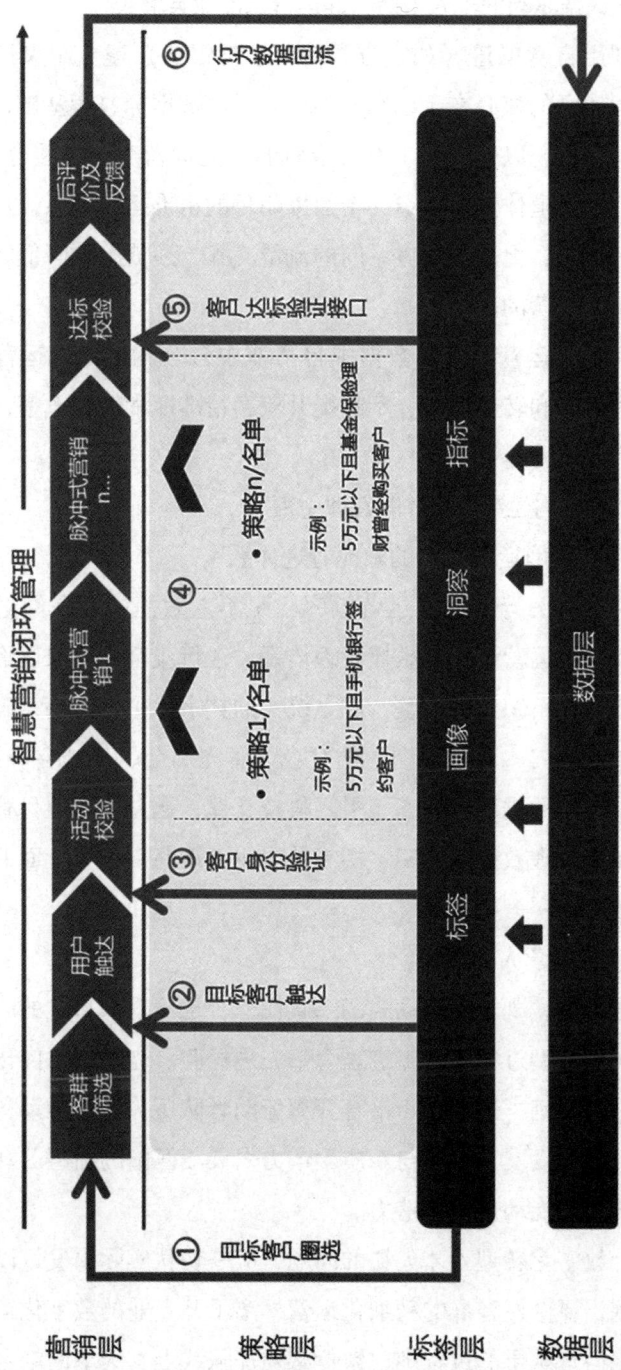

图 3 基于数据策略的数字化营销闭环体系

资料来源：盈天地科技。

3.运营体系：数据驱动的千人千面精准运营赋能业务增长

银行应充分利用自营渠道（如官方微信、手机银行）建立全渠道协同的运营体系。运营体系的核心在于以客户为中心，以数据标签为基础，以行内业务指标为导向，实现以变应变、千人千面的智能运营。通过整合任务、积分、商城、活动及渠道体系，打造一个数据闭环的精准运营体系。这一体系不仅整合了流量资源，促进不同体系间的流量交互，还能有效降低客户流失率，提升交叉业务运营的成功率。

这一运营体系基于运营中台和数据中台"双中台"构建，在运营侧通过策略大脑持续为获客和转化赋能，不断提升获客精准度和转化效率，构建高效可持续的数字化运营体系。

4.敏捷管理体系：构建数字化战略管理中枢

（1）打造符合互联网运营节奏的敏捷管理体系

移动互联网时代，银行传统的运营效率已跟不上敏捷的互联网运营节奏，为打造符合互联网运营节奏的敏捷管理体系，银行应至少采取以下四项关键措施。第一，通过组织架构调整，成立统一的数字化平台中心，确保组织结构的高效运作。第二，通过定期的站立会、管理周会、双周会等制度，有效地把控数字化转型的进程。第三，引入科技支撑，通过敏捷项目管理平台的全面赋能，加强管理效能。第四，实施数据驱动策略，培养全面的数字化管理意识。

（2）培养数字化运营人才队伍

银行的数字化转型，既不是运动式的一哄而上，也不是项目式的起止有时，而是要将数字化转型过程中的先进理念、先进经验、先进技术内化为先进生产力。而其中的关键，则是在于培育新型劳动者队伍，着力推动科技与人才的有效贯通、融合发展，打造与新质生产力发展相匹配的新型劳动者队伍，激发劳动者的主观能动性和创造力。

要想解决银行数字化转型人才欠缺的问题，应一切从实际出发。以零售条线客群经营为例，要做好客群的精细化运营，离不开专业的数字化运营队伍。在培养数字化运营队伍的过程中，银行必须加强线上、线下的结合，从指标体系构建、数据洞察、数据策略制定、营销方案策划、数据监控、效果分析等多维度培养团队以最小闭环单元跑通数字化营销运营流程的能力，并从中掌握敏捷工作方法和数字化场景运营方法，熟练使用数字化营销运营工具，沉淀数字化增长运营方法论，锤炼具有自身特色的数字化运营人才队伍。

三 总结与展望

"十四五"规划指出，加快数字化发展，建设数字中国。《"十四五"数字经济发展规划》进一步要求大力推动产业数字化转型。2023 年，中央金融工作会议对我国金融工作做出全面部署，强调要做好科技金融、绿色金融、普惠金融、养老金融、数字金融五篇大文章，为银行业的发展指明了方向。

数字化转型背景下，银行的业务朝着线上化、智能化不断演进，数智赋能已经成为促进银行业高质量发展的重要趋势，而提高效率、降低成本和为客户提供更好的客户体验是不变的方向。银行业应坚持以人民为中心系统性持续深入推动数字化转型，全面激发数字金融的创新活力；以数字化动能为支撑，做好服务实体经济的主力军。2023 年以来，人工智能和大语音模型的爆发式发展，进一步丰富了数据应用的场景，在这种趋势下，银行业必须加快数字化转型步伐，以应对不断变化的市场竞争趋势。在可以预见的未来，银行的人工客服智能化、风险管理智能化、产品定价智能化、投资顾问智能化等人工智能与银行业务的深度融合将进一步重塑银行业的竞争格局，也将更加广泛地对银行业的发展产生深远影响。

参考文献

艾瑞咨询：《2023 年中国银行业数字化转型研究报告》，2023。

胡刚、陆岷峰：《场景金融与金融场景：构建数智化普惠金融成长新模式》，《长春金融高等专科学校学报》2024 年第 1 期。

极客传媒：《2023 银行数字化转型报告——抓住机遇，建立差异化优势》，2023。

陆岷峰：《关于构建我国金融科技银行生态体系的研究——兼论十四五期间我国商业银行改革与发展的主要方向》，《金融理论与教学》2022 年第 3 期。

王洪志、陆岷峰：《数字技术引领商业银行零售业务发展新阶段——数字化转型路径研究》，《长春金融高等专科学校学报》2023 年第 5 期。王洪志、陆岷峰：《推动中小商业银行数字化养老金融发展》，《中国银行业》2024 年第 3 期。

新浪财经、苏宁金融研究院：《中国银行业数字化转型研究报告》，2022。

薛畅：《金融科技赋能商业银行碳金融业务发展理论逻辑、现状及对策建议》，《西南金融》2023 年第 3 期。

中国工商银行、中国信通院：《银行业数字化转型白皮书（2023）》，2023。

B.14
中国数智赋能网络学习平台的创新发展[*]

摘　要： 当前我国正在深入推进教育数字化战略行动，网络学习平台是推进教育数字转型的关键举措，也是建设学习型社会的重要抓手。生成式人工智能、元宇宙等新兴智能技术的飞跃式发展，能够对我国网络学习平台的创新发展进行数智赋能。具体而言，生成式人工智能通过内容智能生成颠覆了网络学习平台学习资源的创作范式，全面升级用户的个性化学习体验。元宇宙技术通过打造视觉沉浸学习场景塑造立体网络学习空间，通过创建虚拟角色身份强化用户的互动式学习体验。由此可见，生成式人工智能、元宇宙等新兴智能技术从丰富学习资源、变革学习模式、创新学习场景、强化学习互动等多维度赋能我国网络学习平台的创新发展。

关键词： 网络学习平台　数智赋能　生成式人工智能　元宇宙

一　网络学习平台概述

（一）网络学习平台的内涵与特征

党的二十大报告明确指出，"推进教育数字化，建设全民终身学习的学

---

* 本研究得到国家自然科学基金项目（72002012）资助。

** 董念念，北京科技大学经济管理学院工商系讲师，博士，研究方向为人力资源管理、组织行为与创造力；白汉刚，教育部职业教育发展中心战略发展处处长，研究方向为职业教育相关领域。

习型社会、学习型大国"。当前我国正在深入贯彻教育数字化战略行动，网络学习平台成为推进教育数字转型的关键举措，也是建设学习型社会的重要抓手。网络学习平台指利用计算机和网络技术开发的、旨在支持线上学习或辅助教学的应用软件，[①] 通常也被称为学习管理系统或 e-Learning 平台，旨在延展教学空间、提供学习资源、营造协作学习环境。网络学习平台为学员提供了便捷、灵活的学习方式，突破了时间和空间限制，使他们随时随地通过平台获取知识和信息，并与全球范围内的教师和学员交流互动，在各类组织、企业和教育机构中得到广泛应用。[②] 与传统的线下学习相比，网络学习平台呈现个性化、灵活性、多样性等关键特征，具体内容如下。

第一，思想统领性。学习强国等网络学习平台是宣传党的理论、路线、方针、政策的重要阵地，能够强化思想理论武装，实现思想引领。各类智慧党建网络学习平台提供党章党规、思想理论、党史国史、党务知识、先进典型等丰富多元的学习资源，深化学员对党史、党的方针政策和最新理论成果的认识，促使党员争做先锋表率。此外，上述平台还整合了大量名师资源，采用新兴技术创建全景党建名师课堂，为学员提供生动形象的实景授课画面。例如，创建高度还原的党课教室、党员大会、党员活动等情景，为学员提供更为丰富多元的党课学习场景，增强学员的沉浸式学习参与感和党建培训效果。由此可见，智慧党建网络学习平台能够引导用户积极深入学习党的理论知识与政策，传播社会主义核心价值观，有效实现思想统领性。

第二，学习交互性。网络学习平台与学员之间可实现有效的个性化学习交互，如基于学员的学习历史和学习兴趣，为学员推荐个性化的学习课程、资源和材料，帮助学员选择更满足自身兴趣与需求的学习内容。此外，网络学习平台可采用大数据技术开展实时的学情分析，了解学员的学习表现、学习模式、潜在弱点和改进方向，并基于这些学习数据为学员制定个性化的学

① 邢耀东、蔡培阳、龚成：《基于网络学习平台教育技术公共课教学体系模型的构建及应用》，《现代教育技术》2007 年第 10 期，第 33~36 页。

② Navimipour N J, Zareie B, "A model for assessing the impact of e-Learning systems on employees' satisfaction," *Computers in Human Behavior*, 2015, 53：475-485.

习路径，推荐符合学员水平的学习资源，提供有针对性的学习建议，强化平台与学员之间的学习互动，实现"个性化教育服务"。[①]

第三，使用便捷性。网络学习平台允许学员灵活安排学习日程，并借助平台进行知识和经验分享，在组织内部产生丰富的学习流和知识流。[②] 学员不受地理位置和时间因素的限制，无须在同一时间聚集在相同的物理空间进行集中培训，可随时随地通过网络学习平台获取学习资源。尤其对于那些因各种条件制约难以获取传统线下培训机会的学员而言，网络学习平台提供了更为灵活的知识获取和学习交流途径，[③] 满足人们"人人皆学、处处能学、时时可学"的学习需求。

第四，内容丰富性。学习资源建设是教育信息化事业发展的重点任务之一，[④] 网络学习平台可以整合海量的数智化学习资源，包括电子书、音频与视频课程、图像资料等，并提供在线讨论、学习论坛、在线测验和作业，[⑤]以满足学员对学习材料和学习空间的多样化需求。此外，网络学习平台还提供了由来自不同国家和地区的专业人士讲授的课程，帮助学员与不同文化背景的教师和同学开展线上互动交流，由此提供丰富多元的跨文化学习资源和学习体验。

（二）网络学习平台的演化历程

随着网络学习平台的不断更迭演化，学者们逐渐提出了三阶段说、四阶段说、五阶段说等观点。（1）三阶段：谢晓林等学者认为网络学习平台的

[①] 赵一婷、钟绍春、唐烨伟：《技术赋能视角下网络学习空间生态研究——内涵、要素与架构》，《中国电化教育》2022 年第 10 期，第 126~133 页。

[②] Giannakos M N, Mikalef P, Pappas I O, "systematic literature review of e-Learning capabilities to enhance organizational learning," *Information Systems Frontiers*, 2021: 1-17.

[③] Capece G, Campisi D, "User satisfaction affecting the acceptance of an e-Learning platform as a mean for the development of the human capital," *Behaviour & Information Technology*, 2013, 32 (4): 335-343.

[④] 杨现民等：《网络学习资源进化：研究进展、难题透视与趋势分析》，《现代远程教育研究》2024 年第 1 期，第 101~112 页。

[⑤] Pituch K A, Lee Y, "The influence of system characteristics on e-Learning use," *Computers & Education*, 2006, 47 (2): 222-244.

发展经历了内容管理系统（Content Management System，CMS）阶段、学习管理系统（Learning Management System，LMS）阶段、学习内容管理系统（Learning Content Management System，LCMS）阶段三个阶段。[①]（2）四阶段：万力勇在三阶段说的基础上补充了第四个阶段——学习活动管理系统（Learning Activity Management System，LAMS）阶段。[②]（3）五阶段：胡立如、张宝辉、周榕进一步从软件进化的视角，在四阶段说基础上提出第五个阶段——整合型学习平台（Integrated Learning Platform，ILP）阶段。[③] 本报告基于胡立如、张宝辉、周榕的五阶段说，阐述网络学习平台的发展演化。

第一，内容管理系统。内容管理系统本质上是为在协作环境中创建和管理数字内容而设计的软件应用程序，[④] 侧重于对学习内容的创建和管理，主要以数字化课程管理网站和论坛等形式呈现，是网络学习平台的雏形。例如，内容管理系统允许教师创建课程网址，可以文档、幻灯片等常见形式上传教学材料；它还具备强大的讨论版功能，教师在网上发布课程要点后可通过此功能监督课程讨论。[⑤]

第二，学习管理系统。随着网络多媒体技术的快速发展，网络学习平台的关注点逐渐从内容管理转向学习过程管理。学习管理系统指能够管理教学内容，识别和评估个体及组织学习目标，并跟踪学习目标进展，收集数据以监督整个组织学习过程的软件平台。[⑥] 学习管理系统以学习者和组织者为中心，侧重学习者管理、学习过程管理和教务管理。学习管理系统的功能较为强大，既能管理学习内容，又能处理课程注册、课程管理、课程公告、学习

① 谢晓林等：《网络教学平台的新发展》，《开放教育研究》2007 年第 5 期，第 12~25 页。
② 万力勇：《e-Learning 综合应用平台的演变规律探析》，《中国电化教育》2007 年第 9 期，第 99~102 页。
③ 胡立如、张宝辉、周榕：《从软件进化的视角看网络学习平台的演变趋势》，《电化教育研究》2016 年第 1 期，第 72~78 页。
④ Turnbull D, Chugh R, Luck J, "Learning management systems, an overview," *Encyclopedia of Education and Information Technologies*, 2020：1052–1058.
⑤ Ninoriya S, Chawan P M, Meshram B B, "CMS, LMS and LCMS for e-Learning," *International Journal of Computer Science Issues（IJCSI）*, 2011, 8（2）：644–647.
⑥ Watson W, Watson S L, "An argument for clarity：What are learning management systems, what are they not, and what should they become," *TechTrends*, 2007, 51（2）：28–34.

差距分析、学习跟踪报告等教务管理和学员管理事宜。

第三，学习内容管理系统。学习内容管理系统指能够创建、存储、汇集和发布个性化电子学习内容的应用软件，[①] 它结合了学习管理系统的学习过程跟踪管理和内容管理系统的内容创建等功能。学习内容管理系统强调学习对象的模块化设计，允许创建和管理可重复使用的学习对象；它基于学习者的知识水平和学习风格动态发布学习课程并调整学习内部发布格式，学习者可定制学习内容，实现适应性学习。[②] 对网络学习而言，学习内容管理系统具有学习周期缩短、学习内容跨课程共享等特点。

第四，学习活动管理系统。学习活动管理系统指能够设计、管理和发布线上协作学习活动的网络学习平台，可支持教师组织和开展各类线上学习活动，如在线问答、实时讨论、选择投票等。该系统的侧重点在于设计和组织学习活动，鼓励学员之间的协作学习、观点分享、合作讨论与知识构建，提供了更富有挑战性和趣味性的学习体验。

第五，整合型学习平台。随着学习理念和信息技术的不断革新，网络学习平台向整合型学习平台发展。它与第三方资源平台合作并提供 API 接口实现外部资源整合，将多样化的学习资源、工具和服务整合在统一的平台上，为学习者提供个性化学习体验与一站式学习服务。与前几代网络学习平台相比，整合型学习平台在个性化教学、大数据分析与趋势预测、智能化服务、泛在化学习、学习资源丰富性等方面的功能更加强大。

如上所述，网络学习平台的发展经历了不同阶段，从内容管理系统到整合型学习平台，这些阶段的演变呈现如下特点。（1）在侧重点上，从学习内容管理到个性化学习服务管理。早期的网络学习平台主要关注于学习资源的创建与发布，随着学习理念的不断发展和学习者需求的日益多样化，平台逐渐转向提供更为智能化和个性化的学习服务。（2）在平台设计上，从单

---

① Bradley V M, "Learning Management System（LMS）use with online instruction," *International Journal of Technology in Education*, 2021, 4（1）: 68-92.

② 赵呈领、万力勇：《学习内容管理系统：e-Learning 的第二次革命》，《电化教育研究》2005年第 7 期，第 42~45 页。

一化走向整合化。网络学习平台初期的设计模式都是独立的，无法与其他系统进行交互和数据共享，随着信息技术的更新迭代，网络学习平台与外部系统之间的融合能力更为强大。尤其是整合型学习平台，更强调与外部资源平台的合作，由此打造一体化的学习生态系统。（3）在发展动力上，网络学习平台的演化以技术创新为关键驱动力。技术创新一直是推动网络学习平台演化的关键因素，随着大数据分析、机器学习、虚拟现实等新兴技术的不断涌现，网络学习平台得以持续升级演化，以适应不断变化的学习理念，满足多元化的教育需求。

（三）网络学习平台发展的政策背景

我国大力推行国家教育数字化战略行动，高度重视网络学习平台的建设与发展，相继出台一系列政策措施鼓励面向高等教育、基础教育、职业教育等阶段的网络学习平台进行创新发展。例如，2024 年《政府工作报告》强调要大力发展数字教育，加强高质量教育体系建设。2023 年 12 月，《教育部办公厅关于推荐义务教育教学改革实验区和实验校的通知》发布，强调建立数字化平台，丰富和拓展线上教学资源，推进数字化赋能。2023 年 8月，教育部印发《学习型社会建设重点任务》，提出通过建设终身学习公共服务平台，打造网络化、数字化、个性化的教育体系，实现"人人皆学、处处能学、时时可学"。2023 年 7 月，《教育部 国家发展改革委 财政部关于实施新时代基础教育扩优提质行动计划的意见》发布，强调在智慧课堂、智慧作业、网络教研等方面强化对国家中小学智慧教育平台的建设和应用。此外，《教育部办公厅关于加快推进现代职业教育体系建设改革重点任务的通知》发布，建议各校构建一体化智能化教学、管理与服务平台，并深化对国家职业教育智慧教育平台的应用。2023 年 6 月，中共中央办公厅、国务院办公厅发布《关于构建优质均衡的基本公共教育服务体系的意见》，强调构建互联互通、共建共享的数字教育资源平台。2023 年 5 月，《教育部等十八部门关于加强新时代中小学科学教育工作的意见》发布，提出"优化数字智慧平台，丰富科学教育资源"。表 1 展示了我国鼓励网络学习平台发展的代表性政策内容，在国家政策的有力支撑和引领下，我国网络学习平台高速发展，建成了全世界最大的教育资源中心——国家智慧教育公共服务平台。[①] 近年来，生成式人工智能、元宇宙等新兴智能技术的飞跃发展，进一步对网络学习平台的创新发展进行了数智赋能，笔者将分章节进行详细介绍。

表1　2019~2023年我国网络学习平台发展政策示例

时间	发文机构	政策名称	政策内容
2023.12	教育部办公厅	《教育部办公厅关于推荐义务教育教学改革实验区和实验校的通知》	探索建立服务区域义务教育教学改革的数字化平台，丰富和拓展线上教学资源
2023.08	教育部	《学习型社会建设重点任务》	构建资源融通与共建共享的终身学习公共服务平台，促进优质资源整合与共享开放
2023.07	教育部、国家发展改革委、财政部	《教育部 国家发展改革委 财政部关于实施新时代基础教育扩优提质行动计划的意见》	提升国家中小学智慧教育平台建设应用水平
2023.07	教育部办公厅	《教育部办公厅关于加快推进现代职业教育体系建设改革重点任务的通知》	深化国家职业教育智慧教育平台应用，优先使用全国性、区域性资源库，鼓励根据人才培养需要建设有特色的校级资源库
2023.06	中共中央办公厅、国务院办公厅	《关于构建优质均衡的基本公共教育服务体系的意见》	加强国家中小学智慧教育平台建设，构建互联互通、共建共享的数字教育资源平台体系
2023.05	教育部等十八部门	《教育部等十八部门关于加强新时代中小学科学教育工作的意见》	优化数字智慧平台，丰富科学教育资源
2022.11	教育部	《教育部关于发布智慧教育平台系列两项教育行业标准的通知》	制定了智慧教育平台系列的两项标准，包括《智慧教育平台基本功能要求》和《智慧教育平台数字教育资源技术要求》

---

① 《全球数字教育发展指数和中国智慧教育发展报告2023发布》，教育部官网，http:// www. moe. gov. cn/jyb_ xwfb/gzdt_ gzdt/s5987/202401/t20240131_ 1113641. html，2024年1月31日。

续表

时间	发文机构	政策名称	政策内容
2022.07	教育部办公厅	《教育部办公厅关于印发〈国家智慧教育公共服务平台接入管理规范(试行)〉的通知》	加强对接入国家智慧教育公共服务平台(以下简称国家智慧教育门户)的各级平台的管理,形成以国家智慧教育门户为核心的国家智慧教育平台体系
2022.05	教育部办公厅	《国家智慧教育平台数字教育资源内容审核规范(试行)》	明确主管的智慧教育平台中承载各类数字教育资源内容审核的业务职能部门
2021.07	教育部等六部门	《教育部等六部门关于推进教育新型基础设施建设构建高质量教育支撑体系的指导意见》	升级面向广大师生的网络学习空间,兼容各类平台终端,支持开发网络学习空间的移动应用,支撑泛在学习和掌上服务
2021.01	教育部等五部门	《教育部等五部门关于大力加强中小学线上教育教学资源建设与应用的意见》	力争用5年时间,建立健全国家和省级中小学线上教育教学平台资源体系和运行机制
2021.01	教育部	《教育部关于设立教育部教育信息化战略研究基地(北京、西北)的通知》	教育部教育信息化战略研究基地(西北),依托西北师范大学建设,聚焦网络学习空间建设与应用、民族地区教育信息化等领域开展战略研究
2020.08	教育部	《教育部关于印发〈国家开放大学综合改革方案〉的通知》	依靠5G、人工智能、虚拟现实、区块链、大数据、云计算等新技术,加快建设服务全民终身学习的在线教育平台
2019.09	教育部等十一部门	《教育部等十一部门关于促进在线教育健康发展的指导意见》	深入推进"三通两平台"(即"宽带网络校校通、优质资源班班通、网络学习空间人人通",以及教育资源公共服务平台、教育管理公共服务平台)建设
2019.02	中共中央办公厅、国务院办公厅	《加快推进教育现代化实施方案(2018—2022年)》	构建"互联网+教育"支撑服务平台,深入推进"三通两平台"建设
2019.02	中共中央、国务院	《中国教育现代化2035》	统筹建设一体化智能化教学、管理与服务平台

资料来源:根据中国政府网和教育部官网的公开信息整理。

二 生成式人工智能技术对网络学习平台的数智赋能

（一）生成式人工智能技术在我国网络学习平台的应用

2022 年底，ChatGPT – 3 的发布开启了生成式人工智能（Generative Artificial Intelligence）由研发转向大规模商用和民用的新历史时期。[①] 生成式人工智能是可自动生成文本、图片、音频、视频等多模态数据的一种特定类型的人工智能技术，[②] 具备语言理解、内容生成、图像识别、知识问答、逻辑推理等强大功能。作为一种颠覆性的前沿技术，生成式人工智能在各行各业掀起数智化变革浪潮。2023 年以来，我国各大教育和科技企业纷纷布局研发 AI 教育大模型。2023 年 5 月，科大讯飞正式发布星火认知大模型；2023 年 7 月，网易有道发布子曰教育大模型；2023 年 8 月，好未来正式上线数学大模型 MathGPT；2023 年 9 月，作业帮发布银河大模型；2024 年 1 月，松鼠 AI 发布智适应教育大模型。随着国内教育大模型的研发浪潮的出现，生成式人工智能技术逐步被引入教育场景，已在作业帮、好未来、科大讯飞、网易有道、优幕科技、高途等多家企业构建的网络学习平台中得到探索与应用，对网络学习平台的创新发展带来革命性影响。表 2 展示了将生成式人工智能技术应用于我国网络学习平台的代表性案例。

表 2 生成式人工智能技术在我国网络学习平台中的应用案例

企业	网络学习平台	聚焦领域	生成式人工智能技术应用
作业帮	云思智学高质量作业	K12 教育	高质量题源 AI 生成、个性化错题精准练习

[①] 苗逢春：《生成式人工智能及其教育应用的基本争议和对策》，《开放教育研究》2024 年第 1 期，第 4~15 页。

[②] 周玲、王烽：《生成式人工智能的教育启示：让每个人成为他自己》，《中国电化教育》2023 年第 5 期，第 9~14 页。

续表

企业	网络学习平台	聚焦领域	生成式人工智能技术应用
好未来	学而思	K12 教育	AI 对话学、AI 辅导助手、AI 智能规划
字节跳动	河马爱学	K12 教育	AI 伴学,可 24 小时提供倾听、建议、鼓励等学习帮助
科大讯飞	星火语伴	英语口语	定制个性化学习计划、虚拟老师沉浸式陪练
网易有道	Hi Echo	英语口语	生成具备 MBTI 人格模型系统的虚拟老师形象、可实现和生成个性化口语等级匹配与对话评价报告
优幕科技	UMU	企业培训	AI 高效内容生产、AI 个性化资源推荐、AI 一对一实时辅导、AI 智能训练反馈
高途	高途 AICan	考研规划	个性化考研规划、建议与答疑

资料来源：根据网络公开信息整理。

（二）生成式人工智能技术赋能网络学习平台的创新发展

整体来看，生成式人工智能为网络学习平台带来了两大发展趋势：一是从人工创造到智能生成，颠覆了学习资源的创作范式；二是从内容推荐到定制创生，全面升级个性化学习体验，具体如下。

1. 从人工创造到智能生成，颠覆学习资源创作范式

在以往的网络学习平台上，学习资源通常由教师、专业人士或用户进行创造，这种传统的内容生产手段受制于人力有限的制造能力，[1] 学习资源的多样性和更新速度可能会受到限制。生成式人工智能具备深层次语言理解和文本生成能力，可在短时间内从事大量信息挖掘、素材调动、复刻编辑等基础性工作，开创了利用人工智能技术自动生成内容这一新型生产方式，推动

---

[1] 中国信通院：《人工智能生成内容 AIGC 白皮书（2022 年）》，http：//www.caict.ac.cn/kxyj/qwfb/bps/202209/P020220902534520798735.pdf。

了数实融合趋势下内容创作范式的变革。它能根据用户需求从海量语言、文本数据资料中挖掘信息并寻找规律，智能生成具有较好结构框架和语义逻辑的学习资源，① 赋能网络学习平台学习资源创作的技术路径，自动生成课件、试题、案例等学习资源。例如，作业帮旗下教育数字化综合服务平台云思智学能够基于各区域学情重难点，个性定制本地化教学内容，并提供资源丰富的 PPT 备课插件，帮助教师快速制作交互式课件。此外，云思智学"高质量作业"平台可实现高质量题源 AI 生成，还能基于海量题库资源，以教学目标为导向辅助教师提升作业设计，实现分层、弹性、个性化的作业创建与布置。

生成式人工智能还能利用自然语言生成和图像生成等技术，整合文字、图像、音频等多种形式的学习数据，创造出更具有交互性和趣味性的学习资源，将原本抽象的知识内容变得更加具体化、立体化、生动化。例如，企业互动学习平台 UMU 基于"多语言混合语音合成""说话人动画生成"等前沿技术赋能课程视频制作，讲师只需要上传 PPT、文字稿和照片即可生成讲师出镜讲解的学习视频。此外，企业可基于 UMU 平台将内部学习材料和规章制度等文档资料一键生成视频课程，该平台还使用生成对抗网络技术创造虚拟讲师，由此实现企业知识库升级，激活员工视听双通道。综上，生成式人工智能技术能够深度赋能网络学习平台，将学习资源由传统的人工创造转向智能自动生成，提供更加丰富多元、动态立体且可交互的学习资源。

2. 从内容推荐到定制创生，全面升级个性化学习体验

在学习资源的推荐上，以往的网络学习平台通常采用基于关联规则的推荐算法、基于内容的推荐算法和基于协同过滤的推荐算法。② 前两种推荐算法主要依据推荐内容评分进行推荐，未充分考虑学员学习特征，③ 个性化程

① 杨宗凯等：《ChatGPT/生成式人工智能对教育的影响探析及应对策略》，《华东师范大学学报》（教育科学版）2023 年第 7 期，第 26~35 页。
② 王莉莉、郭威彤、杨鸿武：《利用学习者画像实现个性化课程推荐》，《电化教育研究》2021 年第 12 期，第 55~62 页。
③ 谢浩然等：《人工智能赋能个性化学习：E-Learning 推荐系统研究热点与展望》，《现代远程教育研究》2022 年第 3 期，第 15~23 页。

度较低；基于协同过滤的推荐算法依赖于学员的历史偏好和行为数据，存在数据稀缺、可伸缩性差和冷启动等问题，从而降低了推荐质量。[①] 学员的学习兴趣和需求可能随时间变化，传统算法往往无法即时调整推荐策略，导致推荐的学习资源难以灵活适应学员的动态变化。生成式人工智能技术可根据学员的学习需要，生成经系统整理与提炼的学习资源和知识内容。例如，科大讯飞发布星火语伴 App，通过智能聊天获取用户的学历、教育背景、个人身份、学习目标、学习时间等个性化信息，为用户量身定制个性化学习计划和学习内容，提供符合用户需求的口语练习。

生成式人工智能技术还可以根据上下文语境及学员学习情况迅速调整推荐策略，确保推荐的学习内容始终符合学员的当前水平和需求。例如，云思智学"高质量作业"平台基于作业数据对学生的学科核心素养进行综合评估分析，为每名学生生成独特的知识图谱画像，从而为学员生成个性化错题本、补充作业、举一反三练习、错题视频讲解等学习内容，实现个性错题精准练，真正落实个性化学习。星火语伴支持虚拟老师对话，虚拟老师可基于话题讨论、视频通话、情景对话等功能开展沉浸式陪练，对用户的口语发音进行打分评测，对语法进行实时纠错，由此提供个性化反馈与学习指导，帮助用户改正口语错误，提升表达流畅度和准确性。由此可见，生成式人工智能技术在学习内容推荐和匹配上能够提供更灵活、智能、定制化的解决方案。网络学习平台可以利用生成式人工智能技术为学员定制个性化的学习计划和学习内容，全面升级学员的个性化学习体验。

三　元宇宙技术对网络学习平台的数智赋能

（一）元宇宙技术在我国网络学习平台的应用

元宇宙是基于多种信息技术有机结合的沉浸式、自主化、虚实融合的数

---

① 董永峰等：《在线学习资源推荐综述》，《计算机应用》2023 年第 6 期，第 1655~1663 页。

字网络空间，核心功能原理是数字网络空间与物理世界的开放互联与深度融合，呈现以人为中心、沉浸体验、永续实时、互联互通等特点。[①] 元宇宙集虚拟现实、增强现实、混合现实、5G、云计算、人工智能、数字孪生等新兴技术于一体，能够突破二维网络技术主导的在线学习发展瓶颈，助力网络学习平台进入沉浸式交互的创新发展阶段。[②] 近年来，元宇宙技术呈现爆发式发展，表3展示了将元宇宙技术应用于我国网络学习平台的代表性案例。（1）在公共教育领域，网龙网络控股有限公司（简称"网龙"）发布公共智慧教育平台 Edmodo Academy（EDA），引入元宇宙、3D 模型、微观动画等先进技术，以游戏化方式呈现学习内容。（2）在科学教育领域，网龙针对初、高中年级数理化学科打造了未来实验这一自主学习平台，通过 3D 引擎、云渲染等元宇宙技术打造游戏化、互动性、探究性的沉浸式实验学习场景，帮助学生掌握数理化学科中的实验知识点；北京般芸聚合科技有限公司（简称"北京般芸聚合"）创建了伊多芸元宇宙，旨在让每个人拥有自己的在线元宇宙实验室，通过虚拟现实技术为用户提供身临其境的沉浸式科学实验室体验，用户可根据学习兴趣自主选择实验内容并在线进行实验操作，并可获得数字老师阿鲤博士的实时指导；大富网络旗下的帕拉卡科技有限公司创建帕拉卡（Paracraft）这一教育元宇宙创作平台，集 3D 建模、动画、仿真等功能于一体，用户可采用虚拟资源创建个性化的 3D 虚拟世界，并采用虚拟身份与其他用户进行互动。（3）在职业教育领域，幻霄科技创建OLC-线上学 AI 沉浸式学习平台，提供各种场景下的沉浸式教学实操训练，如利用虚拟仿真资源搭建汽车模型，让学员在虚拟场景中上手实操。综上，面向公共教育、科学教育、职业教育等领域的网络学习平台利用元宇宙技术实现了多种创新功能，取得了较大进展与突破。

[①] 中国信通院：《元宇宙白皮书（2023 年）》，http：//www.caict.ac.cn/kxyj/qwfb/bps/202311/P020240326626098688125.pdf。

[②] 刘革平等：《从虚拟现实到元宇宙：在线教育的新方向》，《现代远程教育研究》2021 年第 6 期，第 12~22 页。

表3　元宇宙在网络学习平台中的应用示例

企业	网络学习平台	聚焦领域	元宇宙技术应用
网龙	EDA	公共教育	以游戏化方式呈现学习内容
	未来实验	科学教育	为初、高中数理化学科提供可互动、可探究、情景式和游戏化的学习形式，并提供了游戏化激励
北京般芸聚合	伊多芸元宇宙	科学教育	提供身临其境的沉浸式科学实验室体验，可获得数字老师阿鲤博士的实时指导
大富网络	帕拉卡（Paracraft）	科学教育	自由创造虚拟资源、建设专属个性化虚拟世界、使用虚拟身份开展互动
幻霄科技	OLC-线上学 AI 沉浸式学习平台	职业教育	用虚拟仿真技术提供各种场景下的教学实训

资料来源：根据网络公开信息整理。

（二）元宇宙技术赋能网络学习平台的创新发展

元宇宙技术为网络学习平台的升级与发展提供了新思路，[①] 整体来看，它对网络学习平台的数智赋能主要体现在以下两个方面：一是打造沉浸式学习场景，塑造立体网络学习空间；二是创建虚拟角色身份，强化互动式学习体验。

1. 打造沉浸式学习场景，塑造立体网络学习空间

在传统的网络学习平台中，当学习内容涉及无法在现实生活中实现的场景时，学员通常只能通过抽象的描述和想象来理解，容易导致知识学习的表面性和片面性。随着元宇宙技术被引入在线教育领域，网络学习平台可借助图形渲染、三维建模、物理模拟等先进技术手段，开发虚拟教室、虚拟实验室、虚拟博物馆、虚拟场景、虚拟物品等教育资源，将学习场景从平面的文字、图像延展为立体、生动的虚实融合学习空间。学员能够直观感觉到学习

---

① 杨阳、陈丽：《元宇宙的社会热议与"互联网+教育"的理性思考》，《中国电化教育》2022年第8期，第24~31页。

对象的三维结构和立体形状，让知识不再仅仅停留在抽象的概念中，而是通过沉浸式的学习体验得到更为全面和深刻的理解，实现"可想即可尝试"的抽象思维表象化。[1] 例如，在历史课程中，元宇宙技术可以让学员穿越时空，穿戴高科技设备游走于历史画卷之中，身临其境地感受历史事件。在实验课程中，学员可以在元宇宙构建的虚拟实验室进行各种实验操作，观察化学反应、遨游星际太空、洞察生物奥秘，避免了线下实验课程中的时空限制和安全风险，帮助学员提升实验技能和科学素养。在实操类培训中，元宇宙可以创建虚拟场景模拟实际工作环境，学员可以完全沉浸在虚拟环境中学习观摩、互动操作，如操作复杂的机械设备、进行外科手术、模拟智能驾驶等，极大地提升了学员对操作要点的理解与动手实操能力。典型的应用案例如网龙的未来实验、北京般芸聚合的伊多芸元宇宙、大富网络的帕拉卡（Paracraft）、幻霄科技的 OLC-线上学 AI 沉浸式学习平台等网络学习平台，均采用元宇宙技术打造逼真的沉浸式学习场景和立体化学习空间，由此实现学习场景的三维化革新和学习空间的时空拓展，既模仿现实又超越现实，为学员提供了更加丰富和真实的学习体验。

2. 创建虚拟角色身份，强化互动式学习体验

在元宇宙技术的赋能下，网络学习平台用户与智能虚拟人在沉浸式虚拟学习空间进行互动，超越了传统的图形界面交互，转向基于现实的人机交互。网络学习平台可以利用元宇宙技术，创建高度逼真的虚拟角色形象，既包括由人工智能生成和驱动的虚拟教师或学习助手等角色，也包括学员为自己量身打造的个性化虚拟角色，让学习过程更加生动有趣。网络学习平台的虚拟教师具备语音、面部表情和肢体动作表达能力，在虚拟学习场景中对学员进行生动的知识讲解和互动答疑。它们不仅是知识的传递者，更是学习过程中的智能学伴，能够基于学员的反馈和学习表现实现个性化的教学调整，提供更加精准的启发引导，并与学员进行深入讨论、互动和交流，帮助学生

---

[1] 陆宇正、曾天山：《元宇宙赋能职业教育教学场域重构的技术逻辑与新型样态》，《现代远程教育研究》2024 年第 2 期，第 104~112 页。

更高效地理解和掌握各种知识点。此外，学员也可以创建自己的虚拟角色身份参与课堂讨论、展示学习成果，并与其他虚拟角色进行学习互动，如建立虚拟学习社区、分享学习经验、合作解决问题，营造更加生动活泼的学习氛围。典型的应用案例如北京般芸聚合的伊多芸元宇宙、字节跳动的河马爱学、科大讯飞的星火语伴、网易有道的 Hi Echo 等网络学习平台，均采用元宇宙技术创建虚拟老师或智能学习助手，在虚拟学习场景中对学员进行丰富的一对一个性化指导，真正实现了"生生有学伴"，全面升级学员的互动式学习体验。

四 结语

网络学习平台是推行国家教育数字化战略行动、建设学习型社会的关键抓手，运用新兴技术数智赋能网络学习平台的创新发展是大势所趋。本报告阐述了网络学习平台的演化历程和政策背景，梳理了生成式人工智能和元宇宙等新兴技术在我国网络学习平台中的典型应用及其带来的数智赋能发展趋势。生成式人工智能技术颠覆学习资源创作范式，全面升级个性化学习体验。元宇宙技术打造沉浸式学习场景，塑造立体网络学习空间；创建虚拟角色身份，强化互动式学习体验。下一步，仍需深入调研新兴技术在数智赋能网络学习平台过程中存在的问题和困难，并着力完善和规范新兴技术应用于在线教育领域的政策体系和工作推进机制，总结提炼先进网络学习平台的优秀经验和教育成果，鼓励政府、学校、教育机构和科技企业联合推动网络学习平台的数智化创新发展。

参考文献

董永峰等：《在线学习资源推荐综述》，《计算机应用》2023 年第 6 期。

胡立如、张宝辉、周榕：《从软件进化的视角看网络学习平台的演变趋势》，《电化教育研究》2016 年第 1 期。

《教育部办公厅关于加快推进现代职业教育体系建设改革重点任务的通知》，教育部官网，http：//www. moe. gov. cn/srcsite/A07/zcs_ zhgg/202307/t20230717_ 1069319. html，2023 年 7 月 11 日。

《教育部办公厅关于推荐义务教育教学改革实验区和实验校的通知》，教育部官网，http：//www. moe. gov. cn/srcsite/A06/s3321/202401/t20240102_ 1097465. html，2023 年 12 月 18 日。

《教育部办公厅关于印发〈国家智慧教育公共服务平台接入管理规范（试行）〉的通知》，教育部官网，http：//www. moe. gov. cn/srcsite/A16/s3342/202208/t20220819_ 653868. html，2022 年 7 月 28 日。

《教育部办公厅关于印发〈国家智慧教育平台数字教育资源内容审核规范（试行）〉的通知》，教育部官网，http：//www. moe. gov. cn/srcsite/A16/s3342/202211/t20221108_ 979699. html，2022 年 5 月 26 日。

《教育部等六部门关于推进教育新型基础设施建设构建高质量教育支撑体系的指导意见》，教育部官网，http：//www. moe. gov. cn/srcsite/A16/s3342/202107/t20210720_ 545783. html，2021 年 7 月 8 日。

《教育部等十八部门关于加强新时代中小学科学教育工作的意见》，教育部官网，http：//www. moe. gov. cn/srcsite/A29/202305/t20230529_ 1061838. html，2023 年 5 月 26 日。

《教育部等十一部门关于促进在线教育健康发展的指导意见》，教育部官网，http：//www. moe. gov. cn/srcsite/A03/moe_ 1892/moe_ 630/201909/t20190930_ 401825. html，2019 年 9 月 25 日。

《教育部等五部门关于大力加强中小学线上教育教学资源建设与应用的意见》，教育部官网，http：//www. moe. gov. cn/srcsite/A06/s3325/202102/t20210207_ 512888. html，2021 年 1 月 28 日。

《教育部关于发布智慧教育平台系列两项教育行业标准的通知》，教育部官网，http：//www. moe. gov. cn/srcsite/A16/s3342/202302/t20230214_ 1044624. html，2022 年 12 月 2 日。

《教育部关于设立教育部教育信息化战略研究基地（北京、西北）的通知》，教育部官网，http：//www. moe. gov. cn/srcsite/A16/s3342/202101/t20210115_ 509930. html，2021 年 1 月 5 日。

《教育部关于印发〈国家开放大学综合改革方案〉的通知》，教育部官网，http：//www. moe. gov. cn/srcsite/A07/zcs_ zhgg/202009/t20200907_ 486014. html，2020 年 9 月 2 日。

《教育部关于印发〈学习型社会建设重点任务〉的通知》，教育部官网，http：//www. moe. gov. cn/srcsite/A07/zcs_ cxsh/202309/t20230914_ 1080240. html，2023 年 9 月 4 日。

《教育部 国家发展改革委 财政部关于实施新时代基础教育扩优提质行动计划的意见》，教育部官网，http：//www. moe. gov. cn/srcsite/A06/s3321/202308/t20230830_ 1076888. html，

2023 年 8 月 16 日。

刘革平等：《从虚拟现实到元宇宙：在线教育的新方向》，《现代远程教育研究》2021 年第 6 期。

陆宇正、曾天山：《元宇宙赋能职业教育教学场域重构的技术逻辑与新型样态》，《现代远程教育研究》2024 年第 2 期。

苗逢春：《生成式人工智能及其教育应用的基本争议和对策》，《开放教育研究》2024 年第 1 期。

《全球数字教育发展指数和中国智慧教育发展报告 2023 发布》，教育部官网，http：//www.moe.gov.cn/jyb_ xwfb/gzdt_ gzdt/s5987/202401/t20240131_ 1113641.html，2024 年 1 月 31 日。

万力勇：《e-Learning 综合应用平台的演变规律探析》，《中国电化教育》2007 年第 9 期。

王莉莉、郭威彤、杨鸿武：《利用学习者画像实现个性化课程推荐》，《电化教育研究》2021 年第 12 期。

谢浩然等：《人工智能赋能个性化学习：E-Learning 推荐系统研究热点与展望》，《现代远程教育研究》2022 年第 3 期。

谢晓林等：《网络教学平台的新发展》，《开放教育研究》2007 年第 5 期。

邢耀东、蔡培阳、龚成：《基于网络学习平台教育技术公共课教学体系模型的构建及应用》，《现代教育技术》2007 年第 10 期。

杨现民等：《网络学习资源进化：研究进展、难题透视与趋势分析》，《现代远程教育研究》2024 年第 1 期。

杨阳、陈丽：《元宇宙的社会热议与"互联网+教育"的理性思考》，《中国电化教育》2022 年第 8 期。

杨宗凯等：《ChatGPT/生成式人工智能对教育的影响探析及应对策略》，《华东师范大学学报》（教育科学版）2023 年第 7 期。

赵呈领、万力勇：《学习内容管理系统：e-Learning 的第二次革命》，《电化教育研究》2005 年第 7 期。

赵一婷、钟绍春、唐烨伟：《技术赋能视角下网络学习空间生态研究——内涵、要素与架构》，《中国电化教育》2022 年第 10 期。

《中共中央办公厅 国务院办公厅引发〈关于构建优质均衡的基本公共教育服务体系的意见〉》，中国政府网，https：//www.gov.cn/gongbao/2023/issue_ 10546/202306/content_ 6888957.html，2023 年 6 月 13 日。

《中共中央办公厅、国务院办公厅印发〈加快推进教育现代化实施方案（2018—2022 年）〉》，教育部官网，http：//www.moe.gov.cn/jyb_ xwfb/s6052/moe_ 838/201902/t20190223_ 370859.html，2019 年 2 月 23 日。

《中共中央、国务院印发〈中国教育现代化 2035〉》，中国政府网，https：//

www. gov. cn/xinwen/2019–02/23/content_ 5367987. htm？eqid=8b2b34d40003f26000000003648027df，2019 年 2 月 23 日。

中国信通院：《人工智能生成内容 AIGC 白皮书（2022 年）》，http：//www. caict. ac. cn/kxyj/qwfb/bps/202209/P020220902534520798735. pdf。

中国信通院：《元宇宙白皮书（2023 年）》，http：//www. caict. ac. cn/kxyj/qwfb/bps/202311/P020240326626098688125. pdf。

周玲、王烽：《生成式人工智能的教育启示：让每个人成为他自己》，《中国电化教育》2023 年第 5 期。

Bradley V M，"Learning Management System（LMS）use with online instruction," *International Journal of Technology in Education*，2021，4（1）：68–92.

Capece G，Campisi D，"User satisfaction affecting the acceptance of an e-Learning platform as a mean for the development of the human capital," *Behaviour & Information Technology*，2013，32（4）：335–343.

Giannakos M N，Mikalef P，Pappas I O，"Systematic literature review of e-Learning capabilities to enhance organizational learning," *Information Systems Frontiers*，2021：1–17.

Navimipour N J，Zareie B，"A model for assessing the impact of e-Learning systems on employees' satisfaction," *Computers in Human Behavior*，2015，53：475–485.

Ninoriya S，Chawan P M，Meshram B B，"CMS, LMS and LCMS for e-Learning," *International Journal of Computer Science Issues（IJCSI）*，2011，8（2）：644–647.

Pituch K A，Lee Y，"The influence of system characteristics on e-Learning use," *Computers & Education*，2006，47（2）：222–244.

Turnbull D，Chugh R，Luck J，"Learning management systems, an overview," *Encyclopedia of Education and Information Technologies*，2020：1052–1058.

Watson W，Watson S L，"An Argument for Clarity：What are learning management systems, what are they not, and what should they become," *TechTrends*，2007，51（2）：28–34.

附　录
新质生产力关键要点与本书各章节
对应内容

新质生产力关键要点	内容	对应篇章
◇新质生产力的特点是创新,关键在质优,本质是先进生产力	探讨了数智赋能的"四新六赋"模式,所谓"四新"就是顺应新形势、产生新动能、创造新机遇、解决新问题;所谓"六赋"就是赋能信仰、赋能决策、赋能人才、赋能创新、赋能治理、赋能发展	B.1 数智赋能新质生产力研究报告(2023~2024)
◇科技创新催生新产业、新模式、新动能,是发展新质生产力的核心要素	阐述了"能力即服务"数智赋能转型发展的体系架构,提出了"1357"数智化赋能方法论	B.2 数智赋能的体系构架与运营模式研究报告(2023~2024)
◇大力发展数字经济	分析了数智赋能快速发展的主要领域,总结了数智赋能的实现路径与方式	B.3 中国数智赋能的重点领域与实现路径
	总结了信息化建设的发展路径与数智化发展趋势	B.4 从"数字化"到"数智化":信息化建设跃升路径研究
	论述了数智赋能背景下的管理要素重构方式,以及管理效率提升路径	B.5 数智赋能的管理要素重构与管理效率提升
	总结了我国商业银行数智化转型的实践探索与发展趋势	B.13 商业银行数字化转型探索与实践

续表

新质生产力关键要点	内容	对应篇章
◇围绕战略任务科学布局	总结了我国数字基础设施的发展状况及其在推动经济社会高质量发展中发挥的作用	B.7 数字基础设施的高速发展与应用创新
	总结了中国城市基层实现智治的成功经验,指出了未来基层智治的发展方向	B.9 数智赋能中国城市基层治理发展报告(2023~2024)
	分析了卫生健康事业在数智赋能下的发展状况与未来趋势	B.8 数智赋能卫生健康事业高质量发展
◇优化人才培养模式	探讨了人才变革的主要方式和相关制度的完善举措	B.6 数智时代人才变革与制度建设
	分析了中国人才管理实现数智化的手段与方法	B.12 中国人才管理的数智化发展研究
	研究了中国网络学习平台的数智化发展现状与未来方向	B.14 中国数智赋能网络学习平台的创新发展
◇及时将科技创新成果应用到具体产业和产业链上	分析了健康服务产业在数智赋能背景下的发展现状与趋势	B.10 数智赋能健康服务产业高质量发展报告(2023~2024)
	总结了银行业在数智赋能背景下的快速发展与面临的挑战	B.11 数智赋能银行业高质量发展

注:新质生产力关键要素整理自《央视新闻》(2024 年 2 月 2 日)。

Abstract

The era of data-intelligence has arrived, and the high-quality development of economy and society enabled by data-intelligence has become a new feature of the new era. On the basis of summarizing the successful experience and innovative practice of data-intelligence empowering in China, the Research Report on Data-Intelligence Empowering in China (2023~2024) puts forward theoretical thinking and trend judgment of data-intelligence empowering, Extracts Chinese theory from Chinese practice, interprets Chinese practice with Chinese theory, and puts forward feasible suggestions for the development of new quality productivity of data-intelligence empowering in China.

This report mainly studies and analyzes the remarkable results and inherent rules of data-intelligence empowering in China in recent years from the aspects of overall development, theoretical system construction, technology application progress, successful practices in the industry and promotion of key fields, and puts forward innovative theories and trend judgments, including 5 parts and 14 articles. This report shows that the application of intelligent technology, artificial intelligence, robots and advanced algorithms can enable the improvement of new quality productivity in our country and help the high-quality development of our social economy. On the whole, data-intelligence empowering has promoted the development of all-fields economy, promoted the continuous improvement of the theoretical system, continued to make efforts in the application of technology, achieved remarkable results in key industries, and performed prominently in major fields.

On the whole, the new layout of the country in the era of data-intelligence has important strategic significance. The pattern of Chinese data-intelligence empowering new quality productivity has taken shape. The driving system of empowering belief, empowering decision-making, empowering talent, empowering innovation, empowering governance and empowering development is constantly improved, and the construction design and operation mode of data-intelligence empowering are gradually established. In the construction of the theoretical system of data-intelligence empowering, the realization path of data-intelligence empowering is more explicit, and the path of technological development is clearer. The reconstruction of management elements is more specific, and the strategy system of talent reform is more detailed. In the application of new technologies, digital infrastructure has become a huge leading track, the digital intelligence of health industry has been strategically prioritized, and urban data-intelligence governance has become an important starting field. In terms of industrial development, the service industry has risen rapidly under the ability of data-intelligence, and the financial industry has the leading advantage of digital intelligence, which will become the shining industries in the era of data-intelligence. In the key areas of exploration, talent management has become the top priority, which needs systematic planning and all-round security; Digital transformation has become an inevitable path, which requires overall design and scientific promotion; Web-based learning has become the main way of learning, which requires stereoscopic construction and closed-loop operation. The data-intelligence empowering high-quality development has achieved remarkable results.

Keywords: Data-Intelligence Empowering; New Quality Productivity; High-Quality Development

Contents

I General Reports

Abstract: The wave of "data-intelligence" has swept the world, and the pace of promoting "data-intelligence" in China has accelerated significantly. From 2023, the important deployment of the construction of Digital China in the Overall Planning for the Construction of Digital China, to 2024, the "Artificial Intelligence +" action was first proposed in the Government Work Report of The State Council, and the important role of data-intelligence to enable China's new quality productivity has become increasingly prominent. Focusing on the theme of data-intelligence empowering new quality productivity, this paper discusses four aspects of data-intelligence empowering: new scenes, new growth drivers, new opportunities and new problems, and puts forward six empowering ways, including "empowering belief, empowering decision, empowering talent, empowering innovation, empowering governance and empowering development", and explains the development status and future trend of each empowering way. It further reveals the new scene, new racing track, new ecology and new world caused by the data-intelligence empowering. At the same time, in view of the outstanding problems in the age of d data-intelligence, the paper gives a full discussion, and provides a useful reference for the healthy development of data-intelligence empowering.

Keywords: Artificial Intelligence; Data-Intelligence Empowering; New Quality Productivity

B.2   Research Report on the Architecture and Operating

Model of Data-Intelligence Empowering (2023−2024)

Yang Jin, Tan Zhenlong, Jin Chao and Li Chenhui / 021

Abstract: The current generation of new technologies, such as information and energy, are widely integrated and developed across fields, driving the transformation of socio-economic operation models and modes of production, and giving birth to the fifth industrial revolution. The Party and the state place high importance on the significant opportunities brought about by the technological revolution, and have successively issued a series of programmatic documents to comprehensively deploy the strategy of Digital China. Looking at the development of human society and economy, the integration of key infrastructure and general-purpose technologies is the foundation of scale industrialization system. The new growth model built upon Data-Intelligence Empowering, with digitalization, networking, and intelligence as the core dynamics, requires bidirectional travel between an upgrade in the systematic cognition of the transformation entities and high-quality supply of Data-Intelligence services. This article, combining the concept and practice of Data-Intelligence transformation, systematically expounds on the system architecture of "Ability as a Service" for Data-Intelligence Empowering transformation development, as well as its key role in the operational practice of Data-Intelligence Empowering, providing a reference for organizations to systematically build Data-Intelligence capabilities.

Keywords: Data-Intelligence Empowering; Digital Transformation; Data-Intelligence Ability; Operating Model

II Theory Reports

B . 3 Key Areas and Implementation Paths for
Data-Intelligence Empowering in China

Li Xiaohua , Gong Wei / 049

Abstract: Data-Intelligence Empowering refers to a novel form of empowerment that is powered by "data + computing power + algorithms" and involves innovative technologies, methods, and ways of thinking. Micro enterprises, meso industries, and the macro real economy are the three levels from which it expands and extends its extension. It displays traits like digitization, platformization, and scenario-based. Digital agriculture, digital manufacturing, digital services, and digital governance—which offers services and guarantees for the development of modernized industrial systems—are the four key industries that data-intelligence empowering uses as its primary carrier. To fully take use of data-intelligence empowering, enhancing fundamental support capabilities like data, algorithms, and processing power is important. We also need to encourage deep integration of data, technology, platforms, and scenarios, support the creative development of digital platform enterprises and their ecosystems, speed up institutional innovation, and improve the governance environment.

Keywords: Data-Intelligence Empowering; Data-Intelligence Technology; Digital and Intelligence

B . 4 From "Digitalization" to "Data-Intelligence": Research on
the Path of Advancement in Informational Construction

Ma Jianfeng , He Yatong / 078

Abstract: As the new industrial revolution characterized by digitalization, networking, and intelligence progresses, the digital economy paradigm has gradually been established, promoting the rapid development of data valorization, digital industrialization, industrial digitalization, and digital governance. In this context, Data-Intelligence Empowering has become a core driver for transforming economic and social structures, optimizing organizational production management, and restructuring human lifestyles. This paper analyzes the "digitalization" process in informational construction and the "Data-Intelligence" leap, deeply exploring the interactive mechanisms between informational construction and Data-Intelligence Empowering. Informational construction, serving as the pivotal role in the transition from an industrial to a digital economy, is not only the foundation for the realization of Data-Intelligence Empowering but also displays new directions for development under its influence. To advance informational construction, it is necessary to integrate internal and external information resources, eliminate data silos, build a large information ecosystem, enhance digital literacy and capabilities, and merge innovative infrastructure to enable immediate data intercommunication and optimal resource allocation. Moreover, in the major trend of Data-Intelligence Empowering in informational construction, it is crucial to pay close attention to data governance, security, and ethical issues to ensure a balanced progression of the new leap in informational construction, thereby accelerating the rapid development of new productive forces and injecting strong momentum into China's modernization.

Keywords: Information Technology Construction; Digital Economy; Data-Intelligence Empowering

B.5 The Reconstruction of Management Elements
and the Improvement of Management Efficiency
of Data-Intelligence Empowering　　　　　*Li Xiaohui* / 100

Abstract: The high-quality development of enterprises constitutes the microeconomic foundation of high-quality development of China's economy, and vigorously enhancing the modern management level of China's enterprises is essential for the construction of a modern socialist country in all respects. With the rapid development of the technological revolution and industrial transformation represented by the new generation of information technology, the importance of creating a new engine of digitalization and intelligence-driven management enhancement has become increasingly prominent. Through the introduction of Data-Intelligence technology, enterprises can improve the quality of decision-making, optimize resource allocation, strengthen internal collaboration, and thus achieve the improvement of management efficiency. The report will analyze and discuss the new features of enterprise strategic planning, management decision-making, organization construction, internal control mechanisms within the framework of the management implications and analysis of Data-Intelligence Empowering, then propose a new business model under the background of Data-Intelligence Empowering.

Keywords: Data-Intelligence Empowering; Management Efficiency; Analysis Framework of Management; Business Model

B.6 Talent Revolution and System Construction in the Data-Intelligence Era
Tong Tian / 126

Abstract: Digitalization and intelligent transformation have become the general trend of global economic development in the Data-intelligence era, and China's achievements in digital economy development have attracted worldwide attention, with an overall scale ranking second in the world. Data-intelligence has subverted traditional industries, reshaped the professional field and human ability structure, and the demand for digital talents in various fields is exploding. China urgently needs to accelerate the construction of digital talents, use higher quality and better structured human resources to help generate new productive forces, hedge against risk factors such as reduced labor force, deepening aging, and structural employment contradictions, and support high-quality and sustainable development of the digital economy. China's digital economy has the largest employment scale in the world, but it also faces prominent difficulties such as total shortage, uneven distribution of industries and regions, and insufficient supply capacity. The key to breaking through the bottleneck of digital talent development is to further deepen the reform of the talent development system and mechanism, and establish the advantages of the talent system in the Data-intelligence era. Based on the above situation, in view of the main opportunities and challenges faced by the talent development in the Data-intelligence era, and starting from the intelligent characteristics, construction principles and construction contents of the talent system, this paper puts forward the ideas of talent system and mechanism reform in line with China's national conditions and the law of talent development.

Keywords: Data-Intelligence Revolution; Talent Development; System Construction

III Technology and Application Sections

B . 7 The Rapid Development and Application Innovation of Digital Infrastructure

Yang Peng, Liu Ruxu, Xu Linlin, Shen Bixiao and Mu Yuxuan / 154

Abstract: With the rapid development of new-generation information technology, the construction of digital infrastructure has become a vital lifeline for China's national economic development. It is of great significance to promote high-quality economic development, enhancing social efficiency, fostering innovation, and strengthening national competitiveness. At present, China's digital infrastructure construction has entered a stage of rapid development, with remarkable achievements in the construction of network infrastructure, computing infrastructure, and application infrastructure. This article systematically studies the connotation and significance of digital infrastructure, deeply analyzes the construction of the core capabilities of China's digital infrastructure and its application innovation in production, life, and social governance, predicts the development trend of digital infrastructure, providing theoretical support for better promoting the development of China's digital economy.

Keywords: Digital Infrastructure; Network Infrastructure; Computing Infrastructure

B . 8 Data-Intelligence Empowering the High Quality Development of the Health Industry

Guo Keqiang, Zhu Jingyu, Chong Fayao and Yang Song / 179

Abstract: The digital and intelligent construction of medical and health is the key intersection of the two national strategies of Digital China and Healthy China. The central and local governments at all levels highly value and deeply recognize the opportunities and challenges, and have carried out a large number of research and practical work. Based on the review of literature and the analysis of practical cases in recent years, this article reviews and studies the industry development overview and bottlenecks of China's health care industry, the digital and intelligent development layout and practice, as well as the new industries, new scenarios, and new practices of digital and intelligent enabling health. The study found that the top-level design of China's health has been increasingly improved, the health service system has been continuously improved, and the construction of Healthy China has been carried out in an orderly manner, but there are shortcomings in the public health service system, the supply-side structural contradiction, primary medical and health care, and the medical prevention coordination; the state and local governments regard digital and intelligent as an important way and key grip to promote the high-quality development of the health cause; with the rapid application and popularization of digital and intelligent technology, new industries and new scenarios have emerged in the field of health, and places such as Zhejiang and Chongqing have also carried out systematic and innovative digital health construction.

Keywords: Digital Intelligence Technology; Hygiene and Health; High-quality Development

B.9   Report on the Development of Urban Grassroots

Governance in China (2023–2024)

Lu Yuhao, Wang Wei and Han Kefei / 203

Abstract: Grassroots governance is the cornerstone of national governance, and it is the basic project to realize the modernization of national governance system and governance capacity, and to promote the governance of townships (streets) and urban and rural communities as a whole. With the acceleration of China's urbanization process and the emergence of new scientific and technological means, the importance of grassroots governance in the context of digital intelligence has become increasingly prominent. This report conducts in-depth discussions on the proposal and development of grassroots governance, system architecture and capacity building, and innovation and breakthroughs, combined with the construction of grassroots intelligent governance systems in Zhejiang Province and other places. At the same time, this report analyzes the core development path of grassroots governance empowered by digital intelligence from the perspectives of informatization and intelligence, public participation and community autonomy, green and sustainable development, diversification of social governance, and strategies to cope with new challenges. Finally, this report makes a forward-looking analysis of the innovative measures empowered by digital intelligence from the aspects of strengthening the construction of the party's grassroots organizations, planning for the construction of urban and rural community service systems, modernization and innovation of grassroots governance, improvement of grassroots governance system, application of technology in grassroots governance, promotion of grassroots rule of law, governance of ecological environment, and comprehensive governance strategies.

Keywords: Grassroots Intelligent Governance; Digital Intelligence Empowerment; Grassroots Governance

Ⅳ Industry Reports

B.10 Report on High Quality Development of Health Service Industry Empowered by Digital Intelligence (2023-2024)

Huang Dayong, Zhang Cuiping / 228

Abstract: With the rapid development of technology and the promotion of digital transformation, digital empowerment has become an important force in promoting the high-quality development of the health service industry. The health service industry is facing unprecedented opportunities and challenges. How to effectively utilize digital technology and intelligent means to promote the high-quality development of the health service industry has become a focus of attention both inside and outside the industry. This report provides an in-depth analysis of the application of digital technology in the health service industry, as well as how to achieve industry optimization, upgrading, and sustainable development through personalized services, intelligent management, and cross-border integration and innovation. However, the development of digital intelligence empowering the health service industry has also brought some challenges, such as data security and privacy protection, technological updates and iterations, and talent shortages. To overcome these challenges, we suggest that the government, enterprises, and all sectors of society strengthen cooperation, establish sound data security protection mechanisms, strengthen investment in technology research and innovation, and cultivate and introduce professional talents.

Keywords: Health Service Industry; Data Intelligence; Technology Innovation

B. 11 Data-Intelligence Empowering on the High-quality

Development of Banks

Abstract: Through the introduction of background, this paper elaborates on the application and importance of Data-Intelligence technology in banks, as well as the positive impact of the Data-Intelligence Empowering (DIE) on the high-quality development of banks. It further analyzes the current situation of the DIE in banks, points out the existing problems and challenges, such as data security, technology application and other aspects. This paper discusses the future development trend of the DIE on the hign-quality development of banks, including the application prospects of new technologies such as artificial intelligence, blockchain, big data, and large language model in banks. This paper puts forward the development path and suggestions of the DIE on the hign-quality development of banks, including strengthening technological innovation, strengthening data security, promoting financial technology cooperation, strengthening talent training and other specific measures. This paper summarizes the importance and influence of high-quality development of the DIE in banks, and looks forward to the promotion effect of the DIE on the future development of banks, aiming to provide theoretical support and practical guidance for promoting the DIE on the high-quality development of banks.

Keywords: Data-Intelligence Empowering; High Quality Development; Technology Application; Data Security; Large Language Model

V Special Sections

B. 12 Research on the Data-Intelligence Empowering

of Talent Management in China

Abstract: Chinese enterprises are currently operating in a highly volatile, uncertain, complex, and ambiguous business environment where traditional talent management strategies are increasingly inadequate in meeting the talent demands of business operations. Talent management now, more than ever, needs to be more flexible and agile. Emerging technologies like ChatGPT and Wenxin Yiyan are driving significant changes in the economy, society, and businesses, which in turn bestow tremendous transformative power on corporate talent management, making agile and intelligent talent management possible. This chapter comprehensively discusses the current status, bottlenecks, and trends in the data-intelligence empowering of talent management in China from both the supply and demand sides. From the supply side, the human resources service industry has a promising future with a steady emergence of intelligent products, albeit with a low industry concentration. From the demand side, corporate talent management is still in the early stages of digital and intelligent transformation, with such technologies mostly applied in recruitment and other isolated modules, lacking comprehensive and deep application. The human resources service industry faces bottlenecks such as insufficient customer budgets and weak data value of products, while companies struggle with poor big data infrastructure, a shortage of talent for digital and intelligent transformation, and low application levels of HR intelligence tools. Nevertheless, both the digital services in human resources and corporate talent management are showing some positive development trends.

Keywords: Digital Intelligence; Data-intelligence Empowering; Talent Management; Human Resources Management

B.13 The Exploration and Practice of Digital Transformation
　　　 in Commercial Banks　　　　　　*Wang Hongzhi*, *Ren Shiqian* / 309

Abstract: The "14th Five-Year Plan" points out: accelerate digital development and build Digital China. Promoting the digital transformation of enterprises is an inevitable path for the development of the digital economy. As the backbone of the real economy and finance, commercial banks play an irreplaceable role in the construction of Digital China, and their own digital transformation is also a typical example of digital development. Since 2013, the digital transformation of commercial banks in China has been going on for ten years, achieving remarkable results. However, due to the diversity of banking business products, diverse customers, and complex demands, there are still many deficiencies in digital transformation, facing various challenges. Taking retail business as an example, the digital transformation of commercial banks has entered a deep water area where transformation leads business development. The leading position of digital transformation puts forward new requirements for commercial banks, no longer simply applying digital technology to business, but integrating digitalization deeply from strategic positioning, system, and mechanism aspects. Adhering to the principle of goal orientation, according to the strategic direction of leading business development of commercial banks by digital transformation, and combining with the bank's own resource endowment, establish a digital transformation model that is tailored to the situation. Comprehensive enhancement of the online, systematic, and intelligent aspects of bank business, achieving comprehensive digital transformation in terms of products, services, channels, management, personnel, technology, etc. , and promoting the realization of high-quality business growth to drive the sustainable development goals of high-quality commercial banks.

Keywords: Digital Transformation; Digital Finance; Financial Technology

B. 14 Data-intelligence Empowers the Innovative

Development of E-Learning Platforms in China

Dong Niannian, Bai Hangang / 327

Abstract: China is currently vigorously advancing the digital education strategy, with e-Learning platforms emerging as a crucial initiative to promote the digital transformation of education and foster a learning society. The rapid development of emerging intelligent technologies, such as generative artificial intelligence and the metaverse, can provide digital empowerment for the innovative evolution of e-Learning platforms. Generative artificial intelligence revolutionizes the creation paradigm of learning resources on e-Learning platforms through intelligent content generation, and enhances users' personalized learning experiences with tailored content. Metaverse technology shapes three-dimensional online learning space by creating immersive visual learning environments, and enhances users' interactive learning experiences by creating virtual character identities. It is evident that emerging intelligent technologies like generative artificial intelligence and the metaverse empower the innovative development of e-Learning platforms from multiple aspects, such as enriching learning resources, transforming learning modes, innovating learning environments, and strengthening learning interactions.

Keywords: E-Learning Platforms; Data-Intelligence Empowering; Generative Artificial Intelligence; Metaverse

社会科学文献出版社

皮 书

智库成果出版与传播平台

❖ 皮书定义 ❖

皮书是对中国与世界发展状况和热点问题进行年度监测，以专业的角度、专家的视野和实证研究方法，针对某一领域或区域现状与发展态势展开分析和预测，具备前沿性、原创性、实证性、连续性、时效性等特点的公开出版物，由一系列权威研究报告组成。

❖ 皮书作者 ❖

皮书系列报告作者以国内外一流研究机构、知名高校等重点智库的研究人员为主，多为相关领域一流专家学者，他们的观点代表了当下学界对中国与世界的现实和未来最高水平的解读与分析。

❖ 皮书荣誉 ❖

皮书作为中国社会科学院基础理论研究与应用对策研究融合发展的代表性成果，不仅是哲学社会科学工作者服务中国特色社会主义现代化建设的重要成果，更是助力中国特色新型智库建设、构建中国特色哲学社会科学"三大体系"的重要平台。皮书系列先后被列入"十二五""十三五""十四五"时期国家重点出版物出版专项规划项目；自2013年起，重点皮书被列入中国社会科学院国家哲学社会科学创新工程项目。

皮书网

（网址：www.pishu.cn）

发布皮书研创资讯，传播皮书精彩内容
引领皮书出版潮流，打造皮书服务平台

栏目设置

◆ **关于皮书**
何谓皮书、皮书分类、皮书大事记、
皮书荣誉、皮书出版第一人、皮书编辑部

◆ **最新资讯**
通知公告、新闻动态、媒体聚焦、
网站专题、视频直播、下载专区

◆ **皮书研创**
皮书规范、皮书出版、
皮书研究、研创团队

◆ **皮书评奖评价**
指标体系、皮书评价、皮书评奖

所获荣誉

◆ 2008 年、2011 年、2014 年，皮书网均
在全国新闻出版业网站荣誉评选中获得
"最具商业价值网站"称号；
◆ 2012 年，获得"出版业网站百强"称号。

网库合一

2014 年，皮书网与皮书数据库端口合
一，实现资源共享，搭建智库成果融合创
新平台。

皮书网

"皮书说"
微信公众号

权威报告·连续出版·独家资源

皮书数据库
ANNUAL REPORT(YEARBOOK)
DATABASE

分析解读当下中国发展变迁的高端智库平台

所获荣誉

- 2022年，入选技术赋能"新闻+"推荐案例
- 2020年，入选全国新闻出版深度融合发展创新案例
- 2019年，入选国家新闻出版署数字出版精品遴选推荐计划
- 2016年，入选"十三五"国家重点电子出版物出版规划骨干工程
- 2013年，荣获"中国出版政府奖·网络出版物奖"提名奖

皮书数据库

"社科数托邦"
微信公众号

成为用户

　　登录网址www.pishu.com.cn访问皮书数据库网站或下载皮书数据库APP，通过手机号码验证或邮箱验证即可成为皮书数据库用户。

用户福利

- 已注册用户购书后可免费获赠100元皮书数据库充值卡。刮开充值卡涂层获取充值密码，登录并进入"会员中心"—"在线充值"—"充值卡充值"，充值成功即可购买及查看数据库内容。
- 用户福利最终解释权归社会科学文献出版社所有。

数据库服务热线：010-59367265
数据库服务QQ：2475522410
数据库服务邮箱：database@ssap.cn
图书销售热线：010-59367070/7028
图书服务QQ：1265056568
图书服务邮箱：duzhe@ssap.cn

社会科学文献出版社 皮书系列
SOCIAL SCIENCES ACADEMIC PRESS (CHINA)

卡号：385195939751
密码：

S 基本子库
SUB DATABASE

中国社会发展数据库（下设 12 个专题子库）

紧扣人口、政治、外交、法律、教育、医疗卫生、资源环境等 12 个社会发展领域的前沿和热点，全面整合专业著作、智库报告、学术资讯、调研数据等类型资源，帮助用户追踪中国社会发展动态、研究社会发展战略与政策、了解社会热点问题、分析社会发展趋势。

中国经济发展数据库（下设 12 专题子库）

内容涵盖宏观经济、产业经济、工业经济、农业经济、财政金融、房地产经济、城市经济、商业贸易等 12 个重点经济领域，为把握经济运行态势、洞察经济发展规律、研判经济发展趋势、进行经济调控决策提供参考和依据。

中国行业发展数据库（下设 17 个专题子库）

以中国国民经济行业分类为依据，覆盖金融业、旅游业、交通运输业、能源矿产业、制造业等 100 多个行业，跟踪分析国民经济相关行业市场运行状况和政策导向，汇集行业发展前沿资讯，为投资、从业及各种经济决策提供理论支撑和实践指导。

中国区域发展数据库（下设 4 个专题子库）

对中国特定区域内的经济、社会、文化等领域现状与发展情况进行深度分析和预测，涉及省级行政区、城市群、城市、农村等不同维度，研究层级至县及县以下行政区，为学者研究地方经济社会宏观态势、经验模式、发展案例提供支撑，为地方政府决策提供参考。

中国文化传媒数据库（下设 18 个专题子库）

内容覆盖文化产业、新闻传播、电影娱乐、文学艺术、群众文化、图书情报等 18 个重点研究领域，聚焦文化传媒领域发展前沿、热点话题、行业实践，服务用户的教学科研、文化投资、企业规划等需要。

世界经济与国际关系数据库（下设 6 个专题子库）

整合世界经济、国际政治、世界文化与科技、全球性问题、国际组织与国际法、区域研究 6 大领域研究成果，对世界经济形势、国际形势进行连续性深度分析，对年度热点问题进行专题解读，为研判全球发展趋势提供事实和数据支持。

法律声明

　　“皮书系列”（含蓝皮书、绿皮书、黄皮书）之品牌由社会科学文献出版社最早使用并持续至今，现已被中国图书行业所熟知。“皮书系列”的相关商标已在国家商标管理部门商标局注册，包括但不限于LOGO（🖏）、皮书、Pishu、经济蓝皮书、社会蓝皮书等。“皮书系列”图书的注册商标专用权及封面设计、版式设计的著作权均为社会科学文献出版社所有。未经社会科学文献出版社书面授权许可，任何使用与“皮书系列”图书注册商标、封面设计、版式设计相同或者近似的文字、图形或其组合的行为均系侵权行为。

　　经作者授权，本书的专有出版权及信息网络传播权等为社会科学文献出版社享有。未经社会科学文献出版社书面授权许可，任何就本书内容的复制、发行或以数字形式进行网络传播的行为均系侵权行为。

　　社会科学文献出版社将通过法律途径追究上述侵权行为的法律责任，维护自身合法权益。

　　欢迎社会各界人士对侵犯社会科学文献出版社上述权利的侵权行为进行举报。电话：010-59367121，电子邮箱：fawubu@ssap.cn。

社会科学文献出版社